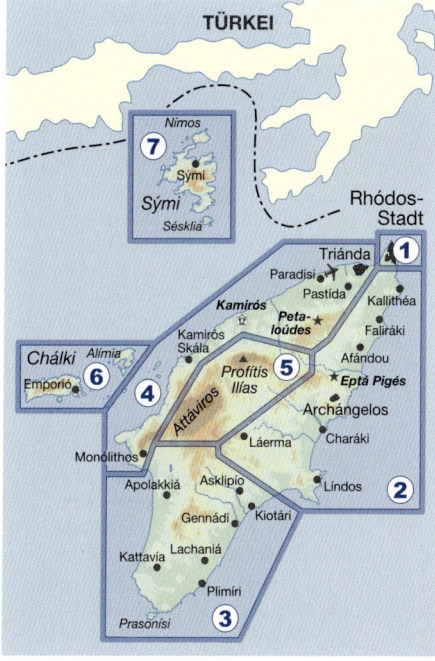

TÜRKEI

Nímos
Sými
Sými
Sésklia

Rhódos-Stadt

Triánda
Paradísi
Pastída
Kallithéa
Kamirós
Peta-loúdes
Faliráki
Kamirós Skála
Afándou
Chálki
Alímia
Profítis Ilías
Eptá Pigés
Emporió
Archángelos
Attáviros
Charáki
Láerma
Monólithos
Apolakkiá
Asklipío
Líndos
Gennádi
Kiotári
Kattaviá
Lachaniá
Plimíri
Prasónisi

Nachlesen & Nachschlagen

Wandern auf Rhodos

Unterwegs mit

Hans-Peter Siebenhaar

Jahrgang 1962. Promovierter Politikwissenschaftler, Studium in Erlangen, Madrid und Kalamazoo (USA), Korrespondent des „Handelsblatt" für Österreich und Südosteuropa in Wien, 2017 erschien sein viel beachtetes Buch „Österreich – Die zerrissene Republik". Hans-Peter Siebenhaar ist ein Müller-Autor der ersten Stunde; sein erstes Buch, „Fränkische Schweiz", schrieb er 1982 zusammen mit dem Verlagsgründer. Ingesamt hat der gebürtige Franke sieben Reisebücher im Verlag Michael Müller geschrieben – von Bodensee über Madrid bis zum Peloponnes und Korfu – und ist Co-Autor verschiedener Kochbücher.

Rhódos war eine Liebe auf den ersten Blick. Als ich nach stürmischer Fahrt in den Mandráki-Hafen einfahre, traue ich meinen Augen nicht: Ein Hirsch und eine Hirschkuh, die Wappentiere der größten Dodekanes-Insel, flankieren die Einfahrt. Dahinter beginnt – verborgen hinter gewaltigen Stadtmauern – die labyrinthartige Altstadt mit ihren Kirchen, Moscheen und Synagogen. Rhódos hat in seiner langen Geschichte viele Fremde erlebt: Römer, Kreuzritter, Türken, Italiener, Deutsche – und seit über einem halben Jahrhundert Millionen von Touristen. Bis heute hat die Insel mit ihren malerischen Badebuchten, schönen Naturlandschaften und einmaligen Kunstschätzen nichts von ihrer Anziehungskraft verloren.

Doch Rhódos ist kein organisierter Freizeitpark. Wer die Insel richtig erleben möchte, sollte sie erwandern. Deshalb ist in dieser Ausgabe die Zahl der Wanderrouten so groß wie nie zuvor. Es gibt viel zu entdecken: waldreiche Mittelgebirgsregionen, naturbelassene Täler, einsame Dünenlandschaften ...

Die Rhodier haben sich trotz der Wirtschafts- und Finanzkrise und den damit verbundenen Einschnitten ihre natürliche Herzlichkeit sowie ihre Hilfsbereitschaft bewahrt, die sich auch in der Flüchtlingskrise zeigt. Dieses Buch soll eine Einladung sein, diese unglaublich schöne Mittelmeerinsel mit ihren liebenswürdigen Menschen kennenzulernen – gerade in schwierigen Zeiten.

Was haben Sie entdeckt?

Haben Sie ein besonderes Restaurant, ein neues Museum oder ein nettes Hotel entdeckt? Wenn Sie Ergänzungen, Verbesserungen oder Tipps zum Buch haben, lassen Sie es uns bitte wissen!
Schreiben Sie an: Hans-Peter Siebenhaar, Stichwort „Rhodos"
c/o Michael Müller Verlag GmbH | Gerberei 19, D – 91054 Erlangen
hans-peter.siebenhaar@michael-mueller-verlag.de

Rhodos

Hans-Peter Siebenhaar

. komplett überarbeitete und aktualisierte Auflage 2019

Inhalt

Orientiert auf Rhódos ▪ 8

Unterwegs auf Rhódos ▪ 20

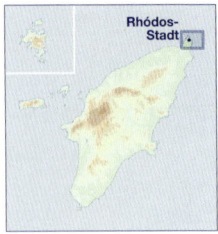

Rhódos-Stadt ▪ 22

Viel mehr als nur griechisch: In der Inselhauptstadt vereinen sich zudem auch römische, italienische und türkische Einflüsse, welche die Altstadt zu einer der beeindruckendsten Kulturerlebnisse machen, die Griechenland zu bieten hat. Zu Recht ein UNESCO-Weltkulturerbe.

Die Ostküste ▪ 60

Feine Sandstrände, idyllische Buchten und attraktive Wandergebiete bietet die über 70 km lange Ostküste. Kulturreisende finden in Líndos und Archángelos bedeutende Bauten und schöne Kirchen. Faliráki hingegen lockt feierwütige Touristen in die Nachtlokale.

Der Süden ■ 104

Abseits der Touristenzentren findet man im Süden noch etwas Ruhe. Selbst in der Hochsaison ist der Strand bei Gennádi nicht überfüllt. Sehnt man sich nach mehr Abgeschiedenheit, lohnt ein Ausflug in das Künstlerdorf Lachaniá oder in das malerische Bergdorf Asklipio.

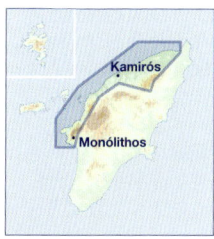

Die Westküste ■ 128

Die Westküste überrascht mit Vielfalt. In Kamirós und Filérimos kann man zwischen Überresten antiker Tempel schreiten, am Kap Foúrni locken fast menschenleere Badebuchten und im Tal der Schmetterlinge entdeckt man Naturwunder.

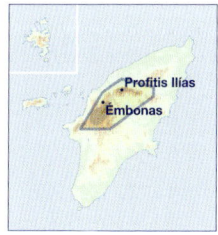

Profítis Ilías und Attáviros ■ 150

Selbst im Sommer umfächeln kühle Lüftchen die Wanderer auf den zwei Inselbergen. In den Bergdörfern rundherum kann man noch das ursprüngliche griechische Leben kennenlernen und z. B. in Émbonas oder Sianá berühmten Wein, Souma und Honig kaufen.

Chálki ■ 164

Das kleine, schattenarme Eiland dient vielen Urlaubern als Alternative zum Trubel auf Rhódos. Idyllische Ruhe und kristallklares Wasser ziehen jedes Jahr Stammgäste trotz der eher kargen und steinigen Landschaft an.

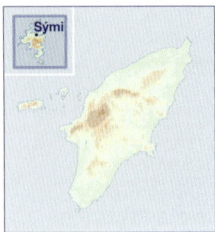

Sými ■ 174

Spaziergänge entlang der Promenade, nette Tavernen und den Hafen erkunden: auf Sými hetzt man nicht zwischen Sehenswürdigkeiten umher, sondern genießt Ruhe und Gemächlichkeit. Für manch einen vielleicht nicht genug Rummel, für andere auch schlicht ein Paradies.

Nachlesen & Nachschlagen ■ 192

Wandern auf Rhódos ■ 238

10 Wanderungen | Übersicht ab Seite 239
GPS Mittels GPS kartierte Wanderung. Download der GPS-Tracks inkl. Waypoints unter http://mmv.me/46099

Was haben Sie entdeckt?

Haben Sie ein besonderes Restaurant, ein neues Museum oder ein nettes Hotel entdeckt? Wenn Sie Ergänzungen, Verbesserungen oder Tipps zum Buch haben, lassen Sie es uns bitte wissen!
Schreiben Sie an: Hans-Peter Siebenhaar, Stichwort „Rhodos"
c/o Michael Müller Verlag GmbH | Gerberei 19, D – 91054 Erlangen
hans-peter.siebenhaar@michael-mueller-verlag.de

🌿 nachhaltig, ökologisch, regional

mein Tipp Die besondere Empfehlung unseres Autors

Bilderbuchkulisse: der Hafen von Rhódos-Stadt

Orientiert

auf Rhodos

Die Insel im Profil

Rhódos ist …

Seit der Antike lockt Rhódos
Besucher an, denn die Insel
gehört zu den schönsten
Griechenlands. Die geschichtsträchtige Hauptstadt, malerische Sandstrände, waldreiche
Berge und antike Ausgrabungsstätten machen Rhódos zu
einem besonderen Erlebnis.

**Die kleinen Schwestern
von Rhódos:**

Das felsige Sými mit fjordartiger
Hafeneinfahrt, malerischen Stein-
häusern und treppenartigen Gassen.

Das wenig besuchte Chálki mit einem
pittoresken Ruinendorf und
spektakuläre Ausblicke bietenden
Berglandschaften.

Wer gerne wandert und ohne
Rummel auskommt, wird die beiden
ins Herz schließen. → S. 164/174

… Sprungbrett von
Europa nach Asien

Die mit Abstand größte Insel der Inselgruppe Dodekanes liegt im äußersten
Südosten der Ägäis und ist nur rund
17 km von der kleinasiatischen Küste
entfernt, zum europäischen Festland
sind es hingegen stolze 430 km. Diese
Nähe macht sich vielerorts bemerkbar,
auch weil die Osmanen die Insel fast
400 Jahre lang beherrschten und Spuren hinterließen.

… schon lange auf
Touristen eingestellt

Der Tourismus auf Rhódos hat eine
sehr lange Tradition. Bereits Julius Cäsar
suchte auf der Insel Erholung. Doch
erst die Italiener, die 1912 die Türken als
Vormacht in der südöstlichen Ägäis ab-
lösten, erhoben mit ihren Investitionen
Rhódos allmählich zum attraktiven Reiseziel. In den 1950er-Jahren hielt dann
der Massentourismus Einzug, den man
ab der Jahrtausendwende mit dem Ausbau der Infrastruktur ankurbelte. Inzwischen locken zahlreiche riesige Hotels
Urlauber mit All-inclusive-Angeboten –
zum Leidwesen der Einheimischen.

… eine überraschend große
und bergige Insel

Rhódos ist ausgesprochen bergig – mit
dem Attáviros (1215 m) schlägt es alle
Rekorde der Ostägäis – und auffällig
langgezogen: Von der Nordspitze zur
Südspitze misst es 77 km, an seiner
breitesten Stelle 38 km, die gesamte
Küstenlänge beträgt immerhin 220 km.
Wer die viertgrößte Insel Griechen-
lands kennenlernen möchte, sollte mo-
torisiert sein, um die Vielzahl von
Landschaften – von der baumlosen
Halbwüste über waldreiche Mittelge-
birgsregionen bis hin zu traumhaften
Stränden – zu erreichen.

Rhódos-Stadt

Rhódos-Stadt gehört zu den schönsten und geschichtsträchtigsten Orten des gesamten Mittelmeers. Man sollte die Insel auf keinen Fall verlassen, ohne wenigstens einmal durch die Altstadtgassen der ehemaligen Ritterstadt spaziert zu sein. Die Stadt mit ihren 54.000 Einwohnern ist unbestrittenes Zentrum der Insel, ungefähr die Hälfte der Bevölkerung lebt hier. → S. 22

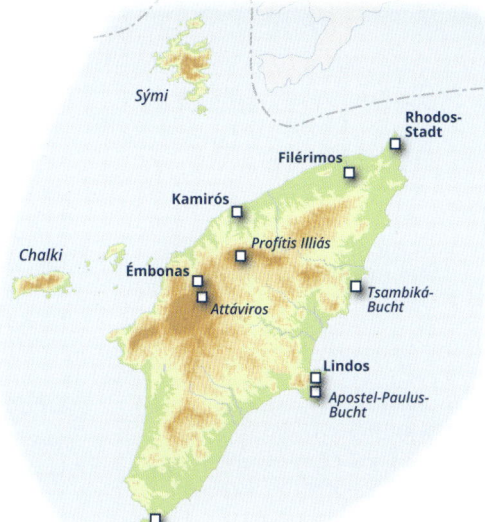

Die Ostküste

An der Ostküste kommen Badefans voll auf ihre Kosten. Die über 70 km lange Küste bietet idyllische Strände, wie in der Tsambiká- oder in der Apostel-Paulus-Bucht. Hier liegt außerdem das kitschig-schöne Dorf Líndos mit seinen weißen kubischen Häusern und dem prächtigen Kastell auf einem Felsklotz, das jährlich viele Hunderttausend Touristen anzieht. Während des Tages kann es in den engen Gassen schon mal voll werden. Denn mit Pefkí hat sich die Region südlich von Líndos touristisch entwickelt. Wer einsame Strände sucht, wird es an der Ostküste im Sommer schwer haben. Denn zwischen Rhódos-Stadt und Líndos gibt es die meisten Hotels für Badefreunde. → S. 60

Das Inselinnere

Das Hinterland ist von zwei Bergmassiven geprägt, die zum Wandern und Entdecken einladen: Profítis Illiás und Attáviros. Auf Ersterem erbauten die italienischen Kolonisatoren zwei heute bizarr wirkende Hotels im alpenländischen Stil. Lohnenswert ist auch ein Besuch des Winzerdorfes Émbonas mit seiner berühmten Wein- und Sektkellerei Emery. → S. 150

Die Westküste

Schroffe Berge, spektakuläre Burgruinen, langgezogene Strände, aber auch eintönige Landschaften – die Westküste ist vielfältig. Im Sommer ist sie mit dem Tal der Schmetterlinge Schauplatz für ein kleines Naturwunder und hat außerdem antike Stätten wie Kamirós und Filérimos vorzuweisen. Die meisten Touristen besuchen die Westküste nur in einem Tagesausflug. → S. 128

Der Süden

Der Inselsüden ist das Kontrastprogramm zum dicht bevölkerten Norden. Hier findet man selbst im Hochsommer wenig besuchte Sandstrände, die Orte sind noch nicht von Touristen überlaufen. Landschaftliches Highlight ist die zumeist windumtoste Halbinsel Prasonísi. → S. 104

Geschichte und Tradition

Inselorte

Rhódos-Stadt ist das politische, wirtschaftliche, kulturelle und touristische Zentrum der Insel. Doch auch andere Orte der Insel sind einen Besuch wert. Sie locken mit Burgen, Museen und Überresten aus antiker, byzantinischer und osmanischer Zeit. Wer in ihrer Ursprünglichkeit bewahrte Dörfer sucht, findet diese vor allem im Süden und im Inselinneren.

Die Altstadt von Rhódos-Stadt ist noch immer mit einer Stadtmauer aus der Zeit der Ritter des Johanniterordens umgeben und ist UNESCO-Weltkulturerbe.

Rhódos-Stadt

Geschichte begegnet einem hier auf Schritt und Tritt, man trifft auf Spuren, die von der Zeit der Antike über die der Kreuzzüge bis zur osmanischen und italienischen Besatzung reichen. Vor allem aber ist Rhódos-Stadt mit seinem breiten Angebot an Bars und Tavernen auch ein idealer Ort zum Ausgehen. → S. 22

Líndos

Von Weitem ein wunderschöner Anblick: Weiß getünchte Häuser dicht aneinandergeschmiegt am Fuße eines akropolisgekrönten Hügels, dahinter tiefblau schimmernd das Meer. Von Nahem verliert der Ort leider, zumindest in der Hochsaison, einiges an Charme, da sich dann vor allem Touristen durch die engen Gassen schieben. → S. 87

Archángelos

In der zweitgrößten Gemeinde der Insel geht es trotz des touristischen Umfelds beschaulich zu. Der für seine Töpfereien und die Olivenölfabrik bekannte Ort eignet sich gut als zentraler Ausgangspunkt für Ausflüge in die Umgebung. → S. 75

Asklipio

In dem nicht weit vom Meer entfernten malerischen Bergdörfchen mit seiner spektakulären Kirche aus dem 11. Jh. lassen sich Bade- und Wanderurlaub gut verbinden. Oberhalb des Ortes liegt eine 500 Jahre alte Johanniterburg mit traumhaftem Rundumblick. → S. 106

Gennádi

Das kleine Bauerndorf lockt mit einem lebendigen Zentrum und einem langgezogenen Sand-Kies-Strand, der nie überfüllt ist. → S. 112

Lachaniá

Das Künstlerdorf mit herrlicher Platia bewohnen nur rund 100 Menschen – ein Ziel für Individualisten, die auch wegen des guten Essens hierherkommen. Der Strand und weitere schöne Ausflugsziele lassen sich von hier schnell erreichen. → S. 114

Mesanagrós

Das Dorf – eines der ursprünglichsten und abgeschiedensten der Insel – ist wegen der geschichtsträchtigen Kirche Mariä Entschlafung bekannt. Den Schlüssel gibt es beim netten Wirt in der Dorftaverne Tsambikos. → S. 124

Kattaviá

Auf der idyllischen Platia des weitgehend noch bäuerlich geprägten südlichsten Ortes der Insel reihen sich die Stühle der Cafés und Tavernen aneinander. Am Rande des Ortes findet man Spuren der früheren italienischen Besatzer. → S. 117

Émbonas

Das Bergdorf unterhalb des 1215 m hohen Attávíros ist vor allem für seine Weinkellereien berühmt, die zur Verköstigung und zum Kauf ihrer Produkte einladen. Leider wird der Ort mittlerweile über die Maßen von Bustouristen frequentiert. → S. 158

Apollóna

Vor allem wegen der guten Tavernen, die lokalen Wein ausschenken, machen immer mehr Touristen halt in dem von Weingärten, Olivenhaien und Orangenplantagen umgebenen Örtchen am Südhang des Profítis Ilías. → S. 156

Kritiniá

Das weiße Dorf liegt einsam in einer kahlen Berglandschaft. Nur wenige Besucher wagen sich in die verwinkelten Gassen. Ein populäres Ziel ist jedoch die auf einem schroffen Felsklotz liegende Johanniterburg Kastéllos. → S. 146.

Emporió

Kaum ein Tourist verlässt das einzig bewohnte Dorf der Insel Chálki enttäuscht. Bunte Häuser, enge Gassen, eine hübsche Kirche, glasklares Wasser, und am Hafen wird frischer Fisch serviert. → S. 167

Sými-Stadt

Die wunderschöne Hauptstadt der Insel Sými besteht aus zwei Teilen: Entlang des Hafens erstreckt sich Gialos, hoch oben liegt das ältere Chorio. → S. 177

Schmetterlinge & Archäologie

Erlebnis Kultur und Natur

Antike Stätten, mittelalterliche Burgen und malerische Klöster lassen die Herzen von Kultur-interessierten höherschlagen. Auch Erholungssuchende kommen in der rhodischen Natur nicht zu kurz. Schöne Wanderwege und Plätze finden sich abseits der Touristenzentren.

Der Hirsch ist das Wappentier der Insel. Außer auf zahlreichen Souvenirs findet man *Elafos* und *Elafina* – Hirsch und Hirschkuh – u. a. in Rhódos-Stadt, wo sie in Bronze gegossen die Hafeneinfahrt flankieren. In freier Natur ist der Bestand des Anfang des 20. Jh. wieder angesiedelten Tieres aufgrund von jahrelanger unkontrollierter Jagd gefährdet.

Großmeisterpalast

Ein Höhepunkt jeder Rhódosreise ist der Besuch des Großmeisterpalastes in Rhódos-Stadt, in dem sich heute ein Museum befindet. Von hier aus kann man auch über die rund 4 km lange Stadtmauer spazieren und über die Dächer der Stadt bis hin zum Hafen blicken, wo Jachten und Fährschiffe ankern. → S. 28

Archäologisches Museum

In der bedeutenden Sammlung antiker Objekte des ganzen Dodekanes gibt es unzählige beeindruckende Statuen zu sehen, wie etwa „Die kauernde Aphrodite". Einst nutzten die Johanniter das Gebäude als Krankenhaus. Im ehemaligen Krankensaal werden heute Grabstelen und Waffenreliefs ausgestellt. → S. 35

Filérimos

Der Ort blickt auf eine große Geschichte zurück: 1000 v. Chr. herrschte er unter dem Namen Ialyssós über weite Teile von Rhódos. Zu sehen sind Überreste eines Tempels der Athena, eines dorischen Brunnenhauses und einer byzantinischen Festung. Am südlichen Aussichtspunkt des bei den Rhodiern als Ausflugsziel beliebten parkähnlichen Geländes ragt ein gewaltiges Betonkreuz in die Höhe. In der Kirche auf dem Plateau lassen sich griechische Brautpaare gerne trauen. → S. 130

Tal der Schmetterlinge

Hier tummeln sich im Sommer Tausende von Schmetterlingen, die vom Harz der Bäume angezogen werden. Fast unscheinbar, kaum zu unterscheiden von einem Blatt, sitzen sie auf Baumstämmen oder auf Felsen. Doch wenn sie die Flügel öffnen, sieht man ihre ganze orange leuchtende Schönheit. Man kann das Tal auf einem Weg über Stock und Stein durchschreiten. → S. 135

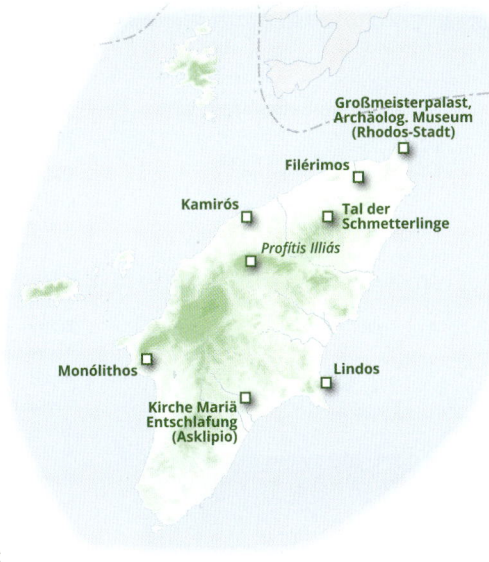

Großmeisterpalast, Archäolog. Museum (Rhodos-Stadt)

Filérimos

Kamirós

Tal der Schmetterlinge

Profítis Illiás

Monólithos

Lindos

Kirche Mariä Entschlafung (Asklipio)

Die antike Stadt Kamirós

Vor 2900 Jahren erlebte das antike Kamirós seine Blütezeit. Die hellenistische Stadt war einst das Verwaltungszentrum des südwestlichen Teils von Rhódos. Bei einem Rundgang durch die Überreste der sich über mehrere Terrassen den Hang hinaufziehenden Siedlung lässt sich der Glanz von damals erahnen. → S. 140

Monólithos

Schon von Weitem sieht man die gut erhaltene Burg von Monólithos, die nur wenige Kilometer von dem nach ihr benannten Dorf entfernt liegt. Die Johanniter erbauten die imposante Festung im 15. Jh. auf einem Felsklotz, was in ihrem Namen („einzelner Stein") zum Ausdruck kommt. Von hier oben hat man eine herrliche Aussicht. Eine kleine, weiß gekalkte Kapelle liegt friedlich inmitten der Anlage. → S. 147

Profítis Ilías

Dichter Nadelwald und alte italienische Bauten versetzen einen auf dem zweithöchsten Inselberg in ein anderes Land. Neben zwei ehemaligen Kurhotels findet man hier Mussolinis alte Ferienvilla – heute ein Geisterhaus, das sich selbst überlassen ist. Vor allem jedoch kann man bei einer Wanderung rund um den Gipfel die Natur, fantastische Ausblicke und viel Schatten genießen. → S. 152

Kirche Mariä Entschlafung

Vermutlich hat diese Kirche ihren Ursprung im 11. Jh., was sie zu einem der ältesten Gotteshäusern der Insel macht. Sie zählt auf jeden Fall zu ihren schönsten: Das Innere ist voller Fresken, die aus dem 17. Jh. stammen und zum Teil Anfang des 20. Jh. restauriert wurden. Hier kann man die Bibel wie im Bilderbuch nachlesen. In den vergangenen Jahren wurde das Gelände um ein nettes Museum und ein traditionelles Haus erweitert. → S. 107

Akropolis in Líndos

Hoch oben über der weißen Stadt thront die antike Akropolis. Steinerne Überreste zeugen von dem blühenden Leben, das hier einst herrschte. Am besten tritt man seine Reise in die Vergangenheit schon früh morgens an, um die archäologische Stätte und den atemberaubenden Blick auf das tiefblaue Meer noch vor dem Ansturm der Touristen genießen zu können. → S. 88

Türkisblaues Badevergnügen

Die Strände

Rhódos ist mit seinen malerischen Sandbuchten, langgestreckten Kiesstränden und versteckten einsamen Plätzen eine ideale Badeinsel. Auch Wassersportler, etwa Surfer oder Taucher, finden exzellente Möglichkeiten.

FKK wird in der südlichen Bucht von Faliráki (Mandomata Beach) geduldet. Offiziell ist öffentliches Nacktbaden in Griechenland gesetzlich verboten. Erlaubt, aber nicht gern gesehen, ist das Oben-ohne-Baden, wie es in den touristischen Hochburgen an der Tagesordnung ist.

Je nach Vorliebe: faul oder aktiv unter Blauer Flagge

Die besten Strände liegen an der windgeschützten Ostküste, besonders schön und gut besucht sind die im nördlichen Teil. An der südlichen Ostküste stößt man hingegen auf lange, menschenleere Strände. Im Westen findet man kleine einsame, felsige Buchten, hier überwiegen Kieselstrände, an denen meist eine frische Brise weht. Griechenland hat das sauberste Meer in der Europäischen Union (EU), an 97 % der Strände entspricht die Qualität den strengen EU-Richtlinien. 35 Stränden auf Rhódos wurde zuletzt die „Blaue Flagge" verliehen.

Nicht nur Sonnenanbeter, auch **Aktivurlauber** kommen auf der Insel auf ihre Kosten: Fast an jedem größeren Strand gibt es verschiedene Wassersportangebote wie etwa Wasserski, Jetski oder Banana Boat. Die Buchten an der Ostküste laden zum Tauchen ein, Surfer zieht es vor allem an die Westküste. Der Mandráki-Hafen in Rhódos-Stadt ist bei Seglern beliebt, hier kann man auch verschiedene Segeltrips buchen. Ein besonderes Erlebnis ist ein Törn nach Sými oder Chálki.

Badeparadies für die ganze Familie: Tsambiká-Bucht

Der zwischen Kolímbia und Archángelos gelegene flach abfallende feine Sandstrand zählt zu den schönsten und populärsten der Insel. Oben thront auf einem Felsen die Wallfahrtskirche Tsambiká, unten locken ein Wasserspielplatz und ein breites Angebot an Wassersportarten Besucher in großer Zahl an. → S. 78

Der Hollywood-Strand: Anthony-Quinn-Bucht

Das Wasser schimmert einladend türkisblau, aber Vorsicht: Der Meeresboden ist steinig. Beim Hineingehen muss man auf spitze Kiesel achten. Die Bucht wurde durch den Film „Die Kanonen von Navarone" berühmt. Als Dankeschön schenkte die damalige griechische Militärregierung sie dem Hauptdarsteller Anthony Quinn, die spätere demokratische Regierung machte dies jedoch wieder rückgängig. So bevölkern nun zahlreiche Touristen diesen Strand. → S. 65

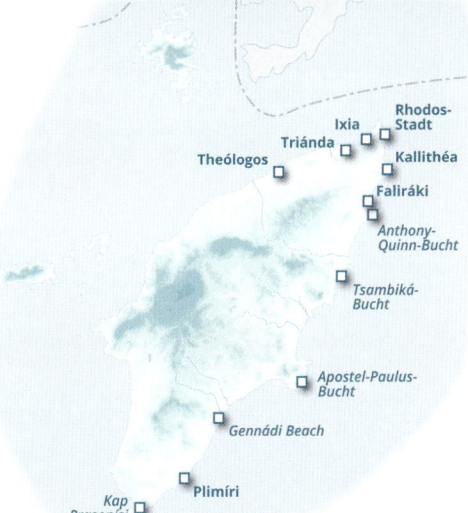

Türkisfarbene Badewanne: Apostel-Paulus-Bucht

Am südlichen Ende von Líndos liegt einer der schönsten Naturhäfen des Dodekanes. Der Zugang zum türkis glänzenden offenen Meer ist kaum breiter als 40 m, in der geschützten Bucht schaukeln ein paar Fischer- und Ausflugsboote. Ein schöner Platz auch zum Baden, richtig voll wird es hier nur in der Hauptsaison. → S. 92

Kilometerlanger Strand: Gennádi Beach

Der Sand-Kies-Strand bei Gennádi verfügt über eine gute Infrastruktur, Tavernen sorgen für die Verpflegung und vermieten Schirme und Liegen. Wer ein bisschen geht, findet aber auch einen einsamen Platz. → S. 112

Surferstrände: Kap Prasonísi und die Westküste

An die äußerste Südspitze von Rhodos pilgern jährlich zahlreiche Surfer. Das Kap Prasonísi verlangt allerdings einiges an Können, um den Wellen bei konstant über das Meer blasenden Winden

zu trotzen. Gute Bedingungen für fortgeschrittene Surfer bieten auch die Strände von Triánda, Ixia und Theólogos an der Westküste. Anfänger schätzen vor allem Faliráki an der Ostküste wegen der ruhigeren See. Surfschulen und Surfbrettverleiher gibt es auf Rhodos ausreichend, auch Kite-Surfen ist an vielen Orten möglich. Juli und August sind die beliebtesten Monate. Dann weht eine steife Brise und das Meer hat Badewannentemperatur. → S. 121

Taucherstrände: die Bucht von Kallithéa und die Ostküste

Von der ganz im Norden gelegenen Bucht von Kallithéa bis hinunter nach Plimíri finden sich ideale Tauchreviere, auch für Anfänger. Während Schnorcheln überall erlaubt ist, reagieren die Behörden empfindlich, wenn Flaschentaucher ihrem Vergnügen ohne Genehmigung nachgehen. Daher ist Tauchen nur an den freigegebenen Tauchplätzen und bei zertifizierten Tauchschulen möglich. Diverse Tauchtrips werden auch vom Mandráki-Hafen in Rhódos-Stadt aus angeboten. → S. 63

Familienurlaub

Rhódos mit Kindern

Rhódos ist ideal für einen Urlaub mit Kindern. Speziell in den großen Orten gibt es Angebote für die Kleinen: von Wasserspaß über tierische Ausflüge bis zu mittelalterlichen Burgen.

Viele Strände auf Rhódos eignen sich bestens für einen entspannten Badetag mit der Familie, da sie meist flach abfallen und über ein großes Unterhaltungsangebot verfügen.

Kinderfreundliche Strände
Kolímbia (→ S. 73), Faliráki (→ S. 65), Stegna, (→ S. 80), Pefkí (→ S. 97), Glystra Beach (→ S. 98) und in der Ágios-Nikólaos-Bucht auf Sými (→ S. 189).

Bauen und schauen

An den vielen flach abfallenden Stränden können große und kleine Baumeister die perfekte Sandburg bauen und sich anschließend nach getaner Arbeit an der Miniatur eine der echten mittelalterlichen Burgen anschauen, die in großer Zahl über die Insel verteilt sind. Besonders eindrucksvoll sind die von Monólithos (→ S. 147) und Kritiniá (→ S. 146).

Stadtvergnügen

Ritterliche Fantasien lassen sich auch wunderbar beflügeln bei einem Spaziergang entlang von Stadtmauer, Burggraben und Ritterstraße in der **Altstadt** von Rhódos. Eine Reise in die Vergangenheit können die Kinder darüber hinaus am Monte Smith beim Erkunden der antiken Akropolis erleben. Hier kann man sogar eine Runde durch das alte Stadion laufen. Alternativ bietet sich ein Besuch im Aquarium an. Wenn der Nachwuchs Fische lieber in ihrer natürlichen Umgebung beobachten will, geht man zum Mandráki-Hafen und bucht dort einen Ausflug mit dem Glasbodenboot (Angebote hierfür gibt es ebenso von Líndos, Stegná oder Kolímbia aus). → S. 39

Highlight für Wasserratten

Auf einer Fläche von 100.000 m² findet im Wasserpark bei Faliraki jeder eine Rutsche nach seinem Geschmack – groß, klein, steil, flach, schnell, langsam … Außerdem im Angebot: ein Wellenbecken, ein Piratenschiff, verschiedene Schwimmbecken und eine Wasserhüpfburg. Ein kostenloser Shuttlebus sorgt für eine gute öffentliche Anbindung. → S. 65

Spaß im Dunkeln

Bei den Sieben Quellen nahe Kolímbia können Sie gemeinsam mit Ihren Kindern ein kleines Abenteuer erleben und ausgerüstet mit einer Taschenlampe einen 182 m langen Tunnel durchschreiten, in den nur über einen Spalt in der Mitte Licht fällt. Man watet dabei durch knöcheltiefes, sehr kaltes Wasser und erreicht zum Schluss einen kleinen Stausee. Die Aktion ist völlig ungefährlich, an Klaustrophobie sollte man jedoch besser nicht leiden. Die beste Besuchszeit ist frühmorgens, bevor die Touristenmassen kommen. → S. 73

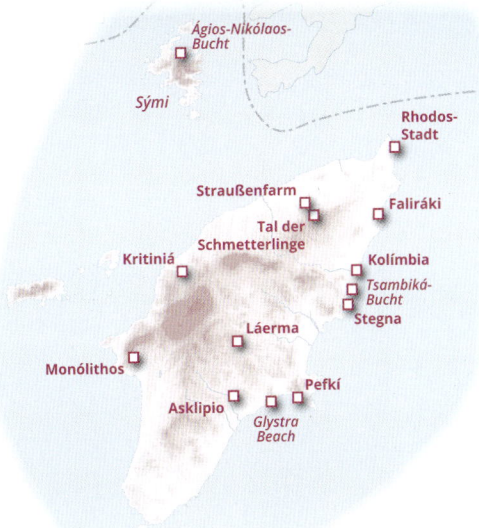

Ágios-Nikólaos-Bucht

Sými

Rhodos-Stadt

Straußenfarm

Faliráki

Tal der Schmetterlinge

Kritiniá

Kolímbia

Tsambiká-Bucht

Láerma

Stegna

Monólithos

Pefkí

Asklipio

Glystra Beach

Das große Flattern

Ein besonderes Erlebnis ist ein Spaziergang durch das Tal der Schmetterlinge nahe Theologos. Hier lassen sich im Sommer Tausende der Tiere beobachten, ein wunderschöner Anblick! Die komplette Runde ist jedoch nur etwas für ältere Kinder. Für 4–10-Jährige empfiehlt sich eine kleinere ab dem mittleren Eingang, auch hier sieht man zahlreiche Schmetterlinge. Für Kinderwagen ist der Weg wegen zahlreicher Wurzeln und Treppenstufen nicht geeignet. → S. 135

Strauße streicheln

Auf der unweit vom Schmetterlingstal gelegenen Straußenfarm, die gleichzeitig ein kleiner Zoo ist, kann man die Riesenvögel sowie Lamas und andere große Tiere füttern und streicheln. Wem diese nicht ganz geheuer sind: Es gibt auch ein Kleintiergehege mit Kaninchen und Schafen und einen Spielplatz. → S. 137

Esel- und Ponyreiten

Gelegenheit zum Reiten bietet sich im Südwesten gleich zweimal: Donkey Cruise, nahe Asklipio, hat Ausflüge mit Eseln im Programm, die Elpida Ranch, nahe Láerma, Ausritte auf dem Pferd oder dem Shetlandpony. Auf der Ranch gibt es außerdem noch jede Menge andere Tiere wie Schweine, Ziegen und Hunde. → S. 102 und S. 109

Einkehren mit Kindern

Viele Lokale auf Rhódos haben sich auf Familien mit Kindern eingestellt und bieten für die Kleinen Extra-Gerichte, Spielecken und Hochstühle an. Ideale Bedingungen finden Eltern, die in Ruhe speisen möchten, in den kinderfreundlichen Tavernen Artemida (→ S. 70), Old Kamirós (→ S. 144) und O Listis (→ S. 126) sowie im Café Aktaion (→ S. 59) vor.

Archángelos: Bunte Häuser zieren den Ortskern

Unterwegs

auf Rhodos

Rhódos-Stadt

Seit jeher bewachen Hirsch und Hirschkuh, die Wappentiere von Rhódos, die schmale Einfahrt am Mandráki-Hafen. Einst soll hier der legendäre Koloss der Insel, eine Bronzestatue des Sonnengottes Helios, gestanden haben. Nach dem Erdbeben von 227 v. Chr. ging die Statue, eines der sieben Weltwunder, jedoch für immer verloren.

Griechen, Römer, Kreuzritter, Türken und Italiener haben die Altstadt von Rhódos geprägt. Hier ist jeder Stein ein Stück europäische Geschichte. In den vergangenen Jahren wurde insbesondere das osmanische Erbe bewahrt.

Geschichte begegnet dem Besucher in Rhódos-Stadt auf Schritt und Tritt. Man trifft auf Spuren der Ritter des Johanniterordens, der Türken oder der italienischen Faschisten. Kein Wunder, dass die UNESCO die von einer 4 km langen Stadtmauer umgebene Altstadt zum Welterbe erklärt hat. Die riesige Befestigungsanlage zählt zu den beeindruckendsten Bollwerken des gesamten Mittelmeers.

Die Osmanen konnten die Stadt 1522 dennoch einnehmen. Noch heute sieht man im türkischen Viertel zahlreiche Relikte der 400 Jahre langen Besatzungszeit. Zudem findet man in der Altstadt ein jüdisches Viertel und ein Ritterviertel. Diese Vielfalt zieht jedes Jahr zahlreiche Touristen an, entsprechend voll kann es in den Altstadtgassen werden.

Rhódos-Stadt ist eine architektonisch zweigeteilte Inselmetropole: die Altstadt mit nur 5000 Bewohnern und die Neustadt mit knapp 50.000 Einwohnern. Einerseits mittelalterliches Gassengewirr, andererseits kunterbunte Beton-Moderne. Für eine umfangreiche Besichtigung der beiden Teile sollte man sich mehrere Tage Zeit nehmen.

Was anschauen?

Altstadt: Die verwinkelte Altstadt mit ihrem labyrinthartigen Straßensystem sucht in ganz Griechenland ihresgleichen. Schlendert man durch die Gassen mit schattigen Hinterhöfen, halb verfallenen Moscheen und fein herausgeputzten Ritterhäusern, scheint die Zeit oft stehen geblieben zu sein. Wer abseits der Sokrates-Straße, dem überlaufenen Einkaufsboulevard, spaziert, kann noch vieles entdecken. Außerdem

positive: Die Altstadt ist quasi autofrei. → S. 24

Großmeisterpalast:
Das mit Zinnen gekrönte Gebäude überragt die Altstadt im Nordwesten. In seiner derzeitigen Form erbauten es jedoch erst die italienischen Faschisten und nicht etwa die Johanniter für ihren Großmeister. Heute beherbergt der Palast ein Museum mit sehenswerten Mosaiken und zwei Ausstellungen über die Geschichte von Rhódos. → S. 28

Archäologisches Museum: Das Museum befindet sich seit 1916 im ehemaligen Ordenskrankenhaus der Johanniter, dem modernsten Hospital seinerzeit. Zu besichtigen gibt es den alten Krankensaal und darüber hinaus die wichtigsten Funde des Dodekanes, etwa zwei Statuen der Göttin Aphrodite und eine Darstellung des Sonnengottes Helios. → S. 35

Monte Smith: Ein Ausflug auf den 110 m hohen Berg im Südwesten der Altstadt lohnt sich vor allem wegen der schönen Aussicht. Außerdem findet man hier die Überreste der Akropolis von Rhódos. → S. 42

Wo ausgehen?

Türkisches Viertel in der Altstadt: Die Altstadt ist auch am Abend ein Erlebnis. Exzentrische Bars und orientalisch anmutende Lounges sind bei Einheimischen und Besuchern gleichermaßen beliebt. Besonders quirlig geht es rund um die Platia Ippocratou und die Platia Arianos zu. → S. 31

Orfanidou Street: Das Synonym für das (touristische) Nachtleben in Rhódos-Stadt. Auf den wenigen Hundert Metern dieser etwas heruntergekommenen Straße reiht sich Bar an Disco. Am Abend ist sie voll mit Ausgehwilligen um die zwanzig und Promotern, die diese in ihre Lokale locken wollen. → S. 59

Wo baden?

Stadtstrand von Rhódos-Neustadt: Der beliebteste Strand der Stadt, von den Einheimischen auch Elli-Strand genannt, liegt windgeschützt zwischen Mandráki-Hafen und Aquarium. Für Familien ist der Strand nur bedingt geeignet, denn er fällt relativ steil ab. Schon nach wenigen Metern kann man nicht mehr stehen. Dennoch wird es hier im Sommer sehr voll, dann gilt: ganz früh oder ganz spät kommen. → S. 59

Ausflüge in die Umgebung: Am Mandráki-Hafen starten regelmäßig Schiffe zu den Stränden an der Ostküste. Preiswerter sind Ausflüge mit dem Bus, etwa nach **Kallithéa** (11 km von Rhódos-Stadt, hervorragende Verbindung). Doch auch hier ist viel los. → S. 62

Altstadt von Rhódos mit Kirchtürmen und Minaretten:
ein multikultureller Kosmos

Geschichte

Rhodos blickt auf eine lange Geschichte zurück. Hier findet man noch Spuren aus der griechischen und römischen Antike sowie von den späteren christlichen, italienischen und türkischen Besatzern der Insel (→ Geschichte, S. 204)

Der antike Geograf und Historiker Strabon notierte bereits vor rund 2000 Jahren: „Die Stadt der Rhodier liegt auf der östlichen Landspitze. Durch Häfen, Straßen, Mauern und weitere Ausstattungsmerkmale zeichnet sie sich vor allen so sehr aus, dass wir keine andere Stadt nennen können, die ihr gleicht, geschweige denn, ihr überlegen ist. Bewundernswürdig ist auch ihre gute Gesetzgebung und die Sorgfalt, mit der Gemeinwesen und insbesondere die Flotten-Angelegenheiten gepflegt werden; daher behauptete die Stadt lange die Seeherrschaft; vernichtete Piraten und war mit den Römern befreundet; ebenso mit den Königen, die ihrerseits Freunde der Römer und Griechen waren. Bei all diesen Vorzügen blieb sie stets unabhängig und wurde mit vielen Weihegaben geschmückt."

Die riesige Befestigungsanlage, einst von den Byzantinern im 13. Jh. errichtet und später von der Rittern des Johanniterordens über 200 Jahre immer wieder verstärkt, zählt zu den beeindruckendsten Festungsanlagen des gesamten Mittelmeers. Und dennoch: Die meterdicken Mauern, hohen Bastionen und tiefen Gräben konnten nicht verhindern, dass die Türken 1522 die Stadt einnahmen. Sie blieben bis 1912. Viele Moscheen in der Altstadt sind noch heute eindrucksvolle Zeugen der fast 400-jährigen Besatzung.

Das Verhältnis zur Türkei ist trotz mancher Streitigkeiten entspannter als früher. Von einem guten nachbarschaftlichen Verhältnis profitieren beide Länder, so denken viele auf der Insel. Die Zeiten, als Ausflüge in die nahe türkische Hafenstadt Marmaris noch umständlich zu organisieren waren, sind längst vorbei. Heute werden Tagesausflüge zum Nachbarn auf dem Festland angeboten. Die Rhodier bemühen sich mittlerweile auch, die türkischen Kulturdenkmäler wie auch die anderen architektonischen Kostbarkeiten für die Besucher zu bewahren.

Trotzdem stehen viele Gebäude, vor allem im hinteren Teil der Altstadt, leer oder verfallen. Es fehlt an finanzkräftigen Eigentümern, welche die Denkmalschutzauflagen erfüllen können und wollen. Mit Finanzhilfe der Europäischen Union werden zahlreiche Baudenkmäler innerhalb der Altstadt restauriert.

Rhódos-Stadt → Karte S. 51 und S. 56/57

Sehenswertes im Ritterviertel

Den nördlichsten Teil der Altstadt, angrenzend an die Nordstadt, bildet das Ritterviertel, das leicht an dem alles überragenden, wuchtigen Großmeisterpalast zu erkennen ist. Man gelangt in den Festungsring über eine Außenmauer, einen Graben und den eigentlichen Befestigungswall. Da die gesamte Anlage gut erhalten ist, kann man sich ein sehr anschauliches Bild von der mittelalterlichen Militärtechnik machen.

Tempel der Aphrodite

Man betritt – vom Mandráki-Hafen kommend – die Altstadt durch das Eleftherias-Tor (Freiheitstor), das die Italiener 1924 nicht ohne Hintergedanken in Sachen Symbolik errichteten. Gegenüber liegen in einem umzäunten Areal die Reste des dorischen Aphrodite-Tempels aus dem 3. Jh. v. Chr. Lediglich ein paar Grundmauern und Säulentrommeln sind noch erhalten. Der Tempel ist eines der wenigen Relikte aus der Antike in der Altstadt. Dahinter sieht man die Herberge der Auvergne, die heute Verwaltungsbüros beherbergt.

Ritterstraße – Odos Ippoton

Die originalgetreu restaurierte Straße, die vom Hospital, dem heutigen Archäologischen Museum, hangaufwärts zum Großmeisterpalast führt, ist ein Musterbeispiel für die Architektur zur Zeit der Johanniterherrschaft. Die spätgotischen Fassaden reflektieren das einfache, strenge Leben der Ritter.

Während der türkischen Besatzung wurden die Wohnhäuser der Ritter, die jeweils einer Nation zugeordnet waren, total umgebaut. Italienische Archäologen stellten den Originalzustand wieder her. Auf den ersten Blick wirkt die schnurgerade, kopfsteingepflasterte Straße enttäuschend. Eine Ritterherberge sieht wie die andere aus. Doch wer genauer hinschaut, entdeckt viele interessante Details an den Fassaden. Schilder an den Häuserwänden erklären, zu welcher nationalen Rittergemeinschaft das Gebäude gehört hatte. Heute befinden sich in den schönen Gebäuden vor allem Büros der Archäologen des Dodekanes oder Außenstellen des griechischen Kulturministeriums. Die beiden schönsten Gebäude in der Ritterstraße sind das italienische und französische Konsulat, leicht zu erkennen an der jeweiligen Nationalflagge.

Die Suche nach einer deutschen Herberge ist übrigens vergebens. Es gibt keine historische Quelle, mit denen sich ihr Haus lokalisieren lässt. Die deutschen Ritter waren im Vergleich zu ihren „Kampfesbrüdern" arm.

Eines der sieben Weltwunder der Antike – der Koloss von Rhódos

Der Koloss von Rhodos ist allgegenwärtig: Jeder Souvenirladen präsentiert den „muscle-man" in Plastik, in Ton, auf Postkarten, als Poster, als Briefbeschwerer … Der über 30 m hohe Gigant – die mit Abstand größte Statue der Antike – wurde um 290 v. Chr. in zwölfjähriger Arbeit zu Ehren des Helios, des Sonnengottes und Beschützers von Rhodos, errichtet. Der Inselpatron hatte die Rhodier vor der Eroberung durch die Mazedonier bewahrt. Die Bronzestatue soll breitbeinig mit einer Fackel in der Hand über dem Eingang des Mandráki-Hafens gestanden haben. Doch dies ist mehr Legende als historische Wahrheit. Schon aus Gründen der Statik wäre ein solches Unternehmen gescheitert. Höchstwahrscheinlich stand die Riesenstatue in der Nähe des heutigen Großmeisterpalastes oder am Mandráki-Hafen. Andere Quellen platzieren ihn auf einen zentralen Platz in Rhodos-Stadt. Das vermutete auch der römische Schriftsteller Plinius, der schrieb: „Der Sonnenkoloss erregt selbst im Liegen das Staunen aller, die ihn sehen. Nur wenige können seinen Daumen umfassen; die Finger sind größer als die meisten Statuen. Seine zerbrochenen Glieder bilden ungeheure Höhlungen."

Ein langes Leben war diesem Weltwunder allerdings nicht beschieden. Nur 63 Jahre behauptete die Kolossalstatue ihren Platz. Bereits 227 v. Chr. (eventuell auch 224 v. Chr.) stürzte sie während eines Erdbebens ins Meer. Die Rhodier sammelten daraufhin fleißig Geld für den Wiederaufbau, doch das Orakel von Delphi warnte die Einwohner vor den schlimmen Folgen für die Stadt. Nichtsdestotrotz – Kitsch und Kult leben auch nach mehr als 2200 Jahren fort! Immer wieder geriet der Koloss in die Schlagzeilen der Weltpresse. Eine Australierin hatte beispielsweise 1987 in ihrem Urlaub auf Rhodos die Vision, der Koloss läge in drei Teilen vor der Hafeneinfahrt. Es folgte eine hektische Suchaktion mit Froschmännern der Hafenpolizei. Tatsächlich förderten sie aus 52 m Tiefe einen Steinblock zutage, der einer geballten Faust glich. Die schnell herbeigeeilten Experten hatten allerdings eine höchst profane Erklärung parat: Die faustähnliche Verformung stammte von einem Bagger!

Um die Jahrtausendwende wurde erneut über einen Wiederaufbau am Hafen diskutiert. Die Stadtverwaltung träumte von einem Monument, das dem internationalen Frieden an der Schnittstelle zwischen Europa, Asien und dem Nahen Osten gewidmet sein sollte. Der damalige Bürgermeister Giorgos Jannopoulos kalkulierte danach für sein „Jahrtausend-Denkmal" rund 30 Mio. Euro ein. Doch die kühnen Pläne der Rhodier zerplatzten am Willen der griechischen Kulturministerin, die das Projekt als „Kitsch" bezeichnete. Heute gibt es neue Ideen: Einige Architekten, Ingenieure und Archäologen wollen den Koloss als begehbares Museum am Hafen wiedererrichten. Der Neubau soll 150 Meter hoch werden – also etwa fünf Mal so hoch wie der ursprüngliche Koloss. Noch aber werden Sponsoren für das 240 Mio. Euro teure Bauvorhaben gesucht.

House of Djem/
Haus des Prinzen Cem

Das Haus verdankt seinen Namen dem Prinzen Cem, der nach dem Tod seines Vaters Sultan Mehmed II. um die Herrschaft im Osmanischen Reich kämpfte und zu einer tragischen Figur zwischen den Mächten wurde. Nachdem er vergeblich versucht hatte seinen konservativen Halbbruder Bayezid II. zu inthronisieren, fand er 1482 während seiner Flucht Asyl in diesem Haus auf Rhodos. Die Flucht des osmanischen Prinzen ins christliche Herrschaftsgebiet war für damalige Verhältnisse recht ungewöhnlich, nicht nur weil Persien im Osten ihm aus religiösen Gründen näher gewesen wäre, sondern auch, weil Cems Vater einige Jahre zuvor versucht hatte Rhodos zu erobern. Cem hoffte trotzdem auf militärische Unterstützung durch die Kreuzritter im Kampf gegen seinen Bruder, der Großmeister von Rhodos Pierre d'Aubusson sah in ihm dagegen ein willkommenes Pfand, um seine Insel vor einer weiteren Belagerung durch die Osmanen zu schützen. Daher schloss er mit Cems osmanischem Gegenspieler Bayezid einen geheimen Pakt. Bayezid versprach Rhodos nicht mehr anzugreifen, und zahlte dem Großmeister jährlich 40.000 Golddukaten, damit dieser Cem streng bewachte, sodass Bayezid nicht mehr um seinen Thron fürchten müsse. Cem war in eine Falle geraten, aus der er sich nie wieder befreien konnte. Ein Jahr später wurde er nach Frankreich verschifft, wo er unter primitivsten Verhältnissen auf verschiedenen Burgen der Ordensritter gefangen gehalten wurde. Er starb mit nur 36 Jahren an einer Vergiftung.

Das Gebäude ist eines der wenigen in der Ritterstraße, die heute besichtigt werden können. Zunächst war jedoch eine umfassende Restaurierung nötig. Sie gelang mithilfe der EU von 2000 bis 2006: An den Baukosten in Höhe von

Großmeisterpalast ▲
Gut erhaltenes Bodenmosaik ▼
Im Haus des Prinzen Djem ▼▼

Eitle Großmannssucht italienischer Faschisten

Bis heute erinnert eine graue Marmortafel von 1940 an den italienischen Diktator Benito Mussolini. Der Faschistenführer wollte mit allen Mitteln – koste es, was es wolle – einen pompösen, antikisierenden Großpalast in der Altstadt von Rhodos. Mit dem Wiederaufbau des Großmeisterpalasts erfüllte er sich dieses Ziel. Dabei spielte historische Genauigkeit keine Rolle. Der italienische Architekt Vittorio Mesturino, der die dreijährigen Bauarbeiten leitete, musste vor allem den Ansprüchen an ein imposantes, protziges Gebäude genügen. So wurden die Räume im Erdgeschoss ohne Rücksicht auf deren einstige Funktion vollkommen verändert, außerdem im West- und Ostflügel ein Zwischengeschoss geschaffen und über die gesamte Gebäudefläche ein Obergeschoss gebaut. Bis heute wird die Restaurierung des Großmeisterpalastes kontrovers diskutiert, da sie nicht auf baugeschichtliche Genauigkeit setzte, sondern nur die eitle Großmannssucht der Faschisten befriedigte. Doch die Griechen haben sich mit der Vergangenheit arrangiert. Und die vielen Besucher wissen meist nur wenig über den Neubau, der wie ein Altbau erscheint.

833.000 € beteiligte sie sich zu 75 %. Heute ist hier der Sitz des Kulturministeriums von Rhodos. Im Erdgeschoss sind drei Räume für die Öffentlichkeit zugänglich, verschiedene Infotafeln geben einen guten Überblick über die Geschichte der Ritterstraße und die Restaurierung.

■ Tägl. geöffnet 12.30–15.30 Uhr. Eintritt kostenlos. Das Haus liegt etwa auf halber Strecke zur Rechten auf dem Weg vom Archäologischen Museum zum Großmeisterpalast, kurz nach dem französischen Konsulat.

Großmeisterpalast

Das mit Zinnen gekrönte Gebäude überragt die Altstadt. Es ist jedoch nicht so alt, wie der Name es vermuten lässt (der Großmeister war der Frühere des Johanniter Ordens). Der Palast (Grundfläche 80 x 75 m) wurde nach alten Plänen erst 1940 unter den italienischen Faschisten fertiggestellt. Heute beherbergt er in den eindrucksvollen alten Räumlichkeiten ein Museum und zwei sehenswerte Ausstellungen im Erdgeschoss. An heißen Sommertagen ist eine Besichtigung daher auch gut in der Mittagshitze möglich.

Das ursprüngliche Gebäude aus dem 14. Jh. war bereits 1481 nach einem Erdbeben größtenteils zerstört worden. Für eine weitere Schädigung der alten Bausubstanz sorgte eine schwere Explosion im Jahre 1856, die weite Teile der Altstadt in Schutt und Asche legte. Nur die unteren Teile der Außenmauer, das wuchtige Außenportal mit den flankierenden Rundtürmen und ein Teil der Großmeisterwohnung blieben übrig.

Die Italiener bauten das Ordensritterschloss als Sommerresidenz für *Mussolini* und *Viktor Emmanuel III.* aus. Erst wenige Tage vor Beginn des Zweiten Weltkriegs war die Inneneinrichtung komplett. Doch zum „dolce vita" des Duce auf der Roseninsel sollte es nicht mehr kommen. Weder Mussolini noch der König konnten den Palast jemals als Residenz benutzen.

Der Innenhof des Großmeisterpalastes wird für Veranstaltungen genutzt

In den Großmeisterpalast gelangt man durch das Hauptportal an der Südseite. Zwei Rundtürme flankieren den imposanten Eingang. Im Inneren führt vom Foyer eine Treppe zu den repräsentativen Räumen im ersten Stock. Geradeaus geht es in den schlichten Innenhof mit Freitreppe, dessen Nordseite von späthellenistischen Statuen aus Kos begrenzt wird. Im ersten Stock gibt es mehr als ein Dutzend Räume, deren Besichtigung sich vor allem wegen der Mosaikfußböden lohnt. Besonders eindrucksvoll ist die Gipskopie der legendären Laokoon-Gruppe, ein Werk der rhodischen Bildhauer Hagesander, Athenodor und Polydor aus dem 1. Jh. v. Chr. Die Skulptur zeigt den trojanischen Priester Laokoon, der sich gegen das Vorhaben der Trojaner ausspricht, das von den Griechen vor den Stadttoren abgestellte Holzpferd in die Stadt zu holen. Daraufhin wird er mit seinen Söhnen von zwei gottgesandten Schlangen getötet. Diese Darstellung Laokoons ist weltberühmt, die Statuen-Gruppe aus Marmor befindet sich in den Vatikanischen Museen (wurde

1506 wiederentdeckt) und ist wahrscheinlich selbst ein Kopie einer früheren Bronzestatue. Im Großmeisterpalast kann man also eine Kopie der Kopie bewundern.

Faszinierend sind auch die sorgfältig restaurierten Mosaikfußböden von der Insel Kos, vor allem aus hellenistischer, aber auch aus frühchristlicher Zeit. Zu den schönsten zählen das Haupt der Medusa (im 3. Raum), die Darstellung einer Nymphe, die auf einem Seepferd reitet (1. Jh. v. Chr.), und die neun Musen. Ein späthellenistisches Mosaik zeigt die Köpfe der personifizierten Musen. Im gleichen Saal (einer der letzten Räume des Rundgangs) erinnert ein offener Kamin mit dem Wappen von Viktor Emmanuel III. an die Rekonstruktion des Palastes durch die Italiener.

Im Erdgeschoss gibt es zwei sehr sehenswerte, didaktisch ansprechend gestaltete Ausstellungen zur 2400-jährigen Geschichte von Rhodos zu sehen.

Im südwestlichen Bereich des Erdgeschosses (bei der Kasse) sind in sieben Räumen Fundstücke aus frühchristlicher

Zeit bis zur Eroberung durch die Türken 1522 ausgestellt, darunter zahlreiche Gegenstände des täglichen Lebens und Waffen.

Eine weitere Ausstellung im nordöstlichen Teil des Erd- und Untergeschosses (von der Kasse aus gesehen, überquert man den Innenhof) zeigt in zwölf Räumen vor allem Exponate aus antiker Zeit, darunter eine Darstellung des Sonnengottes Helios (Raum 3), rhodische Mosaike (Raum 4) und die Entwicklung rhodischer Amphoren (Raum 10). Achtung: Diese Ausstellung hat nur von 9 bis 16:45 Uhr geöffnet.

■ April–Okt. Mo–So 8–20 Uhr; Nov.–März Di–So 8–15 Uhr, Mo geschlossen. Erwachsene 6 €, ein Kombiticket für 10 € gilt zusätzlich auch für das Archäologische Museum, das Museum für dekorative Volkskunst und die Kirche Panagia tou Kastrou. Kinder und Studenten mit ISIC frei. In den Wintermonaten am ersten Sonntag des Monats freier Eintritt. www.culture.gr. Kostenloser WLAN-Zugang im Museum. Achtung: Aufgrund der Krise wurden Einsparungen beim Personal vorgenommen, teilweise sind die Ausstellungen geschlossen.

Die mächtige Stadtmauer ist in der Ägäis einmalig

Stadtmauer und Burggraben

Sie ist 4 km lang und bis zu 14 m breit. Eine Stadtmauer, die in Griechenland ihresgleichen sucht. Aus Furcht vor türkischen Angriffen ließen die Johanniterritter die Befestigungen unter ungeheuren Mühen und Kosten ausbauen. 200 Jahre nahm die Verwirklichung des Mammutprojektes in Anspruch. Sie war in acht Abschnitte unterteilt, die von Rittern aus Frankreich, Deutschland, der Auvergne, Spanien, England, der Provence, Italien und Kastilien verteidigt wurden. 1480 wurde die Mauer nach einer türkischen Belagerung noch durch Bastionen und eine Verbreiterung verstärkt. Doch letzten Endes war die ganze Arbeit umsonst. Sie war noch nicht einmal richtig fertig, als die Bastion am Rande Europas 1522 in die Hände der Türken fiel.

Der Rundgang beginnt im Hof vor dem Großmeisterpalast (vor dessen Eingang links abbiegen) und führt über das D'Amboise-Tor mit seinen eindrucksvollen Rundtürmen in Richtung Süden bis zum Kóskinou-Tor. Nicht zugänglich ist das Innere der Militäranlage mit seinen Wehrgängen und Munitionsräumen, die von starken Mauern umgeben sind. Der Besucher wird allerdings mit einem grandiosen Panorama auf die Altstadt, den Hafen und den gigantischen Festungsgraben entschädigt.

Bei einem Spaziergang durch den Burggraben kann man hingegen die Mauer aus der Froschperspektive erleben. Der Graben mit Rasen und Palmen gleicht einem riesigen Park under ist auch abends geöffnet. Es gibt vier Eingänge: Der größte und schönste liegt beim Rimini-Platz (man biegt nach der Touristeninformation beim Mandraki Hafen rechts Richtung Stadtmauer ab).

■ Stadtmauer: Mo–Fr 12–15 Uhr. Eintritt 2 €, Kinder und Studenten mit ISIC frei. Beginn des Rundgangs beim Großmeisterpalast; hier gibt es auch die Tickets. Dauer bis zum Kóskinou-Tor ca. 30 Min. (2 km Länge). Der Burggraben ist frei zugänglich.

Uhrenturm

Die höchste Erhebung der Altstadt von Rhodos fällt auf den ersten Blick kaum auf. Biegt man am Ende der Sokrates-Straße nach rechts in die touristische Orfeos-Straße ab, trifft man nach wenigen Metern auf einen Uhrturm aus dem Jahr 1852. Die Uhr funktioniert noch heute. Einst sollte sie den Griechen die türkische Zeit sagen. Die Türken erließen für das öffentliche Leben strenge Regeln. Sie hatten genau festgelegt, wann und wer die strategisch so wichtige Stadt betreten und verlassen durf-te. Heute kann man den Turm gegen ein Eintrittsgeld besteigen. Eine steile Holztreppe führt nach oben. Historische Fotos dokumentieren die umfangreichen Restaurierungsarbeiten. Der Genuss der Aussicht hält sich allerdings in Grenzen. Die vier kleinen Fenster auf Kniehöhe erlauben keinen tollen Rundblick auf das steinerne Labyrinth der Altstadt. Entschädigend wirkt evtl. das im Eintrittspreis beinhaltete Getränk, das im Open-Air-Café beim Uhrturm serviert wird.

■ Orfeos-Str. 1. April bis Okt. tägl. 9–22 Uhr. Eintritt 5 €, Kinder bis 15 J. frei.

Sehenswertes im Türkischen Viertel

Südlich der Ritterstraße beginnt der lebendigste Teil der Altstadt. Die Architektur der Häuser, die Moscheen, der Basar – man spürt, die Türkei ist nahe. Die Sokrates-Straße mit ihren vielen Souvenirshops, Schuh-, Pelz- und Schmuckläden ist das Herz der Altstadt. Touristenmassen wälzen sich von der Suleiman-Moschee hinunter zur Platia Ippocratou, in Stoßzeiten ist kaum ein Durchkommen möglich. Hier herrscht ein ständiges Kommen und Gehen, Cafés und Restaurants sind immer voll. Doch nur ein paar Schritte abseits, in den kleinen verwinkelten Gassen, kann man auch ein anderes, beschaulicheres türkisches Wohnviertel kennenlernen.

Suleiman-Moschee

Auf einem Hügel am oberen Ende der Sokrates-Straße liegt die große Moschee des legendären Rhodos-Eroberers. Das

„Islamischer Leuchtturm"

Wie Bleistiftspitzen ragen die Türme der Moscheen aus dem Häusergewirr der Altstadt heraus. Der Name „Minarett", von dem aus der Muezzin die Gläubigen zum Gebet rief, leitet sich vom arabischen Wort „manara" ab, was so viel bedeutet wie „Platz, auf dem Feuer und Licht ist". Tatsächlich wurde der Turm während des Fastenmonats Ramadan nachts beleuchtet.

Seit dem 8. Jh. kennt man das Minarett in der islamischen Welt. Nach Rhodos kam es erst durch Suleiman II., der die Insel 1522 einnahm. Ruck, zuck verwandelte er einige byzantinische Kirchen durch den Anbau eines Minaretts in Moscheen. Den höchsten „islamischen Leuchtturm" besaß die Suleiman-Moschee in der Sokrates-Straße. Reich mit Ornamenten verziert ist das Minarett der Murad-Reis-Moschee inmitten eines türkischen Friedhofes in der Neustadt.

nicht einmal 200 Jahre alte Gotteshaus steht an der Stelle einer älteren Moschee. Es ist ein quadratischer Bau mit einem großen, schlichten Kuppelsaal. Die Moschee fällt auch durch ihre „schiefe" Lage zu den anderen Gebäuden auf – sie wurde in Richtung Mekka gebaut. Die früher stark einsturzgefährdete Moschee wurde mit Unterstützung der EU restauriert. Das Minarett der Moschee, ehemals das höchste der Stadt, war einst zur Hälfte eingestürzt.

Hafi-Ahmed-Agha-Bibliothek

Die türkische Bibliothek wurde 1793 erbaut und 1995 renoviert. Sie liegt gegenüber der Suleiman-Moschee, am Ende der Sokrates-Straße, neben dem Restaurant Castelo House. Über einen mit Kieselmosaiken verzierten Innen-

Minarette in der Altstadt: Relikte der osmanischen Herrschaft

hof betritt der Besucher das Bücherhaus. Der Zwei-Kuppel-Bau birgt bis heute wertvolle Handschriften in Arabisch, Persisch und Türkisch. Hier wird auch eine Chronik der türkischen Eroberung (1522) aufbewahrt. Für den Besucher steht jedoch nur einer der beiden Räume zur Verfügung. In Vitrinen ist ein kleiner Teil des Bücherschatzes zu sehen. Neben dem Eingang ein altes türkisches Haus mit typischem Holzvordach.

▪ Orfeas-Str. Mo–Sa 9.30–15 Uhr. Eintritt frei.

Platia Arianos

Das ehemalige türkische Bad und die Sultan Mustafa Moschee an der Platia Arionos, inmitten des pittoresken türkischen Viertels, sind leider nur von außen zu bewundern. Das 1558 errichte Bad nutzen die Stadtbewohner jahrelang als städtisches Hallenbad. Später war hier ein Museum untergebracht, das jedoch seit einigen Jahren geschlossen ist. Einen Besuch wert sind jedoch die zahlreichen netten Lokale und Cafés an der Platia Arionos.

Redjeb-Pascha-Moschee

Auf der abgeschiedenen Platia Dorieos,. errichteten die Türken 1588 aus dem Material christlicher Kirchen und Rittergebäude die prächtige Moschee, die leider halb verfallen und deswegen abgesperrt ist. Die Zeiten, als die Rhodier ihr türkisches Erbe missachteten, sind vorbei. Doch angesichts knapper Kassen des Staates fehlt das Geld für den Wiederaufbau und Erhalt.

Ibrahim-Pascha-Moschee

1531 kurz nach der türkischen Eroberung erbaut und damit die älteste Moschee der Stadt. Sie liegt in der Platonos-Straße, einer Seitenstraße der Pythagoras-Straße (Nahe der Platia Ippocratou), und ist unschwer am hohen Minarett zu erkennen, das von den Italienern restauriert wurde. Am Freitag trifft sich hier die türkische Gemeinde, um zu beten. Auch an manchen weiteren Abenden ist das Gebäude geöffnet und kann von innen besichtigt werden.

Ágios-Phanoúrios-Kirche

Das Kirchlein in der Form eines griechischen Kreuzes stammt aus dem 14. Jh. und besitzt sehenswerte, aber größtenteils stark verwitterte Fresken. Es wurde über Jahrhunderte von den Türken als Moschee benutzt. Vom unscheinbaren braunen Anbau sollte man sich nicht abschrecken lassen, zur Kapelle führen im Inneren Treppen hinunter. Tagsüber geöffnet. Ag.-Fanourios-Str./Ecke Omirou-Str.

Sehenswertes im Jüdischen Viertel

Kahal-Kadosh-Shalom-Synagoge und –Museum

Noch immer finden nur wenige den Weg zu der versteckt liegenden Synagoge (Symiou-Str., Fortsetzung der Dosiadou-Str.), die von den Überlebenden des Faschismus wiederhergerichtet wurde. Die meisten Besucher kommen aus Israel oder den USA und sind Nachfahren der ausgewanderten rhodischen Juden. Einer von ihnen ist Aron Hasson, ein Anwalt aus Los Angeles, der auf den Spuren seiner Großeltern nach Rhodos kam und maßgeblich am Aufbau des 1997 eröffneten Museums neben der Synagoge beteiligt war. Ausgestellt sind überwiegend Fotos aus der jüdischen Gemeinde vor und zu Beginn des Zweiten Weltkrieges wie auch Dokumente der Emigrierten aus den USA, dem Kongo, Simbabwe, Argentinien usw., die in englischer Sprache erläutert sind. Einst gab es sechs Synagogen auf Rhodos. Es gab sogar eine spanische Wochenzeitschrift auf der Insel namens „El Boletín".

Die mit einem Mosaikfußboden aus Kiesel ausgestattete Kahal-Kadosh-Shalom-Synagoge ist die älteste Griechenlands und stammt aus dem Jahr 1577. Ihr Name bedeutet übersetzt „Heilige Kirchengemeinde des Friedens". Im Jahr 2004 wurde sie mit Hilfe der Europäischen Union renoviert. Heute ist die Synagoge weniger kunsthistorisches Zeugnis als vielmehr ein bedrückendes Mahnmal. Bis zu ihrem Tod im Jahr 2000 war die betagte Lucia Sulam Mondiano, eine Überlebende des KZs Auschwitz, fast immer in der Synagoge anzutreffen. Sie arbeitete viele Jahrzehnte als eine Art Hausmeisterin und gab Interessierten gerne Auskunft. Lucia zählte zu den letzten Mitgliedern der jüdischen Gemeinde, die noch das Judeo-Espanol – auch *Ladino* genannt – sprachen.

In den 1920er-Jahren gab es auf Rhodos noch 4000 Griechen jüdischen Glaubens. Heute zählt die jüdische Gemeinde auf Rhodos nicht einmal mehr 40 Mitglieder, denn die wenigen Juden, die den Holocaust überlebten, kehrten nicht mehr nach Rhodos zurück. Ab und zu kümmert sich ein Rabbiner aus der nahen Türkei oder aus Belgien um die verbliebenen Gläubigen.

▪ Die Synagoge ist So–Fr 10–15 Uhr geöffnet. Vom Märtyrer-Platz führt eine unauffällige, mit Kieselsteinen gepflasterte Gasse (Dosiadou-Str.) zu der Synagoge. Ein kleines Bronzeschild weist auf die Synagoge am Märtyrer-Platz hin. Polidorou-Str. 5, ☎ 22410/22364. Detaillierte Informationen über die jüdische Gemeinde in Rhodos gibt es auch im Internet (www.rhodesjewishmuseum.org).

Admiralitätspalast

Inmitten des jüdischen Viertels, an der Nordseite der Platia Efreon Martirion (Platz der jüdischen Märtyrer), findet man den zweistöckigen gotischen Palast aus der Ritterzeit, im Erdgeschoss befindet sich ein Souvenirgeschäft. Das Gebäude trägt fälschlicherweise die

Rhódos-Stadt → Karte S. 51 und S. 56/57

Im Viehwaggon nach Deutschland

In den Gassen des Südostteils der Altstadt tönte es im 19. Jh. noch spanisch, eigentlich judeo-espanol. Auf der Flucht vor der Inquisition, die die Iberische Halbinsel tyrannisierte, kamen viele Juden nach Rhodos. Durch das „Edikt von Torrequemada" (1492) setzten Ferdinand von Aragon und Isabella von Kastilien in Spanien praktisch jeglicher *convivencia* (= das friedliche Nebeneinander verschiedener Glaubensrichtungen) ein Ende. 1200 bis 1500 Menschen verließen Spanien in Richtung Portugal und Navarra, wo sie bald wieder Freiwild wurden. Darum emigrierten viele nach Nordafrika, Italien, in die Türkei und auch nach Griechenland. Die *Sephardim*, wie die spanischen Juden und ihre Nachkommen sich nennen, wohnten seit dem 16. Jh. in Rhodos. Ob als Bankiers, Lastenträger oder Bootsleute – die fleißigen Emigranten brachten es zu Ansehen und Wohlstand. Heute leben im jüdischen Viertel längst Griechen. Weniger als 40 Mitglieder, das sind gerade mal sieben Familien, zählt die jüdische Gemeinde noch und einen eigenen Rabbiner hat sie auch nicht mehr. Es war Nazi-Deutschland, das die Juden in diesem entlegenen Winkel Europas ausrottete. Bereits 1940 besuchte Reichspropagandaminister Joseph Goebbels die Roseninsel. Rund die Hälfte der damals 4000-köpfigen Gemeinde flüchtete bald darauf nach Palästina und Afrika (Simbabwe, Südafrika, Kongo). Die übrigen Juden wähnten sich in Sicherheit und blieben. Als die damals italienischen Staatsbürger (Rhodos gehörte seit 1912 zu Rom) nach der Landung der Deutschen im Juli 1944 per Frachter ins KZ von Haidari bei Athen gebracht wurden, gab es ein böses Erwachen. Kurz danach wurden sie in Viehwaggons in das deutsche Vernichtungslager Auschwitz transportiert. 42 Menschen jüdischen Glaubens entgingen ihrer Deportation dank des beherzten türkischen Diplomaten Selahattin Ülkümen, der ihnen türkische Pässe ausstellte. 1604 rhodische Juden wurden ermordet, nur 151 überlebten den Holocaust. Heute erinnert eine Gedenktafel auf der rechten Seite des Eingangs der etwa 400 Jahre alten Synagoge daran. Außerdem gibt es im östlichen Teil des Stadtviertels die Platia Martirion Ebreon, den Märtyrer-Platz, als mahnendes Andenken an das grausame Schicksal der jüdischen Gemeinde auf Rhodos. Doch das wissen die wenigsten.

Bezeichnung Admiralitätspalast, höchstwahrscheinlich handelt es sich um den früheren Sitz des Metropoliten von Rhodos. Auf dem Märtyrer-Platz steht ein Monument aus schwarzem Marmor. Die Inschriften in verschiedenen Sprachen, darunter auch in dem von sephardischen Juden gesprochenen Spanisch, erinnern an die Ermordung von 1604 Menschen, die am 23. Juli

Die Brunnen in der Altstadt dienen nicht nur Tauben zur Erfrischung

1944 von den Deutschen in die Konzentrationslager geschafft wurden.

Marienkirche in der Burg

Nur wenige Schritte vom Märtyrer-Platz in östlicher Richtung liegt auf der rechten Seite der Pindarou-Straße die Ruine der Marienkirche in der Burg (Virgin of the Burgh). Einst war sie die größte katholische Kirche der Altstadt. Heute dient die gotische Ruine als Kulisse für klassische Konzerte im Sommer. Die im 14. Jh. erbaute Kirche besitzt noch Teile des ursprünglichen dreiteiligen Kirchenschiffs.

Die Museen von Rhódos-Stadt

Archäologisches Museum

An der Platia Mussiou inmitten der Ritterstadt, nur ein paar Schritte von der berühmten Ritterstraße (Odos Ippoton) entfernt, liegt das ehemalige Krankenhaus des Johanniterordens. Der durch seine Schlichtheit beeindruckende Bau wurde nach fast einem halben Jahrhundert Bauzeit unter Großmeister D'Aubusson 1503 fertiggestellt. Seit Jahrzehnten dient das einstige Hospital als archäologisches Museum für Rhodos und die benachbarten Dodekanes-Inseln. Hier werden alle wesentlichen archäologischen Funde des Dodekanes ausgestellt, etwa eine umfangreiche Sammlung von Bildhauerarbeiten aus hellenistischer und römischer Zeit.

In zahlreichen Räumen werden über 2500 Jahre alte Keramikarbeiten ausgestellt. Die Highlights sind die gut erhaltenen Marmorstatuen der Götter Aphrodite, Helios und Asklepios. Für die Besichtigung des großen Baus samt hübschem Garten sollte man sich einige Stunden Zeit nehmen.

Rundgang zu den wichtigsten Exponaten: Das einstige Krankenhaus betritt man durch einen hohen Eingang. Er führt in einen großen Innenhof, der von zweigeschossigen Arkaden umgeben ist. In den Ecken sind Kanonenkugeln aus der Ritterzeit zu kleinen Pyramiden aufgeschichtet. Dazwischen wacht eine späthellenistische Löwenskulptur über einem Mosaikboden. Er stammt aus einer frühchristlichen Basilika von der Nachbarinsel Kárpathos.

Eine breite Treppe führt zum Obergeschoss. Oben wendet man sich nach links und geht durch das große Tor. Nun steht man im großen, ehemaligen Krankensaal der Ritter. Er ist 51 m lang und 12 m breit. Die medizinische Versorgung war zur Ritterzeit vorbildlich.

Jeder Kranke hatte sein eigenes Bett. Das Essen wurde den Patienten auf kostbaren Tellern gebracht. Damit wollten die Ritter, einschließlich des Großmeisters, die regelmäßig als Krankenpfleger arbeiteten, ihre Demut vor den einfachen Menschen demonstrieren. Außerdem wurden im Hospital Patienten unterschiedlicher Religion aufgenommen und behandelt – ein für die damalige Zeit außergewöhnliches Verständnis von Krankenpflege.

Heute findet man im ehemaligen Krankensaal ironischerweise eine Vielzahl von Grabsteinen und Waffenreliefs ausgestellt. Besonders beachtens-

Johanniter – eine protestantische Rittergemeinschaft

Das ehemalige Krankenhaus der Johanniterritter ist gleichsam Symbol des Ordens, der sich bis heute vor allem für Kranke und Hilfsbedürftige einsetzt. Als die Johanniter 1522 Rhodos verlassen mussten, fanden sie auf Malta 1530 eine neue Heimat. Von diesem Ordenssitz leiten die heutigen katholischen Malteserritter mit Sitz in Rom ihren Namen ab. Doch Protestanten belebten im 19. Jh. den in Vergessenheit geratenen Johanniterorden wieder. Er versteht sich heute als geistliche Ritterschaft. Die Vereinigung protestantischer Gleichgesinnter arbeitet ehrenamtlich. Die Ritter verpflichten sich, für den Glauben einzutreten und vor allem Kranken zu helfen.

Um eine Mitgliedschaft kann man sich nicht bewerben. Der Orden wählt seine Mitglieder selbst aus. Jeder Bewerber braucht mindestens eine Bürgschaft zweier Reichsritter. Der Orden nimmt pro Jahr rund 100 Männer auf. Derzeit gibt es rund 3400 Mitglieder, die alle Mitglieder der evangelischen Kirche sind. Katholiken sind ausgeschlossen. Wer sich im Orden bewährt hat, wird nach siebenjähriger Zugehörigkeit in den Reichsritterstand erhoben. Heute ist die Johanniter-Unfallhilfe der bekannteste Ableger der Elitevereinigung. Außerdem werden zahlreiche Sozialeinrichtungen wie Kindergärten und Altenheime betrieben. In Kuratorien von mehr als fünfzig Hospitälern und Altenheime erfüllen die Ritter ihre ehrenamtliche Aufgabe. An der Spitze der Vereinigung steht der Herrenmeister, der immer Mitglied des Hauses Preußen sein muss. Seit leitet Dr. Oskar Prinz von Preußen den Orden mit dem achtspitzigen Kreuz, der sich auf eine 900-jährige Vergangenheit berufen kann.

wert ist die Darstellung eines venezianischen Löwen am Ende des Raumes. Von hier aus geht man nach rechts durch die nächste Tür und durchquert einen Raum, in dem verschiedene Reliefe ausgestellt werden. An seiner linken Seite folgen die zwei Räume mit den sehenswertesten Funden:

Die größte Kostbarkeit, die **Kauernde Aphrodite,** findet man im ersten Raum. Sie streicht sich mit beiden Händen ihre Haare aus dem Gesicht, um etwas sehen zu können, als wäre sie gerade durch ein Geräusch, während des Badens überrascht worden. Die kleine, blank polierte Marmorstudie, in der der Künstler den Augenblick festhalten wollte, ist das berühmteste Exponat des Archäologischen Museums. Das Werk aus dem 1. Jh. v. Chr. geht wahrscheinlich auf ein 200 Jahre älteres Original zurück. Die Statue ist hervorragend erhalten, nur an den Händen fehlen die kleinen Finger. Sie ist ein Beispiel für antikes Rokoko – eine ästhetisch-oberflächliche Darstellung weiblicher Körperlichkeit. Solche Statuen schmückten einst die noblen Häuser und Gärten auf Rhodos.

Die kauernde Aphrodite im Archäologischen Museum

Im gleichen Raum steht außerdem eine eindrucksvolle Statue von **Asklepios mit Stab und Schlange** aus dem 2. Jh. n. Chr.

Im Nebenraum verdient die **Darstellung der großen Aphrodite** aus dem 4. Jh. v. Chr. besondere Beachtung. Die Skulptur aus weißem Marmor wurde Ende der 1920er-Jahre in der Nähe des heutigen Casinos im Meer entdeckt. Nicht weit von ihr findet man außerdem den **Sonnengott Helios,** eine Plastik aus der ersten Hälfte des 2. Jh. v. Chr. Seine Gesichtszüge erinnern ein wenig an die uns bekannten Darstellungen von Alexander dem Großen. Die Statue stammt vermutlich aus der **Giebelgruppe** eines dem Sonnengott geweihten Tempels, der an der Stelle des heutigen Großmeisterpalastes stand. Ursprünglich besaß die Darstellung des Schutzpatrons der Insel einen vergoldeten Strahlenkranz. Die Bohrlöcher dafür sind noch sichtbar.

Ein Meisterwerk der Antike ist eine sehr gut erhaltene Grabstele aus der Zeit um 420 v. Chr. Die Inschrift nennt **Krito und ihre Mutter Timarista** (rechts).

Wenn man nun geradeaus geht, erreicht man den hübschen Museumsgarten, der die Vorliebe der Rhodier für männliche Kolossalstatuen zumindest „bruchstückhaft" dokumentiert. Wer die temporären Ausstellungen am Ende des Gartens besuchen möchte und erst am Nachmittag kommt, sollte seine Tour hier beginnen, denn diese schließen schon um 17.50 Uhr.

■ Juni–Okt. Mo–So 8–20 Uhr, Nov.–Mai Di–So 8–15 Uhr, Mo geschlossen. Eintritt 8 €, Kombiticket (inklusive Großmeisterpalast 10 €), Senioren 5 €, Kinder und Studenten mit ISIC frei. Kostenloser Internetzugang im Museum.

Theofilos – der „Naive"

Der auf Lesbos geborene Maler Theofilos (1867–1934) verband wie kein anderer seiner Generation die Tradition der Volkskunst mit historischen und mythologischen Sujets. Seine Malerei ist lieblich-naiv, oft sind Anatomie und Perspektive vernachlässigt. Nik. Damdoumis, Theofilos-Experte, beschreibt seinen Stil so: „Diese Malerei wird von einer Lebendigkeit, einer Frische und Spontaneität und von munteren Farben gekennzeichnet. Es handelt sich um eine Malerei, in der sich verliebte Mädchen, junge Männer, Helden aus der griechischen Mythologie, (...) Volksfeste, Krieg und zarte Szenen angenehm und gleichzeitig sanft miteinander mischen."

Theofilos gilt heute in Griechenland als einer der wichtigsten Vertreter der Volksmalerei. Der eigensinnige Künstler führte zeitlebens ein unruhiges Dasein. Bereits als Kind soll er nach Izmir ausgewandert sein. Danach ging er ins Pilion-Gebirge nach Thessalien. 30 Jahre wanderte er in der Uniform eines „Tzolia" (wie Alexander der Große) von einem Dorf zum anderen. Als Maler, Geschichtenerzähler und Theaterspieler verdiente er sich sein Brot. Nach der Befreiung der Insel Lesbos von den Türken kehrte er in seine Heimat zurück und widmete sich mit Hilfe eines Mäzens ganz der Volksmalerei. 1934 starb der große Maler Griechenlands an einer Lebensmittelvergiftung.

Die Kunstgalerie des 20. Jh. besitzt ein paar besonders schöne Arbeiten Theofilos' wie „Der Held Militiadis Yataganas" oder „Das Treffen von Erotocritus und Aretousa". Besonders eindrucksvoll ist das Bild zu einem Kampf am 25. März 1886 zwischen griechischen Freiheitskämpfern und türkischen Besatzern.

Museum für dekorative Volkskunst

Die hohe Kunst handwerklichen Geschicks seit dem 16. Jh. auf dem Dodekanes präsentiert seit 1966 das kleine Museum an der Platia Argirokástrou (neben dem Symi-Platz). Die Ursprünge der Sammlung gehen auf Marica Montessanto zurück, die sich während der italienischen Okkupation für die Volkskunst des Dodekanes interessierte. Die teilweise jahrhundertealten Exponate reichen von Trachten aus Sými, Kárpathos und Astipálea über rhodische Keramik bis zum Webstuhl. Das Gebäude war bis Ende des 15. Jh. ein Krankenhaus.

■ Öffnungszeiten: Di–So 9–17 Uhr. Eintritt 2 € oder mit dem Kombiticket um 10 €, Kinder und Studenten mit ISIC frei.

Museum für moderne griechische Kunst

Das klassizistische Gebäude an dem lang gestreckten Platz mit unzähligen Palmen ist nicht zu übersehen. Nach einer aufwendigen Restaurierung fand mitten in der Neustadt, nur ein paar Minuten vom Aquarium entfernt, die zeitgenössische Kunst ein neues Zuhause. Das Gebäude mit den auffälligen dorischen Säulen ist ein Geschenk der Familie Nestoridis an den Staat. Die Sammlung von rund 150 Gemälden und Plastiken im ersten und zweiten Stock ist sehenswert, denn sie gibt einen guten Überblick über die griechische Gegenwartskunst. Sie beginnt mit Impressionen des frühen 20. Jh., führt über die Neue Sachlichkeit und den Expressionismus bis hin zu Abstrakter Kunst und Pop-Art (z. B. Yanis Gaitis). Die berühmtesten Werke stammen von Theofilos (1867–1934), einem Maler von der Insel Lesbos (→ Kasten oben).

■ Haritou-Platz 100. Di–Sa 8–14 Uhr. Eintritt 3 €, für Pensionisten 1 €, Schüler und Studenten frei. Der Eintritt gilt gleichzeitig für die Kunstmuseen in der Sokrates-Str. und am Sými-Platz.

Zentrum für zeitgenössische Kunst

In der Sokrates-Straße 179 befindet sich, ein wenig versteckt in einer Kapelle, dieser Ort für wechselnde Kunstausstellungen. Nur wenige Besucher finden hierher. Ursprünglich stammte das Anwesen aus dem 15. Jh. Einst lebte in dem Gebäude die venezianische Familie von Jacobus de Priolis, der hier 1476 starb. Noch heute sind die Gräber zu sehen, im Untergeschoss wurden Mauern freigelegt. Ein Teil des Gebäudes dient als Museum.

■ Wechselnde Öffnungszeiten. Zum Zeitpunkt der Recherche: Di–Sa, 17–12 Uhr. Der Eintrittspreis ist im Ticket für das Museum für moderne griechische Kunst eingeschlossen.

Rhódos-Stadt → Karte S. 51 und S. 56/57

Sehenswertes außerhalb der Altstadt

Mandráki-Hafen und Nea Agora

Am nördlichen Ende der Altstadt liegt der Mandráki-Hafen: gleichzeitig Verkehrsknotenpunkt für Autos und Ausflugsdampfer, Markt, Café-Boulevard und Jachthafen. Die Hafeneinfahrt markieren *Elafos* und *Elafina* – Hirsch und Hirschkuh –, die beiden zierlichen Wappentiere der Insel, die der Legende nach einst die Insel von einer Schlangenplage befreiten. Die zwei Bronzefiguren stehen an der Stelle, an der der berühmte Koloss von Rhodos vermutlich seine wuchtigen Füße auf die Erde setzte. Am östlichen Ende wird der

Die Windmühlen im Mandraki-Hafen sind nur noch Zierde

Der Eingang zum Neuen Markt

Hafen von einer rund 400 m langen Mole begrenzt. Hier stehen noch drei mittelalterliche Mühlen, die schon längst ausgedient haben. Am Ende des Kais befindet sich die *Festung Ágios Nikólaos*, ein gewaltiger Rundturm aus dem 15. Jh., der die damalige Ritterstadt schützen sollte. Sie war während der türkischen Belagerung einer der am meisten umkämpften Orte der Stadt.

Auf der Landseite liegt der von den Italienern erbaute Neue Markt *(Nea Agora)*, noch heute ein Basar mit Geschäften, die jedoch schon bessere Zeiten erlebt haben. Sie sind nun auf den billigen Massentourismus spezialisiert. Im Innenhof steht ein kleiner Pavillon, der einst als Fischhalle diente. Hinter dem Neuen Markt befinden sich auch die Abfahrtsstellen der Busse und ein großer Taxistand. Am zur Meerseite gewandten Haupteingang beginnt die *Platia Eleftherias*, die Freiheitsstraße, die von den italienischen Kolonisatoren unter ihrem Führer Mussolini aus dem Boden gestampft wurde. Hauptpost (erbaut von Florestano di Fausto), Hafenmeisterei, Gerichtsgebäude, Rathaus

und das Theater sind Beispiele dieser „schrägen" Architektur zwischen Moderne und Historismus. Ein weiteres Beispiel ist das Aktaion im Mandráki-Hafen. Das zweistöckige Gebäude mit seinem Flachdach und den Arkaden ist wegen seines schattigen Gartens bis heute ein beliebter Treffpunkt. Es wurde 1925 in einer Mischung aus orientalischem und gotischem Stil erbaut. 1936 ließ der faschistische Gouverneur De Vecchi, alle dekorativen Bauelemente beseitigen und das Gebäude auf die faschistische Architekturlinie bringen. Zu dieser Zeit wurde es *Circolo Italia* genannt und diente den italienischen Offizieren als Treffpunkt.

Evangelismos-Kirche

Direkt am Mandráki-Hafen, schräg gegenüber der Post, liegt die Evangelismos-Kirche. Sie ist die Kathedrale des Metropoliten von Rhodos. So alt, wie die Kirche aussieht, ist sie nicht. Die einstige Johanneskirche, religiöses Zentrum der Ritter, wurde im 19. Jh. zerstört. Nach alten Zeichnungen rekonstruierten die Italiener 1925 die Basilika. 1947 wurde, quasi über Nacht, aus der katholischen eine griechisch-orthodoxe Kirche. Der Glockenturm ist allerdings eine Zugabe der italienischen Architekten. Das Innere wurde im neu-byzantinischen Stil ausgemalt. Vor allem im Frühjahr und Sommer finden in der Evangelismos-Kirche zahlreiche Trauungen statt. Sie gilt bei den Einheimischen als elegantester Ort der Insel für eine Eheschließung. Hinter der Kirche steht noch ein interessantes Gebäude: der Sitz der *Präfektur* des Dodekanes. Das frühere Gebäude des Gouverneurs entstand während der italienischen Besatzungszeiten. Der italienische Architekt Florestano di Fausto vermischte 1927 verschiedene Baustile. Das Haus erinnert in seiner Strenge und in seinem Stil ein wenig an den Dogenpalast in Venedig.

▪ Tägl. 7–12 und 17–19.30 Uhr. Eintritt frei. Um dezente Kleidung wird gebeten. Tücher liegen bereit.

Türkischer Friedhof

Im Schatten von hohen Eukalyptusbäumen, Palmen und staubigen Oleanderbäumen ruhen die türkischen Moslems vergangener Jahrhunderte. Typisches Merkmal: Kopf- und Fußteil sind von Grabsteinen eingefasst, die Gräber sind nach Mekka ausgerichtet. Für die Ruhestätten prominenter Paschas und Großwesire wurden größere Grabbauten errichtet. Der Friedhof am Ende der Platia Eleftherias wurde offensichtlich bald nach der türkischen Eroberung eingerichtet. Zwischen den Gräbern, die Würde und Rang des Verstorbenen durch das Abbild seiner Kopfbedeckung zeigen, fand *Murat Reis*, der berühmte Admiral von Suleiman, in einem auffälligen Grabgebäude seine letzte Ruhestätte. Am Nordende des Friedhofs steht die nach ihm benannte Moschee. Der Zugang zum Friedhof war zum Zeitpunkt der Recherchen geschlossen. Es ist unklar, ob und wann er wieder geöffnet wird.

Casino

Das historische „Grande Albergo delle Rose" wurde von den Italienern als Prachthotel in der Neustadt erbaut. Heute dient es als Casino (American Roulette, Black Jack etc.). Die Besucher können sowohl an Tischen als auch an einer der 300 Slotmaschinen spielen.

Am Abend gibt es im Garten unter offenem Himmel Konzerte. Tagsüber dient das Café als Restaurant (die Tagesgerichte kosten rund 15 €), es gibt auch einen Pool mit Bar. Bei einem Mindestkonsum von 4 € darf man sich an die Liegen am Pool legen.

Ein Teil des Casinos wird auch als Suitenhotel genutzt. Es ist eine der teuersten Unterkünfte der Insel. Das „einfache" Doppelzimmer gibt es ab 135 €, inkl. Butlerservice.

▪ Personalausweis und entsprechende Kleidung nicht vergessen. Eintritt: 15 € (davon erhält man 5 € in Coupons zurück), Mindestalter: 21 Jahre. Das Casino ist Mo–Fr 17–3 Uhr, Sa 14–4 Uhr und So 12–3 Uhr geöffnet. An den Slotmaschinen kann man 24 Stunden tägl. spielen (Eintritt: 6 €). Papanikolaou-Str. 4, ✆ 22410/97400, www.casinorodos.gr.

Aquarium

Allein schon wegen der Architektur ist das Aquarium einen Besuch wert. Im Jahr 1935 errichtete der italienische Baumeister Armando Bernabiti das markante Gebäude im Art-déco-Stil. Seit seiner Eröffnung hat das Aquarium, das einen guten Überblick zur Unterwasserwelt der Ägäis gibt, nichts von seiner Anziehungskraft verloren.

Das Aquarium liegt 15 Minuten von der Altstadt entfernt. Ein fast autofreier Spazierweg entlang des Strandes, vorbei am prächtigen Casino, führt zum Museum, das auch als ozeanographisches Institut dient. Das Aquarium – übrigens das erste seiner Art in Griechenland – ist weitgehend in seiner Originaleinrichtung erhalten geblieben. Mit seinen tropfsteinhöhlenartigen

Rhódos-Stadt → Karte S. 51 und S. 56/57

Waves of Three Seas

Die Villa für Schriftsteller, Denker und Übersetzer aus ganz Europa steht am Hang der Westküste, hoch über der Neustadt. Hier leben und arbeiten Stipendiaten für ein paar Monate ungestört und genießen unter Palmen die traumhaften Sonnenuntergänge an der Westküste. Unregelmäßig gibt es auch kulturelle Veranstaltungen der Stiftung. Das Haupthaus – die sogenannte *Pascha-Villa* – liegt an der A. Laskou-Straße (Nr. 10 A, 85100 Rhodos, ☎ 22410/32510, http://www.tswtc.org), in der Nähe der Papalouca-Straße, am Weg zum Monte Smith von der Westküstenstraße. Oben am Monte Smith gibt es einen kleinen Wegweiser. Das Künstlerhaus wird sowohl durch die Europäische Union als auch durch die UN gefördert. Es sollen Brücken geschlagen werden in Europa – zwischen Ost und West, Nord und Süd. „Seit antiker Zeit war Rhodos nicht nur das Zusammentreffen verschiedener Kulturen, sondern auch ein Zentrum der Bildung, Kultur und der Ideen", sagt der ehemalige rhodische Bürgermeister George Giannopoulos über den Hintergrund des Künstlerhauses.

Gängen ist es gerade für Kinder ein besonderes Erlebnis. Es gibt Muränen, Rochen, Krebse, Langusten, Aale, Goldbrassen und andere Fischarten zu sehen, die heute schon zu den Raritäten in griechischen Gewässern zählen.

Der Stolz des Museums ist neben den präparierten Haien, das eher unauffällige Becken mit Gizani-Fischen (Ladigesocypris ghigii). Die grau-silbernen Tiere werden nur 3–5 cm lang und maximal drei Jahre alt. Sie leben in den Gebirgsbächen von Rhodos, zum Beispiel im Loútani-Fluss, der bei Kolimbia ins Meer mündet, oder bei Psinthos und gelten als sehr bedroht. Informationen im Internet unter www.life-gizani.gr.

▪ April–Okt. tägl. 9–20.30 Uhr, im Winter 9–16.30 Uhr. Eintritt 5,50 €, Kinder und Studenten zahlen 3,50 €, bis 4 Jahre 1 €. www.hcmr.gr.

Monte Smith

Von dem grünen, 110 m hohen Hügel, der idyllisch über der Stadt thront, bietet sich nicht nur ein wundervoller Ausblick auf die Stadt, sondern auch auf die Überreste der *Akropolis* des antiken Rhodos. Man kann sogar bis zur türkischen Küste, nach Kárpathos und Sými sehen. Attraktion des „Monte Smith" (im 19. Jh. nach einem englischen Admiral benannt) sind die drei wuchtigen, von den Italienern wieder aufgerichteten Säulen des *Apollontempels.* Hangabwärts das *Theater,* das in weißem Marmor während der italienischen Besatzungszeit nachgebaut wurde und 800 Zuschauer fasst. Es diente wahrscheinlich der legendären Rednerschule als Versammlungsort, wo selbst Cäsar, Cicero und Pompejus den Rhetorikprofessoren lauschten. Von dem antiken Original blieben nur die Orchestra und drei Sitze in den vorderen Reihen erhalten. Heute finden hier gelegentlich noch Konzerte und Theateraufführungen statt. Gleich daneben, umgeben von schattigen Bäumen, das 200 m lange und 35 m breite, ebenfalls nachgebaute *Stadion* der antiken Stadt. Abends ist es ein beliebter Treffpunkt für einheimische Jogger. Unweit des Apollontempels (in nördlicher Richtung, links von der Straße), auf dem höchsten Punkt des Monte Smith, liegt der *Tempel der Athena und des Zeus.* Doch außer ein paar Trümmern ist davon nichts mehr zu sehen.

▪ Anfahrt: Die Stadtbuslinie 5 ab der Platia Eleftherias fährt zur Akropolis. Zu Fuß erreicht man den Monte Smith in knapp 30 Min. vom Großmeisterpalast über das D'Amboise-Tor und die Diagoridon-Straße (siehe Rundweg).

Rodini-Park

Der kleine Park an der lauten Ausfallstraße nach Líndos bietet eine ruhige, schattige Pause vom hektischen Rhodos. Die Schlucht mit Teichen, einem Flüsschen und altem Baumbestand wird jedoch kaum gepflegt. Bäume und Brücken sind eingestürzt und auf den Wegen liegt leider viel Hundekot. Deshalb haben die Rhodier ihr ehemaliges Schmuckstück liebevoll „dog-shit park" getauft. Heute prägen Hundebesitzer, die hier ihre abendliche Runde gehen, und streunenden Katzen das Bild. Auch einige Pfaue leben noch im Park.

▪ Anfahrt: Der Rodini-Park ist halbstündlich vom Neuen Markt mit dem Bus Nr. 3 zu erreichen. Haltestelle am Eingang. Mit dem eigenen Fahrzeug: die große Ausfallstraße Richtung Líndos nehmen, der Park liegt auf der rechten Seite, ca. 3 km vom Zentrum (Platia Eleftherias).

Grab der Ptolemäer

Das Felsengrab liegt oberhalb des Rodini-Parks auf einem Ausläufer des Monte Smith. Der kleine Spaziergang vom Rodini-Park lohnt sich, denn der bewachsene Grabhügel an der Nordseite mit seinem großen Monolithen, der durch Säulen gegliedert ist, wirkt durchaus eindrucksvoll. Die Grabkammern des im Grundriss quadratischen Felsengrabes sind jedoch heute längst verschüttet. Wegen eines Absperrgitters kann man vom Inneren – eine Vorhalle und ein langer, schmaler Hauptraum – nur wenig sehen. Ein echter Ptolemäer freilich wurde an diesem Ort nie bestattet. Wer anstatt solch eines ägyptischen Herrschers hier seine letzte Ruhe fand, ist bis heute ein Rätsel.

▪ Von der großen Ausfallstraße nach Líndos beschildert, kurz nach dem Rodini-Park rechts ab.

Der Pfau als Graffiti

Rhódos-Stadt ↓ Karte S. 51 und S. 56/57

Rundgang vom Aquarium über den Großmeisterpalast zum Monte Smith und zurück in die Altstadt → Karte S. 51

Beste Tageszeit: Man sollte spätnachmittags loslaufen, um einen schöneren Ausblick vom Monte Smith zu bekommen, denn von diesem Bergrücken bietet sich am Abend eine romantische Aussicht auf die Westküste mit der untergehenden Sonne. **Dauer und Strecke:** 1–2 Std., vorwiegend Asphaltstraßen. **Verpflegung:** Es gibt unterwegs immer einen Kiosk. **Ausrüstung:** leichter Sonnenschutz, normales Schuhwerk.

Wegbeschreibung: Der Spaziergang führt vorbei an den sehenswerten Orten von Rhodos-Stadt. Man erhält sowohl einen Einblick in die Neustadt als auch in die Altstadt. Darüber hinaus lernt man auch die Außenviertel der Inselhauptstadt kennen. Hierher verirrt sich normalerweise kaum ein Tourist. Höhepunkte des Rundweges sind das Aquarium, der Großmeisterpalast und der Monte Smith – die Akropolis des antiken Rhodos.

Startpunkt ist das am nördlichsten Punkt von Rhodos direkt am Meer gelegene **Aquarium**. Von hier aus geht man nach links auf das Casino zu und folgt der Straße rechts. Man stößt auf eine Kreuzung und biegt nach links auf die Georgiou-Papanikolou-Str. ab. Sie macht am Ende eine Biegung nach rechts. Man läuft nun an der Evangelischen Kirche und am berühmten **Hafen Mandráki** vorbei. Nach ca. 5 Min. passiert man ein Tor und geht rechts die kleine Straße hinauf.

Dort erreicht man das Tor zur Altstadt. Geradeaus durch Gassen gelangt man zur Hauptsouvenirstraße Socratous. Man biegt rechts ab und folgt dem Straßenverlauf, vorbei am **Uhrenturm**. Hält man sich rechts, ist ein Abstecher zum **Großmeisterpalast** möglich. Nach Verlassen des Palastes hält man sich rechts, geht durch das **D'Amboise-Tor**, überquert den Festungsgraben und trifft auf die Hauptstraße Dimokratias. Man folgt ihr nach links und erreicht nach ca. 300 m eine Kreuzung. Man

überquert sie und folgt der Agiou-Ioannou-Str. Nach ungefähr 350 m geht es rechts bergauf in die schnurgerade Diagoridon-Str., die direkt zum **Monte Smith** führt. Für Sportliche: Im **Stadion** – den Vorbildern der Antike nachgebaut – kann man ein paar Runden drehen. Ein paar Meter hinauf findet man die Überreste der einstigen **Akropolis**. Hier lohnt es sich, eine Ruhepause einzulegen. Der herrliche Ausblick auf die Stadt und die Ägäis lädt zum Verweilen ein.

Wer den Rundgang noch ausdehnen will, kann von hier weiter zum Rodini Park spazieren. Ansonsten empfiehlt es sich, für den Rückweg die Isiodou-Straße zu wählen. So kann man weiter den schönen Blick auf die Stadt genießen und sieht noch etwas Neues.

Bei der Aussichtsplattform hält man sich an die Isiodou-Straße und folgt ihrem Verlauf hinunter Richtung Stadt. Man passiert die Überreste des ehemaligen *Tempel der Athena und des Zeus*. Nach einer Kurve nimmt man die erste Abzweigung nach links und folgt der Pindou-Straße bis zur fünften Abzweigung, wo man abermals nach links abbiegt. Kurz danach (bei der zweiten Möglichkeit) biegt man dann nach rechts in die El Venizelou Straße. Sie führt direkt zurück zum **D'Amboise-Tor zur Altstadt**. Wer will, kann nun noch das Labyrinth aus verwinkelten Gassen erkunden und sich in einem der unzähligen Restaurants niederlassen.

Der Seepferdchen-Brunnen ist umzingelt von Souvenirshops

Basis-Infos

Information Tourist-Office am Mandráki-Hafen (bei der Bushaltestelle/Taxistand, neben der Tankstelle). ✆ 22410/35945. Ein weiteres **Touristenbüro** befindet sich in der Altstadt, am Eingang zur Ritterstraße. Hier erhalten Besucher Stadt- und Busfahrpläne sowie aktuelle Veranstaltungshinweise. ✆ 22410/65 244 und 74313. Beide Büros haben Mo–Fr zwischen 7 und 15 Uhr geöffnet.

Bei Problemen aller Art wenden Sie sich an die **Touristenpolizei**, ✆ 22410/27423 oder 23329. Der Eingang befindet sich auf der Rückseite der EOT in der Karpathou-Str./Ecke Papagou-Str. in der Nähe der Fußgängerzone (Neustadt). Geöffnet 24 Stunden. Die Beamten sprechen verschiedene Fremdsprachen, ein Anstecker mit den entsprechenden Flaggen weist auf die jeweiligen Sprachkenntnisse hin.

Telefonnummern ELPA (griech. ADAC) ✆ 10400 (Notruf)

Erste Hilfe ✆ 166 (Notruf) bzw. 112 (EU-Notruf); Krankenhaus in Rhodos-Stadt ✆ 22410/ 80000.

Feuerwehr ✆ 199 (Notruf), 22410/39665.

Hafenamt ✆ 22410/22220 oder 28888.

Polizei ✆ 100 (Notruf), ✆ 22410/22344 oder 23849.

Touristenpolizei ✆ 22410/27423, 23329.

Verbindungen Bus: Die beiden großen **Busbahnhöfe** von Rhodos-Stadt liegen an der Rückseite der Nea Agora, an der Averof-Str. An ihrem südlichen Ende (Ecke Papagaou-Str.) fahren die Busse zur Ostküste ab, 100 m weiter nördlich die Busse zur Westküste. Die Abfahrtszeiten sind auf Infotafeln am Kiosk gut ausgeschildert. Hier und an Automaten werden Tickets verkauft.

Eine weitere Busstation befindet sich an der Hafenfront (Vorderseite der Nea Agora), hier fahren nur die Stadtbusse ab.

An die Ostküste: Vom Rimini-Platz geht es tägl. etwa alle 20 Min. von 6.30–24 Uhr nach **Kallithéa** sowie **Faliráki** (2,40 €), 1-mal tägl. nach **Psínthos** (14.20 Uhr, zurück 15 Uhr bzw. um 7.15 Uhr am nächsten Tag; 2,80 €), 7-mal nach **Kallithies** (10, 12, 13.30, 14.20, 17.30, 19.30, 21.15 Uhr; 2.40 €), etwa stündl. von 6.15–23 Uhr nach **Afándou** (2,40 €), von 9:30 bis 23:30 Uhr etwa halb-stündl. nach **Kolímbia** (3,90 €), 2-mal zum **Tsambiká-Beach** (9 und 11 Uhr; 3,90 €), 1-mal zu den sieben Quellen (10:30, 3,90€), etwa stündl. nach **Archángelos** von 6–23:15 Uhr (3,30 €) und nach Kalathos (4,90€), 2-mal nach **Charáki** (10 und 16.30 Uhr; 4,90 €), rund 20-mal nach **Líndos**

Kreuzfahrtschiffe versperren den Blick auf die Ägäis

(ab 6.15 bis 23.15 Uhr nahezu im Halb-Stundentakt; 5,50 €), 17-mal nach **Pefki** (6 €), 11-mal nach **Lárdos** (5,60 €), 1-mal nach **Laérma** (13 Uhr; 7,10 €), 2-mal nach Prasoni (9 und 13 Uhr, 10,40 €),14-mal nach **Kiotári/Gennádi** (7,10 €), am Mo-Di und Mi und FR um 14:30 über **Váti**, **Profilía** und **Istrios** nach **Apolakiá** (7,60 €), Di-Do um 14:30 über Asklipio und **Lachaniá** nach **Kattaviá**, zurück geht es erst am nächsten Tag in der Früh.

An die Westküste: von der Averof-Str. geht es tägl. zwischen 4.45 und 23.30 Uhr alle 15–45 Min. zum **Flughafen** (2,50 €), dabei meistens über Ixia und Kremasti, 2-mal tägl. zum **Schmetterlingstal** (9.30, 11.30 Uhr; 5,20 €), etwa stündl. nach **Theológos** (3 €), 11-mal davon nach Soroni und Fanes, 3-mal zum antiken **Kamirós** (7.30, 9, 11.15 Uhr; 5,20 €), 1-mal nach Filerimos (10.15; 4,30 €), 3-mal nach **Salákos** (4.45, 14.30, 15.45 Uhr; 4,30 €), 3-mal nach **Émbonas** (4.45, 13.30, 15.45 Uhr; 5,20 €), 2-mal Kamiros Skala nach **Kritiniá** (7:13, 13.30 Uhr; 5 €, zurück am nächsten Tag 3-mal ab 7.25 Uhr), nur Mo und Fr über Monolithos und Siana (13.30; 5,20 €), 2-mal über **Dimilia**, **Éleousa**, **Platánia** nach **Apollóna** (13.30, 15.45 Uhr; 4,30 €).

Stadtbusse: an der Nea Agora (Hafenfront), Tickets am Kiosk des Neuen Marktes, die Nr. 3 fährt alle 60 Min. zur halben Stunde zum **Rodini-Park** (1 €).

An Wochenenden verkehren erheblich weniger Busse! Achtung: Außerhalb der Hochsaison verkehren auch Schulbusse, erkundigen Sie sich bei den Busfahrern nach aktuellen Verbindungen!

Bimmelbahn: Die Stadtrundfahrt mit der kleinen, roten Bahn beginnt vor dem Café Aktaion am Mandráki-Hafen zu jeder vollen Stunde von 10 bis 20 Uhr. Die gemächliche Tour führt vorbei an der Altstadtmauer hinauf zum Monte Smith und über das Aquarium zurück zum Hafen. 7 € kostet das ca. 50 Min. dauernde Vergnügen, Kinder von 4 bis 10 Jahren zahlen 4 €.

Taxi: Große Taxistation an der Platia Rimini (Mandráki-Hafen), nicht zu übersehen. Die Preise sind auf einer großen Anschlagtafel für jeden einsehbar. Preisbeispiele: Flughafen 25 €, Schmetterlingstal 38 €, Faliráki 20 €, Filerimos 24 €, Líndos 65 €. Für Wartezeiten werden pro Stunde ca. 12 € veranschlagt. ☎ 22410/66555 oder 69800.

Boote: Ausgezeichnete Verbindungen zu den Inseln und Stränden in der Umgebung. Am Mandráki-Hafen starten Tragflächenboote nach Marmaris, Chalki (Details → S. 169) und Sými (Details → S. 180) sowie zahlreiche weitere Ausflugsboote. Außerdem fahren vom Kolona-Hafen und vom angrenzenden Industriehafen Fähren zu den weiteren Inseln des Dodekanes bis nach Piräus (→ S. 215 und S. 220, „Fährpassage nach Rhodos" und „Fähren und Bootsausflüge").

Autoverleih Große Firmen wie Hertz, Avis, Europcar haben Büros in Rhodos-Stadt und am Flughafen. Die kleineren einheimischen Firmen sind allerdings günstiger. Sehr nett ist George Stavrias bei **Butterfly Rent A Car**, Al.-Diakous-Str. 75, ☎ 22410/21330 oder 6974123 843, www.butterfly-rentacar.eu.

Die billigsten Autos auf Rhodos beginnen bei ca. 30 € für einen Tag ohne Kilometerbeschränkung, mietet man den Wagen für mehrere Tage, reduziert sich der Tagespreis auf 25 €. Bei den großen Firmen ist es meistens günstiger, das Auto am Flughafen abzuholen.

Zweiradverleih Einen professionellen Eindruck machte **Fidusa** in der Sofouli-Str 97. Das Geschäft führt George Vogiatzis, der früher Meistertitel erradelte und inzwischen auch Radrennen organisiert. ☎ 22410/21264, www.fidusa.gr. Es gibt auch ein Bikesharingsystem: Nach einer Online-Registrierung kann man damit für 3 € pro Tag Räder an 5 verschiedenen Stationen ausleihen und wieder abstellen. www.rhodes.cyclopolis.gr.

Parken Autofreundlich ist Rhodos-Stadt nicht. Es gibt zwar Parkplätze an Altstadtmauer und Hafen, diese sind jedoch an Werktagen kostenpflichtig und mit 1,50 €/Std. nicht gerade günstig. Ein Tipp: Besuchen Sie die Altstadt am Sonntag, denn dann parken Sie kostenlos (auch innerhalb der blauen Linien). Viele Rhodier nutzen außerdem ihren freien Sonntag für einen Ausflug aufs Land. Dadurch ist es in der Altstadt etwas ruhiger, die Geschäfte sind trotzdem geöffnet (nur in der Neustadt sind einige geschlossen).

Banken Ausreichend in der Neustadt bei der Nea Agora und nahe dem Touristenbüro vorhanden, fast standardmäßig mit Geldautomat (Eurocard/Visa, nicht immer ec-Karte) ausgestattet. In der Altstadt befindet sich gegenüber dem Archäologischen Museum die **National Bank of Greece**. Mo–Do 8–14.30 Uhr, Fr nur bis 14. Uhr.

Post An der Hafenstraße (Platia Eleftherias) liegt das Hauptpostamt. Mo–Fr 7.30–14:45 Uhr. Briefmarken können aber auch gegen einen kleinen Aufpreis an den Kiosken und in vielen Hotels gekauft werden.

Medizinische Versorgung Das moderne **Krankenhaus** von Rhodos-Stadt liegt rund 4 km außerhalb des historischen Zentrums. Es befindet sich in der Ágios-Apostoli-Gegend auf einem Hochplateau oberhalb der Westküste.

Der Weg ist gut ausgeschildert. Chimarras 65, ☎ 2241360000.

Ambulante Behandlung rund um die Uhr. In der Neustadt bei Rhodos Medical Care. Ioannou Metaxa 3, ☎ 22410/38008, www.rmc.gr/en.

Bei Kóskinou befindet sich das private Krankenhaus **Euromedica**, für Notfälle: ☎ 22410/45055, ansonsten: 45045.

Internationale Apotheke: Englischsprachige Mitarbeiter stehen beratend zur Seite, es gibt außerdem viele internationale Medikamente. Al Diakou 22, ☎ 22410/75331.

Auf Rhodos gibt es alle gängigen **Fachärzte**, die fast ausnahmslos Englisch sprechen. Falls Sie ärztliche Hilfe brauchen sollten, lassen Sie sich eine Quittung über die bezahlten Arzthonorare geben, die sie gegebenenfalls dann zu Hause von Ihrer Krankenkasse ersetzt bekommen. Übrigens ist medizinische Hilfe in Griechenland deutlich billiger als in Mitteleuropa.

Reiseagenturen Es gibt mehrere Reiseagenturen in der Alt- und Neustadt, z. B. **Gregory Travel** in der Sokrates-Str.: Ausflüge mit Schiff und Bus, Tickets für Fähren und Flieger, Autovermietung und Zimmervermittlung. Mo–Sa 9–22 Uhr (im Sommer auch So vormittags). ☎ 22410 74663, www.gregorytravel.gr.

Tauchen Am Mandráki-Hafen gibt es verschiedene Ausflugsschiffe. Die meisten fahren entlang der Ostküste nach Kallithéa oder Ladikó.

Waterhoppers, ihre Tauchreviere erstrecken sich entlang der Ostküste bis Líndos und Plimíri, auch Schnorchler kommen auf ihre Kosten. Ein Tauchgang kostet 60 €, ein Tagesausflug für Anfänger 88 €. Infostand am Mandráki-Hafen gegenüber der Taxi-Station. ☎ 22410/38146, 6944427308, www.waterhoppers.com.

Lepia Dive Center, mehrere Kurse für Anfänger und Fortgeschrittene. Diese starten jedoch in Pefki, gratis Pick-up-Service von Rhodos-Stadt. ☎ 6937417970, www.lepiadive.com.

Segeln Mehrere Anbieter am Mandráki-Hafen, die **Rhodos Sailing Academy** hat mehrere schöne Ausflüge im Angebot, etwa einen 4-stündigen Trip über die Ostküste (200–280 €) oder einen 3-tägigen Turn nach Sými (800–1500 €). ☎ 6973368115, www.rhodossailingacademy.gr.

Waschsalon Laundromat, im Herzen der Altstadt, Platonos-Str. 33 (Seitenstr. der Sokrates-Str.). Pro Waschgang ca. 5 €, auch Trockner (zusammen 7 €). ☎ 22410/76047.

Rhodos-Stadt ↓ Karte S. 51 und S. 56/57

Einkaufen

→ Karten S. 51 und S. 56/57

🌿**Handgemachte Sandalen** **25**, der kleine Laden direkt in der Altstadt an der Aristotelous-Str. 22 (Nähe Ippocratou-Platz) ist leicht zu übersehen, lassen Sie sich von den umliegenden Nippes-Läden nicht abschrecken. Bei Nektarios Giakoumis finden Sie handgemachte Ledersandalen, die er und sein Vater bereits in der dritten Generation in überaus originellen Modellen fertigen. Falls der Schuh mal nicht passen sollte, sind auch Sonderanfertigungen möglich. Tägl. bis 22 Uhr geöffnet, es gibt auch einen Internetshop. ☎ 22410/34464, www.rodos sandals.com.gr.

Mein Tipp **Schnapsbrennerei Sifonios 68** **44**, in der Pythagoras-Str., mitten im jüdischen Viertel: Schnaps vom Feinsten – destilliert und abgefüllt. Milchig, blau, orange und giftgrün

Weite Teile der Altstadt haben noch Bazar-Charakter

schimmert Hochprozentiges. Auf wenigen Quadratmetern agiert Herr Sifonios. Seine Spezialität ist der „Koriandolino", ein Likör mit einem Zweig in der Flasche, an dem der Zucker kristallisiert (zwischen 3–8 €). Am besten das seltsame Gebräu einfach mal probieren. Außerdem bietet er selbst kreierten Ouzo-Café, je nach einer geheimen Rezeptur zubereitet. Die Spirituosen werden im nahen Kóskinou hergestellt, die Fabrik gibt es seit 1938. Der Laden ist bis spätabends geöffnet. Gegenüber betreibt der Besitzer nun auch ein Café (ab 18 Uhr geöffnet). Pithagoras Str. 42, ☎ 22410/29301.

Silver Dream **33**, große Auswahl an interessanten Schmuckkreationen, die Modelle aus Silber werden von Spanos Vangelis in Handarbeit hergestellt. Unaufdringlicher, sehr freundlicher Service. ☎ 22410/33776.

Valsami **15**, das Bekleidungsgeschäft, bereits 1935 gegründet, bietet qualitativ hochwertige Sport- und Freizeitbekleidung. Oberhalb der Nea Agora, in der Nähe der Bushaltestelle für die Westküste. Gallias 4.

Blanc du Nil **16**, in der französischen Kette kann man sich komplett in Weiß einkleiden. An der Bushaltestelle Richtung Westen. Nea Agora 18.

Schwämme werden zumeist an den Ständen zwischen den Altstadt-Mauern und dem Mandráki-Hafen verkauft. Die meisten stammen mittlerweile aus arabischen Ländern. Große Qualitätsunterschiede, wenn man Pech hat, merkt man erst zu Hause, dass man übers Ohr gehauen wurde. Die hellen Schwämme sind gebleicht, wer ein Naturprodukt sucht, sollte die braun-gelben Exemplare wählen. Ein Schwamm von allerbester Qualität kostet etwa ab 10 € und sollte weich sein – nicht *nass* und *weich*.

Markt von Rhodos, für Liebhaber von Fisch, Obst, Gemüse und Gewürzen aller Art nicht nur eine Augenweide, sondern auch ein duftendes Erlebnis. Jeden Donnerstag von 7.30 bis 14 Uhr ist der Platz in der Vironos-Straße voller Leben. Hier kommt alles vom Dodekanes frisch auf den Tisch. Aber nicht nur Lebensmittel wie Gemüse, Fisch oder Fleisch kann man hier nach Herzenslust einkaufen, auch Kleidung und Haushaltswaren werden angeboten. In der Vironos-Straße an der Stadtmauer (beim Stadion), zwischen Kóskinou-Tor und Akandia-Tor. Einen weiteren Markt gibt es jeden Samstagvormittag in Zephyros (in der Nähe des Friedhofs).

Der letzte Goldschmied

Obwohl es in Rhodos-Stadt an jeder Ecke Schmuck zu kaufen gibt, stammen die wenigsten Produkte von der Insel, wenngleich das Handwerk hier große Tradition hat. „Die Geschäfte, die ihr hier seht, sind chinesische Filialen. Die Händler fahren nach China und importieren einen Container Schmuck", erzählt Nikos Vassilaras. Er ist einer der letzten verbliebenen Goldschmiede in Rhodos-Stadt.

Sein Geschäft ist zugleich seine Werkstatt. Hier kann man ihm zusehen, wie er ein Stück Silber zu einem Armband verarbeitet. „Das Wichtigste in meiner Arbeit ist Geduld", sagt Vassilaras. Am Anfang zeichnet er am Laptop einen Entwurf. Dementsprechend walzt, sägt, feilt und lötet er danach an den Einzelteilen und kreiert aus ihnen ein neues Schmuckstück. Gelernt hat er die Kunst des Goldschmiedens von seinem Vater. Später ging er eigene Wege und vertiefte sein Wissen an der Kunstgewerbeschule in Pforzheim. Dort lernte Vassilaras seine deutsche Frau Irmgard kennen, die ihre handgemachten Wandteppiche ebenfalls im Geschäft verkauft. Entsprechend gut spricht Nikos Vassilaras Deutsch. 1971 kehrte er nach Rhodos zurück und eröffnete seine eigene Werkstatt mit Geschäft.

„Die lange Ausbildung ist sinnvoll. Der Beruf hat viele Geheimnisse und auch Gefahren", sagt er. So arbeite er etwa mit vielen Säuren. Vassilaras ist bereits der zehnte Goldschmied in seiner Familie. Man findet auf Rhodos noch Spuren seiner Ahnen aus dem Jahr 1780: Das Silber, welches die Ikone von der heiligen Maria am Altar in der Kirche von Kremasti bedeckt, stammt von seinem Ur-ur-ur-ur- Großvater aus dem Jahr 1780. Die Spezialität von Vassilaras sind Anhänger aus alten Uhrwerken.

Doch immer weniger junge Leute interessieren sich für den Beruf und wollen in die Fußstapfen ihrer Eltern treten. Auch Vassilaras Kinder haben sich für andere Jobs entschieden. Er selbst hat ihnen dazu geraten, denn als Goldschmied lasse sich nur mehr schwer ausreichend Geld verdienen. Viele Touristen kaufen lieber die billigen Produkte aus China anstatt Geld für seinen handgemachten Schmuck auszugeben.

So sterben die Goldschmiede auf Rhodos langsam aus.

▪ Omirou Street 42, ☏22410/74927, www.nicosvassilaras.com

Thomas Prager, Elisabeth Stockinger

Übernachten

→ Karten S. 51 und S. 56/57

Die Übernachtungskosten sind in Rhodos für griechische Verhältnisse überdurchschnittlich hoch. Die von uns ausgewählten Hotels liegen vornehmlich in der Altstadt und bieten mehr Atmosphäre als die in der Regel auf Pauschaltouristen eingestellten Unterkünfte in der Neustadt. Wer sich mit dem Taxi direkt vor das Hotel fahren lassen möchte, hat allerdings Pech, denn diese dürfen nicht in die Altstadt hineinfahren.

In der Altstadt Cava d'Oro `32`, ruhiges Boutique-Hotel Nähe Hafen, das von einem freundlichen, griechisch-deutschen Ehepaar betrieben wird. Seit vielen Jahren eines der beliebtesten Hotels der Stadt, denn Hotelbesitzer Birgid und Thanasis Mavrakis erfüllen ihren Gästen (fast) jeden Wunsch. 13 individuell ausgestattete, vor allem kleine Zimmer, aber auch zwei größere für Familien. Ein DZ kostet je nach Ausstattung ab 90 € (inkl. Frühstücksbuffet). WLAN kostenlos. Kisthiniou-Str. 15, ℘ 22410/36980 oder 25537, www.cavadoro.com.

*Mein*Tipp **Nikos Takis Fashion Hotel** `19`, die Lage der klassizistischen Villa könnte nicht besser sein: nur ein paar Schritte vom Großmeisterpalast. Hinter der schlichten Fassade verbirgt sich eine der außergewöhnlichsten Herbergen der Insel. Die beiden griechischen Modemacher Nikos und Takis ließen ihre Fantasie spielen. Heraus kam ein mit vielen architektonischen Details ausgestattetes Haus, das vor allem durch seine Stoffe, egal, ob Vorhänge, Bettbezüge oder Kissen, besticht. Der Orient scheint hier zum Greifen nahe. Die versteckt liegende Frühstücksterrasse über den Dächern der Altstadt mit Blick auf den Hafen ist ein Paradies. Das 2005 eröffnete Designerhotel hat freilich seinen Preis. DZ kosten zwischen 110 und 300 €, Suiten gibt es ab 200 €, besonders schön ist die Ontas-Suite mit ihrem Himmelbett. Empfehlenswert auch die Tzami-Suite mit ihrer großzügigen Sitzecke. Panetiou 26, ℘ 22410/70773, www.nikostakishotel.com.

Andreas `53`, ein 500 Jahre altes osmanisches Haus, in dem einst ein Harem untergebracht war. Heute arbeitet das Andreas als Apartmenthotel, das zwei schöne Suiten zur Auswahl stellt: die Tower und die Terrace Suite, jeweils ab 80 € pro Nacht, beide mit zwei Räumen (ein Schlafzimmer und ein weiterer Raum mit Schlafsofa), Kühlschrank und Klimaanlage. Wer sich hier einquartieren möchte, sollte allerdings einen längeren Aufenthalt einplanen – es wird eine Mindestbuchung von 5 Nächten gewünscht. Aufgrund einiger Stufen ist das Hotel nicht barrierefrei. Juli bis Sept. geöffnet. Omirou-Str. 28D, ℘ 22410/34156, www.hotel andreas.com.

Paris `50`, eine seit über 30 Jahren im türkischen Viertel beliebte Herberge, sehr ruhig und trotzdem relativ zentral gelegen. Der ältere Besitzer namens Paris hat über viele Jahre das Hotel ausgebaut. Ein Pluspunkt ist der gepflegte Garten im Innenhof mit Zitronen- und Orangenbäumen. Das Hotel ist von April bis Okt. geöffnet. 14 DZ mit Bad für je 90–100 €, außerdem Studios mit Küchenzeile 100–120 €, Suiten 130–160 € sowie Luxussuiten 220–280 €, Frühstück inklusive. Fanouriou-Str. 88, ℘ 22410/26356, www.paris-hotel-rhodes.gr.

*Mein*Tipp **Saint Michel** `45`, zentral und doch ruhig liegt diese bezaubernde Unterkunft. In den Mauern des 700 Jahre alten Hauses werden 5 geschmackvolle Zimmer vermietet – eines schöner als das andere, teilweise mit privater Terrasse und wunderschönem Altstadtblick. Zur Ausstattung gehören neben Klimaanlage und Flachbild-TV auch Hausschuhe. Eine Dependance mit Apartments befindet sich nebenan. DZ ab 70 €, WLAN kostenlos. Perikleous Str. 68, ℘ 22410/25111, 6936479559, www.saint michel.gr.

Pension Ólympos `38`, zentral, aber sehr ruhig gelegene Pension. Ein Klassiker unter den Pensionen in der Altstadt. Familiäre Atmosphäre, George, der Besitzer, hat 27 Jahre lang in Hagen gelebt und spricht gut Deutsch. Die Besitzerfamilie kommt von der Nachbarinsel Kárpathos. Nach dem Heimatdorf ist die Pension benannt. 7 einfache und teilweise kleine Zimmer mit Bad und z. T. Balkon. Es werden auch Studios vermietet. Positive Leserstimmen. DZ 40–65 €, Frühstück 7,50 €. Ag.-Fanouriou-Str. 56, ℘ 22410/33567, www.pension-olympos.com.

Hotel Domus `29`, inmitten des türkischen Viertels in der Altstadt, im ersten Stock über dem Restaurant Yiannis, empfehlenswerte Unterkunft. Saubere DZ mit Du/WC zwischen 40 und 70 €, Frühstück 5 € pro Pers. WLAN kostenlos. Platanos-Str. 20, ℘ 22410/25965, www.domusrodoshotel.gr.

Spot `41`, im Herzen der Altstadt beim Märtyrer-Platz. Eine mit Kieselsteinen gepflasterte

Rhódos-Stadt

300 m

Gasse führt zu dem gelb getünchten, gepflegten Haus. Saubere Räume mit Bad und Klimaanlage. Sevasti Mavorstomou vermietet in seiner Pension 9 Zimmer für 2–4 Personen. Ganzjährig geöffnet. DZ im April ab 40 €, im August ab 75 €, kein Frühstück. Perikleous-Str. 21, ✆ 6972016188, www.spothotelrhodes.gr.

Niki's Hotel 46, die kleine, verwinkelte Pension in der Nähe der Omirou-Str. vermietet Zimmer (mit Bad), teilweise mit Balkon. Ab 50 €, WLAN kostenlos. Sofocleous-Str. 39, ✆ 224 10/25115, 6944256947, www.nikishotel.gr.

Apollo Guest House 53, neben der Pension Andreas vermieten Maggie und Ikuo 5 geschmackvolle Doppelzimmer, teilweise mit traditionellem Hochbett. In dem von Weinreben überdachten Innenhof wird das Frühstück serviert. Die Zimmer haben unterschiedliche Preise, z. B. Marpessa: 50–65 €. WLAN kostenlos. Entweder direkt über E-Mail, Telefon oder via Airbnb buchbar. Omirou-Str. 28 c, ✆ 22410/32003.

meinTipp **Klimt Guest House & Café 34**, mitten im Herzen der Altstadt liegt diese einladende Pension mit Wiener Charme. Die Österreicherin Jutta hat sich mit dem Haus ihren Traum erfüllt und vermietet 3 komfortable Doppelzimmer zu moderaten Preisen. Die Lage ist ideal, um die Altstadt zu entdecken. Zum Haus gehört ein Café, in dem auch Apfelstrudel und ab und zu Topfenstrudel gebacken wird. Das reichhaltige Frühstück mit Wiener Melange lässt keine Wünsche offen. Freundlicher Service. DZ 80–95 € (Frühstück inkl.), WLAN kostenlos. Buchung über booking.com oder info@klimt-guest-house.gr. Fanouriou Str. 32–34, ✆ 22410/20745.

Boutiquehotel Evdokia 27, in einem renovierten Altstadthaus aus dem 13. Jh. befindet sich diese stilvolle Unterkunft (ehemals Hotel Isolde). Holzböden und historische Mauern schaffen Gemütlichkeit. Den Gästen bietet sich ein schöner Blick über die Altstadt bis zum Hafen. Von Jan. bis Dez. geöffnet. WLAN kostenlos. DZ 120 € (inkl. Frühstück), im Winter Zimmer ab 60 €, Evdoxou-Str. 75, ✆ 22410/77077, www.evdokiahotel.com.

meinTipp **In Camera Art Boutique Hotel 43**, dieses neu eröffnete Hotel trägt die Handschrift von Nikos Kasseris, dem bekanntesten Fotografen der Insel. Mit großer Sorgfalt hat er hier 7 traumhafte Suiten geschaffen und mit individuellen Akzenten versehen, wie blauem Marmorboden, romantischem Himmelbett und Jacuzzibad. Es versteht sich von selbst, dass im Hotel auch Kameras aus verschiedenen Jahrzehnten und Fotos ausgestellt sind. Die unterschiedlich großen Suiten tragen Namen wie „Nymphe des Helios", „Terra incognita" oder „Reise ins Licht". Eine Suite für 2 Pers. kostet ab 130 € pro Nacht. Sofokleous-Str. 35, ✆ 22410/77277, www.incamera.gr.

Ferienwohnungen/-häuser Maisonettewohnung 49, in der Nähe des Hotels Saint Michel liegt diese farbenfrohe Ferienwohnung mit Wohnbereich, kleiner Küche und Dachterrasse. 10 Min. Fußweg zum Hafen. Ab 60 € pro Nacht. Buchbar über Claudia Schmidt, www.rhodes4vacation.com.

In der Neustadt Nahezu alle Hotels sind ausschließlich auf Pauschaltouristen eingestellt. Für ein DZ in der Neustadt muss man ohne Pauschalarrangement in der Regel mit mindestens 55 € rechnen.

Grande Albergo delle Rose 4, ein Teil des 2002 wiedereröffneten Casinos dient als 5-Sterne-Hotel. Passend zu dem in den 1920er-Jahren erbauten Art-déco-Hotel ist die Einrichtung der Luxusherberge von zurückhaltender Eleganz. Es werden nur Suiten angeboten. Der Clou: Bei jeder Suite steht ein persönlicher Butler zur Verfügung. Eine 35 qm große Suite kostet ab 170–240 € pro Tag, die kleine „Classic Suite" gibt es bereits ab 140–200 € (inkl. Frühstück). Der Höchstpreis liegt bei 1.050 €! WLAN kostenlos. Papanikoaou-Str.4, ✆ 22410/97400, www.gadr.gr.

Grand Hotel 1, ein beliebter Klassiker unter den 5-Sterne-Hotels auf Rhodos. Der in den 1970er-Jahren erbaute „Kasten" beherbergte früher das Casino von Rhodos. Mittlerweile ist das Haus zum größten Teil prachtvoll renoviert und besticht durch Eleganz und Service. Schöner Mosaikboden. Das Grand Hotel verfügt nicht nur über zwei Meerwasserpools, sondern auch über Hallenbad, Gymnastik- und Massageraum, Tennisanlage und Pianobar. Am Pool kann es im Hochsommer schon mal eng werden. Hier hat auch schon der deutsche Ex-Bundeskanzler Helmut Kohl genächtigt. Ganzjährig geöffnet. DZ in der Nebensaison ab 110 € (im August ab 200 €), jeweils mit Bad, Balkon und Halbpension. Je nach Saison große Preisunterschiede. Buchbar über alle großen Reiseveranstalter. WLAN kostenlos. Akti Miaouli-Str. & Papanikolaou, ca. 1 km vom Zentrum (Mandráki), am nördlichen Strand, nahe dem Aquarium, ✆ 22410/54700, www.mitsishotels.com/hotels/grand-hotel.

Vyron Perellis und die gemalten Urlaubserinnerungen

In früheren Zeiten gehörte ein Porträt des Ehepartners und der Kinder zur Grundausstattung der Wohnung einer wohlsituierten Familie. Der Fotoapparat hat dieser Tradition schon vor mehr als einem Jahrhundert ein Ende gesetzt. Der Beruf des Porträtmalers ist seitdem nicht mehr gefragt.

Doch auf Rhodos gibt es sie noch, die Porträtmaler. Wie an einer Perlenschnur aufgereiht sitzen die Autodidakten, Kunststudenten und Meisterschüler an der Straße an der Platia Martirion in der Altstadt, beim Großmeisterpalast oder am Mandráki-Hafen. Die meisten von ihnen beherrschen das zur Kundengewinnung nötige Vokabular in den verschiedensten Sprachen ebenso meisterhaft wie ihre Kunst selbst.

Der Arbeitstag ist für die Maler besonders in der Hochsaison hart, denn die Erstellung eines Porträts erfordert höchste Konzentration, und es geht manchmal zu wie am Fließband. Die Maler haben sich längst zu einer Kooperative zusammengeschlossen. Alle Einnahmen fließen in eine Kasse und werden dann durch die Anzahl der Mitglieder brüderlich geteilt. Das ist nicht nur gerecht, sondern auch eine Art Versicherung, wenn einer der Maler krank wird. Durch die Kooperative wurde es auch möglich, sich in den Sommermonaten einen freien Tag zu gönnen.

Vyron Perellis, ein bärtiger Mittsechziger aus Lesbos, ist einer von ihnen. Er gilt unter seinen Kollegen als der Erfahrenste. Seit Jahrzehnten findet er mit der Malerei auf Rhodos sein Auskommen. Meistens legt der aus Lesbos stammende Künstler sein Handwerkszeug im Hochsommer nicht vor Mitternacht aus der Hand. Schließlich ist die Porträtmalerei immer auch ein Kampf gegen die Zeit und nur in der Hochsaison wirklich lukrativ.

Die Einnahmen aus der Porträtmalerei reichen für den Lebensunterhalt über das ganze Jahr nicht aus. Wenn Ende Oktober die letzten Touristen die Insel verlassen, versiegen auch die Verdienstmöglichkeiten. Viele der Porträtmaler gehen daher in den Wintermonaten „Ersatzbeschäftigungen" nach, die meistens im künstlerisch-dekorativen Bereich angesiedelt sind. Fast keiner bleibt in der touristenlosen und damit arbeitslosen Zeit auf der Insel. Viele zieht es auch nach Asien. Dort sind die Lebenshaltungskosten gering. Auch Vyron Perellis zog es früher am Ende der Saison in die Ferne. Heute hat er sich auf der Insel Euböa niedergelassen – fernab des Trubels. Doch jedes Frühjahr kehren er und seine Kollegen nach Rhodos zurück und malen wieder Porträts.

Mitsis Petit Palais Rhodes 6, mit viel Marmor edel eingerichtetes Hotel der gehobenen Klasse. Im Eingangsbereich empfangen Springbrunnen die Gäste. Eine genaue Auskunft über das Zimmer lohnt sich, Meerblick möglich, aber es kann sehr windig werden. Mitten in der Neustadt mit großer Terrasse zur Straße, auf der unzählige Mopeds vorbeirauschen. Schöner Pool. DZ 110–200 €. Gen. Griva 3, ☎ 22410/22781, www.mitsishotels.com/hotels/petit-palais.

Esperia City Hotel 3, an einem schattigen, von Eukalyptusbäumen bewachsenen Platz gelegenes, großes Haus nahe dem Petit Palais. Swimmingpool vorhanden. Sehr gutes Preis-Leistungs-Verhältnis, allerdings variieren die Preise saisonbedingt sehr stark. Alle Zimmer mit Klimaanlage. DZ in der Nebensaison schon ab 50 €, Hochsaison ab 100 €, EZ ab 40 €, in der Hauptsaison ab 80 €. WLAN in der Lobby kostenlos. G.-Griva Str. 7, ☎ 22410/23941, www.esperia-hotels.gr.

Stay Hostel 13, hippe und preiswerte Unterkunft für Junge und Junggebliebene. Es gibt verschiedenste Kategorien: vom Bett im 6er-Schlafsaal für Frauen ab 14 €, über private Zimmer mit geteiltem Bad ab 21 €. WLAN inkludiert. Eine Gemeinschaftsküche sowie Spinde zum Einsperren von Privatgegenständen sind vorhanden (Letztere für jedermann um 5 € pro Tag). Lochagou Fanouraki 19–21, ☎ 22410/24024, www.stayrhodes.com.

Oktober 12, in der gleichnamigen Straße gelegenes Haus, das im Mai 2011 eröffnet wurde. 74 komfortable Zimmer im modernen Design, die alle mit TV, Safe, Föhn und Kühlschrank ausgestattet sind. Hotelmanagerin Despina führt das Haus mit großem Engagement. Relaxte Atmosphäre. Die Bushaltestelle für Fahrten vom/zum Flughafen liegt in der Nähe. DZ 50–150 €. Reichhaltiges Frühstücksbuffet inkludiert. WLAN kostenlos. Straße des 28. Oktober 15, ☎ 22410/31001, www.oktoberhotel.gr.

Essen & Trinken   → Karten S. 51 und S. 56/57

In Rhodos-Stadt kann jeder auf seine Kosten kommen – das Angebot reicht vom Gyros-Imbiss über den zünftigen Tavernengrill bis hin zu

In der engen Altstadt bleibt kein Quadratmeter ungenutzt

leckerer Nouvelle Cuisine auf Griechisch. Die Auswahl an verschiedenen Lokalen ist riesig. Vor allem in der Altstadt findet sich eine ganze Reihe hervorragender *psarotavernas* (Fischtavernen), die zwar nicht immer ganz günstig sind, dafür aber Allerfeinstes aus der Ägäis bieten. Speziell die Sofokleous-Straße ist deshalb einen Spaziergang wert. Auch in der Neustadt reihen sich zahlreiche Lokale aneinander. Unter anderem findet man rund um die Theodoraki-Straße (oberhalb der Nea Agora) und die Platia Kalliga zahlreiche gute Gelegenheiten zum Essen und Trinken.

Restaurants in der Altstadt Fischrestaurant Pizanias 42, der „Seestern", unauffällige, einfache Psarotaverna abseits der gängigen Touristenrouten. Zur Auswahl stehen nur Fisch und Salate, dazu eine große Auswahl an Meeresfrüchten (hervorragende Muscheln), relativ preisgünstig. Der Fisch ist hier garantiert frisch, man sitzt gemütlich auf einer weinüberdachten Terrasse und schaut Dimitris zu, wie er den Fisch grillt. Auch viele Griechen schätzen die einfache Taverne (neben dem Nireas). Mittags und abends geöffnet. Sofokleous-Str. 24, am gleichnamigen Platz, ☎ 22410/22117 oder 31884.

MeinTipp **Nireas** 39, das mit Stil eingerichtete Restaurant von Theodoros Tsikkis liegt an einem Platz abseits des Trubels und bietet feine mediterrane Küche. Hier kommt frischer

Dionysos lässt grüßen

Die Genossenschaft C.A.I.R. (Compagnie Agricole et Industrielle de Rhodes) verarbeitet rund 97 % des Weintraubenertrags auf Rhodos. Das sind immerhin jährlich 150 Tonnen Weinmost. Nur rund ein Viertel der Produktion wird ins Ausland exportiert, der Rest wird in Griechenland selbst verbraucht. Es dominieren insbesondere Weiß- und Roséweine. Der *Ilios*, ein Weißwein, bekam schon verschiedene Auszeichnungen. Die bereits 1928 gegründete Genossenschaft war früher die einzige Firma in Griechenland, die Schaumweine nach dem französischen Champagner-Verfahren herstellte. Jährlich vermarktet die Genossenschaft nun rund eine halbe Million Flaschen des handgerüttelten Sekts. Konkurrenz bekam C.A.I.R. zwar mittlerweile durch den Grand Prix Brut von Emery, dennoch genießt der aus der weißen Athiri-Traube gewonnene Sekt von C.A.I.R. auf dem griechischen Markt seit vielen Jahren Kultcharakter.

Das Weingut an der Straße nach Líndos kann Mo–Fr von 10–17 Uhr besichtigt werden. Bei Km 2 an der Straße von Rhodos nach Líndos, ☎ 22410/68770-3.

Fisch auf den Teller. Vor allem der Oktopus, die Miesmuscheln und der Seeigelsalat schmecken gut. Lecker ist auch das wilde Gemüse, das gekocht und mit frischen Zitronen verfeinert wird. Aber auch die Vorspeisen sind vorzüglich. Die mit Pflanzen überdachte Terrasse ist ideal für einen romantischen Abend. Zur guten Stimmung trägt auch die Wirtsfamilie bei. Wenn das Lokal voll besetzt ist, muss man in dem Familienbetrieb allerdings etwas Geduld mitbringen. Sofokleous-Str. 22, ☎ 22410/21703.

Romios 37, gegenüber dem Nireas liegt diese gemütliche Taverne. Der Wirt serviert Café-Ouzo, den es auch in kleinen Fläschchen zu kaufen gibt. Sofokleous-Str. 15, ☎ 22410/25549, www.romios-rhodes.gr.

Kostas Hagicostas 40, die vielen Lobeshymnen seiner Gäste hängt der Wirt gerne auf einer Pin-up-Wand als Empfehlung vors Lokal. Er kann es sich leisten, denn die gebotene griechische Hausmannskost ist schmackhaft und preiswert. Pythagoras-Str. 62, ☎ 22410/26217,.

Oasis 51, an einem stillen Platz gegenüber der halb verfallenen Redjab-Pascha-Moschee. Der hilfsbereite Nikos Baláskas und seine Familie bieten griechische Hausmannskost – deftig und sehr preisgünstig. In dem seit vielen Jahren beliebten Lokal sitzt der Gast unter Schat-

ten spendenden Bäumen; schon zum Frühstück geöffnet. Dorieos-Platz 12, ☎ 22410/34253.

Mama Sofia 20, Sofia, mittlerweile Großmutter, führt seit 1967 die Küche des großen Lokals in der Orfeos-Straße, in der Nähe des Uhrturms. Die Gerichte schmecken gut, das Preisniveau ist etwas gehoben. Dafür stimmt die Qualität der Zutaten, für Vegetarier gibt es eine eigene Speisekarte. Orfeos Str. 28, ☎ 22410/ 24469, www.mamasofia.gr.

Yiannis 29, in einer kleinen Seitengasse der Sokrates-Str. (20 m), auf den ersten Blick sieht es aus wie ein Touristenlokal. Doch Yiannis, der Koch und Namenspatron des sympathischen Restaurants, hat sein Handwerk in New York gelernt und kocht wirklich mit Liebe. Leckere Salate, bodenständige griechische Küche, mittleres Preisniveau. Ruhige, einladende Terrasse. Menüs ab 11 €. Platonos-Str. 41, ☎ 22410/37387.

🍃 Ta Petaladika 28, nur ein paar Schritte von der Sokrates-Straße entfernt und umgeben von anderen Tavernen liegt das kleine Restaurant mit den einladenden weißen Tischen. Georgos kocht in der ehemaligen Schmiede (griechisch „Petaladika") vorzügliche Mezédes (Vorspeisen), rund 40 Sorten sind auf der Karte zu finden mit einer großen Auswahl an vegetarischen Gerichten. Die Wahl fällt schwer zwischen Zucchinibällchen mit Feta, Kichererbsenpüree, orientalischer Quiche oder Leber mit Rosmarin. Auch Fischgerichte wie saurer Oktopus, Muscheln oder Sardinen sind empfehlenswert, es gibt außerdem exzellente Salate. Die Gerichte werden überwiegend aus regionalen Produkten zubereitet. Bei Einheimischen sehr beliebt, viele Griechen kehren hier erst ab 22 Uhr ein. Menekleous-Str. 8, ☎ 22410/27319.

Romeo **31**, hier kann man abends zu Livemusik speisen. Das 500 Jahre alte kubische Haus liegt nur wenige Schritte von der Sokrates-Straße entfernt.. Großer Innenhof, netter Service. Beliebt bei den Stammgästen sind vor allem die Fischgerichte, z. B. Baby-Shrimps von der Insel Sými. Menüs ab 10 €. Viele Reisegruppen. Menekleous-Str. 7/9, ☎ 22410/25186, www.romeo.gr.

Alexis 4 Seasons **30**, für seine Fischküche ist das ambitionierte Lokal in der Nähe des Märtyrer-Platzes bekannt. Es handelt sich um eine Zweigstelle des Alexis. Von den Kitschläden links und rechts des Eingangs sollte man sich nicht abschrecken lassen. Das Restaurant ist innen elegant mit offenem Kamin eingerichtet. Bezaubernd ist der versteckte Innenhof. Etwas für Romantiker. Fischgericht für 2 Pers. 33 €. Aristoteleous-Str. 33, ☎ 22410/70522/-3, www.alexis4seasons.com.

Hatzikelis **35**, bereits seit 1982 besteht diese Taverne in der Nähe eines kleinen Parks, unweit des Märtyrer-Platzes und der Ruine der Marienkirche. Auf den Teller kommen vor allem Fischgerichte, auch viele Griechen schätzen den romantischen Ort. Solomou-Alhadef-Str. 9, www.hatzikelisseafoodrestaurant.com.

Manolis Dinoris **21**, Fischkenner schwören seit vielen Jahren auf das stimmungsvolle Restaurant (offener Kamin) im Zentrum der Altstadt. Seit 1967 werden in dem ehemaligen Reitstall Meeresfrüchte (alle Arten von Fischen, Hummer, Krabben, Tintenfisch etc.) serviert. Vor allem Lokalpolitiker und Kirchenleute schätzen das mehrfach ausgezeichnete Traditionslokal, das innen modern, aber einfach eingerichtet ist. Oberes Preissegment, für ein dreigängiges Menü plus Getränke sollte man mit 45–55 € rechnen. Das Dinoris liegt versteckt an der Platia Moussiou 14 a, schräg gegenüber vom Archäologischen Museum die kleine Gasse hinein, ☎ 22410/25824, www.dinoris.com.

Restaurants in der Neustadt **Tamam Restaurant** **9**, das kleine Lokal überzeugt mit freundlichem Service und sehr guten Spei-

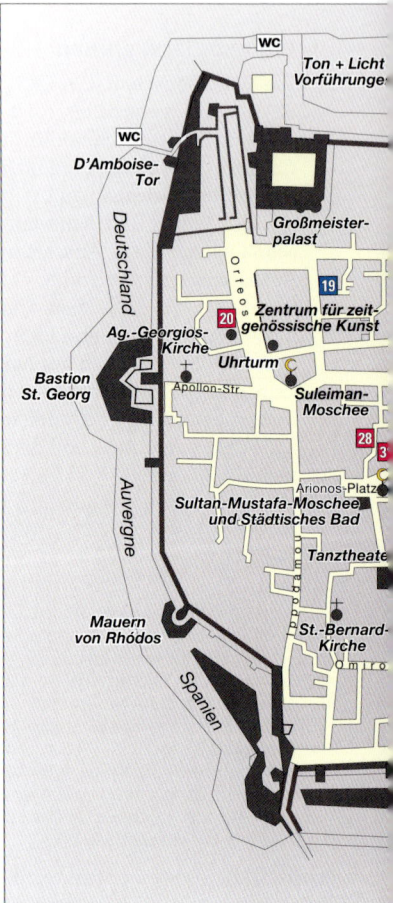

Rhódos-Stadt → Karte S. 51 und S. 56/57

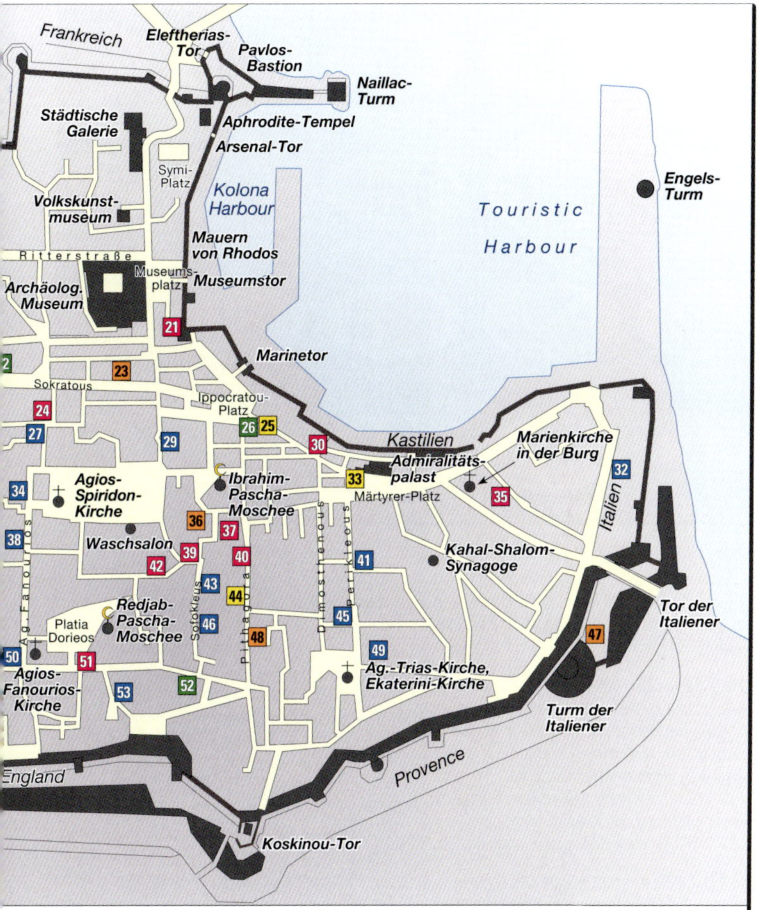

Frankreich
Eleftherias-Tor
Pavlos-Bastion
Naillac-Turm
Städtische Galerie
Aphrodite-Tempel
Arsenal-Tor
Symi-Platz
Kolona Harbour
Volkskunst-museum
Engels-Turm
Touristic Harbour
Mauern von Rhodos
Ritterstraße
Museums-platz
Museumstor
Archäolog. Museum
21
Marinetor
2
23
Sokratous
Ippocratou-Platz
24
26
25
30
27
29
Kastilien
Marienkirche in der Burg
Admiralitäts-palast
32
33
34
Agios-Spiridon-Kirche
Ibrahim-Pascha-Moschee
Märtyrer-Platz
35
Italien
36
37
38
Ag. Fanourios
Waschsalon
39
40
Dimosthenous
Perikleous
41
Kahal-Shalom-Synagoge
42
43
Pithagora
Sofokleus
44
Redjab-Pascha-Moschee
45
46
Tor der Italiener
Platia Dorieos
48
47
49
50
51
Ag.-Trias-Kirche, Ekaterini-Kirche
Agios-Fanourios-Kirche
52
53
Turm der Italiener
England
Provence
Koskinou-Tor

Essen & Trinken

20 Mama Sofia
21 Restaurant M. Dinoris
24 Jivino Café Bar & Taverna
28 Restaurant Ta Petaladika
29 Restaurant Yiannis
30 Rest. Alexis 4 Seasons
31 Restaurant Romeo
35 Taverne Hatzikelis
37 Restaurant Romios
39 Restaurant Nireas
40 Rest. Kostas Hagicostas
42 Fischrest. Pizanias
51 Restaurant Oasis

Einkaufen

25 Handgemachte Sandalen
33 Silver Dream
44 Schnapsbrennerei Sifonios 68

Nachtleben

23 Musik-Café Chantant
30 Raxati Café
47 Melina-Merkouri-Theater
48 Todo Bien Coffee Bar

75 m

Rhódos Altstadt

Bilderbuch für kulinarische Anfänger

sen. Am Abend empfiehlt es sich, früh zu kommen oder zu reservieren. Leontos 1, ☎ 22410/73522, ☎ 22410/26185.

🐟 **Napoleon** 8, das 1970 gegründete Restaurant zählt zu den besten der Neustadt. Verfeinerte griechische Küche mit italienischem Einfluss. Gute Mittagsmenüs mit einer großen Auswahl an vegetarischen Gerichten. Ein Großteil des Gemüses kommt aus dem Garten der Besitzer und hat Bio-Qualität. Mandilara Str. 1, ☎ 22410/26185, www.restaurantnapoleon.com.

Red 2, das Restaurant mit der roten Wand ist geschmackvoll mit bequemen Korbsesseln eingerichtet und bietet mediterrane Küche zu erschwinglichen Preisen. Auf den Tisch kommen griechische und italienische Klassiker. Papanikolaou-Str. 25 (beim Casino), ☎ 22410/30377, www.redrestaurant.eu.

Wonder 17, drei Schweden betreiben das beliebte Restaurant mit der großen Gartenterrasse. Den skandinavischen Einfluss erkennt man außer an der Einrichtung natürlich an der Küche, die allerdings auch mediterrane und asiatische Speisen bietet. Es gibt z. B. Couscous-Salat, Lachs und Pasta mit Meeresfrüchten. 3 verschiedene Menüs stehen ab 35 € zur Auswahl. Ab 19 Uhr geöffnet, So geschlossen, Reservierung empfehlenswert. El.-Venizelou-Str. 16–18,. ☎ 22410/39805, www.restaurant wonder.gr.

To Marasia 18, die traditionelle Taverne mit kleinem Garten liegt abseits der Touristenströme im Norden der Altstadt. Speziell die Fischgerichte sind empfehlenswert. Agiou Ioanni 155, ☎ 22410/30745.

Fischrestaurants an der südöstlichen Strandpromenade im Stadtteil Zefyros (Klaudiou-Pepper-Str.), einfache Gaststätten mit vorzüglichem frischem Fisch, bei Griechen beliebt. Einige sind daran zu erkennen, dass auf den Terrassen Tintenfische an Haken zum Trocknen hängen.

Cafés   → Karten S. 51 und S. 56/57

🐟 **Palladion-Eiscafé** 26, in der Nähe des Ippocratou-Platzes befindet sich ein kleines Eisparadies. Mindestens 10 verschiedene Sorten stehen zur Auswahl, alle garantiert hausgemacht, ohne Geschmacksverstärker und Farbstoffe. Die Wahl fällt schwer zwischen Orangensorbet, Joghurt-Kirsch, Pralineneis oder doch lieber Pistazie? Aristotelous-Str. 8, ☎ 22410/75237.

Jivino Café Bar & Taverna 🔲, in einem beschaulichen Innenhof werden einfache Tagesgerichte serviert, aber auch für einen Kaffee ist man willkommen. Das Haus befindet sich in einer kleinen Seitengasse, die von der Aristoteles-Straße abgeht, und ist damit ideal für eine kleine Auszeit vom Altstadt-Trubel. Auch unserer Leserin Hannah F. hat es hier geschmeckt. Ag. Fanouriou-Str. 14, ☎ 22410/29175. ▪ **Lesertipp**

Socratous Garden 🔲, „Prächtige Gardenidylle mit lauschigen Sitzecken, die zum Verweilen einladen. Tolle Atmosphäre auch am Abend. Hervorzuheben ist die vielfältige und kreative Cocktailkarte, die einen zum Wiederholungstäter werden lässt. Fast alle Cocktails kosten 5,90 €. Abgeschieden und doch mitten an der Shoppingmeile." (Mandy O.). Sokratous-Str. 124, ☎ 2241/076955. ▪ **Lesertipp**

Minos Roof Garden Cafe 🔲, das kleine, versteckt liegende Familienhotel in der Nähe des Koskinou-Tors betreibt auf seiner Dachterrasse ein Café, das vor allem mit seiner Aus-

sicht über Rhodos überzeugt. Es gibt Cocktails und Snacks. Hier oben ist es jedoch oft sehr windig. Omirou 5. ☎ 2241028360.

Café Aktaion 🔲, nobles Café 100 m vom Neuen Markt (Mandráki-Hafen) an der lang gezogenen Platia Elefterias. Auf der großen Terrasse unter schattigen Bäumen lässt es sich in den bequemen Sesseln gut ausspannen. Selbst wenn es einmal regnen sollte, kann man sich unter den Arkaden zurückziehen. Hier trifft sich tagtäglich eine bunte Mischung aus alten Männern, Geschäftsleuten, Hausfrauen und – ab und zu – auch mal Touristen. Schönes Traditionscafé.

Elli Beach Bar & Club 🔲, gemütlicher, aber belebter Platz am Beginn des Elli-Strands. Sehen und gesehen werden. Preiswerte Snacks und Vermietung von Liegen und Schirmen (10 € pro Set). Der dazugehörige Club im Inneren füllt sich jeden Samstag, wenn 80er-Musik aufgelegt wird.

Nachtleben   → Karten S. 51 und S. 56/57

Musik-Café Chantant 🔲, eine Institution auf der Insel. In dem schönen Altstadthaus gibt es gute Livekonzerte. Die düstere Musikkneipe ist kein billiges, aber dafür ein uriges Vergnügen in einer engen Altstadtgasse. Vor 23 Uhr gar nicht geöffnet und erst gegen Mitternacht kommt hier richtig Stimmung auf. Offiziell bis 3 Uhr morgens und manchmal noch viel länger. Musik irgendwo zwischen Bouzouki und griechischem Pop. Eintritt 9 € mit einem Freigetränk. Di Ruhetag. Dimokritou-Str. 3, ☎ 22410/32277 oder 75169.

Melina-Merkouri-Theater 🔲, im Rahmen des alljährlichen Kulturfestivals werden im Juli und Aug. in diesem Freilichttheater im Burggraben der Altstadt Konzerte und Theaterstücke veranstaltet. Eingang über das Akandia-Tor, das Programm kennt die Touristinfo bzw. es ist abrufbar auf www.rodosisland.gr.

Todo Bien Coffee Bar 🔲, Havanna trifft Rhodos und das jeden Abend bis zum Morgengrauen. Viel junges Publikum, aber auch Einheimische tanzen jede Nacht in der engen Gasse vor der kleinen Bar zu kubanischen Rhythmen. In der dazugehörigen Tanzschule (in der Neustadt) werden auch Salsa-Kurse angeboten. Kein Ruhetag. Pithagoras Str. 15–17, ☎ 22410/78809.

Raxati Café 🔲, gemütliche, urige Bar inmitten des türkischen Viertels. Es gibt Bier, Cocktails, Ouzo und Shisha. Sofokleous 1-3. ☎ 22410/36365.

Colarado 🔲, das Zentrum der Partymeile auf der Orfanidou-Straße. Hier feiern Einheimische und Party-Urlauber auf drei Tanzflächen, oftmals mit Livemusik. Je nach Event zwischen 10 und 15 € Eintritt. Ab 22 Uhr geöffnet. Orfanidou 57, ☎ 22410/75120.

J&J Bar 🔲, „große Cocktailauswahl mit ungewöhnlichen, aber leckeren Kombinationen. Dazu gibt es salziges Popcorn aufs Haus. Die beleuchteten Fahrräder auf dem Dach weisen schon von Weitem auf die Bar hin. Hierher kommen auch viele Shisha-Fans." 28is Oktovriou 80–82, ☎ 22410/36320. ▪ **Lesertipp**

Blue Lagoon 🔲, absolut kuriose Einrichtung: ein durchgesägtes Piratenboot im Pool, dazu passendes Seeräuberambiente. Schicke Open-Air-Bar, ziemlich teuer, besonders die Cocktails. Am Abend gibt es griechische Livemusik. Geöffnet tägl. von März bis Okt. Odos 25. Martiou.

Weitere Bars, Nachtcafés etc. finden sich in der Nähe der Nea Agora, etwa in der Theodoraki-Straße, in der Neustadt. Die Auswahl ist groß.

Die Ostküste

Die über 70 km lange Küste bietet fast überall traumhafte Strände – je weiter südlich, desto menschenleerer. Größter Anziehungspunkt ist das 1000-Einwohner-Dorf Líndos mit weiß getünchten, kubischen Häusern und engen, gepflasterten Gassen.

Die Ostküste ist die Schokoladenseite von Rhódos. Nicht zuletzt dank der schönen Sandstrände reihen sich hier die meisten Hotels aneinander. Doch noch immer gibt es viel Natur und Platz – insbesondere im südlichen Teil.

An der Ostküste von Rhódos kann man einen Badeurlaub gut mit Kultur und Natur verbinden. Orte wie Archángelos oder Charáki bieten sich als Ausgangspunkt an, um Rhódos zu erkunden. Von hier erreicht man schnell Ziele auf der ganzen Insel.

Die Straße an der Ostküste ist hervorragend ausgebaut und auch die Busverbindungen zu den größeren Orten der Ostküste sind ausgesprochen gut. Es bestehen mindestens stündliche Verbindungen nach Kallithéa und Faliráki sowie nach Líndos (Genaueres → „Rhódos-Stadt/Verbindungen" bzw. in den jeweiligen Ortskapiteln).

Was anschauen?

Líndos: Das am Hang gelegene Dörfchen schmiegt sich wie ein weißes Band um den Berg am Rand der idyllischen Bucht, auf dessen Gipfel eine Akropolis und eine später errichtete Burganlage stehen. Die Akropolis von Líndos gehört zu den bedeutendsten Bauten Griechenlands und wurde umfassend renoviert. Die Aussicht ist traumhaft. Im Sommer wird das Dörfchen allerdings täglich von Tausenden Besuchern heimgesucht. → S. 86

Archángelos: Die Stadt konnte sich ihren ursprünglichen Charakter bewahren. Beim Bummel im Zentrum überzeugen bunt bemalte Häuser und eine hübsche Kirche. In den Gassen des Zentrums tollen Kinder, durch den Ort brausen Mopeds. Außerdem locken gute Tavernen, Keramikgeschäfte und eine Olivenölfabrik. → S. 75

Kloster Moní Tharí: Das sehenswerte Kloster mit schönem Garten liegt in einer Senke inmitten von Pinienwäldern. Die Grundmauern der Basilika reichen ins 9. Jh. zurück, die sehenswerten Fresken im Altarraum stammen großteils aus dem Jahr 1506. → S. 103

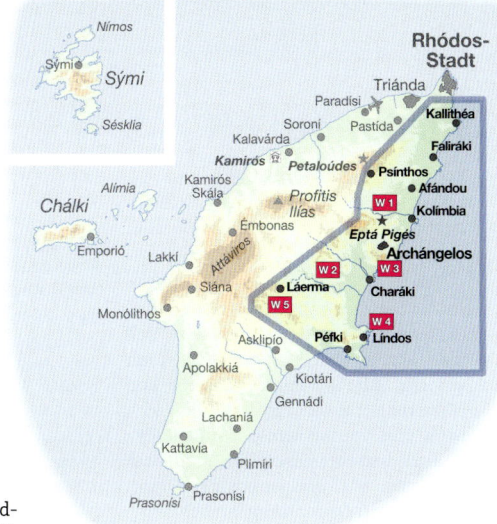

Wo baden?

Die Landschaft an der Ostküste besitzt die besten Badestrände der Insel. Feinsandige Dünen oder kindskopfgroße Kiesel – Strände en masse, viele davon sind jedoch überlaufen.

Tsambiká-Bucht: Der Besuch dieses herrlichen Sandstrands zwischen schroffen, kahlen Felsen ist ein Erlebnis. Der flache Einstieg eignet sich auch für Kinder, für die es auch einen Wasserspielplatz gibt. Im Sommer jedoch bestens besucht. → S. 78

Stegná-Bucht: Entlang des Orts erstreckt sich ein Kilometer langer Sandstrand, der alle Touristenwünsche erfüllt. An den Ausläufern findet man auch noch ruhigere Ecken. → S. 80

Apostel-Paulus-Bucht: Sie zählt zweifellos zu den schönsten Naturhäfen des Dodekanes. Der Zugang zum offenen Meer ist kaum breiter als 40 m. Hier soll der Apostel Paulus im 1. Jh. n. Chr. erstmals rhodischen Boden betreten haben. → S. 92

Wo ausgehen?

Líndos: In der „weißen Stadt" herrscht nachts ein besonderes Flair. Wer's ruhiger mag, chillt beim Cocktail auf der Dachterrasse, wer's aufregender braucht, besucht einen der Nachtclubs. → S. 95

Archángelos: Hier herrscht noch die typische Atmosphäre einer griechischen Kleinstadt. Der 7500-einwohner große Ort mit seinen Tavernen ist ursprünglich geblieben. Da das Städtchen nicht am Meer liegt, sind die Einhei-

msichen in den Kafenions und Tavernen am Abend weitgehend unter sich. → S. 75

Faliráki: Das richtige Ziel für Partywütige. In der Touristen-Hochburg gibt es sogar eine Bar Street. Hier ist die Auswahl an Nachtlokalen groß. Ruhesuchende meiden den Ort besser. → S. 64

Was sonst noch?

Keramik und Olivenöl kaufen: Die Gegend um Archángelos ist für ihre Keramik bekannt. Verschiedene Töpfereien bieten vor Ort ihre Waren an und informieren über die Produktion. Außerdem gibt es in Archángelos eine Olivenölfabrik mit Direktverkauf. → S. 75

Wandern: Die Gegend ist mit ihrer abwechslungsreichen Landschaft und der guten Infrastruktur ein attraktives Wandergebiet. In unserem Wanderführer finden Sie fünf schöne Routen auf der Ostküste unterschiedlicher Länge: zu den Sieben Quellen, zum Kloster Kamíri, zum Kloster Tharí, zum Grab des Kleobulos oder von der Agáthi Bucht nach Archángelos. → ab S. 242

Kóskinou

Zwischen der Küstenstraße und der weiter westlich gelegenen Schnellstraße nach Líndos liegt dieses Dorf auf einer Anhöhe.

Von den eher unansehnlichen Außenbezirken mit vereinzelten Hotelbauten an der Ostküste darf man sich nicht abschrecken lassen: Kóskinou mit schöner Kirche, engen Gassen und klassizistischen Hausportalen hat sich noch viel von seinem ursprünglichen Charme bewahrt. Bereits im 19. Jh. war Kóskinou ein prosperierender Vorort von Rhodos. Davon zeugen noch heute die historischen Gebäude mit schönen, blumengeschmückten Innenhöfen und verzierten Fassaden. Typisch für Kóskinou ist das gemusterte *Chochlaki-Pflaster*. Vor allem Türken wohnten in dem Dorf 9 km südlich von Rhodos-Stadt. Der Ortskern steht mittlerweile unter Denkmalschutz. Eines der aus wenigen Räumen bestehenden Häuser mit Chochlaki-Pflaster und Webarbeiten an der Wand kann man auch besichtigen (Mo–Fr 10–13 und 18–20 Uhr, Eintritt 1 €, ℘ 22410/87760). Für den Chochlaki-Boden in dem rund 100 Jahre alten Haus war ein Jahr Arbeit nötig.

Praktische Infos

Einkaufen   **Rodos Gold Vogiatzis**, der größte Goldschmuckladen Griechenlands liegt etwa 2 km vor Faliráki (10 km von Rhodos-Stadt) an der Küstenstraße. Das weiße, kastenförmige Gebäude mit seinem Palmenvorgarten ist nicht zu verfehlen. Das riesige Geschäft wird beliefert von der hauseigenen Goldherstellung. Im ersten Stock ist ein kleines Museum mit antikem Goldschmuck eingerichtet. Wer keinen fahrbaren Untersatz besitzt, für den wird ein kostenloser Transfer organisiert. ℘ 22410/86670, www.rodos-gold.gr.

Essen & Trinken   Wer in Kóskinou zum Essen ausgehen will, sollte seinen Wagen außerhalb des historischen Ortskerns parken. Im Sommer kann die Parkplatzsuche schon mal mühsam werden.

Giannis, viele Einheimische schwören auf die kleine, versteckt liegende Taverne. In einer lauschigen Loggia kommt beste griechische Landküche auf den Tisch. Besonders beliebt sind die zahlreichen *Mezédes* (Vorspeisen), die Giannis in der Küche frisch zubereitet. Empfehlenswert sind auch seine Fischgerichte, für ein Fisch-Hauptgericht sollte man mit rund 17 € rechnen. Dafür sind die lokalen Weine preiswert. Die Flasche gibt es bereits ab 8 €. Viele Stammgäste.

Taverne Panorama, das Restaurant befindet sich auf einer Anhöhe am Weg von Rhodos Stadt nach Koskinou (ab dem Hotel Castello di Rodi gut ausgeschildert). „Man hat einen weiten Blick auf das Landesinnere der Insel, welche abends besonders schön und eindrucksvoll ist. Das traditionelle griechische Essen ist traumhaft lecker und preiswert: ℘ 02244/023153. ▪ **Lesertipp**

Übernachten   Wer den Charme von Kóskinou länger genießen möchte, mietet sich am besten in einem der liebevoll renovierten Privathäuser ein, die jeden Gast mit besonderem Ambiente empfangen – ob mit oder ohne Pool, als traditionelles Natursteinhaus oder luxuriöse Villa. Eine kleine Auswahl finden Sie unter www.fewo-direkt.de oder www.airbnb.de.

Kallithéa

Kallithéa lockt mit einem schönen Sandstrand und der bekannten Thermenanlage, die 1929 von den Italienern im orientalischen Stil erbaut und während des Zweiten Weltkriegs durch Bomben zerstört wurde. Nach jahrelangen Restaurierungsarbeiten konnte sie im Jahr 2007 wiedereröffnet werden und besitzt seitdem ihre frühere Anziehungskraft.

Durch einen imposanten Arkadengang betritt man die gut besuchte Anlage, breite Treppen führen hinab zu einem Kuppelbau, der über dem Brunnen mit seinem gesunden, schwefelhaltigen Wasser errichtet wurde. Die auf der Landzunge angelegten Räume und Terrassen beherbergen interessante Ausstellungen, Konzerte und weitere Veranstaltungen. In der Bar am Strand lässt es sich herrlich entspannen.

Eine ständige Ausstellung zeigt Fotos von Nikos Kasseris, dem berühmtesten Fotografen der Insel, der die Verwahrlosung und den Wiederaufbau der Thermen über Jahrzehnte hinweg dokumentierte (→ Kasten, S. 64).

Während der deutschen Besatzungszeit befand sich direkt neben den Thermen ein deutsches Internierungslager, in dem Tausende Menschen ums Leben kamen (→ Geschichte, S. 209). Heute ist davon nichts mehr zu sehen, noch nicht mal eine Infotafel gibt Hinweise darauf.

Kleinod an der Ostküste:
die Thermen von Kallithéa

Baden

Der kleine, von Palmen gesäumte **Sandstrand von Kallithéa** zählt zu den Attraktionen der Insel. Da kann es im Sommer schon mal eng zugehen. Oft machen kleine Ausflugsschiffe Halt, um ihren Gästen in der Bucht eine Schnorchelpartie in dem kristallklaren Wasser zu ermöglichen, ebenso werden vom Mandráki-Hafen in Rhodos-Stadt Tauchausflüge hierher unternommen. Sonnenschirme, Liegestühle und eine moderne Bar mit eisgekühlten Getränken verwöhnen die Gäste, schwimmende Holzplattformen erleichtern den Einstieg. Ein weiterer, etwas größerer Sandstrand mit Bar, Sonnenschirm- und Liegestuhlverleih liegt unterhalb vom Parkplatz. Südlich von Kallithéa bietet die steile Felsenküste traumhafte, einsame Badeecken. Bei den kleinen Kletterpartien, die zum Erreichen dieser Buchten unumgänglich sind, sollte man gute Strandschuhe besitzen, denn die Felskanten sind messerscharf. Hier befindet sich auch ein Nacktbadestrand. Ruhiger als in der Bucht von Kallithéa geht es am sich südlich anschließenden **Oasis-** bzw. **Tassos-Strand** zu: drei kleine Buchten, jeweils mit Sonnenschirm-/Liegestuhlverleih und Snackbar. Allerdings sind die Einstiege nicht gerade ideal. Von der Küstenstraße Kallithéa–Faliráki aus beschildert.

Praktische Infos

Thermalbad Mai–Okt. tägl. 8–20 Uhr, Nov.–Apr. 8–17 Uhr. Eintritt 3 €, Studenten und Rentner 2 €, Kinder bis 12 Jahre frei, ab 20 Uhr Eintritt frei (zum Besuch der Cafeteria). Kostenlose Parkplätze vor der Therme. www.kallithea springs.gr.

Verbindungen In den Sommermonaten ist Kallithéa hervorragend mit dem **Bus** von Rhodos-Stadt zu erreichen: Ab dem Busterminal an der Nea Agora fahren die Busse zwischen 7.30 Uhr und 23 Uhr im 20-Minuten-Takt. Der Preis für eine einfache Fahrt beträgt 2,40 €.

Nikos Kasseris – Fotos für ein besseres Rhodos

Bei einem Streifzug durch die Thermen von Kallithéa fallen dem Besucher die vielen Fotos auf, die die Geschichte des beliebten Thermalbads dokumentieren. Die meisten von ihnen stammen aus der Kamera von Nikos Kasseris, dem berühmtesten Fotograf der Insel und gleichzeitig ihrem größten Kritiker. Seine Bilder zeigen nicht nur romantische Sonnenuntergänge und glückliche Inselbewohner, sondern auch die weniger schönen Seiten der Insel: Müllberge und Bauruinen. Seit 40 Jahren ist der Umweltschützer unterwegs, um auf Missstände aufmerksam machen, denn, so betont er, „wir werden nicht mehr Herr der Lage mit dem Müll, den die Touristen hier lassen." Auch mit Ruinenmotiven arbeitet er gern, nicht nur den Verfall der Kallithéa-Thermen dokumentierte er, seit 1980 fotografiert er den Hafen an der Altstadt, der bis heute nicht fertiggestellt ist. Seine Bilder werden in Ausstellungen

gezeigt, die auch von Schulklassen gut besucht werden. Er hofft, dass mit der Aufklärung langsam ein Umdenken einsetzt. „Wir sind gesegnet mit der Schönheit der Insel, mit dem Meer und der Sonne und sollten das für unsere Kinder erhalten." Und er fügt hinzu: „Leider wurde schon viel zerstört."

Von Nikos Kasseris sind drei Bildbände über den Dodekanes erschienen sowie ein Bildband zu Rhodos. Er hat außerdem das „In Camera Art Boutique Hotel" in der Altstadt von Rhodos eröffnet, in dem er zahlreiche Fotos und einige seiner Kameras ausstellt.

Corinna Brauer

Faliráki

Andenkenläden, Sportbars, Discos, Riesenhotels und sogar ein McDonald's – Faliráki könnte überall sein. Ein Retortendorf aus Beton und Zement. Im Sommer treten sich die Sonnenhungrigen an dem 5 km langen Sandstrand, der früher zu den schönsten der Insel zählte, gegenseitig auf die Füße. Im Herbst, wenn die letzten Touristen abgereist sind, bleibt eine Geisterstadt mit Tausenden von leeren Betten zurück.

Jährlich kommen etwa 460.000 Touristen in den Ferienort an der Ostküste von Rhodos. Einige kommen wegen des schönen Strandes, einige wegen ein paar nach wie vor exklusiven Hotels in Faliráki – und einige, weil sie jeden Abend gezielt die Partymeile im Zentrum ansteuern wollen.

Drogen, Vergewaltigungen und Diebstahl haben Faliráki in den 1990er-Jahren einen miserablen Ruf eingebracht. Im Vergleich zu diesen Zeiten geht es in Faliráki nun beschaulicher zu, doch ist der Ort weiterhin kein Ziel für Ruhe suchende Individualtouristen. Die meisten Hotels haben auf „all inclusive" umgestellt, mit der Folge, dass viele Läden und Bars schließen mussten. Untertags füllen sich jedoch noch immer die Liegen am Strand, und in der Nacht wird es in der „Barstraße" im Süden nach wie vor laut.

Von dieser Art des Tourismus unbehelligt bleibt man im Norden des Ortes (in Richtung Rhodos-Stadt), wo es eine Reihe von sehr komfortablen Hotels wie das luxuriöse „Palladium", das „Esperos Village", „Esperos Palace" oder das „Grecotel Rhodos Royal" gibt. Eine Attraktion für sich ist der **Waterpark** mit Wellenbad und Wasserrutschen jeden Schwierigkeitsgrades. Ein Spaß vor allem für Familien. Allerdings ist der Waterpark auch ein teures Vergnügen.

▪ Juni–Aug. tägl. 9.30–19 Uhr, Mai–Okt. 9.30–18 Uhr. Kinder ab 12 Jahren und Erwachsene 24 €, Kinder von 3–12 Jahren 16 €, Kleinkinder haben freien Eintritt. ☎ 22410/84403, www.water-park.gr. Es gibt einen **kostenlosen Bus-Shuttle** zum Waterpark: von Rhodos Stadt zwischen 9 und 17.30 Uhr in der Hauptsaison 5-mal täglich. Auch vom Süden fährt 1-mal tägl. ein Bus: Start 9 Uhr in Gennadi, dann über Pefkí (9.15 Uhr) und Kolímbia (10 Uhr) zum Waterpark. Die Rückfahrt ist um 17 Uhr. Der Bus hält an jeder öffentlichen Bushaltestelle.

Baden

Die populären Strände rund um Faliráki sind in der Hochsaison restlos überfüllt. Im Süden (zweite Bucht nach dem Faliráki Beach) liegt der einzige FKK-Strand von Rhodos. Wer es ruhiger mag und sich nicht am steinigen Boden stört (und nicht 50 km Richtung Süden fahren will), kann die Strände **Nikolas**, **Oasis** und **Tassos** in der Bucht im Norden von Faliráki aufsuchen. Auch hier gibt es Sonnenschirme und Tavernen, doch im Vergleich zu den Buchten in der Umgebung geht es hier vergleichsweise ruhig zu.

Faliráki-Beach: der beliebteste Badestrand der Insel. Es gibt optimale Wassersportmöglichkeiten, und wer sich lieber in der Luft bewegt, kann es auch mit Bungee-Jumping von einem Kran probieren. Das Sport- und Vergnügungsangebot ist enorm.

Ladikó-Bucht: Von der Hauptstraße Richtung Líndos führt eine beschilderte Straße zu einer Bucht an der Felsküste mit ein paar Metern Sand-Kies-Strand, den Liegestühle bis auf den letzten Platz füllen. Es gibt Duschen und zwei Tavernen. Sehr gepflegter Strand, sauberes Wasser, dennoch: Badeschuhe tun hier gute Dienste, da im Wasser einige spitze Felsen aufragen.

Anthony-Quinn-Bucht: eine schöne, aber auch sehr populäre Bucht (Anfahrt Richtung Ladikó, dann links ab, beschildert, 500 m auf gut befahrbarer Straße). Das Wasser schimmert einladend blau-türkis, aber der Meeresboden ist steinig. Selbst bei windigem Wetter ist die Wasseroberfläche der geschützten Bucht spiegelglatt. Ein wahres Schnorchelparadies. Bedingt für Kinder geeignet, denn viele Strandabschnitte sind zwar ziemlich flach, aber voller spitzer Kiesel. An dem kleinen Kiesstrand gibt es einen Liegestuhlverleih, oberhalb liegt ein schattiger Parkplatz (in der Hochsaison ab Mittag unwahrscheinlich, noch eine Lücke zu finden) sowie eine Snackbar mit wunderschöner Terrasse. Von hier geht es über Treppen hinunter zum Strand. In nördlicher Richtung führt ein Pfad über die Felsen nach Faliráki.

Die Bucht wurde durch den amerikanischen Schauspieler Anthony Quinn berühmt. Zum Dank, dass er hier den Film „Die Kanonen von Navarone", in dem er eine der Hauptrollen spielte, gedreht hatte, schenkte ihm die griechische Militärregierung diesen Küstenabschnitt. Diese Großzügigkeit wurde jedoch von der späteren demokratischen Regierung rückgängig gemacht.

▪ Busse von Rhodos Stadt und Faliráki fahren mehrmals täglich zur Ladikó- und Anthony-Quinn- Bucht und zurück. Haltestelle beim Ladikó Beach, hier halten auch Taxis (☎ 22410/69600).

Die Ostküste

Traganou-Beach: weitläufiger, noch nicht überlaufener Kiesstrand, der einen Umweg lohnt. Exzellente Wasserqualität. Dafür bürgt die blaue Flagge. Die Traganou-Bucht schließt südlich an die Ladikó-Bucht an. Am nördlichen Rand kann eine Meereshöhle entdeckt werden. Es gibt Strandduschen, Snackbar, Liegestuhl- und Sonnenschirmverleih. Neben dem Strand gibt es einen militärischen Beobachtungsposten. Im Süden geht der Strand in den von Afándou über. Von der Hauptstraße Faliráki–Afándou links ab (beschildert).

Praktische Infos

Verbindungen   Bus: Verbindungen im 20-Minuten-Takt von 8.40 bis 23 Uhr, Preis einfach 2,40 €. Eine schöne Art, nach Rhodos-Stadt zu reisen, ist die Fahrt mit dem **„Sea-Shuttle"**: Das **Fährboot** steuert jeweils 4-mal tägl. Rhodos an (13 € Hin- und Rückfahrt, Fahrzeit je 30 Min., bezahlt wird an Bord), Mo, Mi und Fr geht es nach Líndos (26 €) und Di, Do und Sa nach Sými (27 €). Abfahrt am Strand bei einigen großen Hotels wie Palladium, Calypso oder Esperides.

Taxi ☎ 22410/85444

Sport   Wassersport, am Faliráki-Beach mehrere Anbieter, z. B. *Sotos Watersports* auf Höhe

Abend in der Ladikó-Bucht

des Faliráki-Beach-Hotels. Paragliding 40 €/Pers. (Tandem 60 €), Banana-Boat 30 €, Tretboot 20 €/Std., Kanu 15 €/Std, Jet Ski 45 € (15 Min.). ☎ 957683102, www.sotos-watersports.com.

Motorboote, bei *Easy Boat*, nördlich am Faliráki-Strand (zwischen Calypso und Apollo Beach Hotel). Boote je nach Größe 50–80 € in der Stunde (inkl. Sprit). In der Hochsaison evtl. vor Ort reservieren. Ein Bootsführerschein ist für die kleineren Boote nicht nötig. ☎ 6932467272, 6978607162, www.esyboat.gr.

Übernachten   Ferienhäuser in Agios Minas, das griechische Ehepaar Chrysanthi und Ioannis vermietet drei wunderschöne Ferienhäuser für 2–8 Pers. in Agios Minas, einem kleinen Vorort von Faliráki. Alle Häuser haben einen Pool und sind mit Klimaanlage ausgestattet. Anfragen laufen über Martina Becker-Lips in Deutschland, ☎ 06241-55621, www.rhodos-ferienhaus.eu.

Ladikó Hotel, oberhalb der malerischen Bucht liegt dieses von Palmen und Bananenstauden umgebene Hotel mit vier Nebengebäuden von Diamantis Sotirakis. Das von Lesern empfohlene Haus verfügt über 50 Zimmer, ruhig, buchbar auch über Pauschalanbieter. Leckeres Essen. Viele Stammgäste. „Die Zimmer wurden sehr gepflegt und das Personal war äußerst freundlich", berichtet Leserin Isolde Listmayer aus Feldkirch. DZ mit Frühstück ab 50 €. 2018 wurden im Hauptgebäude zusätzlich 55 m² große Suiten für 4 Personen errichtet (z. T. mit Meerblick, Jacuzzi und AC), ab 180–300 €. ☎ 22410/85536, www.ladikohotel.gr.

Essen & Trinken   Ilios, die Taverne liegt vor dem Hotel Calypso direkt am Strand. Hier gibt es griechische Vorspeisen wie Gemüsepuffer oder gefüllte Zucchini, aber auch Klassiker wie Souvláki oder Lammkoteletts. Manche Speisen werden direkt am Tisch flambiert. Der schöne Blick aufs Meer garantiert Entspannung pur. ☎ 22410/86700.

Manolis, auf einer großen überdachten Terrasse serviert der Hausherr traditionelle griechische Küche in feinster Qualität. Auf Wunsch werden die Rezepte in allen Details erklärt. Sehr freundlicher Service, viele Stammgäste. Sehr zu empfehlen sind das Lamm-Kleftiko sowie Oktopus. Am Anfang der Barstraße rechts in die Apollones-Str. abbiegen und immer geradeaus laufen. ☎ 22410/86561.

Club Liquid, Partyzentrum des Orts. Auf zwei Dancefloors wird zu House und R 'n' B bis tief in die Nacht gefeiert. Erst ab 24 Uhr geöffnet. Afroditis 1, www.liquid.avratv.com.

Afándou

Das unscheinbare, verwinkelte Dorf, ein paar Kilometer von der Küste entfernt, hat sich seinen ursprünglichen Charakter bewahrt. Der Name rührt von „Afanía" her, was so viel wie „Unsichtbarkeit" bedeutet.

Vor vielen Jahrhunderten errichteten die Einwohner nach Überfällen von Piraten die heutige, abseits vom Meer gelegene Siedlung. In dem typischen Bauerndorf verstehen viele Deutsch, denn manch einer arbeitete in bundesdeutschen Fabriken.

Afándou, am Rand eines meist ausgetrockneten, breiten Flusslaufes gelegen, ist ein lebendiges Dorf. Auf den ersten Blick verspricht es jedoch keine Touristenidylle. Zentrum des geschäftigen Ortes ist die Platia mit Tankstelle, Läden und Kafenion. In der Nähe gibt es einen kleinen Parkplatz für Besucher (von Rhodos Stadt kommend: bei der Kreuzung im Zentrum bei der Tankstelle, rechts abbiegen).

Auf der Insel besitzt Afándou auch einen guten kulinarischen Ruf. Die beliebten Spezialitäten heißen *Pitaroudia*, frittierte Gemüsepuffer, und *Japrakia*, gefüllte Weinblätter, die den *Dolmades* ähneln.

An der Straße zum Strand hat man sich auf ein wenig Fremdenverkehr eingerichtet: Es gibt einige Auto- und Zweiradverleiher sowie diverse Restaurants, Cafés und ein paar Unterkünfte. Die enge Straße ist allerdings stark befahren und es gibt keinen Gehsteig – für einen Einkaufsbummel ist sie also nur bedingt geeignet.

Die kleine, einfache Kirche *St. Kathololiki* an der Straße zum Strand auf der linken Seite ist der Jungfrau Maria geweiht und wurde im 5. Jh. an der Stelle eines alten Tempels errichtet. Teilweise sind die Tempelruinen noch sichtbar. Zweimal wurde die Kirche durch ein Erdbeben zerstört und jedes Mal errichteten die Bewohner sie wieder neu. Bemerkenswert sind die wertvollen Fresken aus dem 11. Jh., die das Leben Jesu Christi sowie Hauptzeremonien der Kirche zeigen.

Den meisten Rhodos-Touristen ist Afándou vor allem ein Begriff wegen seines *18-Loch-Golfplatzes* am Ortsstrand. Der vom britischen Architekten Donald Harradine gestaltete Platz bietet einen schönen Blick aufs Meer, ist jedoch nicht mehr im besten Zustand. Der Rasen leidet unter der unbarmherzigen Sonne beträchtlich. Dafür kann man meist ohne Voranmeldung spielen (ab Handicap 36). Ursprünglich gab es ehrgeizige Ausbaupläne mit dem Golfplatz. Eine Hotelruine mit einem leeren Swimmingpool in olympischen Ausmaßen sind steinerne Zeugen des gescheiterten Vorhabens. Es gibt noch immer Gerüchte um eine Privatisierung und Erweiterung.

Lohnenswert ist außerdem der breite, langgestreckte Sand-Kies-Strand, der von zwei Felsen schön gerahmt wird und selbst im August nie überfüllt ist (2 km vom Ortszentrum). Vom Strand zum Ortszentrum und retour kann man auch mit einer Bimmelbahn fahren (5 € pro Fahrt).

Praktische Infos

Verbindungen Beinahe stündl. fahren **Busse** nach Rhodos Stadt (2,40 €), etwa 13-mal tägl. nach Faliráki, Archangelos, Líndos und Lárdos.

Sport Golf: Der 18-Loch-Platz mit einer Länge von rund 6 km liegt an der Afándou-Bay. Das Clubhaus ist ziemlich einfach, besitzt jedoch alle Einrichtungen wie Schließkränke, Duschen, Bar. Der Green-Fee beläuft sich auf 20–35 € (je nach Saison). Eine halbe Stunde Unterricht 30 €, Golfschläger 16 €. Geöffnet 7.30–20.30 Uhr. Weitere Infos unter ☎ 22410/51451, www.afandougolfcourse.com.

Die Ostküste

Übernachten Kastelli Hotel, freundlicher Familienbetrieb mit 22 Zimmern, viele Stammgäste, sehr ruhig, aber auch etwas weit ab vom Schuss, 500 m vom Zentrum. Es gibt einen kleinen Swimmingpool. Schlichte, saubere Zimmer mit Balkon, entweder mit Blick auf die Berge oder Richtung Meer. Nebensaison: DZ ab 69 €, Juli/August ab 150 €, inkl. Frühstück. Von Ostern bis Ende Okt. geöffnet. Anfahrt: Von der Platia die Straße Richtung „Butterflies" und dann Richtung Líndos. Nach der Tankstelle vor der Brücke links ab, nach 100 m auf der linken Seite, www.kastellihotel.com, ☎ 22410/51961.

meinTipp **Gardenia,** gepflegte Anlage mit Pool oberhalb von Afándou mit schönem Blick aufs Meer. Der äußerst gastfreundliche Besitzer Tassos und seine Frau sprechen sehr gut Deutsch und bieten ihren Gästen ein „Rundum-Wohlfühlprogramm". Es werden helle, geräumige Doppelzimmer und Apartments vermietet. Jedes Zimmer ist mit Klimaanlage, Föhn und Safe ausgestattet. Gern hilft Tassos auch bei der Autovermittlung. Abholung vom Flughafen möglich. Zum Strand sind es 700 m. EZ 40 €, DZ 58 €, Dreibett-Zimmer 70 €, in der Nebensaison alle Zimmer jeweils 10 € billiger. Die Preise beinhalten ein reichhaltiges Frühstücksbuffet mit Brot vom deutschen Bäcker. Am Abend ist Tassos in seiner Taverne Aristogefsis anzutreffen. Anfahrt: an der Rhodos-Líndos-Straße in Afándou hinter der Brücke rechts abbiegen, an der T-Kreuzung rechts halten und der Beschilderung (links) folgen. ☎ 22410/51659, www.hotelgardenia.gr.

Helgas Paradies, auf einer Anhöhe gelegenes, gutes Mittelklassehotel mit 52 sauberen Zimmern und paradiesischem Garten, in dem sich ein großer Pool befindet. Mittlerweile hat der in Köln geborene Sohn Gerd den Betrieb übernommen und führt das Hotel mit viel Engagement. Jeden Tag kocht er für seine Gäste – und das sehr preiswert. DZ mit Frühstück ab 40 €. Anfahrt: Vor der Brücke an der Rhodos-Líndos-Straße rechts abbiegen, an der nächsten Weggabelung oben am Berg wieder rechts (neben Scala Apartments). Weitere Eindrücke auch auf der Facebook-Seite. ☎ 22410/52232, 52810.

Essen & Trinken Katholiki, Eleni Simiakou serviert typische griechische Küche und ist bekannt für die Dorfspezialität Pitarudia, die bei ihr zum Standard gehört. Günstige Preise, allerdings hat die Qualität etwas nachgelassen. Man sitzt auf einer großen, überdachten Terrasse. Mo–Sa ab 18.30, So ab 12 Uhr. An der Straße zum Strand auf der linken Seite, ☎ 22410/52066.

🖉 **Aristogefsis,** versteckt in einer Seitengasse gibt es noch einen Geheimtipp zu entdecken. Tassos, der Besitzer des Gardenia Hotels, frönt hier seiner eigentlichen Leidenschaft, dem Kochen. Neben den Klassikern wie Moussaká und Stifádo gibt es eine ungewöhnlich große Auswahl an Vorspeisen. Für die Käsebällchen verwendet Tassos vier verschiedene Käsesorten, die Grillwürste stammen aus eigener Herstellung und die Dorfspezialität Pitaroudia ist hier besonders knusprig. Qualität ist der Name des Lokals Programm, denn „Aristogefsis" bedeutet übersetzt „ausgezeichneter Geschmack". Tägl. ab 17 Uhr geöffnet, in der Nebensaison und im Winter tägl. ab 18 Uhr. An der Straße zum Strand, etwas zurückversetzt auf der linken Seite, Trias-Str. 14, ☎ 22410/02068.

Café Gummersbach, das Café serviert mittlerweile auch gutes Essen. Ausgezeichnet sind vor allem die vielen preiswerten Vorspeisen. ☎ 22410/02322 .

Theos Ouzeri, biegt man von der Hauptstraße, die durch Afándou zum Hauptplatz führt, beim grünen Supermarkt rechts ab, gelangt man zur kleinen Ouzeri von Theo, die vor allem von Einheimischen geschätzt wird. Auf einer kleinen begrünten Terrasse serviert der Wirt einfache und preiswerte Vorspeisen sowie Meeresfrüchte. Eine Speisekarte sucht man vergebens, doch Theo spricht Deutsch und tischt das auf, was er gerade hat. Seine Spezialität sind Shrimps in Ouzo-Sahnesoße. Tägl. geöffnet ab 20 Uhr, im Winter nur an den Wochenenden, dann wird der Kamin im Haus angeheizt. Melanie und Jürgen H. aus Oelde hat es hier sehr gut geschmeckt. ☎ 22410/53340.

■ **Lesertipp**

Gelateria Artisti di Gelato, gutes Eiscafé mit mehreren hausgemachten Eissorten. Es gibt auch Crêpes. Geöffnet bis 24 Uhr, am Abend beliebter Treffpunkt für die Dorfjugend. Lieferservice. An der Hauptstraße, ☎ 22410/51850.

Bäckerei Sweet Dreams, Iannis lernte sein Handwerk in Stuttgart und verwöhnt die Dorfbewohner mit köstlichem Vollkornbrot, Käsekuchen und Laugengebäck. Es gibt auch griechische Köstlichkeiten wie Bakláva und Kataifi. An der ersten Zufahrtsstraße nach Afándou aus Richtung Rhodos kommend auf der rechten Seite. Mittlerweile hat der Besitzer zudem einen kleinen Laden an der Platia eröffnet. Panormitis-Ramou-Str. 27, ☎ 22410/02220.

Ein Zug nach Gummersbach

Niemand versteht Georgios, als er in Köln am Bahnhof ankommt. Es ist ein Tag irgendwann Anfang der 1960er-Jahre. Deutsche Unternehmen suchen Gastarbeiter, Georgios sucht Arbeit. Das passt gut zusammen. Doch in Köln wird der junge Grieche aus dem Dorf Afándou trotzdem nicht fündig. Auf dem Gymnasium hat er zwar ein paar Brocken Englisch gelernt. Aber hier, auf dem Bahnsteig, kann keiner mit ihm sprechen. Er ist verzweifelt.

„Leute, ich werde den Zug nehmen – wohin er mich auch bringt", sagt Georgios an dem Abend zu den drei Männern, mit denen er auf der Suche nach Arbeit über Athen bis ins Rheinland gereist ist. Es ist bereits elf Uhr geworden. In irgendeinen Wagon steigt Georgios ein, ohne zu wissen, wohin die Reise geht.

Endstation ist Gummersbach, etwa 50 km von Köln entfernt. „Es war das, was die Deutschen Bergisches Land nennen", erinnert sich Georgios vierzig Jahre später. „Und es war sehr schön, es gefiel mir." Georgios bleibt, findet Arbeit und viele, viele Bewohner aus seinem Dorf folgen. Afándou – Gummersbach, das steht heute als Beispiel für eine Kettenmigration. Die ersten Migranten ziehen weitere an. Der eine Gastarbeiter erzählt etwa seinem Bruder, er habe in der fremden Stadt Arbeit gefunden, der neue Nachbar sei in Ordnung und das Wetter erträglich. Den Bruder zieht es auch an diesen Ort, und wenn er dort angekommen ist, erzählt er vielleicht seinem Schwager, wie gut er alles vorgefunden habe. Und so weiter. Im Laufe der 1960er-Jahre ziehen etwa 1000 Einwohner aus Afándou nach Gummersbach. Das ist mehr als ein Viertel der damaligen Dorfbevölkerung.

Heute leben die meisten von ihnen wieder in ihrem Heimatort. Das ist das Besondere an den Auswanderern aus Afándou. Die Migranten aus einem bestimmten Ort wandern in einen einzigen anderen Ort aus – und kehren (nahezu) geschlossen wieder zurück. Wissenschaftler sprechen von einem „abgeschlossenen Migrationszyklus".

Doch eine Bindung zu Gummersbach besteht weiterhin, denn es gibt eine Städtepartnerschaft zwischen den beiden Orten. Und Kyriakoula Symiakou, die sieben Jahre im Bergischen Land gelebt hat, eröffnete ein Café namens „Gummersbach" in Afándou, das heute ihre Nichte Nicoli führt. Sie führt das Erbe ihrer Tante, die mittlerweile leider verstorben ist, fort. Wo es zu finden ist? Am Platz „Gummersbach" natürlich, ganz in der Nähe der Platia.

Kyriakoula Symiakou vom Café Gummersbach

Psínthos

Das beschauliche Dorf liegt 9 km von der Ostküste entfernt im Inselinneren und ist noch relativ ruhig geblieben.

Lediglich mittags wird es touristischer, denn dann machen viele Inselrundfahrten hier ihre Rast und rund um die fußballplatzgroße Platia buhlen mehrere Tavernen und Cafés um die Gunst der Gäste. Abends jedoch gehört der gemütliche Dorfplatz wieder den Bewohnern von Psínthos.

Der in einem grünen Tal gelegene Weiler lohnt sich jedoch nicht nur für einen Zwischenstopp, sondern aufgrund seiner Nähe zu Rhodos-Stadt auch als Ausgangspunkt für Besucher, die dem Rummel an den Küsten entfliehen möchten. Übrigens, für Rhodier ist Psínthos ein geschichtsträchtiger Ort. Denn hier besiegten 1912 die Italiener die Türken und beendeten damit die jahrhundertelange Herrschaft der Osmanen.

In Psínthos findet man noch den vom Aussterben bedrohten *Gizani-Fisch* (→ Kasten, S. 71). Im Bächlein Fassouli tummelt sich die seltene Spezies. Sogar ein eigenes kleines Schaubecken wurde angelegt, um den fingergroßen Fischen das Überleben zu sichern (von der Taverne „Pigi Fassouli" ausgeschildert). Zum Zeitpunkt der Recherche wurde das Becken seit längerer Zeit nicht mehr gepflegt. Man konnte aber noch einige Gizani-Fische sehen.

Ein weiterer Spaziergang über einen Steinpfad durch das kleine, dicht bewachsene Tal ist nicht nur wegen der seltenen Fische lohnenswert. Entlang des Fassouli-Bachs tummeln sich im Sommer Tausende seltener Quadriga-Schmetterlinge. Die Insekten lieben das Harz der Storaxbäume, die entlang des Bachs wachsen. Von Psínthos führt eine romantische Bergstraße nach Westen, nach Petaloúdes, ins Tal der Schmetterlinge (→ S. 135). Im Gegensatz zum Fassouli-Tal kostet dort der Spaziergang Eintritt.

Praktische Infos

Verbindungen   1-mal tägl. um 14.20 Uhr fährt ein **Bus** von Rhodos-Stadt nach Psínthos, zurück geht es um 7.15 oder 15 Uhr (einfache Fahrt 2,80 €).

Essen & Trinken   Psínthos ist generell ein Feinschmeckerziel, empfehlenswert sind folgende Tavernen:

Pigi Fassouli, am östlichen Dorfrand (ausgeschildert). Im Sommer sitzen die Gäste unter einer riesigen, verknöcherten Platane am Bächlein Fassouli auf einfachen Holzstühlen. Schöner kann man auf dem Land nicht speisen. Auf den Tisch kommt leckere, frische, griechische Landküche. Einheimische schwören besonders auf die Fleischgerichte. Vor allem die Lammgerichte sind beliebt. Dazu gibt es hausgemachte frittierte Kartoffeln. Während der Woche hat die Familientaverne nur abends geöffnet. Der Service des Familienbetriebs ist freundlich und schnell. Bei größeren Gesellschaften empfiehlt sich eine Reservierung. ☎ 22410/50071.

🌿**Artemida**, knapp 1 km außerhalb (beschildert, Straße Richtung Archípoli). Die Küche bietet mehr als sonst: Hier gibt es z. B. Koteletts von der Ziege oder Zucchiniblüten mit Schafskäse gefüllt. Eine Spezialität des Hauses ist gefüllte Ziege mit Reis und Tomaten – unbedingt probieren! Honig, Konfitüre und Olivenöl stammen aus eigener Produktion, das Brot wird täglich frisch gebacken, Gemüse liefert der Garten und das Fleisch stammt vom Bauern nebenan. Die Hausherrin produziert außerdem sehr schmackhafte Obstliköre aus Erdbeeren, Äpfeln oder Pflaumen. Gerhard H. aus Gundelsheim bestätigt unser positives Urteil: „(...) vorzügliche Küche, Spezialität der Hausfrau sind leckere Honigpfannkuchen. (...) Bekannt ist die Taverne bei den Leuten von Rhodos-Stadt und Líndos auch wegen des selbst geschleuderten Honigs, des selbst gebackenen Brots und des Olivenöls." Die beliebte Taverne hat auch im Winter offen. Für Kinder gibt es einen schönen Spielplatz mit Karussell und Rutsche. ☎ 22410/50003.

Smaragd, die Taverne mit ihrer überdachten Terrasse an der Platia in Psínthos ist ebenfalls eine Reise wert. Vor allem Lamm schmeckt hier ganz ausgezeichnet, leider nicht ganz preiswert. Leser sind trotzdem immer wieder begeistert. Alexander M. und Miriam K. aus Wetzlar: „Besonders empfehlen möchten wir das Restaurant Smaragd in Psínthos direkt am Dorfplatz. Georgios spricht nicht nur hervorragend Deutsch, sondern ist auch ungemein gastfreundlich. Die Küche ist fantastisch (unser bestes Essen auf ganz Rhodos!!). Eine von vielen Spezialitäten ist sein Stifádo. Nebenbei hat er einen köstlichen Hauswein im Ausschank." Christian H. aus Schwerin: „In Psínthos waren wir bei Georgios im Smaragd, wunderbares Essen.. Sein Stifádo war leider noch im Ofen ...". ▪ **Lesertipp**

Der Überlebenskünstler Gizani

Er ist nicht länger als 5 cm, wiegt nur ein paar Gramm und wird lediglich drei Jahre alt. Aber während dieser Zeit sei er ein „Meister des Überlebens", loben die Biologen, Hydrologen und Geologen, die sich ihm widmen. Sein Name: Gizani. Sein Lebensraum: die Gewässer auf Rhodos, ausschließlich.

Wo ist der Gizani?

Der kleine Fisch ist nur in den Seen und Flüssen auf der Insel zu finden, nirgendwo sonst. Entdeckt hat ihn zu Beginn des 20. Jh. der italienische Professor Alessandro Ghigi. Er gab dem Fisch seinen Namen – „Gizani" umgangssprachlich und „Ladisgesocypris ghigii" als korrekte wissenschaftliche Bezeichnung. Der Gizani liebt langsam fließendes Wasser. Er hält sich gerne nahe am Ufer auf, unter Felsen, zwischen Baumwurzeln oder Algen. Der Süßwasserfisch hat eine silbergraue Farbe, dunkler auf dem Rücken, heller am Bauch.

Am ehesten bekommt man den kleinen Fisch im Aquarium in Rhodos-Stadt zu Gesicht oder beim Bächlein Fassouli in Psínthos, bei einer Beobachtungsstation. Die zweite Station in Éleousa ist in schlechtem Zustand. Wer mehr erfahren möchte, kann den Gizani auch auf der Internetseite www.life-gizani.gr besuchen. Die Seite hat ein Team von Wissenschaftlern eingerichtet, um über den kleinen Fisch und seinen Lebensraum zu informieren, denn der Gizani ist vom Aussterben bedroht. Das hat vor allem zwei Gründe: Erstens macht ihm die Natur das Überleben ziemlich schwer. Im Sommer trocknen die Gewässer der Insel Rhodos fast vollständig aus und auch im Winter führen sie nicht immer alle Wasser. Zweitens ist der Wasserverbrauch auf der Insel gestiegen und die zunehmenden Waldbrände bringen das ökologische System aus dem Gleichgewicht. Beides verursacht ein weiteres Austrocknen der Flüsse und beschränkt den Lebensraum des Gizani.

Kolímbia

Die günstige Lage zwischen Líndos und Rhodos-Stadt sowie der Sandstrand machten das Straßendorf zu einem begehrten Ziel an der Ostküste. Die touristische Karriere hatte Folgen: Der Bauboom machte aus Kolímbia ein Dorf ohne Gesicht. Heute dominieren große Anlagen den Strand, während der Rest des Ortes langsam verwaist. Drei sehr gute Tavernen machen einen Abstecher nach Kolímbia jedoch lohnenswert.

Die 2 km lange, schnurgerade Eukalyptusallee am Rand der weiten, flachen Afándou-Bucht führt zu einem weitläufigen, sehr schönen (aber schmalen) und sauberen Kies-Sand-Strand vor imposanter Felskulisse. In den letzten Jahren stellten viele der Hoteliers ihr Angebot auf „all inclusive" um, das hinterlässt Spuren im Ort: Verwaiste Ladenflächen sind Zeugen des einst florierenden Pelz- und Schmuckhandels, Bar- und Restaurantbesitzer schließen ihre Lokale und heuern in den Hotels an. Das Abendprogramm spielt sich zunehmend in den Hotels ab, einen lebendigen Ortskern sucht man vergebens. An der Eukalyptusallee Richtung Strand und rund um diesen bummeln viele Touristen, hier gibt es noch viele Souvenirshops und einige Lokale. Im oberen Abschnitt der Straße ist es sehr ruhig geworden.

Einst waren es die Italiener, die das Dörfchen südlich des Loutani-Flusses prägten. Sie hinterließen ein großes Pflegeheim mit Campanile an der Ostküstenstraße und einige funktionelle *Kolonialbauernhäuser*, die teilweise leer stehen. An der Eukalyptusallee (rechte

Erdbeerbaum: Rausch oder Übelkeit

Wer um Kolímbia, überhaupt im Süden von Rhodos, durch die Macchia wandert, muss schon genau aufpassen: Der Erdbeerbaum, der gerne aus Flussufern wächst, ist alles anderes als leicht zu erkennen. Das ändert sich zwischen Oktober und März. Dann trägt der baumartige, immergrüne Strauch, der zu den Heidekrautgewächsen zählt, kleine rote Früchte. Die Kugeln erinnern jedoch weniger an Erdbeeren als vielmehr an Litschis. Der dekorative Anblick verschaffte dem Erdbeerbaum auch eine Karriere als Gartenpflanze auf Rhodos. Bereits seit der Jungsteinzeit werden die Früchte des Arbutus unedo – so die botanische Bezeichnung – geschätzt. Doch aufgepasst: Die weichen, nur scheinbar stacheligen Früchte mit dem gelben Fruchtfleisch sind verführerisch, sie schmecken aromatisch und lecker, können aber auch rauschartige Zustände oder Übelkeit hervorrufen. Vor allem von nicht gereiften, harten Früchten sollte man lieber die Finger lassen. Nach zu üppigem Verzehr kommt schon mal eine Ziege oder ein Esel ins Taumeln. In unseren Breiten sind die Früchte nahezu unbekannt, denn sie sind kaum haltbar. In der Saison findet man die Früchte beispielsweise auf dem Markt in Rhodos-Stadt. Meistens werden sie jedoch zu Likören oder Marmelade verarbeitet.

Seite) liegen auf einem eingezäunten Grundstück die Fundamente einer frühchristlichen *Basílika* aus dem 5./6. Jh.

Baden

Der *Kolímbia Beach* liegt südlich des kleinen Hafens (mit Taverne), nördlich grenzt das Südende des Afándou-Strandes an. Am Kolímbia Beach gibt es eine Wasserskischule (Kurse nur im Sommer), eine Snackbar und einen Liegestuhl- und Sonnenschirmverleih.

Verbindungen Etwa stündl. **Busverbindungen** vom Kolímbia Beach nach Rhodos-Stadt (3,90 €) und zurück. (meistens mit Zwischenstopp in Kalithea und Faliráki). Außerdem fährt 4-mal täglich ein Bus nach Líndos (3,90 €), 3-mal nach Afándou (1,90 €), 1-mal nach Prasonísi (8,80 €) und 1-mal zu den Sieben Quellen (2,20 €).

Bootsvermietung **Kolimbia Watersports**, stundenweise Bootsvermietung, vom einfachen Motorboot bis zum Speedboot, zwischen 60 und 140 € (inkl. Sprit). Außerdem Vermietung von Jet Ski (10 Min, 30 €) und Stand-up-Paddel (30 Min, 10 €). ✆ 69371/11461, www. kolymbiawatersports.com.

Von Stegná (beim Restaurant „Gregorys") und Kolímbia (am Hotel Alpha Beach) fährt 1-mal tägl. ein **Glasbodenboot** über Haraki nach Líndos Nach einem dreistündigen Aufenthalt und einem kurzen Badestopp in der Apostel-Paulus-Bucht geht es weiter zu den Unterwasserhöhlen von Líndos , dem roten Strand und über den Tsambiká-Strand zurück. Abfahrt ist um 9.15 Uhr ab Stegná und um 9.30 vom Kolímbia Beach, 30 € pro Erw., 25 € pro Kind. Jeweils 3-mal wöchentlich werden zwei weitere Ausflugsfahrten angeboten: in den Norden bis zur Anthony-Quinn-Bucht und in den Süden bis zum Agáthi-Strand

Praktische Infos

Übernachten Kolímbia wird von großen All-inclusive-Hotels dominiert, kleine familiäre Hotels sind rar.

Rooms to let Zoi, etwas abseits des Trubels liegt die gemütliche Pension von Anastasia und Michalis. Die 9 Zimmer, um einen kleinen Innenhof ausgerichtet, sind ausgestattet mit kleiner Küche, Kühlschrank, Du/WC. Auf Wunsch wird Frühstück angeboten. DZ 35–40 €, Frühstück 5 €. Ecke London-/Wien-Str., ✆ 22410/56332 oder 22440/23178.

Essen & Trinken **Limanaki**, Terrasse mit schönem Blick auf den Strand von Kolímbia und die schroffen Felsen. Beliebtes Fischrestaurant, frischer Fisch, besonders die Meeresfrüchte sind eine Empfehlung wert, guter Service. Hier trocknet der Chef seine Tintenfische noch selbst. Das Limanaki hat viel Stammkundschaft. 22410/56240.

Taverne Tsambikos, wer griechische Hausmannskost schätzt, der wird sich bei Tsambikos wohlfühlen. Die Lage an der Straße zu den Sieben Quellen wirkt zwar nicht sehr einladend, doch das gute Essen im familiären Ambiente überzeugt. Neben Käsebällchen und Pitaroudia locken vor allem die vielen Grillgerichte. Gebackene Kichererbsen aus dem Ofen, Souvlaki vom Grill oder würziges Stifado gehören zu den Spezialitäten. Von Okt. bis April wird auch der große Holzofen im Garten angeheizt, dann gibt es „Lamm und Huhn aus dem Ofen" ✆ 22410/56095 oder 6977453509.

Restaurant To Nissaki, „Die Lage ist traumhaft. Man kann direkt am Meer sitzen, vor allem am Abend ist der Blick atemberaubend." Für die besten Plätze empfiehlt sich abends eine Reservierung. Ab Mittag geöffnet, am Ende des nördlichen Strands von Kolímbia. ✆ 22410/56360. ■ **Lesertipp**

Eptá Pigés (Sieben Quellen)

In einem romantischen Wald – knapp 4 km von Kolímbia – liegen die Eptá Pigés. Die „Sieben Quellen" waren einst ein beliebtes Ausflugsziel der Rhodier an Sonntagnachmittagen, heute zieht es sie nur noch in der Nebensaison an die Quellen. Denn die Eptá Pigés sind fester Bestandteil jeder Inseltour geworden. Trotz des großen Andrangs lohnt sich ein Zwischenstopp. Am besten man kommt bereits früh am Morgen, bevor die Reisegruppen den Wald fluten.

Die Ostküste

Die Kühle des Waldes mildert angenehm die sengende Sommerhitze. Weitläufig stehen die Tische mit Holzstühlen in dem kleinen Tal idyllisch unter Platanen auf verschiedenen Ebenen verstreut. Gleich hinter der Taverne mit ihrem schattigen Biergarten, die leider mit der Qualität ihrer Speisen nicht gerade beeindruckt, liegen die Quellen. Glasklar sprudelt das kühle Nass aus dem Boden. Eine gute Gelegenheit, die leere Wasserflasche zu füllen. Im heißen Sommer muss man jedoch sehr genau schauen, um alle sieben Quellen zu erkennen. Dabei wird bereits künstlich nachgeholfen.

Der Nachwuchs hat seinen Spaß auf einem Kinderspielplatz inmitten des schattigen Pinienwaldes. Während der Kolonialzeit setzten die Italiener die Quellen für die Bewässerung der Ebene von Kolímbia ein. Sie bauten Anfang der 1930er-Jahre ein Leitungssystem, das heute noch zu sehen ist.

Der Tunnel: Unterhalb des Parkplatzes beim Restaurant (s. u. Anfahrt) stößt man auf einen dunklen Eingang am Berghang. Knöcheltief steht das Wasser im Hochsommer in den Betonrohren. Mit einer Taschenlampe kann man den 182 m langen, nicht ganz mannshohen Wassertunnel durchqueren. In der Mitte (an der Straße nach Eptá Pigés) fällt durch einen Schacht Tageslicht hinein. Am Ende des Tunnels öffnet sich ein kleiner Stausee, der früher das dringend benötigte Wasser zu den Zitrusplantagen in die Ebene geleitet hat. Der völlig ungefährliche Spaziergang durch den Tunnel ist ein Riesenspaß. Vom Ausgang führt ein Pfad in Serpentinen bergauf zurück zur Taverne. *Tipp*: Es ist ratsam, den Tunnel nur zu durchschreiten, wenn nicht gerade eine Touristengruppe das Gleiche tut, da es sonst im Tunnel nicht vorwärtsgeht und die Luft ziemlich knapp wird.

Nach dem Tunnel hält man sich links, vorbei am smaragdgrün schimmernden Stausee, und kommt in wenigen Minuten an die Staumauer. Die Treppe hinab folgt man dem künstlichen Wasserlauf. Der unten weiterführende Wanderweg ist mittlerweile leider nicht mehr begehbar, sodass man umkehren und auf gleichem Weg zurückgehen muss.

Antike Wassermühle: Das Wasser der Sieben Quellen wurde bereits in antiker Zeit genutzt. Es gibt noch heute die

Rast an den Sieben Quellen

Reste einer antiken Wassermühle zu bestaunen. Außer ein paar Mauern ist aber nicht viel geblieben. Die Wassermühle liegt versteckt unweit der Verbindungsstraße von Kolímbia nach Archípoli. Bei der Abbiegung zu den Sieben Quellen gibt es eine Tafel mit einer Karte. Von hier aus sind es nur wenige Minuten zu Fuß zur Wassermühle. Der Pfad oberhalb des Baches ist einfach zu gehen.

Kloster Ágios Nektarios: Auf vielen Inselkarten ist das Kloster Ágios Nektarios nicht einmal eingezeichnet. Und dennoch: Jeder Rhodier kennt diesen Ort. Die Klosterkirche ist ein beliebtes Ausflugsziel am Sonntag. Auch bei Brautpaaren steht der malerische Flecken hoch im Kurs. Ein kunsthistorisches Schmuckstück ist Ágios Nektarios jedoch nicht. Das Gotteshaus mit frei stehendem Glockenturm wurde erst 1966 errichtet. Es hat sich schnell zu einem beliebten Zwischenstopp an der Straße nach Éleousa im Inselinneren entwickelt. Das Innere der Kirche ist mit modernen Fresken bemalt, die z. T. mit Widmungen an die Geldgeber versehen sind. Zu den edlen Spendern zählt auch die homöopathische Ärzteschaft von Detmold und Hamburg. Berühmt ist Ágios Nektarios jedoch wegen seiner angeblich 2500 Jahre alten Platane. Sie befindet sich am Treppenaufgang zur Klosterkirche, ist innen völlig hohl und begehbar und hat ein Guckloch zur Straße. Hier soll bereits Apostel Paulus auf seiner zweiten Missionsreise übernachtet haben, berichtet eine Insellegende. Wahr oder falsch – auf alle Fälle eine schöne Geschichte zu diesem außergewöhnlichen Naturdenkmal. Das Kloster unterhalb eines Pinienwaldes am Loutani-Fluss verfügt über eine Süßwasserquelle und ist Startpunkte verschiedener Wanderwege. Ein Pfad führt hinauf zu einem Aussichtspunkt. Von dem Felsvorsprung am Hang des kahlen Berges hat man einen schönen Ausblick auf die Umgebung. Außerdem gibt es Möglichkeiten zum Picknick. Die meisten Besucher kehren jedoch in der populären Taverne „Krioneri" ein. Das durchaus stilvoll eingerichtete Lokal hat sich bei den Einheimischen wegen seiner leckeren Grillgerichte einen Namen gemacht. Hauptgerichte gibt es bereits ab 8 €. Von Kolímbia die Straße nach Éleousa nehmen, 4 km nach den Eptá Pigés befindet sich das Kloster auf der linken Seite.

Verbindungen   In der Hochsaison (Juli–Anfang Sept.) verkehrt 1-mal tägl. ein **Linienbus** von Rhodos Stadt zu den Quellen. Abfahrt ist um 10.30 Uhr, zurück geht es um 14 Uhr, die einfache Fahrt kostet 3,90 €. Von Kolímbia fährt ein Bus um 11.20 Uhr, zurück geht es um 14 Uhr. Von Eptá Pigés führt außerdem ein **Fußweg** nach Archángelos (beschildert; → Wanderung 1, S. 242).

→ Wanderung 1, S. 242

Archángelos

Archángelos – zu Deutsch „Erzengel" – ist ein idealer Ausgangsort, um die Ostküste zu entdecken. Mit 7500 Einwohnern ist es die größte Siedlung der Insel nach Rhodos-Stadt (30 km entfernt). Die bäuerliche Kleinstadt hat sich ihren authentischen ländlichen Charakter bewahren können.

Trotzdem wirkt der am Rande einer weiten Ebene gelegene Ort mit seinen weiß getünchten Häusern und engen Gassen alles andere als hektisch. Archángelos ist ein weitgehend typisch griechischer Ort geblieben. Auf den Straßen ist Betrieb, die Bewohner sind überaus freundlich und auf der ganzen Insel für ihren eigenwilligen Dialekt bekannt. Die meisten leben von der Landwirtschaft, dem Handwerk und natürlich vom Tourismus, allerdings sind die Besucherzahlen in den letzten Jahren spürbar zurückgegangen.

Eine lange, bis ins 18. Jh. zurückreichende Tradition hat die Töpferei in dem verwinkelten Dorf. Nachwuchsprobleme – viele der Jungen wollen das Geschäft ihrer Väter nicht fortführen und arbeiten stattdessen in einem der Hotels – und Globalisierung machen den ansässigen Handwerksbetrieben jedoch zunehmend zu schaffen, und so ist nicht jedes Stück, das in einem der Läden rund um Archángelos angeboten wird, „hand made". Achten Sie deshalb genau auf die Verarbeitung und betrachten Sie die Gegenstände von allen Seiten. Es soll schon vorgekommen sein, dass ein Mitbringsel sich zu Hause als maschinengefertigtes Produkt der griechischen „Souvenirbranche" entpuppte. Bei auf der Drehscheibe handgefertigten Produkten sind auf dem Ton noch Linien zu erkennen.

Vom Verkehr der viel befahrenen Ostküstenstraße bleibt Archángelos verschont, denn sie führt im weiten Bogen um das Dorf. Besucher parken das Auto am besten am Ortseingang nach der Brücke an der Hauptstraße und laufen dann bei der *Greco Bakery* links in die Hauptstraße hinein (aus Richtung Polizei und Friedhof kommend). So gelangt man zum Rathausplatz und in den ursprünglichen und sehr sehenswerten Teil von Archángelos. Von hier aus lohnt sich ein Spaziergang durch die idyllischen Gassen zur Kirche mit wunderschönen Bodenmosaiken.

Lokaler Treffpunkt in Archángelos ist die breite Hauptstraße unterhalb des alten Ortskerns.

Dort ist eine liebevoll dekorierte Ölmühle zu besichtigen. 2013 wiedereröffnet, wird sie seitdem von Thassos, seiner Frau Anastasia und seinem Sohn Georgios sehr engagiert geführt. Von November bis Januar bringen die Bauern aus den umliegenden Dörfern ihre Ernte hierher. Dann ist ordentlich was los in der kleinen Fabrikhalle. Während man auf das Mahlen der angelieferten Oliven wartet, trifft man Freunde und Kollegen zu einer kleinen *Parea*. Jedes Jahr werden hier bis zu 50.000 Liter feinstes Olivenöl produziert. Da die Bauern einen Teil ihres Olivenöls als Bezahlung an Thassos abgeben, ist der Nachschub für den angeschlossenen Laden gesichert. Thassos stammt vom Peloponnes aus einer Familie von Olivenölproduzenten, deren „Olympic"-Sorten zu den besten Griechenlands zählen. Sie stehen hier neben den verschiedenen rhodischen Ölen im Regal.

Wo sich die Töpferscheibe noch dreht

Trotz schwieriger Bedingungen gibt es an der Ostküstenstraße von Kolímbia nach Líndos immer noch sechs Keramikmanufakturen: Savvas, Giasiranis, Bonus, Sparthas, Art of Ceramic, Artistic Village und Kostas Keramiks. Unseren Lesern Simone S. und Christoph O. hat Savvas Ceramics in Kalathos, (geöffnet 8–20 Uhr, ☎6948203660) besonders gut gefallen. Im großen Shop ist eine offene Werkstatt untergebracht, im hinteren Teil des Gebäudes befindet sich die Fabrik. Wer einen guten Augenblick erwischt, kann hier zusehen, wie die Waren produziert werden. Vater und Sohn verarbeiten den Ton auf einer Töpferscheibe zu Vasen, Schüsseln und Tellern, die sie nach dem Brennen bemalen und glasieren. Sehenswert!

Die Öle unterscheiden sich hinsicht-
lich ihres Anbaugebietes und der Olivensorte, es gibt sie auch in Bioqualität
(zehn Sorten). Jeder ist eingeladen zu
probieren und auch die Ölmühle zu
besichtigen. Die Olivenölseifen, die im
Laden erhältlich sind, werden vom
örtlichen Lehrer und seinen Schülern
gefertigt. Zum Sortiment gehören auch
Honig, Bergkräuter und Kosmetik aus
Olivenöl. täglich geöffnet von 9–
20 Uhr, an der Ostküstenstraße nach
Líndos gibt es außerdem einen größeren Shop (von 9–19 Uhr geöffnet,
✆ 22440-24340 oder 6970033020).

Auf einem Felsplateau oberhalb von
Archángelos thront die 1467 fertigge-
stellte **Johanniterburg**. Von der ehemaligen Pracht des teilweise wiederauf-
gebauten Kastells mit eindrucksvollen
Außenmauern ist heute noch relativ
viel erhalten. Im Inneren steht nur noch
die kleine *Ágios-Ioánnis-Kapelle*. Vom
Zentrum von Archángelos zur Festung
sind es zu Fuß rund 20 Minuten.

Baden

Obwohl Archángelos im Landesinneren liegt, erreicht man von hier aus
schnell mehrere schöne Strände. Zur
idyllischen **Tsambiká-Bucht** sind es
knapp 6 km, nach Kolímbia 7 km und
der Hausstrand in **Stegná** ist nur 3 km
entfernt. Im Süden der Bucht von Stegná findet man auch einsame Strände,
wie den **Grande Blue** oder den **Kokkini
Ammos** (roter Strand). Zu beiden führen unbefestigte Straßen, Zweiterer ist
jedoch besser mit dem Boot zu erreichen (etwa mit Nikos am Strand von
Stegná, ✆6938390450).

Praktische Infos

Verbindungen Stündl. fahren **Busse** nach
Rhodos Stadt (3,30 €), Faliráki (1,90 €), Afantou
(1,80 €), Líndos (2,30 €) und jeweils retour.
Außerdem 13-mal tägl. nach Gennadi und 10-
mal nach Lárdos. Nach Stegná fährt 2-mal pro
Tag ein Bus (um 8.30 und 15.40) und nur einer
zurück (um 8.45 Uhr).

Ursprünglich geblieben:
Archángelos

Taxistation im Zentrum, ✆ 22440/24111. Eine
Fahrt zum Strand von Stegná kostet 12 €, nach
Rhodos Stadt 38 €.

Autoverleih   **Dimitra Cars**, in Stegná,
✆ 2240/23046 oder 6934884579, www.dimitra
cars.com. Die hilfsbereiten Besitzer bringen das
Auto nach Archangelos oder zum Flughafen.

Bank National Bank of Greece, im Zentrum. Mo–Do 8–14.30 Uhr, Fr 8–14 Uhr.

**Medizinische Versorgung Krankensta-
tion** am Ortsrand, 24 Std. am Tag geöffnet, die
Ärzte sprechen Englisch. ✆ 22443/60020 oder
22440/22400 oder 22255; 6977891108. Von
der Hauptstraße Rhodos–Líndos bei der ersten
Abzweigung nach Archangelos auf der linken
Seite, nicht zu übersehen.

Dr. Papavasiliou, deutschsprachiger Arzt, der
in Köln studiert hat. ✆ 6977560165, Sprechstun-
den: Mo–Fr 9–13 und 17–20 Uhr, Sa 9–11 Uhr.

Übernachten Karavos, das 3-Sterne-Hotel am südlichen Ortsrand bietet schöne Apartments mit Terrasse oder Balkon. Die verwinkelte Anlage mit Pool liegt außerhalb des Dorfes. Hier ist es ruhig. Von der Küstenstraße nach Líndos gibt es eine ausgeschilderte Zufahrt (1 km). Apartments mit zwei Schlafzimmern gibt es ab 30 €. Frühstück 5 €, WLAN kostenlos. ✆ 22440/22961, www.karavosapartments.gr.

Anagros, zweistöckiger Zweckbau in der 2-Sterne-Klasse mit Swimmingpool am nördlichen Dorfende, 10 Min. vom Ortszentrum. Schöner Blick ins Landesinnere, Nachteil: liegt nahe der viel befahrenen Küstenstraße (Zimmer nach Süden nehmen). Kostenloser Transfer zum Strand. Vom Ortszentrum einfach Richtung Norden den Berg hinauf, das Hotel liegt etwas zurückversetzt gegenüber von Ceramic Papas auf der linken Seite. Von der nördlichen Einfallstraße nach 300 m auf der rechten Seite. Geöffnet Mai–Okt. ✆ 22440/22248, www.anagros.gr.

Varelis, das Hotel liegt etwa 800 m von Archángelos entfernt. „Dieses kleine Hotel wird von dem netten Besitzer, Herrn Varelis, und seiner Tochter geführt und verfügt über einen kleinen Garten und über einen Swimmingpool. Umfang und Qualität des Frühstücks sind für den geforderten Zimmerpreis sehr gut." (Stephan F.). Die Zimmer sind eher zweckmäßig eingerichtet und auch über deutsche Veranstalter buchbar. Individualreisende zahlen 45–60 € pro Zimmer inkl. Frühstück. Es werden auch Dachgeschoss-Apartments für 3–4 Gäste angeboten (ganzjährig buchbar), Preise variieren saisonbedingt. ✆ 22440/22887 oder 22440/22459, www.varelis-rhodos.com. ■ **Lesertipp**

Essen & Trinken Die 2 Tavernen Hellas und George Mavrious ziehen die meisten Besucher an. Sie kümmern sich vorbildlich um ihre Gäste, servieren gutes Essen und sind auf Touristen ausgerichtet. Am Abend ist eine Reservierung empfehlenswert. Wir haben auch in einigen der kleineren Lokale, die nicht so gut besucht sind, gute Erfahrungen gemacht. Dort isst man günstiger zu Abend.

Améthystos, hier kocht die Oma, und das vorzüglich. Viele der Zutaten stammen aus dem eigenen Garten. Freundlicher Service und schöne Einrichtung. Im Ortszentrum.

Mon Ami, die kleine Taverne liegt etwas versteckt, gleich neben dem Améthystos. Der freundliche Koch Tsambiko spricht gut Deutsch und kocht sehr gute, typisch griechische Gerichte.

George Mavrious, beliebter Treffpunkt im Ortskern mit schattiger Terrasse. Von Griechen und Ausländern gleichermaßen geschätzt, George ist im Dorf für seine guten Lammgerichte bekannt.

Hellas, Taverne im Ortszentrum gegenüber dem Rathaus, überdachte Terrasse. Erkennbar am Krefelder Stadtwappen über dem Eingang (dort hat die Familie S.akellaris lange Jahre gelebt). Stelios und seine Frau Dimitra servieren einfache griechische Küche. Unsere Leserin Hanna K. berichtet: „Wahrscheinlich war es unser bestes Essen, während des gesamten Urlaubs. Alles war frisch, lecker und nicht zu fettig. Besonders gut fanden wir die Saganaki-Spezia, die Dolmades und Tirokafteri." Geöffnet 11–15 Uhr sowie ab 18 Uhr. ✆ 6974181959. ■ **Lesertipp**

🚶 **Wanderung 1:**
Von Archángelos zu den Sieben Quellen   → S. 242
Auf bequemen Wegen durch ein ländlich geprägtes Rhodos.

Tsambiká-Bucht

Sand, Sand, Sand … Zwischen hohen, gewaltigen Bergen liegt die wohl schönste Badebucht der Insel. Entsprechend gut ist der Strand besucht. Im Hochsommer empfiehlt es sich daher frühmorgens oder spätabends zu kommen.

Am früher unbebauten Strand reihen sich mittlerweile Tavernen, Liegen und allerlei Unterhaltungsmöglichkeiten aneinander. Es gibt Strandduschen, Liegestuhl- und Sonnenschirmverleiher, einen Beachvolleyballplatz, Wassersportmöglichkeiten (bei Tsambikos Watersports u. a. Wasserski, Parasailing und Banana Boat) und für Kinder einen Wasserspielplatz. Ein großer Parkplatz verunstaltet die ansonsten so malerische Dünenlandschaft.

Stürmisch bläst der Wind den Sand an den Südhang. Der Sand heizt sich in den heißen Monaten so auf, dass ein Spaziergang nur mit Sandalen möglich ist. Am nördlichen Rand der Bucht erhebt sich ein steiler, 240 m hoher Berg, auf dessen Gipfel eine blendend weiße Wallfahrtskirche thront.

Tsambikos – ein bedeutender Vorname

Die Tsambiká Kapelle ist der Muttergottes geweiht und soll kinderlosen Ehepaaren zum ersehnten Nachwuchs verhelfen.

Die Frauen, die nach einem Pilgeraufenthalt in der Wallfahrtskirche tatsächlich schwanger wurden, nennen ihr Kind traditionell Tsambikos oder Tsambiká. „Tsamba" bedeutet Funke und der Name geht auf eine Legende zurück: Ein Hirte bemerkte, dass auf der Spitze des angrenzenden Berges zwei Tage und zwei Nächte lang ein Licht brannte. Als er sich auf den Weg machte, um nachzusehen, fand er eine Ikone der Mutter Gottes, die aus einem Kloster in Zypern stammte. Man brachte sie zurück, doch die Ikone verschwand erneut und tauchte am gleichen Berg wieder auf. Als man sie abermals zurück nach Zypern brachte und die Ikone wieder in Rhodos auftauchte, errichtete man ihr zu Ehren die kleine Kapelle auf dem Tsambiká-Felsen.

Eine weitere Legende besagt, dass der Hirte, der die Ikone am Berg gefunden hatte, sich seit Jahren mit seiner Frau ein Kind wünschte. Als die beiden die wertvolle Ikone fanden und ihr die kleine Kapelle auf dem Felsen bauten, wurde die Frau wie durch ein Wunder schwanger.

Aus Sicherheitsgründen und um vielen Pilgern den schweren Aufstieg zu ersparen, wurde die Ikone in die **Tsambiká-Kirche** des gleichnamigen Klosters verlegt und ist dort in der Ecke des Altars hinter eine Glasscheibe zu sehen. Das Kloster, in dem heute keine Mönche mehr leben, befindet sich unterhalb des Felsens an der Straße Rhodos – Líndos (in der großen Kurve) und hält einfache Zimmer bereit. Empfehlenswert ist auch ein Besuch des kleinen Museums (Eintritt 1 €), in dem eine interessante Sammlung alter Schriften und Gewänder untergebracht ist. Die hier ausgestellten Ikonen stammen teilweise aus dem 17. Jh. Ein besonderer Tag ist der 8. September: Da feiert die Kirchengemeinde den Geburtstag der Muttergottes. Gottesdienst in der Kirche des Klosters findet jeden Sonntag statt von 7–10 Uhr.

Die Ostküste

Die Bucht ist außerdem für seine Kapelle und Kirche bekannt: Von der Rhodos-Straße zweigt eine kleine Straße zur **Tsambiká-Kapelle** ab. Eine unglaublich steile, 1,5 km lange Betonpiste windet sich in vielen Serpentinen stetig bergauf. Je weiter man sich hoch kämpft, desto schöner wird der Ausblick auf die Bucht. Von dem kleinen Parkplatz führen lang gezogene Treppenstufen das letzte Stück zu der Wallfahrtskirche (ca. 20 Min.). Die Kapelle selbst ist nicht besonders sehenswert, die Fresken sind verwittert. Es ist ein kleines, unscheinbares Kirchlein, im Innenhof links und rechts von zwei Schlafräumen flankiert. Bettähnliche Gestelle und Decken liegen bereit. Wer sich tatsächlich dazu entschließt, hier oben zu nächtigen, muss wissen, dass die Kirche kinderlosen Paaren zum ersehnten Glück verhelfen soll (→ Kasten).

Verbindungen   Von der Ostküstenstraße zum Strand (beschildert) sind es 1,5 km. Tägl. 2 **Busverbindungen** mit Rhodos-Stadt und Kolimbía (3,90 €). Der erste Bus fährt in der Regel um 9 Uhr und ist um 9:40 in Kolímbia, der Zweite startet um 11 und passiert Kolímbia um 12. Rückfahrt ist um 16.20 und 18 Uhr.

Essen & Trinken   **Taverne Edem**, das Wirtspaar serviert in dem Olivenhain an der Straße vom Strand zur Küstenstraße leckere, gut gewürzte Salate. Die Gäste sitzen auf bunten Holzstühlen im Garten unter Olivenbäumen und genießen die Natur. Die Kinder können auf einer eigens angelegten Wiese spielen. Nette Atmosphäre. Ideal für Besucher, die dem Rummel am Strand entfliehen wollen. „Sehr gutes Preis-Leistungs-Verhältnis", schreibt unser Leser Hajo G. aus Paderborn.

Stegná

Von Archángelos führt eine breite Asphaltstraße über den Bergrücken hinab zur beliebten Bucht von Stegná, Hausstrand und Hafen von Archángelos (3 km entfernt). Baupläne gab es nie, denn das Land gehört bis heute der Kirche. Nach und nach annektierten die Bewohner von Archángelos einfach die Bucht. Manch einer aus dem Dorf baute sich dort früher mehr oder weniger legal sein eigenes „Wochenendhaus".

Da die Landbesitzverhältnisse bis heute nicht geklärt sind, ist es Ausländern nahezu unmöglich, hier Land oder ein Haus zu kaufen. Mittlerweile wird der kleine Hafen vom Tourismus dominiert. Viele Neubauten entstanden in den letzten Jahren. Die viel besuchte Bucht (Sand-Kies, Duschen vorhanden) mit zwei Inselchen lohnt einen Ausflug wegen des attraktiven Strandes, der auch für Familien geeignet ist. An der Uferstraße reihen sich einige Tavernen auf, am Südende der Bucht werden Motorboote und Tretboote vermietet. Im Sommer Wassersport (Para-gliding, Wasserski) sowie Sonnenschirm- und Liegestuhlverleih, die Bucht ist auch zum Schnorcheln geeignet. Im Kiosk an der Promenade sind außerdem Ausflüge mit dem Glasbodenboot buchbar (1Std. kostet 59 €, für bis zu 9 Personen, siehe auch Ortskapitel Kolímbia).

Grande Blue

Vor dem großen Hotel Porto Angeli am südlichen Ende des Strands von Stegná weist ein Schild nach rechts nach „Grande Blue". Hier am Ende der Bucht gibt es noch einen wenig besuchten Strand zu entdecken: Wer mutig der schmalen Straße den Hang hinauf folgt, kommt nach ca. 10 Autominuten an der gleichnamigen Taverne an. Das Essen hier ist nicht besonders erwähnenswert, auch der Service könnte freundlicher sein, aber die Bucht strahlt so türkisblau, dass man über diese Nebensächlichkeiten gern hinwegsieht. Über Treppen gelangt man zu dem kleinen Sand-Kies-Strand mit Snackbar. Auf einer vorgelagerten Insel befinden sich Reste einer kleinen Kapelle. Nur wenige Urlauber finden den Weg hierher, demzufolge hat man das kleine Paradies oftmals fast für sich allein.

Praktische Infos

Verbindungen   1-mal tägl. (außer So) um 8.45 Uhr ein Bus von Rhodos-Stadt nach Stegná und zurück um 14.30 Uhr (4,40 €). Um 8.45 Uhr fährt ein Bus nach Archangelos, von Archangelos nach Stegná zwei Busse (um 8.30 und 15.40 Uhr).

Übernachten   Kozas Studios, die 10 Studios der Familie Kozas liegen in einem roséfarbenen Gebäude direkt am Strand (an der Bucht angekommen in der Rechtskurve links halten). Sie sind sehr geräumig und verfügen über einen herrlichen Meerblick. Einmal in der Woche werden die Gäste mit einem griechischen Festessen verwöhnt. Viele Stammgäste. Studio für 2 Pers. ab 45–65 €, Dreibett-Studio ab 55–75 €, ☎ 22440/22654 oder 22435, www.kozas-studios.gr.

Athina, am Nordende der Bucht. J. Schmidt und H. Clausnitzer aus Dresden: „Die Unterkunft ist eine kleine, gepflegte Pension, bestehend aus sechs einfachen Studios mit Küchenzeile, Du/WC und Balkon. Umgeben ist die Pension von einer Vielzahl von Apfelsinenbäumen sowie einem kleinen Garten." DZ ca. 25–40 €. ☎ 22440/23730, www.studiosathina.de. ▪ **Lesertipp**

Sergios, die kleine Apartmentanlage liegt in erster Strandreihe am nördlichen Ende der Bucht. 8 geräumige, einfach eingerichtete Studios bzw. Apartments mit kleiner Küche für 2 (40–70 €) bis 4 Pers. (60–90 €), teilweise mit Raumteiler. Das wahre Schmuckstück von Sergios befindet sich auf dem Dach. Hier entstanden 2014 wunderschöne Suiten im mediterranen Stil mit 1 bzw. 2 Schlafzimmern. Von der Dachterrasse mit Jacuzzi herrlicher Blick auf die Bucht. Je nach Saison kostet eine Suite für Zwei Gäste 90–140 € pro Nacht. ☎ 6977835588, www.sergios.gr.

Anastasias Garden, besonders gut gefallen hat es hier Ulrich L. und Arantxa A.: „Umgeben sind die Gebäude von einem weitläufigen, auch im Sommer grünen Garten. Tsabika ist die Seele des Hauses, ein Energiebündel, das sich stets um alle Wünsche ihrer Gäste kümmert. Zum Strand läuft man drei Minuten. Dass man ein wenig zurückversetzt in zweiter Reihe, also

Hier fühlen sich auch Katzen wohl

nicht direkt an der von Autos befahrenen Strandpromenade mit all ihren Tavernen und Bars wohnt, haben wir als sehr angenehm empfunden." Zur Auswahl stehen Studios und Apartments mit privater Terrasse sowie zwei Zimmer mit Gemeinschaftsterrasse. ☎ 6972 709809, www.anastasiasgarden.gr. ▪ **Lesertipp**

Essen & Trinken, in der Taverne „am Strand" servieren Kyriakos und Stratia preiswerte griechische Landküche an blau-weißen Tischen mit einem schönen Blick auf Stegná. Zu den Spezialitäten gehören Pitaroudia (Gemüsepuffer) und Oktopus vom Grill. Auch im Winter geöffnet, dann gibt es sonntags Livemusik. Am Ende der Strandpromenade hinter dem großen Hotel. ☎ 22440/23444.

🐚 **Stegná Kozas**, traditionsreiches Restaurant seit 1932, mittlerweile vom Urenkel Dimitri geführt. Sein Motto: „Essen ist mehr als Nahrungsaufnahme, jede Mahlzeit ist ein Erlebnis, was man verzehrt, soll gesund sein, mit wenig Fett und viel Geschmack." Und so präsentiert sich auch die Küche, mit viel frischem Fisch und Meeresgetier, Gemüse und selbst gebackenem Holzofenbrot, Oliven und Kapern aus dem eigenen Garten. Einfach lecker! Damit seine Gäste etwas von seiner Philosophie zu sehen bekommen, ist die Küche offen. Die Taverne befindet sich am Anfang der Stegná-Bucht auf der linken Seite. Von den Tischen auf dem Balkon bietet sich ein eindrucksvoller Blick auf das Meer. Juli und Aug. besser reservieren. ☎ 22440/22632, www.stegnakozas.gr.

Am Strand von Charáki

Charáki

Romantisch gelegen unterhalb der Ruinen einer Johanniterburg ist das einstige Bauern- und Fischerdorf (2 km von der Ostküstenstraße) vor allem Ziel für Individualtouristen, die keinen großen Rummel brauchen. Die modernen Häuser sind im Halbkreis um die sichelförmige Bucht gebaut, die von einem Felsvorsprung begrenzt und einer Fußgängerpromenade gesäumt wird.

Das charmante kleine Dörfchen ist abends ein beliebter Treffpunkt, um frischen Fisch zu essen. Allerdings hat der Inseltourismus auch hier Einzug gehalten und dafür gesorgt, dass mit der Anzahl der Hotels auch die Preise kräftig gestiegen sind. Für ein Kilo Fisch im Restaurant muss man mit 60–70 € rechnen. In Charáki gibt es noch immer hauptberufliche Fischer. Doch die Bedeutung der Fischerei ging dort und anderswo auf Rhodos kontinuierlich zurück. Nicht nur bietet der Tourismus mittlerweile lukrativere Möglichkeiten zum Geldverdienen, auch die

Fischgebiete rund um Rhodos sind fast leer. Wer in einem der Restaurants in Charáki fragt, wird erfahren, dass die eigene Fischerei schon lange nicht mehr ausreicht, um die Nachfrage vor allem in den Sommermonaten zu befriedigen. Meistens stammt der Fisch aus den Aquakulturen rund um die benachbarten Dodekanes-Inseln.

Doch auch wenn sich mittlerweile mit Zimmervermietung und Restaurants mehr Geld verdienen lässt als mit Fischen, hat sich Charáki seine Gemütlichkeit bewahrt. Der Dorfstrand (überwiegend Kies, z. T. auch Sand) ist selbst in der Hochsaison nicht überlaufen. Mittlerweile gibt es sogar Duschen und Umkleidekabinen. Die meisten Cafés, Tavernen und Apartmenthäuser befinden sich direkt an der netten Strandpromenade. Einige Apartments sind nur noch über britische Reiseagenturen zu buchen. Dementsprechend kommen mittlerweile viele Urlauber in Charáki von der britischen

Insel. Am Dorfrand, nahe dem Strand, liegt eine kleine Militärkaserne. Eine architektonische Schönheit ist Charáki nicht, doch die Umgebung hat viel zu bieten:

Die **Feraklós-Burg** erhebt sich weithin sichtbar auf dem Berg nördlich von Charáki. Der Berg war bereits seit der Antike besiedelt. Die Burg wurde von den Johannitern im 14. und 15. Jh. ausgebaut und als Verbannungsort für Ritter, die gegen die Regeln des Ordens verstoßen hatten, genutzt. Sie war eine der letzten Befestigungen, die 1522 an die Türken fielen. Aus der Ferne betrachtet ist die Burg interessanter als aus der Nähe, denn viel mehr als den äußeren Mauerring gibt es nicht zu entdecken. Der halbstündige Aufstieg lohnt sich dennoch wegen des fantastischen Panoramas. Gegenüber stehen noch die Grundmauern einer frühchristlichen Basilika.

Eine weitere Kapelle erkennt man bereits vom Dorfstrand aus, die blendend weiß gestrichene **Ágios-Nikólaos-Kapelle** mit der blau getünchten Kuppel auf der Südseite des Bergrückens. Sie ist in der Regel unverschlossen. Ein Spaziergang zu dem schlichten Kirchlein lohnt sich, obwohl der Zahn der Zeit schon recht an den Wandmalereien aus dem 17. oder 18. Jh. genagt hat.

▪ Am Dorfende, in Richtung Ostküstenstraße geht rechts der Weg zur Agáthi-Bucht und Feraklós-Burg ab. Nach ca. 800 m gelangt man auf einen Bergrücken (vor der Feraklós-Festung), dort biegt ein unscheinbarer Pfad zur Kapelle ab.

Einen Ausflug wert ist außerdem das einsam gelegene **Moní Kamíri** beim Dorf Másari, allein schon wegen des reizvollen Weges (→ Wanderung 2, S. 244) entlang eines ausgetrockneten Flussbettes und der herrlichen Lage. Die Anlage ist verschlossen, aber der Schlüssel hängt links oben an der Eingangstür. Heute ist das gepflegte Kloster am Hang nicht mehr bewohnt. Es hat einen schönen Innenhof mit hübschem, gemustertem Kieselboden. Erhalten geblieben sind noch die Mönchszellen, zu denen man jedoch keinen Zutritt hat. Leben kehrt im Moní Kamíri nur am 12. und 13. Juli ein. Dann feiert das Bauerndörfchen Másari dort seine Kirchweih. Die Kirche stammt vermutlich aus dem 14./15. Jh. Im Inneren kann man wenige Fresken aus dem frühen 16. Jh. bewundern. Ein besonderes Schmuckstück ist die geschnitzte Ikonostase mit ihren Weinreben-Verzierungen und die riesige, moderne Darstellung des Erzengels Michael.

▪ Von Másari die „Old National Road" nach Süden, nach 2,5 km rechts ab auf einer breiten Asphaltstraße zum Kloster (beschildert). Rechts vom Eingang gibt es eine Quelle, aus der Leitung im Kloster sollte man, so ein Bauer, lieber nicht trinken. Toiletten vorhanden.

Kapelle Ágios Geórgios Lorima: Kehrt man vom Kloster Kamíri zurück auf die „Old National Road" und biegt nach rechts (südlich) ab, stößt man nach 400 m auf eine unscheinbare weiße Kapelle. Im Inneren des einschiffigen, kaum 6 m langen Kirchleins aus dem 14. Jh. sind noch einige uralte Fresken erhalten.

Praktische Infos

Verbindungen 2-mal tägl. um 9:45 Uhr und um 15:45 fährt ein Bus nach Rhodos-Stadt, retour um 10 und 16.30 Uhr (4,90 €).

Auto- und Zweiradverleih Rent a Car Simon, an der Straße Richtung Zentrum auf der rechten Seite. Während der Saison tägl. 8–13 und 18–22 Uhr geöffnet, ☎ 22440/51036 oder 6932778885. „Als wir mit einer kleinen Panne am Strand liegen blieben, schickte uns der Besitzer, Simon Agious, nach 30 Min. seinen Vater als Pannenhelfer, der den Defekt sofort erkannte und behob. Eine Auto- und Zweiradvermietung, die sich durch die freundliche, angenehme Art des Simon Agious von anderen unterscheidet", befindet Leser Konrad S. aus Meschede. www.harakirentacar.com.

Übernachten Charáki Bay, professionell geführtes und gemütliches Haus am Nordende der Bucht mit Palmen vor dem Haus. Alle 14 modernen Zimmer mit Balkon zum Meer und mit Bad, gut eingerichtet. Es werden auch

Apartments vermietet. Im Erdgeschoss Taverne, angenehme Atmosphäre, DZ 55–70 € (inkl. Frühstück), Klimaanlage 5 € pro Tag. ℡ 22440/5168-0/-1, www.haraki-bay-hotel.com.

Charáki Village, letzter Komplex am Ende der Bucht, neue Häuser in kubischem Stil mit insgesamt 18 Zimmern, gepflegt, schöner Blick. Studio (in der Nebensaison) ab 45 €, Apartment (über zwei Etagen) ab 60 €. Eine empfehlenswerte Adresse. WLAN kostenlos. ℡ 2241/069229 oder 6977910380 www.harakivillage.gr.

Studios Joanna, dreistöckiges, weißes Haus direkt an der Strandpromenade neben Charáki Village. Petros Papadopoulos vermietet einfache Apartments mit einem schönen Blick auf die Bucht. Über die Straße geht es zum Strand. 2er-Apartment 25–60 €. ℡ 22440/51031, www.joannastudiosharakir.wixsite.com/joanna-studio-haraki.

Paul's Garden, ruhig gelegen, ca. 10 Fußminuten vom Zentrum mit seinen Tavernen entfernt, vermieten Pavlos und Maria acht einfach eingerichtete Studios mit kleiner Küchenzeile, Föhn, Safe und großer möblierter Terrasse. Im schönen Garten mit Zitronenbäumen und Kräutern findet jeder einen Schattenplatz, dort gibt es auch Grillmöglichkeiten. Studio ab 50 €. ℡ 22440/51001, www.paulsgarden.gr.

Villa Paradise, der Name ist Programm, denn dieses Ferienhaus sucht seinesgleichen: genügend Schlafzimmer, um eine Großfamilie unterzubringen (4), eine stilvolle, gehobene Einrichtung; und das in erster Reihe am Strand. Auf der schattigen Terrasse kann man stundenlang sitzen und zuschauen, wie die Fischer aufs Meer hinausfahren. Die nette Besitzerin Vana kümmert sich rührend um jeden Gast. Platz ist für bis zu 10 Pers. Eine Woche ab 1.500 €.

Essen & Trinken   **Argo,** ein Restaurant-Klassiker an der Ostküste, die idyllische Lage des halbrunden Baus mit Blick auf die Festung ist ein guter Grund, hier einzukehren. Schickes Restaurant mit gutem Service, geboten wird die etwas verfeinerte griechische Küche. Gehobenes Preisniveau. ℡ 22440/51410, www.argorestaurant.gr.

Taverne Maria, typisch griechische Taverne, hier gibt es leckere Fischgerichte und auch viele vegetarische Speisen.. Frischer Fisch für 2 Pers. 26 €, vergleichsweise preiswert für das Gebotene. Auch viele Griechen kehren bei Maria gerne ein. Nette Bedienung. ℡ 22440/51295.

 Wanderung 2:
Vom Dorf Masári zum Moní Kamíri   → S. 244
Eine anspruchsvolle Tour für geübte Wanderer.

Baden

Rund um Charáki gibt es mehrere, schöne Strände. Am idyllischsten – jedoch auch am besten besucht – ist der **Agáthi-Beach** (20 Min. zu Fuß in nördlicher Richtung). Die Agáthi-Bucht ist der Hausstrand von Charáki. Die 500 m breite, dünenartige Sandstrand-Bucht steht vor allem bei Familien hoch im Kurs. Am Weg dorthin findet man weitere kleine felsige Buchten.

Die schöne Lage wird seit Jahren nur durch eine grässliche Beton-Hotel-Ruine am Hang beeinträchtigt. Der Beach ist beliebter Treffpunkt für Surfer, es gibt sogar einen Surfbrettverleih. Insgesamt einer der schönsten Sandstrände von Rhodos, mit drei Strandbars, Sonnenschirmverleih, Beachvolleyball und Wassersportmöglichkeiten, WC vorhanden. Ihren Namen erhielt die Bucht von der am Nordende gelegenen kleinen **Agáthi-Kapelle.** Urig ist die kleine, aus dem 12. oder 13. Jh. stammende Höhlenkapelle in einer winzigen Strandhöhle. Sie ist leicht durch ihren weiß getünchten Eingang, umgeben von schattigen Bäumen, zu finden (auch Grillplatz). Der trapezförmige, dunkle Innenraum beherbergt zahlreiche Fresken, die teilweise noch aus der Erbauungszeit stammen. Neben der Kapelle findet man zwei in den Felsen gehauene Räume, die teilweise zugemauert sind.

Die Ostküste

Kleine Bucht am Weg zur Charáki-Bucht

Eine Asphaltstraße zweigt von der Einfallstraße nach Charáki links ab. Rechter Hand passiert man einen Pfad, der zur Feraklós-Burg hinaufführt. Die letzten 400 m sind nur geschottert.

Südlich von Charáki liegt die **Vlichá-Bucht** zwischen den kahlen Bergen, sie ist fest in der Hand von Pauschaltouristen. Grund dafür sind das mächtige, halbkreisförmige „Líndos-Bay-Hotel" und die architektonische Merkwürdigkeit „Steps of Líndos" mit zusammen fast 700 Betten. Trotzdem ist der Sand-Kies-Strand nie überlaufen und bietet Duschen, mehrere Bars sowie Wassersportmöglichkeiten. Am anderen Ende der Bucht befinden sich das Boutiquehotel „Lindos Mare" sowie das Luxushaus „Lindos Blue". Wer den Rummel in Líndos vermeiden möchte und trotzdem in der Nähe des Bilderbuchorts wohnen will, dem seien diese beiden Hotels empfohlen. Unterhalb der beiden Häuser führt eine Serpentinenstraße zur kleinen *Kapelle Evlo*.

Der noch unverbaute **Strand von Kalathos** ist ein sehr weitläufiger, aber nicht gerade idyllischer Kiesstrand mit Snackbars, 1 km von der Ostküstenstraße entfernt (beschildert). Er erstreckt sich zwischen der Vlichá-Bucht und Charaki. Der größte Pluspunkt: Hier finden Sie selbst in der Hochsaison noch ein ruhiges Plätzchen. Entlang des Strands gibt es vereinzelte Lokale, die auch Schirme und Liegen vermieten. Außerdem steht hier das 5-Sterne-Hotel „Atrium Palace". Der Ort *Kalathos* selbst bietet nichts Außergewöhnliches.

🚶 **Wanderung 3:**
Von der Agáthi-Bucht nach Archángelos   → S. 246
Auf schmalen Ziegenpfaden am Meer entlang – eine der schönsten Wanderungen auf der Insel.

Panaroma-Blick auf Lindos

Líndos

Gleich einer Fata Morgana leuchtet Líndos strahlend weiß aus der kargen, felsgrauen Küstenlandschaft. Nach jeder Kurve wird die traumhafte Schönheit des Dorfes deutlicher: die trutzige Johanniterburg und antike Säulen auf einem mächtigen Berg, das Konglomerat kubischer Ägäis-Architektur, die sichelförmige Badebucht mit Surfern, die wie fröhliche Farbkleckse auf den blauen Wellen tanzen.

Am Ziel: hektisches Treiben auf der kleinen Platia am Dorfrand. Der Ortspolizist fuchtelt mit den Armen und ruft immer wieder laut über den Platz: „No parking, no parking!" Denn hier ist Endstation für Autofahrer. Wer das Labyrinth der Gassen des zweifellos *schönsten Dorfes der Insel* betritt, merkt schnell, dass Líndos längst keine abgeschiedene Idylle mehr ist. Unzählige Läden, Cafes, Bars und Tavernen reihen sich aneinander. Menschenmassen schieben sich durch die längst zu eng gewordenen Gassen in Richtung Akropolis. Im Sommer platzt Líndos schier aus allen Nähten – kein Wunder bei 1,5 Mio. Gästen pro Jahr.

Folgt man dem Gedränge, kommt man zur zentral gelegenen Panagía-Kirche (mit Kirchenmuseum), die trotz des Rummels noch immer eine Oase der Ruhe ist. Gönnen Sie sich eine Pause im kühlen, von schönen Fresken geschmückten Kircheninnern.

Durch die engen Gässchen des 1500-Einwohner-Dorfes geht es hoch zur legendären Akropolis. Vorbei an dem über zwei Jahrtausende alten, in die Felswand gemeißelten Schiffsrelief gelangt man durch die mächtige Johanniterzitadelle zur antiken Tempelterrasse. Seit Jahren wird hier restauriert – eine Arbeit ohne Ende. Blickfang ist eine einst 87 m breite Säulenformation, die jetzt teilweise wieder aufgebaut wurde. Im Zentrum steht der Athenetempel – 166 m über dem Meeresspiegel.

Wer den mühsamen Aufstieg per pedes zur Akropolis scheut, kann sich von einem Esel hinauftragen lassen. In der Hauptgasse, wenige Meter von der Platia entfernt, warten die Mulitreiber auf Kundschaft. Das Wohl der Tiere haben sie dabei leider nicht im Auge. Unsere Leser berichten: „Die Esel, welche die Touristen zur Akropolis bringen, sind oft erbarmungswürdige Geschöpfe. Statt Zaungeschirr tragen sie zum Teil Eisenketten. Diese haben im Gesicht der Esel handgroße Wunden hinterlassen."

Líndos ist heute für jeglichen Autoverkehr gesperrt. Nur die Straße zum Strand wurde mittlerweile für den Individualverkehr freigegeben. Das gesamte Dorf steht unter Denkmalschutz. Kein hässlicher Betonbau stört das einmalige Ensemble. Die meisten der würfelförmigen Patrizierhäuser stammen noch aus dem 17. Jh. Vermögende Kapitäne und Reeder ließen sich die aufwendige Gestaltung ihrer Wohnhäuser etwas kosten. Detailreiche Ornamente an Fenstern und Türen dokumentieren Schönheitssinn und Wohlstand. Die meisten Gebäude verfügen über pittoreske Innenhöfe mit Mosaiken aus Kieselstein. Aber kaum ein Haus ist älter als 350 Jahre, denn Líndos wurde im Jahr 1610 von einem Erdbeben weitgehend zerstört.

Mit einem einfachen Trick kann man dem Rummel, besonders im Hochsommer, einigermaßen entgehen: Beginnen Sie Ihre Sightseeing-Tour möglichst früh am Morgen. Wer bereits um 8 Uhr die Akropolis besichtigt und somit dem Ansturm der in unzähligen Reisebussen herbeigekarrten Urlauber zuvorkommt, wird ein ganz anderes Líndos erleben als drei Stunden später. Während sich die Reisebusse der Tagesausflügler pünktlich ab 9 Uhr in Líndos stauen, sitzen Sie dann schon in einem beschaulichen Café-Innenhof beim zweiten Frühstück. Wenn Sie schnell sind, können Sie noch ein Stück durch den Ort spazieren, ehe ihn die Touristen vollends einnehmen. Danach empfiehlt sich – vor allem in der Hauptsaison – eine ausgedehnte Pause am Strand. Wer noch mehr von Líndos sehen will, kommt am Abend wieder, wenn die

Die Ostküste

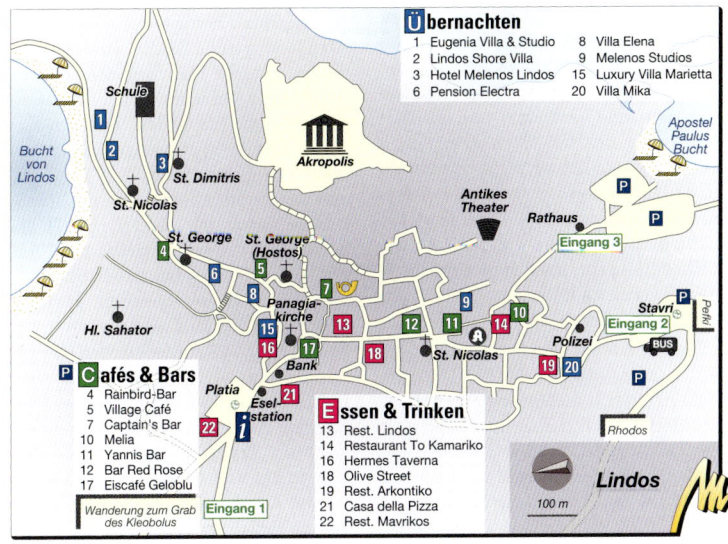

meisten Tagestouristen den Ort verlassen haben. Dann wagen sich sogar die Einheimischen wieder in ihre Tavernen.

Ab November erholen sich die Einwohner von Líndos von den Besucherscharen, lebhaft wird es erst wieder im März, wenn die ersten Reisenden die Ferienwohnungen beziehen. Viele Häuser vermieten meist stilvolle, wenn auch nicht gerade preiswerte Apartments (ab 50 € pro Tag), die fast immer ausgebucht sind. Die Suche nach einem preisgünstigen Hotel ist in Líndos (fast) vergeblich. Selbst wer glaubt, vor Ort kurzfristig noch zu einer der pittoresken Ferienwohnungen zu kommen, merkt schnell, dass das ein schwieriges Unterfangen ist. Vor allem Engländer fühlen sich in den alten, weiß getünchten Gemäuern wohl. Líndos ist mittlerweile ein teures Pflaster geworden. Sowohl bei den Übernachtungen als auch beim Essen wird kräftig zugelangt.

Geschichte

Líndos, eine Gründung aus der Bronzezeit, war, abgesehen vom kleinen Mandráki-Hafen in Rhodos-Stadt, der einzige natürliche Ankerplatz der Insel. Als die Dorer um die Wende vom 2. zum 1. Jt. nach Rhodos kamen, vermischten sie sich innerhalb kurzer Zeit mit der einheimischen Bevölkerung. Folglich trat auch eine Verschmelzung der Kulturen und der religiösen Traditionen ein. Mit 17.000 Einwohnern war Líndos in der Antike die bedeutendste der drei dorischen Städte. Alte Chroniken berichten, dass bereits im 8. Jh. Teile der Bevölkerung die Insel verließen, um – beispielsweise auf Sizilien – neue Kolonien zu gründen.

Seine Blütezeit erlebte Líndos im 6. Jh. v. Chr. unter dem Tyrannen Kleobulos, dem man auch dichterische und philosophische Ambitionen nachsagt. Mit der Gründung der Stadt Rhodos (408 v. Chr.) verlor Líndos zwar seine einstige politische und ökonomische, offenbar jedoch nicht seine religiöse Bedeutung.

Denn Jahrzehnte später wurden die Tempel auf der Akropolis ausgebaut.

Zur Zeit der Römer begann der Verfall des berühmten Athene-Heiligtums. Viele Kultgegenstände wurden nach Rom und später nach Byzanz gebracht. Vom 6. bis 12. Jh. gab es auf der Akropolis eine byzantinische Burg, die später von den Rittern ausgebaut und verstärkt wurde. Als 1522 die Türken landeten, avancierte die Akropolis zur türkischen Festung samt Moschee und Minarett.

Akropolis von Líndos

Auf einem 116 m hohen, braunen Felsen thront das Wahrzeichen von Líndos, die Akropolis. Schon von fern sieht man die rekonstruierten Säulen auf dem Gipfelplateau majestätisch aufragen. Und auch wenn die Zeit ihre Spuren hinterlassen hat – man bekommt eine Vorstellung von der architektonischen Glanzleistung antiker Baumeister. Höhepunkt ist zweifellos der Tempel der Athena Lindia. Seit mehr als einem Jahrzehnt arbeiten die Restauratoren bereits an der Akropolis, um einen weiteren Verfall aufzuhalten.

Der Aufstieg kann im Hochsommer (Mittagshitze vermeiden) äußerst anstrengend werden. Vorbei an den Dorffrauen, die ihre Web- und Strickwaren ausgebreitet auf den Steinen feilbieten, gelangt man (nach dem Kassenhäuschen) auf eine zypressengesäumte Terrasse. Zunächst führt der Weg auf einen Platz unterhalb der Burgmauern. Dort befinden sich die *Zisternen* **1**, sie stammen aus byzantinischer Zeit. Von hier hat man einen herrlichen Blick auf die Bucht. Gleich daneben entdeckt man ein in den Fels gemeißeltes *Relief* **2**, das Heck eines griechischen Kriegsschiffes aus dem 2. Jh. v. Chr. Das Denkmal entstand zu Ehren eines rhodischen Admirals, der – mit einem goldenen Kranz ausgezeichnet – den Vorsitz bei den Spielen zu Ehren der Göttin Athene innehatte. Eine steile Treppe endet an einem Tor **3**, durch

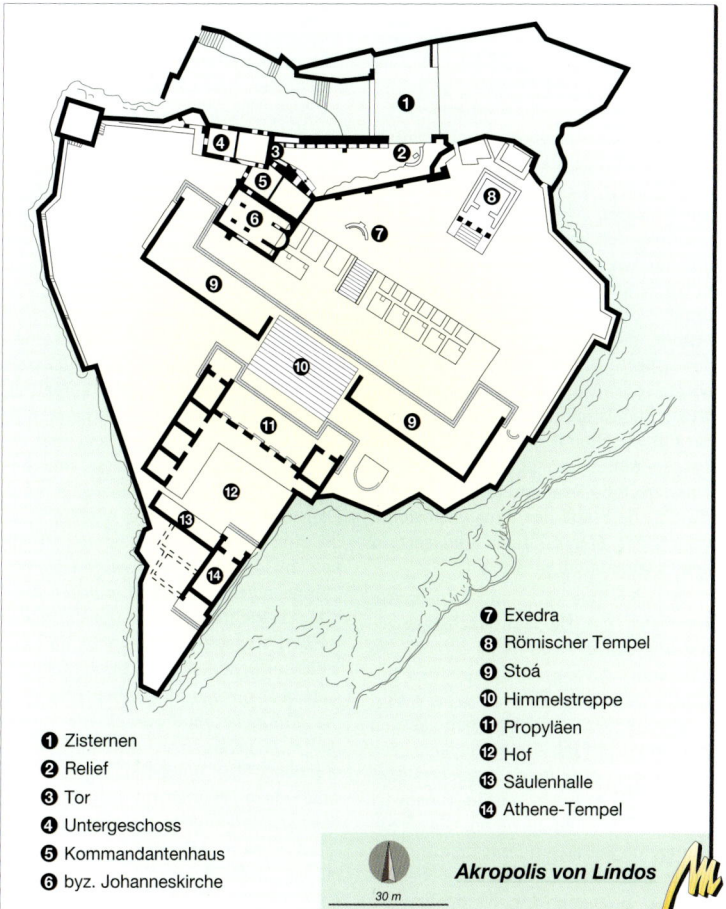

1 Zisternen
2 Relief
3 Tor
4 Untergeschoss
5 Kommandantenhaus
6 byz. Johanneskirche

7 Exedra
8 Römischer Tempel
9 Stoá
10 Himmelstreppe
11 Propyläen
12 Hof
13 Säulenhalle
14 Athene-Tempel

Akropolis von Líndos

30 m

Die Ostküste

das man das *Untergeschoss* **4** der ehemaligen Ritterburg aus dem 14./15. Jh. betritt. Zum Bau der Anlage verwendeten die Ritter die Steine antiker Bauwerke, was noch heute deutlich zu erkennen ist.

Links vom Untergeschoss steht das *Kommandantenhaus* **5**, daran angebaut ist die byzantinische *Johanneskirche* **6** aus dem 13. Jh. In der Kirche sieht man noch Säulenreste. Dahinter öffnet sich ein großer Hof. Gleich vorn

erkennt man eine hohe halbrunde Nische, die *Exedra* **7** aus dem 2. Jh. v. Chr. Die Inschrift am obersten Stein erinnert daran, dass hier das Denkmal für den Priester Pamphilidas stand.

An der Nordseite des Hofes liegen die Reste eines *römischen Tempels* **8**, der um 200 n. Chr. gebaut wurde. Blickt man von dort nach Süden, erkennt man oben auf der Terrasse die große, uförmige *Stoa* **9**. Die *Hellenistische Halle* war das größte Gebäude der Akropolis.

Mit ihren 87 m nimmt sie fast die gesamte Breite der Akropolis ein. Sie entstand Ende des 3. Jh. v. Chr. Die Stoa diente als eine Art überdimensionales Foyer. Ihr einziger Zweck bestand darin, dem dahinter liegenden Heiligtum einen prächtigen Rahmen zu verleihen. Die heute wieder aufgerichteten dorischen Säulen – besonders die Italiener machten sich zwischen 1936 und 1938 um die Restaurierung verdient – vermitteln nur noch einen schwachen Eindruck von der einstigen Pracht. Mit Mitteln der Europäischen Union und des griechischen Kulturministeriums wurde die Halle nun originalgetreu wiederhergestellt und damit die Fehler der italienischen Restauratoren aus den 1930er-Jahren beseitigt. Vor allem die von den Italienern benutzten Eisenstücke für die Statik des Baus verrosteten wegen des Meeresklimas und setzten den Originalteilen schwer zu.

Von der Stoa führt die 21 m breite *Himmelstreppe* **10** zum höchstgelegenen Plateau der Akropolis hinauf. Sie entstand – ebenso wie die dahinter liegenden *Propyläen* **11** – im 3. Jh. v. Chr. Angeschlossen war ein von Säulen gesäumter *Hof* **12**, dessen Südseite von einer später errichteten *ionischen Säulenhalle* **13** begrenzt wurde. Davon ist heute nichts mehr zu sehen. Gleich dahinter, am äußersten Ende der ummauerten Hochfläche, steht das bedeutendste Bauwerk der Akropolis: der *Tempel der Athena Lindia* **14**, direkt an die steil abfallende Felswand gebaut. Die Restauratoren arbeiteten fünf Jahre lang an der Erhaltung des Tempels. Die Struktur der antiken Bauteile erwies sich schlechter als gedacht. Steinmetze mussten einzelne Teile ersetzen, um den Verfall des berühmtesten Monuments von Líndos zu erhalten. 2005 wurden die umfangreichen Bauarbeiten, die 3,5 Millionen Euro gekostet haben, abgeschlossen.

Die wiederaufgestellten Säulen und Mauern geben einen ungefähren Eindruck vom früheren Aussehen des Tempels. Der Bau ist – verglichen mit den umliegenden Gebäuden – relativ bescheiden. Der älteste Tempel wurde an dieser Stelle bereits Ende des 8. Jh., Anfang des 7. Jh. v. Chr. errichtet. Um 550 v. Chr. wurde das Heiligtum der Athena Lindia von Kleobulos umgebaut. Im Jahr 392 v. Chr. fiel der zweite Tempel einem Brand zum Opfer. Es war ein bescheidener Bau in dorischem Stil mit einem Grundriss von 22 x 8 m. Zunächst besaß er nur vier Säulen an der Vorderseite, ca. 300 v. Chr. kamen nochmals vier Säulen an der Rückseite hinzu. Einst stand in dem Tempel ein wertvolles Standbild der Athena Lindia. Es soll aus Marmor, Gold und Elfenbein gefertigt und später vom byzantinischen Kaiser Theodosius nach Konstantinopel gebracht worden sein. Bis zum heutigen Tag blieb die Athena verschwunden. Die einmalige Lage des Tempels bietet einen traumhaften Ausblick in Richtung Süden mit der malerischen Apostel-Paulus-Bucht und der weißen Dächerlandschaft von Líndos.

Nun kann man denselben Weg über die Himmelstreppe zurück ins Untergeschoss gehen oder sich nach links wendend über unregelmäßigen Steine und Felsen (können rutschig sein) aus dem Spaziergang eine Runde machen.

■ Tägl. 8–20 Uhr, im Winter (Nov.– Mitte April) nur bis 15 Uhr, Mo geschlossen. Eintritt 12 €, Kinder und Studenten frei. Im Winter So freier Eintritt. Unterhalb des Eingangs gibt es einen Kiosk mit Getränken. Ein Ritt auf dem Esel kostet 6 €. **Tipp**: Kommen Sie so früh wie möglich am Morgen, selbst im Oktober ist die Akropolis von Líndos ab ca. 9.30 Uhr hoffnungslos überlaufen!

Weitere Sehenswürdigkeiten

Antikes Theater: Leider kann man das Theater am südlichen Ortsrand nicht betreten, da das Grundstück eingezäunt ist. Trotzdem lohnt sich der kurze Abstecher, denn das Theater ist eindrucksvoll am Fuß der Akropolis in den Felsen gehauen. Man vermutet, dass es

Die dorischen Säulen der antiken Akropolis

im 4. Jh. v. Chr. entstand. 1800 Besuchern bot es Platz; der untere Rang besaß 19 und der obere sieben Sitzreihen. 28 m betrug der Durchmesser der kreisrunden Orchestra. Vom Bühnenhaus ist heute nichts mehr zu sehen. 2006 wurde vor dem antiken Theater ein kleiner Platz angelegt.

Panagía-Kirche: An der Hauptgasse, im Zentrum von Líndos, steht die Marien-Kirche, wichtigstes Gotteshaus des Dorfes. Angesichts der Rummels in den Dorfgassen ist der Innenhof mit Zitronenbäumen samt seinem fünfgeschossigen, klassizistischen Glockenturm ein Ort der Ruhe. Ursprünglich im 14. Jh. erbaut, wurde die Kirche unter den Johanniterrittern 1489/90 erheblich erweitert. Ihr Grundriss erhielt die Form eines christlichen Kreuzes. Das Innere bietet eine Überraschung: Georgios, Mönch von der Dodekanes-Insel Sými, bemalte 1779 die Kirchenwände. Seine Fresken mit wahrer enzyklopädischer Vollständigkeit zählen in Griechenland zu den bedeutendsten Werken in nachbyzantinischem Stil. Die Wandmalereien erläutern nicht nur das Leben Christi und der Muttergottes oder die Erschaffung der Erde, sondern auch lokale Begebenheiten. Über allem thront in

der Kuppel – eine Metapher für den Himmel – Christus als Weltenherrscher, als Pantokrator. Beachtenswert auch die aufwendig geschnitzte und vergoldete Altarwand (Ende des 17. Jh.), die das Allerheiligste vom übrigen Kirchenraum abtrennt.

Im angeschlossenen *Kirchenmuseum*, das über den Innenhof zu erreichen ist, werden alte Schriften (16.–18. Jh.) ausgestellt, außerdem die Abbildung eines Freskos aus dem 12. Jh. Zu den Exponaten zählen auch Ikonen (17. Jh.), wertvolle, seidengestickte Altartücher sowie ein Prozessionskreuz aus dem 11. Jh. und goldene Schmuckstücke. Für Kirchen-Interessierte sehr sehenswert.

■ Kirche und Museum sind nur von April bis einschl. Okt. geöffnet. Kirche: tägl. 9–15 Uhr. Um dezente Kleidung wird gebeten, Umhänge liegen bereit, Fotografieren verboten. Museum: tägl. 9–15 Uhr. Eintritt 1,50 €.

Grab des Archokrates: Von der einst prachtvollen Fassade des hellenistischen Grabdenkmals ist so gut wie nichts mehr übrig geblieben. Am westlichen Berghang, gegenüber der Akropolis, liegt oberhalb der Häuser die letzte Ruhestätte des Archokrates. Er war 225 v. Chr. Priester des Athene-Heiligtums. Die imponierende Säulenfassade des in den Felsen hineingearbeiteten Grabmals wurde 1841 durch eine Steinlawine stark zerstört. Noch im Mittelalter benutzten die Ritter das Grabmal als Kirche. Nur für speziell Interessierte, denn die kaum mehr als solche erkennbaren Ruinen gleichen eher einer Müllhalde als einer Grabstätte.

Baden

Rund um Líndos gibt es wunderschöne Buchten, speziell im Sommer sind diese jedoch überfüllt. Von dem Hauptplatz, heute Bushaltestelle und Taxistand, windet sich die Asphaltstraße hinunter zur **Bucht von Líndos** – der heutige Hafen von Líndos – ein überlaufener Rummelplatz für Badefreaks. Auf knapp 0,5 km Sand tummeln sich Hunderte von Sonnenhungrigen. Jeder Quadratmeter ist da an heißen Sommertagen hart umkämpft: Es ist die wohl überlaufenste Badeecke der ganzen Insel! Am Strand Liegestuhl- und Sonnenschirmverleih, Surfer und Tretbootfahrer beleben zusätzlich das Bild. In den Tavernen werden Kalamari und Retsina aufgetragen – kulinarisches

Vergnügen mit Blick auf die „Skyline" von Líndos. An der Anlegestelle starten auch die Glasbodenboote zu einstündigen Rundfahrten, u. a. dorthin, wo Szenen des Hollywood-Streifens „Die Kanonen von Navarone" gedreht wurden, aber auch zur Stegná-Bucht und nach Kolimbia.

Wer mehr Ruhe sucht, biegt in der Hauptgeschäftsgasse auf dem Weg zur Akropolis rechts ab. Nach 1,5 km gelangt man zur **Apostel-Paulus-Bucht.** Am südlichen Ortsende grenzt das Meer an bizarre Kalksteinfelsen, dahinter die überdimensionale Badewanne mit türkisblauem Wasser. Sie zählt zweifellos zu den schönsten Naturhäfen des Dodekanes. Der Zugang zum offenen Meer ist kaum breiter als 40 m. Hier soll der Apostel Paulus im 1. Jh. n. Chr. erstmals rhodischen Boden betreten haben. Bereits in der Antike war die Bucht Heimathafen der Flotte von Líndos. Heute schaukeln nur noch ein paar Fischerboote und Ausflugsschiffe. In der Hochsaison kommen jedoch auch hier zahlreiche Touristen zum Baden her. Am Süd- und am Nordende er-

Fluchen wie die Linder

Bei alten Griechen ist es ein geflügeltes Wort für cholerische Zeitgenossen: Er schimpft wie ein Linder. Dass den Einwohnern diese Charaktereigenschaft nachgesagt wird, verdanken sie einem gewissen Herakles (auch als Herkules bekannt). Als der antike Supermann um die Erde reiste, verschlug es ihn auch nach Líndos, wo er das Heiligtum der Göttin von Líndos (später Heiligtum der Athena Lindia) besuchte. Kurz vor der Stadt, in einem Gebiet, das den Namen Fourka (= Zorn) trägt, begegnete er einem Bauern mit seinen Kühen. Von Hunger geplagt, schlachteten Herakles und seine Gefährten die Tiere. Der selbstbewusste Landwirt, außer sich vor Wut, ließ sich nicht einschüchtern und verfluchte die brutalen Diebe. Herakles war begeistert von der Unerschrockenheit des Mannes und seinen Schimpfkanonaden. Als Anerkennung für den Mut brachte er ein Opfer. So entstand ein Ritual, das noch heute zelebriert wird: Das Schlachten eines Tieres erfolgt unter den Verwünschungen und Flüchen eines Bauern.

strecken sich kleine Sandstrände mit Liegestuhlverleih, außerdem gibt es eine Taverne.

▪ „Sehr zu empfehlen ist das **Tambakio Restaurant** direkt am Wasser in der Apostel-Paulus-Bucht, rechte Strand mit kleiner weißer Kapelle. Sehr gepflegt, sehr nette Bedienung.

Am Tage ist es ein tolles Strandrestaurant mit sehr leckeren, frischen Speisen, am Abend romantisch mit Candle Light Dinner. Für den Abend empfiehlt sich eine Tischreservierung". (Ute H.). ☎ 22440/33000, www.stpaulsbay.gr.
▪ **Lesertipp**

Die Ostküste

◯ Basis-Infos

Information Das offizielle Büro der **Tourist-Info** liegt an der Platia Eleftherias (Bushaltestelle), ☎ 22440/31900. Lassen Sie sich von der teils unfreundlichen Art der Mitarbeiter nicht abschrecken. Dort erhält man Auskunft über Abfahrtszeiten der Busse und Fähren sowie einen kostenlosen Stadtplan. Geöffnet Mo–Sa 9–15 Uhr, So 10–13 Uhr.

Verbindungen Bus, zwischen 6.45–21.45 Uhr ca. stündl. nach Rhodos-Stadt (meistens über Kolímbia und Faliráki), Abfahrt am Hauptplatz, Platia Eleftherias. Die Fahrt dauert etwa 1:30 Std. und kostet 5,50 €. Außerdem jede halbe Stunde. von 7.15 bis 0.30 Uhr über Pefkí (1,80 €) nach Lárdos (2 €) und weiter nach Kiotári (2,80 €). Weitere Verbindungen, u. a. nach Kolímbia, Archángelos und Charáki.

Zum Strand von Líndos gibt es einen **Shuttle** um 1 €. Die Busse fahren ebenfalls vom Hauptplatz ab.

Taxis stehen am Hauptplatz, können aber auch über ☎ 22440/66555 oder 69600 angefordert werden (kostet 2 € extra). Vereinbaren Sie unbedingt vor dem Einstieg den Preis, denn immer wieder gibt es mit den Taxis in Líndos Ärger. Hier einige Preisbeispiele: Nach Rhodos-Stadt 65 €, zum Flughafen 75 € und in den Nachbarort Pefkos 9 €. Eine Preistafel hängt aus. Eine teure Taxifahrt zum Strand kann man sich sparen. Neben dem Taxistand am Ortseingang fahren die kostenlosen Busse zum Strand ab.

Apotheke Einige im Dorfzentrum.

Autoverleih In Líndos mehrere Anbieter, z. B. **Pefkos Rent a Car** von John Mousellis, an der Hauptgasse. Ganztägig geöffnet, ☎ 22440/31387mouselli@otonet.gr.

Bank Es gibt zwei Banken in Líndos: **National Bank** und **Commercial Bank**. An der Platia mit Taxistand gibt es einen EC-Automaten. Öffnungszeiten im Sommer: Mo und Mi 9.15–13 Uhr, Fr nur bis 12.30 Uhr, Sa 9–12.30 Uhr.

Medizinische Versorgung **Krankenstation** nahe der Platia. Tägl. 9–14 Uhr. ☎ 22440/31224, 31849 oder 32153; für Notfälle ☎ 693394909.

Parken Viele Parkplätze in Líndos sind kostenpflichtig. In der Hochsaison ist insbesondere von einer Autofahrt zum Hauptstrand abzuraten, denn die schmale Straße ist überlastet und das Wenden schwierig. Wer dennoch zentrumsnah parken möchte, sollte sein Auto oberhalb von Líndos (Eingang 1) oder am südlichen Ortsende oberhalb der Apostel-Paulus-Bucht (Eingang 2 und 3) abstellen. Am Rand der kostenpflichtigen Parkplätze gibt es auch einige kostenlose.

Post Von der „Eselstation" ausgeschildert, unterhalb der Captain's Bar. Mo–Fr 7:30–19:30 Uhr.

Wäscherei Es gibt in der Bibliothek von Líndos Waschmaschine, Trockner und sogar ein Bügeleisen. Mo–Sa 9–21 Uhr, in der Nähe von Pallas Travel.

◯ Übernachten   → Karte S. 87

In Líndos gibt es einige Privatzimmer und Ferienapartments, jedoch nahezu keine Hotels. Im Sommer ist es empfehlenswert, ein Apartment oder Zimmer im Voraus zu reservieren. **Melenos Lindos** ❸, im historischen Ortszentrum ist dieses luxuriöse Boutique-Hotel zu finden. Es werden ausschließlich Suiten vermietet, von denen jede ihren eigenen Charakter hat. Uns gefiel besonders die Suite Nr. 3. Von der Privatterrasse aus bietet sich ein eindrucksvoller Blick auf die Bucht. Eine große Schlafebene lädt zum Relaxen ein. Schönes, mit Marmor ausgestaltetes Bad. Das verwinkelte 5-Sterne-Haus besitzt auch ein Restaurant mit kulinarischem Ehrgeiz. Die Terrasse lässt sogar die Herzen von Nicht-Romantikern höher schlagen. Kein Wunder, dass das Melenos Lindos gerne von Hochzeitspaaren besucht wird. Heiraten kann man in der nur wenige Schritte entfernten Kapelle Ágios Dimitrios. Der Luxus hat freilich seinen Preis. Die Suiten kosten in der Regel 300 € pro Nacht, die „billigste" ist die Suite für zwei Personen ab 240 €. In der Hochsaison können die Preise sehr ansteigen), fragen Sie am besten in der Nebensaison nach Angeboten. ☏ 22440/32222, www.melenoslindos.com.

Melenos Studios 9, diese bezaubernde Anlage besteht aus 9 sauberen Apartments, die dem Besitzer des Melenos Lindos Hotels gehören. Trotz der zentralen Lage im Ortszentrum ist es ruhig. Sie gruppieren sich um einen kleinen Innenhof und sind mit Küche, Klimaanlage und traditionellem Hochbett ausgestattet. 50–70 € pro Nacht im Studio für 2 Pers., 80–100 € pro Nacht im Apartment für 4 Pers. Mai bis Ende Okt. geöffnet. ☏ 22440/32222, www.melenos-apartments.gr.

Electra 6, in einer kleinen Altstadtgasse liegt dieses Eckhaus. Die freundliche Besitzerfamilie Agouros, die wie die meisten Hoteliers den

Hinter den Mauern der Häuser verbergen sich malerische Innenhöfe

Winter in Athen verbringt, vermietet zwischen April und Okt. saubere Zimmer mit Kühlschrank. Von den Zimmern schöner Blick aufs Meer. Familiäres Ambiente. Von der Platia einfach der Eselsroute Richtung Akropolis folgen, die Pension liegt auf der linken Seite. Für den Sommer empfiehlt es sich, frühzeitig zu buchen. 40–50 € für ein DZ mit Bad, Klimaanlage und Kühlschrank. ☏ 22440/31266 (bzw. in Athen ☏ 210/2028326). www.electra-studios.gr.

Villa Marietta 15, die ehemalige Pension wurde von den Besitzern mit großer Sorgfalt zu einem stilvollen Ferienhaus umgebaut, in dem bis zu 10 Pers. Platz haben. Alte Holzdecken und traditionelle Hochbetten sorgen für Gemütlichkeit. Von den beiden Terrassen bietet sich ein schöner Blick auf die Bucht von Líndos und die Akropolis. Die Luxus-Villa liegt im Eckhaus mit der Nr. 96, von der Platia aus die erste Straße nach links, Richtung Akropolis (vorbei am Restaurant Hermes und dann immer weiter der Gasse folgen). Kirchenglocken in der Nähe können mitunter schon um 6 Uhr morgens läuten. ☏ 6944428741, www.luxury villamarietta.gr.

Eugenia Villa & Studio 1, diese kleine Unterkunft bietet 3 einfach eingerichtete Doppelzimmer (mit Gemeinschaftsküche) sowie ein Studio für 3 Pers. mit Bad/WC und kleiner Küche. Auch wenn die Einrichtung schon in die Jahre gekommen ist – der Blick auf die Bucht aus dem gemütlichen Innenhof ist traumhaft. 50 € pro Nacht im DZ für 2 Pers., 70 € im Studio. Ruhig gelegen oberhalb der Líndos-Bucht, drei Tage Mindestaufenthalt. ☏ 22440/31397, www.eugeniavillastudiolindos.com.

Villa Mika 20, hinter der weißen Mauer und dem braunen Eingangsportal verbergen sich 3 geschmackvolle Zimmer unterschiedlicher Größe und Ausstattung. Schöner Innenhof mit dem typischen Cholaki-Pflaster, DZ mit traditionellem Hochbett, Studio und Apartment für bis zu 4 Pers. Jedes Zimmer hat eine kleine Küche, 40–70 €. Apartments in der Hochsaison ca. 100–120 €. ☏ 22440/48309, www.sifis-studios.gr.

Villa Elena 8, ein Grund, um hier anzuhalten, ist sicher der beschauliche Innenhof, der seinesgleichen sucht und ein weiterer der schöne Blick von der Dachterrasse. Manch einem könnten die Zimmer etwas zu klein sein, aber die nette Atmosphäre entschädigt dafür. 4 DZ, ein Vierbettzimmer, jedes Zimmer ist mit Kühlschrank, Bad (am Gang) ausgestattet. Die Besitzerin Elena spricht etwas Englisch. DZ ab 50 €. ☏ 22440/31369 oder 6947404232.

Lindos Shore **2**, wer das Exklusive und Private liebt, wird sich hier wohlfühlen. Die Boutique Villa befindet sich am Ende einer Nebenstraße, vom Hängesessel auf der Terrasse schweift der Blick über die malerische Bucht von Líndos. Die Ausstattung lässt keine Wünsche offen, Platz ist für bis zu 6 Pers. Das schicke Ambiente hat freilich seinen Preis: 350 € sollte man für eine Nacht einplanen. ☏ 6948837637,www.lindos-shore-villa.com.

Essen & Trinken/Nachtleben   → Karte S. 87

Essen & Trinken 4000 saisonbedingte Einwohner in der Hauptreisezeit und rund 8000 Ausflügler täglich ließen die Preise auf den Speisekarten nach oben klettern. Die rund 60 Bars und Restaurants in Líndos sind deshalb, verglichen mit dem übrigen Rhodos, relativ teuer. Die Entschädigung: schönes Ambiente für romantische Abende. Vor allem die Dachterrassen bieten atemberaubende Ausblicke.

Mavrikos **22**, ein Klassiker unter den Restaurants von Líndos, die Liste der Prominenten ist lang. Bereits in der dritten Generation bewirtschaftet die Familie Mavrikos das ehemalige Kafenion. Die Brüder Dimitris und Michalis bieten heute feine griechische Küche, die wegen ihrer Kreativität mehrmals ausgezeichnet wurde. Alles frisch und von guter Qualität. Man sollte pro Pers. mit rund 25 € rechnen. Platia Eleftherias, ☏ 22440/31232.

Arkontiko **19**, das Kapitänshaus aus dem Jahre 1605 beherbergt heute ein gutes Restaurant der gehobenen Preisklasse. Die Speisekarte reicht vom Hühner-Souvlaki (13,50 €) € bis zum Chateaubriand (47 €). Von der Dachterrasse hat der Gast einen schönen Blick. ☏ 22440/31992 und 31713, www.arhontiko lindos.com.

mein Tipp **Captain's Bar** **7**, auf dem Weg von der Akropolis zurück ins Dorf liegt dieses Kleinod versteckt in einem schattigen Innenhof. Zur Bar gehört eines der wenigen Kapitänshäuser, das heute noch besichtigt werden kann – es ist gleichzeitig auch das älteste Kapitänshaus von Líndos. Hier sitzt man in einem schattigen Innenhof abseits des Trubels und kann sich bei Lounge-Atmosphäre mit einem Cocktail erfrischen. Das Haus selbst stammt aus dem 16. Jh. und zeugt vom Wohlstand seiner früheren Besitzer. Am Ende des Hofes liegt, verziert mit arabischen Ornamenten, der frühere Empfangssaal, der traditionell eingerichtet ist. Sehr gut erhalten ist die reich verzierte Holzdecke. Große Auswahl an Kaffee, Cocktails sowie ein paar Snacks. Köstlich ist der Joghurt mit Honig und Nüssen. ☏ 22440/31235.

mein Tipp **Eiscafé Geloblu** **17**, leckeres Eis, teuer, aber sehr gut. Der Besitzer Vasili lernte sein Handwerk im italienischen Bologna. Zu den hausgemachten Sorten zählen After Eight, Melone, Joghurt sowie ein exzellentes Pistazieneis. Für ein kleines Eis zahlt man 2,50 €. Schöner Mosaikboden, schattiger Innenhof zum Entspannen. Schon zum Frühstück ab 8:30 Uhr geöffnet, Eis gibt es bis 23 Uhr. ☏ 22440/31560.

Olive Street **18** „Über einen schön gestalteten Innenhof gelangt man über eine frei gelegene Treppe in das Obergeschoss, von hier aus hat man einen herrlichen Blick auf die Akropolis von Líndos . Die Küche war hervorragend und der Service sehr bemüht" (Benedikt T. und Elisabeth W. aus Südtirol). Im Lokal werden außerdem Produkte aus Oliven verkauft, im Keller flaschenweise Olivenöl gelagert. ☏ 22440/31560, www.olivestreet.gr. ▪ **Lesertipp**

Hermes Taverna **16**, von der Platia die Hauptgasse nehmen, dann die erste Gasse links. Manuela H. aus Laatzen: „Herausragend ist der überaus freundliche und zuvorkommende Service. Man kommt als Gast und geht als Freund. Besonders lecker: Souvláki Hermes (mit Schafskäse überbacken) und die Weinblätter." Es gibt aber auch Pizza. Schöner Dachgarten. ☏ 22440/31338. ▪ **Lesertipp**

Líndos **13**, preiswert ist Líndos nicht, auch nicht das gleichnamige Restaurant. Doch das Essen schmeckt. Gespeist wird in einem kleinen Innenraum (mit AC). Große historische Fotos dokumentieren, wie das Dorf früher einmal ausgesehen hat. Schöner Dachgarten, der Service kann manchmal sehr aufdringlich sein. ☏ 22440/31640.

mein Tipp **To Kamariko** **14**, viele Stammgäste schätzen die ideenreiche Küche der Familie Koukouras. Wer genug hat vom üblichen Bauernsalat findet hier zahlreiche Salatvariationen. Zu den Besonderheiten der Küche zählen Kichererbsenfrikadellen, Kaninchen mit Aprikosen und Grieß oder gefülltes Lamm mit Weinblättern. Kurz gesagt: traditionelle griechische

Die Ostküste

Küche raffiniert veredelt. Schöne Dachterrasse, unaufdringlicher Service. 22440/31339, www.lindos-kamariko.com.

Casa della Pizza 21, das etwas abseits am Hang gelegene Restaurant wird in Líndos wegen seiner großzügig belegten Pizza geschätzt (ab 6 €). Der Chef Pierro hat sich auf einem Wandgemälde verewigt. Am späten Abend gibt es auch Livemusik. Etwa 20 m von der Hauptgasse am westlichen Dorfende, 22440/31300.

Village Café 5, schöner, begrünter Patio mit allem, was das süße Herz begehrt: Torten und andere kleinere Leckereien werden hier frisch zubereitet, außerdem locken verschiedene Frühstücksvarianten, die bis in den Nachmittag hinein serviert werden. Wer es herzhafter mag: Es gibt auch Sandwiches, Grillplatten und Salate. Geöffnet 8–19 Uhr. Den Eselsweg zur Akropolis bei Hausnr. 72 rechts verlassen (gegenüber dem Haus Nr. 186). 22440/31559.

Nachtleben   Yannis Bar 11, bereits seit 1976 gibt es diese Bar mit der langen Theke. Viele Stammgäste, auch ideal für ein spätes Frühstück. 22440/31245.

Melia 10, abends oder zum Frühstück, die frisch gepressten Fruchtsäfte schmecken immer, auch leckerer Kaffee, netter Service, preiswerter Imbiss im leider oft recht teuren Líndos. An der Gasse zum antiken Theater, 22440/31233.

Bar Red Rose 12, die geschmackvolle Villa ist ein beliebter Abendtreff. Jede Menge Biersorten von Corona bis Mythos. Es wird auch Frühstück serviert. Großer Fernseher für Fußballspiele. 22440/31515.

Rainbird-Bar 4, eine kleine Oase am Rande des Gassengewimmels. Mit Blick auf die Bucht von Líndos genießt man bei Nikos hausgemachte Kuchen, Salate und kleine Snacks. Sehr umfangreiche Cocktailkarte. Entspannte Atmosphäre. 22440/32169 oder 6947191558, www.rainbirdbar.com.

> 🚶 **Wanderung 4: Zum „Grab des Kleobulos"**   → S. 248
> Durch die karge Landschaft des Kaps von Aemilianos mit reizvollen Ausblicken auf das malerisch gelegene Dörfchen Líndos.

Blick auf die Apostel-Paulus-Bucht

Die Ostküste

Ein luftiges Vergnügen: ein Flug mit Nikos aus der Flyers Snack Bar

Pefkí

Kaum ein anderer Ort an der Ostküste hat einen solchen Boom erlebt wie das einst kleine Pefkí. Viele, denen es in Líndos zu teuer geworden ist, lassen sich in dem 4 km südlich von Líndos gelegenen Dorf nieder, das der Tourismus mittlerweile fest im Griff hat.

Die zahlreichen Sandstrände, unterbrochen von Felsen, machen Pefkí inmitten einer kargen Landschaft zu einem beliebten Urlaubsort. Hotels, Apartments, Restaurants, Bars und Clubs, Supermärkte – und das war's dann auch schon.

Seit Jahren wird in Pefkí gebaut und gebaut, wobei man aus den architektonischen Fehlern der Vergangenheit gelernt hat. Im Sommer ist der Ferienort, der übersetzt so viel wie Kiefernwald heißt, fest in englischer und deutscher Hand. Im Sommer ist hier immer etwas los, aber viel privates Engagement von Hoteliers und Gastronomen sorgt dafür, dass aus Pefkí kein zweites Faliráki

wird: Einige haben sich zu dem Portal „www.mypfekos.com" zusammengeschlossen, auf dem sie über Unterkünfte, Restaurants und aktuelle Veranstaltungen informieren.

Auf privates Engagement geht auch das **Lárdos-Volkskunde-Museum** zurück, das sich an der Hauptstraße zwischen Pefkí und Lárdos befindet. Auf die Frage, wie lange er brauchte, um ein solches Museum aufzubauen, antwortet Panagiotis Loukaras: „ein ganzes Leben". Der engagierte Grieche sammelte über Jahrzehnte hinweg unterschiedlichste Exponate, die das traditionelle Leben der Rhodier darstellen. Dies ist seine Antwort auf den Trend der schnelllebigen Zeit, denn er will, dass sich die Menschen an ihre Traditionen und ihre Heimat erinnern. Gerne erzählt er von der guten alten Zeit. Neben früheren Ackergeräten und Weinpressen ist auch ein rhodisches Haus nachgebaut mit traditionellem

Das Volkskunde-Museum von Panagiotis Loukaras lohnt einen Abstecher

Hochbett, unter dem sich die *Arekla* befand, ein Lageraum für Vorräte. Fotos an der Wand dokumentieren die Nachkriegsgeschichte der Insel, sie war geprägt von Armut und Entbehrungen. Viele verzweifelte Inselbewohner waren gezwungen nach Amerika, Australien oder Deutschland auszuwandern. Dann kam das ganze Dorf zusammen, um den Hoffnungsträger der Familie am Hafen respektvoll und mit guten Wünschen zu verabschieden. Ein anderer Teil des Museums widmet sich dem Zweiten Weltkrieg, denn Rhodos war seit 1943 von deutschen Truppen besetzt, die überall auf der Insel militärische Stellungen errichteten.

■ Tägl. 9–15 Uhr. Eintritt und Führung 5 €. Im Museumsshop gibt es Olivenöl, Kräuter und Bücher über die Inselgeschichte zu kaufen. Neben dem Museum befindet sich eine Cafeteria.

Baden

Von Pefkí bis in den Süden nach Kiotari erstrecken sich zahlreiche Strände. Der Hausstrand von Pefkí ist der **Lee-Strand,** ein schöner Sandstrand, der flach ins Wasser abfällt. Der Strand ist vor allem in der Hauptsaison sehr gut besucht. Es gibt Sonnenschirme und Liegen, Umkleidekabinen, Wassersportmöglichkeiten und zahlreiche Snackbars.

In der nächsten Bucht im Süden liegt der nächste kleinere Sandstrand, der **Plakia-Strand.** Die gleichnamige Taverne sorgt für Verpflegung und Sonnenschirme. Hier geht es etwas ruhiger zu. Wer dem Strand Richtung Süden folgt, findet auch einen stillen Platz.

Nach knapp 2 km beginnt bereits der langgestreckte **Lárdos Beach (**oder auch Lothiarika Beach**),** der mittlerweile fest in der Hand von Hotels ist. Den Sand-Kies-Strand füllen Sonnenliegen, die teilweise (vor allem im Norden) den Hotelgästen vorbehalten sind. Die Infrastruktur und vor allem das Wassersportprogramm sind hervorragend.

Weitere 4 km südlich und nur mit dem eigenen Fahrzeug zu erreichen liegt in einer reizvollen Bucht der flach abfallende **Glystra Beach,** einer der schönsten Strände der Insel mit Kantina, Liegestuhl- und Sonnenschirmverleih sowie Strandduschen. Die oberhalb vorbeiführende Straße stört nur wenig. Es stehen noch keine Hotelanlagen direkt am Strand, in der Hochsaison ist er aber dennoch voll.

Praktische Infos

Verbindungen 17-mal tägl. **Busse** nach Rhodos-Stadt (6 €), jede halbe Std. nach Líndos (1,80 €) und Kiotari (2,80 €). Außerdem häufige Verbindungen nach Archángelos, Afándou und Faliráki sowie nach Lárdos und Gennádi, 2-mal tägl. fährt der Bus bis nach Prasonisi in den Süden.

Übernachten Apartments Maria, in Pefkí an der Straße zum „Central Beach" (beschildert) auf der rechten Seite. Elf schlichte Zweier- oder Vierer-Apartments mit großer Küche, kürzlich renoviertem Bad, Balkon. Gepflegtes, zweistöckiges Haus. Ca. 400 m vom Sandstrand. Nebensaison DZ ab 35 €, Hochsaison ab 75 €; für 4 Pers. 65–120 €. WLAN vorhanden. ℡ 22440/48326, www.mariaapartmentspefkos.com.

Studios Sifis, nur fünf Gehminuten vom Strand entfernt vermieten Mika und Sifis vier geräumige Studios sowie ein großes Apartment mit zwei Schlafzimmern. Sehr einladende und freundliche Atmosphäre. Von den oberen Zimmern schöner Meerblick. Durch den großen Garten voller Olivenbäume geht es zum Strand. Waschmaschine im Apartment im Erdgeschoss vorhanden. Studio ab 35–65 €, Apartment ab 55–120 €. Von Líndos aus kommend, auf der Hauptstraße den Abzweig links zur Bäckerei nehmen, an der T-Kreuzung links halten und ca. 1 km der Straße folgen, bis nach einem Supermarkt ein kleines Schild auf der rechten Seite auf die Studios verweist. ℡ 22440/48309 oder 6946054955, www.sifis-studios.gr.

🌿 Essen & Trinken Philosophia, auf der großen Terrasse sitzen und den Sonnenuntergang am Meer genießen – der Ort ist perfekt für einen besonderen Abend. Nicht ganz billig, dafür ist alles frisch und hausgemacht. Auch Einheimische schätzen die gehobene, mediterrane Küche, die Gerichte kommen liebevoll angerichtet auf den Tisch. Kreative Ideen an Vorspeisen und Desserts. Auch Vegetarier werden hier ernst genommen. Oberhalb des Hauptstrandes (Lee-Beach), ℡ 22440/48044 oder 6948057129, www.philosophiarestaurant.com.

Tsambikos, an der Straße nach Líndos oberhalb von Pefkí gelegen. Von der Terrasse genießen Sie einen schönen Ausblick über das Meer und den Ort. Gute Küche, auf der Karte können auch Vegetarier auswählen. ℡ 2244 048240.

Ruhe vor dem Ansturm

Flyers Snack Bar, am Lee-Strand servieren Nikos und seine Mutter einfache Snacks mit schönem Blick aufs Meer. Fragen Sie nach dem Tagesgericht. Nikos vermietet außerdem neun einfache Zimmer mit Meerblick und bietet seinen Gästen eine originale Möglichkeit an, den Inselsüden zu entdecken: Mit seinem Kleinflugzeug fliegt Nikos Interessierte über die Buchten der Südküste. Líndos und die Akropolis aus der Vogelperspektive zu sehen, ist ein Erlebnis! Flugpreis 50–80 € pro Flug (15–30 Min.), je nach Flugziel (Lesertipp von Markus B., Kilchberg/Schweiz). ℡ 22440/48177, www.flyersbeachbar.gr. ▪ Lesertipp

Tauchen Lepia Dive Center, das Team bricht täglich zu anderen Tauchausflügen zu Höhlen, Riffen und Schiffswracks auf (50 €, inkl. Equipment), ein Schnupperkurs kostet 60 €. ℡ 6937417970, www.lepiadive.com.

Lárdos

Im Gegensatz zur kargen Küste ist das 2 km davon entfernte Lárdos überraschend grün. Das ehemalige Bauerndörfchen hat sich in den vergangenen Jahren jedoch stark verändert.

Rund ein Dutzend Restaurants und Diskotheken locken Besucher in den Ort. Seine Ausläufer erstrecken sich mittlerweile bis zum gleichnamigen Strand, der von Hotels gesäumt ist. Auf der Platía dominieren längst nicht mehr die Einheimischen. Im Vergleich zu Líndos und Pefkí ist das Zentrum von Lárdos jedoch geradezu beschaulich-gemütlich. An der Durchgangsstraße nach Pefkí steht das **Lárdos-Volkskunde-Museum** (→ S. 97).

Zum Wandern ist der Ort eine gute Ausgangsbasis, beispielsweise bietet sich ein Spaziergang zum rund 4 km entfernten **Kloster Ipsénis** an. Ein hellblaues Schild, 200 m außerhalb von Lárdos, weist den Weg zu dem einsam gelegenen Kloster. Vorbei am Sportgelände von Lárdos, Orangen- und Olivenbäumen, durch Kiefernwälder führt die Asphaltstraße zu dem erst 1855 errichteten Gebäude. Kunstspezialisten werden von einem Besuch eher enttäuscht sein, denn das Kloster birgt keine großartigen Kostbarkeiten. Auf der Insel ist das Moní wegen seiner wundertätigen alten Marienikone bekannt. Sie wird noch immer verehrt. An Festtagen, zum Beispiel zur Kirchweih Ende August, ist der große Parkplatz vor dem Kloster völlig überfüllt. In den letzten Jahren wurde das wieder bewirtschaftete Kloster aus- und umgebaut. Im Klosterhof findet man die typisch rhodischen Kieselmosaike. Im Klosterladen werden Kräuter und selbst gemachte Souvenirs verkauft. Gegenüber vom Eingang führt ein Kreuzweg, der – von fern gesehen – den Hügel seltsam weiß punktet, den Hang zu einer Kapelle hinauf (von Lárdos 4 km, beim Hotel Fedra ortsauswärts, beschildert).

Auch auf Badefreuden braucht man nicht zu verzichten Wenn man im ursprünglichen Lárdos im Landesinneren wohnt, benötigt man dafür jedoch ein Moped oder Auto. 2 km südlich vom Ortszentrum gibt es einen 1 km langen Sand-Kies-Strand mit Tavernen, Sonnenschirmen und Wassersportmöglichkeiten, der allerdings überlaufen ist. Es empfiehlt sich daher, noch 2 km weiter zum **Glystra Beach** (von der Küstenstraße links ab, beschildert) zu fahren.

Praktische Infos

Verbindungen 10-mal tägl. fährt ein **Bus** über Líndos nach Rhodos-Stadt (5,60 €). Die Abfahrtszeiten sind: 7.05, 8.15, 9.15, 10.45, 12.35, 14, 15, 17.35, 18.45, 19.35; zurück geht es um 6.15, 6.45, 9, 10, 11.30, 13, 14.30, 16.30, 18, 19.30, 21.15 Uhr.

Übernachten **Studios Spanos**, an der Straße Richtung Láerma nach 200 m auf der rechten Seite, etwas versteckt in zweiter Reihe gelegen. Zehn gepflegte Studios mit großem Balkon, Bad und Kochgelegenheit, überall viele Blumen. Vasilios Spanos spricht Deutsch und Englisch und unterhält sich gerne bei einem Glas Wein mit seinen Gästen. Wer möchte, kann sich im Weingarten von Vasilios direkt an den Reben bedienen. Sehr wohlgefühlt haben sich hier auch unsere Leserin Inge P. aus Rheinbach sowie Jutta und Rüdiger O. aus Miesbach. Gutes Preis-Leistungs-Verhältnis, Studios für 3 Pers. 22–40 €. ✆ 22440/44306, 6932774375, www.orchideenkartierung.de/Spanos/Studio.html.

Wassersport Am Strand von Lárdos gibt es das volle Programm: **Rodos Water Sports Action** und **Lindos Watersports** bieten Wasserski, Jetski, Windsurfen, Parasailing, Wakeboarding und vieles mehr an. Man kann auch Boote mieten.

Essen & Trinken **Savvas Grillhouse**, direkt im Ort gelegen, bietet preiswerte griechische Küche. Positive Leserkommentare.

Küstenhinterland

Abseits der Küste ist es überraschend grün. Hierher lockt Besucher vor allem das Kloster Tharí. Doch auch die zwei Dörfer Pilónas und Láerma sind einen Besuch wert. Außerdem eignet sich die Gegend gut für Wanderungen. Die 12 Kilometer lange, gewundenen Straße von Lárdos nach Láerma führt durch herrliche Landschaften, womit schon die Autofahrt ein schönes Erlebnis ist.

Pilónas

Der Weiler hinter dem 458 m hohen Marmári-Berg ist noch weitgehend unentdeckt. Kaum ein Rhodos-Besucher biegt auf der Küstenstraße in das Ortszentrum ab. Daran hat auch das Hinweisschild auf einen Friedhof aus mykenischer Zeit nichts geändert. Oberhalb des Dorfes gibt es zwei vermutlich im 15. Jh. erbaute Kirchen, *Kirá Piloná* und *Ágios Geórgios*, die noch schöne Fresken besitzen. Wahrzeichen des Dorfes ist die oberhalb des Ortes gelegene und architektonisch gelungene Kirche von *St. Gerasimos* mit dem auffälligen Glockenturm.

Láerma

Die meisten Besucher kommen in dieses ruhige, sehr griechisch gebliebene Dorf im Inselinneren wegen des berühmten Klosters Tharí.

Das Dorf hat sich mittlerweile auf die Tharí-Besucher eingerichtet. An der Kirche befindet sich unter Platanen eine Taverne, die ausgezeichnete Souvláki bietet. Panagiotis, der freundliche, deutschsprechende Wirt, ist auch gern bei der Zimmersuche behilflich.

Doch auch Wanderungen, ein Ausflug zur Elpida Ranch oder zum Gadoura-Stausee bieten sich von hier aus an, zu und um den eine gut ausgebaute, mit EU-Geldern finanzierte Straße führt. Sie zweigt von der Straße zwischen Lárdos und Láerma rechts ab (beschildert mit „Gadoura Dam"). Der See, der

Der Gadoura Dam in der Nähe von Lárdos

Die Ostküste

als Trinkwasserreservoir dient, ist noch eine ruhige Oase. Nur wenige Touristen verirren sich hierher. Angekommen, suchen die meisten etwas planlos einen schönen Platz zum Verweilen, der zu mehr als zum Fotografieren einlädt. Denn das Baden im See ist verboten. Langfristig sollen im Rahmen des EU-Projekts Wanderrouten rund um den See ausgeschildert werden, damit auch dieser Teil der Insel touristisch etwas erschlossen und stark frequentierte Gegenden etwas entlastet werden. Bei unseren Recherchen im Sommer 2018 waren diese Pläne noch nicht realisiert.

Láerma ist jedes Jahr Schauplatz zweier traditioneller Feierlichkeiten, die Tausende von Besuchern anziehen: Am 21. Mai findet das idyllische *Klosterfest* mit viel griechischer Folklore statt. Rund um den 15. März wird außerdem das *Olivenfest* gefeiert – ein Spaß, bei dem die Einheimischen größtenteils unter sich sind, denn zu dieser Zeit verirrt sich kaum ein Tourist auf die Insel.

Die Frauen des Dorfes kochen Berge von heimischen Spezialitäten, zu Musik und Tanz werden Oliven in allen möglichen Zubereitungsarten verkauft. Wichtig: Falls das Datum der Feste auf einen Wochentag fällt, wird erst am darauffolgenden Wochenende gefeiert.

Verbindungen 1-mal tägl.: Um 6.50 Uhr fährt ein **Bus** nach Rhodos-Stadt (7,10 €), um 13 Uhr geht es zurück.

Essen & Trinken **Taverne Ingo**, von den zahlreichen Werbetafeln sollte man sich nicht abschrecken lassen, hier kommt gute griechische Landküche auf den Tisch. Die sehr freundlichen Besitzer Stamatia und Panagiotis haben viele Jahre in Stuttgart gelebt und sprechen noch etwas Deutsch. Was hier auf den Tisch kommt, ist garantiert frisch und wird mit dem hauseigenen Olivenöl zubereitet. Spezialität sind Pitaroudia (Gemüsefrikadellen). Es gibt auch ausgefallene Gerichte, die sonst auf keiner Speisekarte zu finden sind, z. B. Strapatsada, eine ausgefallene Art Rührei mit Tomaten, die auch unserer Leserin Christa Q. sehr gut geschmeckt hat. An der Straße zum Kloster auf der linken Seite. ✆ 22440/61071.

 Wanderung 5: Von Láerma nach Moní Tharí   → S. 249
Auf bequemen Wegen zu einem der bedeutendsten Klöster der Insel.

Elpida Ranch

Circa 1 km vom Kloster entfernt liegt mitten im Wald die Elpida Ranch mit großen Koppeln und einem bunten Mix an Pferden. Die deutsch-griechischen Besitzer Elpida und Takis sind echte Pferdeliebhaber und viel im Sattel unterwegs, daher besser vorher einen Termin vereinbaren. Sie bieten Ausflüge abseits des Massentourismus für Anfänger und Fortgeschrittene an.

Das Angebot ist vielfältig. Buchbar sind etwa: ein 1-stündiger Ausflug zum Gadoura-Damm (28 € pro Pers.), ein 2-stündiger Ausritt zum Kloster Tharí (48 €), ein Tagesausflug zum antiken Königsgrab mit Barbecue, Bad und Kanufahrt (120 € mit Verpflegung) und sogar ein 8-tägiger Trail durch den Süden von Rhodos. Kinder können auf den Shetlandponys reiten und auch die anderen Tiere (u. a. Schweine, Ziegen und Hunde) auf der Ranch bestaunen.

Für Nicht-Reiter und Wandermuffel bleibt noch die Möglichkeit zum Bogenschießen (15 € pro Std.). Anfahrt: dem Wegweiser an der Hauptstraße folgen. ✆ 6948132977, www.elpidaranch.eu.

Kloster Tharí

Die schöne Anlage liegt in einer Senke inmitten von Pinienwäldern und gehört bis heute zu den meistbesuchten Klös-

Die Ostküste

Das Kloster Tharí ist nicht immer so leer –
die byzantinische Kirche zieht viele Besucher an

tern der Insel. Die Ursprünge der Klosterkirche – eine kostbare byzantinische Basilika aus hellem Naturstein – reichen bis ins 9. Jh. zurück. Die Fresken im Altarraum stammen größtenteils von 1506, wie die Inschriften dokumentieren. Die anderen Wandmalereien kamen erst später hinzu. In der Kuppel ist (allerdings schwer erkennbar) Christus als Weltenherrscher dargestellt, der von 16 Propheten umgeben ist. In den Ecken sieht man die Evangelisten Markus, Johannes, Lukas und Matthäus, unterhalb davon Fresken mit den Erzengeln. Beachtenswert ist auch die schöne Ikonostase mit den beiden Hauptikonen, die Christus und Maria darstellen und von zwei weiteren Ikonen flankiert werden. Seit 1989 ist das Kloster wieder von Mönchen bewohnt.

Der Name des Klosters basiert übrigens auf einer schönen Geschichte, der zufolge im 6. oder 7. Jh. eine byzantinische Prinzessin nach Rhodos gekommen sein soll, um dort in aller Ruhe zu sterben, denn sie war von einer unheilbaren Krankheit befallen. Es erschien ihr jedoch der Erzengel Michael und verkündete: „Aechis tharri" – *Habe Mut, du wirst gesund!* Und tatsächlich wurde die Prinzessin zur Überraschung aller geheilt. Dort, wo dies geschehen war, ließ ihr Vater aus Dankbarkeit das gleichnamige Kloster errichten.

■ Das Kloster ist bis zum Abend geöffnet. Von Besuchern wird bei einer Kirchenbesichtigung entsprechende Kleidung erwartet, lange Röcke und Hosen liegen bereit. Fotografieren ist in der Klosterkirche verboten. Der Eintritt ist frei.

Anfahrt Das Kloster liegt ca. 4 km südöstlich von Láerma (im Dorfzentrum links abbiegen, beschildert). Zu Fuß braucht man auf der Schotterpiste, die durch Olivenhaine und Pinienwälder führt, rund 1:30 Std.

Folgt man beim Kloster der Asphaltstraße in Richtung „Castle", kommt man nach kurzer Fahrt durch malerische Olivenhaine nach Asklipio mit einer ehemaligen Johanniterburg, von dort kommt man sehr schnell nach Kiotari und wieder auf die Küstenstraße.

Der Süden

Der Süden bildet das Kontrastprogramm zum dicht bevölkerten Inselnorden. Er ist noch immer ein Ziel für Individualisten, doch allmählich entdecken immer mehr 5-Sterne-Resorts diesen friedlichen Inselteil mit seinen langgezogenen Stränden.

Was die meisten Besucher aber gar nicht wissen, die Südspitze von Rhódos war bereits in antiker Zeit ein wichtiger Ort. In der Nähe des kleinen Fischerhafens, etwa einen Kilometer vom Hauptstrand entfernt, finden sich noch die Reste des antiken Vroúlia aus dem 7. Jh. v. Chr. Die strategisch günstig gelegene Siedlung am Hang diente den Griechen vermutlich als Militärstützpunkt.

Wer dem rhodischen Massentourismus entfliehen will, sollte sich ein Quartier weit im Süden suchen. Vom Luxushotel bis zur familiären Pension hat man hier viele Möglichkeiten. An den ausgedehnten Stränden findet man auch noch einsame Plätze.

Für einen Badeurlaub eignet sich ein Aufenthalt in Gennádi. Der Ort hat ein schönes Zentrum und bietet eine gute Infrastruktur. Wer es einsam mag, ist im Künstlerdorf Lachaniá oder dem malerischen Bergdörfchen Asklipio gut aufgehoben.

Die Straßenverhältnisse im Süden sind ausgezeichnet. Die Küstenstraße ist längst komplett asphaltiert und auch abgelegenere Ziele wie das Kloster Skiádi wurden dank EU-Förderung an das Straßennetz angeschlossen. In den vergangenen Jahren hat die Inselregion verschiedene Versuche unternommen, den Inselsüden für Touristen interessanter zu gestalten. So wird z. B. mit zahlreichen Hinweisschildern rechts und links der Straße auf für besonders sehenswert gehaltene Orte hingewiesen. Lohnenswert ist jedenfalls die „scenic road" rund um Asklipio. Ein eigenes Fahrzeug (am besten ein Auto) ist für einen Aufenthalt in Süden von Rhódos unbedingt notwendig, die Busverbindungen hierher sind bescheiden und interessante Ziele wie etwa das Kap Prasonísi lassen sich mit öffentlichen Verkehrsmitteln nur schlecht erreichen. Allein die Verbindungen von Gennádi und Kiotári entlang der Ostküste Richtung Norden sind gut.

Was anschauen?

Kirche Mariä Entschlafung: Das Innere der Kuppelkirche in Asklipio ist reich mit Fresken aus dem 17. Jh. geschmückt – Darstellungen aus der Offenbarung des Johannes (Apokalypse), wie sie sonst nur selten auf dem Dodekanes zu sehen sind. → S. 107

Kap Prasonísi: Am südlichsten Punkt von Rhódos treffen Mittelmeer und Ägäis aufeinander, nur eine Sandbank trennt die beiden Gewässer. Die meist steife Brise, die hier weht, machte Prasonísi zu einem der beliebtesten Surfertreffs in der Ostägäis. → S. 120

Agios Pavlos: Das ehemalige Mustergut auf dem Gelände einer Siedlung aus der italienischen Kolonialzeit wurde 2017 wieder aufgebaut. Im Arkadenhof hängen Fotos aus der alten Zeit, die man bei Kaffee und Kuchen im hübsch gestalteten Café betrachten kann. → S. 118

Wo baden?

Gennádi Beach: Entlang des Ortes erstreckt sich ein langer Sand-Kies-Strand, der selbst in der Hochsaison nicht überfüllt ist. Es gibt Tavernen und Sonnenschirme und auch ruhige Ecken. → S. 112

Kiotári: Der populärste Strand (größtenteils Sand) im Süden. Die Infrastruktur ist hervorragend, entsprechend voll wird es hier in der Hochsaison. → S. 110

Plimíri: Der weite Sand-Kies-Strand lohnt sich nur eingeschränkt für einen Badeausflug. Hier ist es zwar nie überfüllt, aber angeschwemmter Müll und eine Betonmole beeinträchtigen das Badevergnügen. Wer es idyllischer

mag: Eine Feldstraße führt zum Maros Kavos Beach in der südlicheren Bucht. → S. 116

Was unternehmen?

Auf Eseln reiten: Chris und Angeline veranstalten in der Nähe von Asklipio mit ihren Eseln, von denen sie viele aus schlechter Haltung gerettet haben, Ausflüge und Wanderungen ins grüne und ursprüngliche Rhódos. → S. 109

Das Künstlerdorf Lachaniá besuchen: Schön ist ein Spaziergang durch die verwinkelten bunten Gassen des von kaum hundert Menschen bewohnten kleinen Dorfes mit seinen liebevoll restaurierten Häuschen. In der Dorftaverne Platanos kann man danach unter einer alten Platane gut essen gehen. → S. 114

Von der Karibik träumen: Mojitos, karibische Musik und mit Palmenblättern dekorierte Sonnenschirme – die Mojito Beach Bar, nahe Plimíri, versetzt ihre Besucher in die Karibik, der Strand selbst ist auch ein lohnendes Ziel für einen Badeausflug. → S. 117

Blick über Asklipio

Asklipio

Abseits der Küstenstraßen, inmitten einer gottverlassenen Hügellandschaft, wirkt das kubische Häuserkonglomerat wie eine Fata Morgana: ein Wirrwarr von Gassen und Häusern, in dem drei Tavernen auf Gäste warten. Wer Abgeschiedenheit sucht, findet sie hier.

Die meisten Besucher kommen wegen der am Ortseingang gelegenen *Kirche Mariä Entschlafung (Kimesis tou Theotókou)*, die vermutlich aus dem 11. Jh. stammt. Damit gehört sie zu den ältesten der Insel überhaupt.

Neben der Kirche wurde in einem Priestergebäude aus dem 19. Jh. ein kleines, sehr sehenswertes Museum eingerichtet, das aus zwei Räumen besteht. Hier sind vor allem Ikonen, kirchliche Gegenstände und Bücher, teilweise noch aus venezianischer Zeit aus dem 17. Jh., zu sehen. Darin haben Lehrer und Pfarrer die wichtigsten Ereignisse ihrer Zeit für die Nachwelt niedergeschrieben.

Auf dem Kirchplatz gibt es ein weiteres kleines Museum. Gezeigt werden dort Gegenstände des ländlichen Alltags wie etwa eine alte Olivenpresse oder Gerätschaften, mit denen die Frauen früher Brot gebacken haben. In dem vor dem Gebäude neu angelegten Amphitheater finden im Sommer Veranstaltungen statt.

■ Beide Museen Mo–Sa 9–19, So nach Beendigung des Gottesdienstes bis 14 Uhr. Eintritt 1,50 € für das gesamte Museumsgelände. WCs beim traditionellen Haus.

Wer noch mehr Eindrücke darüber, wie man in Asklipio einst gelebt hat, gewinnen möchte, folgt der unter dem Uhrturm hindurch bergabführenden Straße bis zu einem Haus, in dem die Dorfbewohner einen Raum mit zusammengetragenem Originalinventar eingerichtet haben. In dem „traditionellen Zimmer" sind beispielsweise ein alter Webstuhl und ein Hochbett aus früheren Zeiten zu sehen.

Die 500 Jahre alte *Johanniterburg* oberhalb des Dorfes wurde während der italienischen Besatzungszeit (1912–43) restauriert. Der 20-minütige, in der Hitze durchaus anstrengende Spaziergang zur Festung lohnt in jedem Fall: Von hier oben hat man eine herrliche Aussicht auf die Küste und die südrhodische Hügellandschaft sowie auf das Dorf selbst. Mittlerweile führt auch eine steile Betonpiste zur Ruine hinauf (Hinweis im Dorf).

Wer baden möchte, gelangt nach 4 km zur Küste von Kiotári. Parallel zur Ostküstenstraße führt ein Weg viele Kilometer die Küste entlang, die sowohl sandige als auch kiesige Strandabschnitte besitzt.

In Asklipio geht es gemütlich zu. Abends kehrt im kleinen Dorf Leben ein. Dann spielen Kinder am Hauptplatz, während die Erwachsenen rundherum speisen, trinken und plaudern. Am Nachmittag trifft man hingegen oft nur die älteren Männer des Ortes, die in der Taverne Agpitos gemeinsam Karten spielen. Doch diese Ruhe durchbrechen immer öfter Reisebusse von Touristikunternehmen, die den charmanten Ort und die Kirche als Ausflugsziel entdeckt haben und für einen Zwischenstopp nutzen.

Praktische Infos

Übernachten/Essen Gegenüber der Kirche befindet sich die **Taverne Agapitos**. Hier treffen sich die Einheimischen. Von der Terrasse bietet sich ein schöner Blick auf den Berg Attáviros. ☎ 22440/47255.

Traditionelles Dorfhaus Mandolin, wer eine besondere Unterkunft sucht, dem sei dieses Ferienhaus empfohlen mit schönen Holzdecken, Kamin und traditionellen Hochbetten. Rundbögen trennen die einzelnen Wohnbereiche. 2 Schlafzimmer, Platz ist für bis zu 6 Pers. Von der kleinen Terrasse herrlicher Blick auf Asklipio und die umliegenden Berge. Ab 100 € pro Nacht. Buchbar über https://www.fewo-direkt.de/ferienwohnung-ferienhaus/p414886,.

Kirche Mariä Entschlafung

Eine griechische Kirche wie aus dem Bilderbuch. Das Innere der Kuppelkirche, deren Grundriss einem christlichen Kreuz ähnelt, ist übersät mit Fresken aus dem 17. Jh. – ein Eldorado für Fans griechischer Wandmalereien. Es

Das Innere der Kirche Mariä Entschlafung ist übersät mit Fresken

Der Süden

werden Darstellungen aus der Offenbarung des Johannes (Apokalypse) gezeigt, wie sie sonst nur selten auf dem Dodekanes zu sehen sind. Den Altarraum ziert eine prächtig geschnitzte Ikonostase.

Die sehenswerten Fresken wurden Anfang des 20. Jh. restauriert – das ist jedoch nicht immer gut geglückt. Die schönsten Fresken:

Westlicher Kreuzarm/ (Haupteingang/ mittlerer Eingang): Die Fresken können wie ein Bilderbuch gelesen werden. So wurde Menschen, die nicht lesen können, die Bibel erzählt. In der südlichen Wölbung (rechte Seite) in der oberen Reihe von links (an der Kuppel) beginnend: Erschaffung der Welt, Erschaffung des guten und bösen Engels, Erschaffung von Erde und Wasser, Erschaffung von Sonne und Mond, Erschaffung Adams und der Tiere, Erschaffung Evas, Gott übergibt die Welt den Menschen, Schlange und Eva, Essen der Frucht vom Baum der Erkenntnis, Gott erscheint Adam und Eva. In der oberen Reihe des nördlichen Gewölbes (an der Eingangshalle beginnend) wird die Geschichte fortgesetzt: Darstellung des Paradieses, Vertreibung aus dem Paradies, Adam und Eva beginnen sich zu bekleiden, Beginn der Arbeit, Geburt von Kain, Kain arbeitet auf dem Acker, hütet die Herden, Opfer von Kain und Abel, Kain tötet Abel, Kain wird von Gott gezeichnet, Gott reicht Abel die Hand. In den mittleren Reihen beider Gewölbehälften sind Szenen aus dem Leben Christi zu sehen wie zum Beispiel Geburt, Tempelgang, Taufe im Jordan, Verklärung, Erweckung des Lazarus, Einzug in Jerusalem, Abendmahl und dann im nördlichen Teil der Gewölbehälfte Judasverrat, Christus vor den Hohenpriestern, Verleumdung von Petrus, Christus vor Pilatus, Verspottung Christi, Geißelung, Judas bringt die Silberlinge zurück, Simon von Cyrene trägt das Kreuz. Im unteren Teil der nördlichen Gewölbehälfte gibt es

verschiedene Heiligenszenen aus dem Alten Testament wie z. B. aus dem Leben des Propheten Daniel den Kniefall vor einem Engel, Daniels Traumdeutung oder Daniel in der Löwengrube.

Altarraum: Thronende Muttergottes mit Christuskind, flankiert von zwei Engeln, darunter die Apostelkommunion. In der Wölbung des Altarraums ist die Himmelfahrt zu sehen. An der Nordwand die Opferung Isaaks und der Diakon Stefanos. An der Südwand das Gastmahls Abrahams und der Diakon Laurentius.

Kuppel: In der Kuppel ist Christus Pantokrator, umgeben von Engeln, dargestellt.

Nördlicher Kreuzarm, östliches Gewölbe: Der Scheitel des Gewölbes ist mit zwei Reihen von Medaillons mit Propheten ausgestattet. Der Rest des Gewölbes zeigt das Leben Christi, insbesondere Szenen, die mit Heilungen verbunden sind, z. B. Christus heilt einen Kranken, der mit seinem Bett auf dem Rücken davongeht, oder die Heilung des Aussätzigen. An der Ostwand des Nordraums findet sich eine überlebensgroße Darstellung des Erzengels Michael.

Südlicher Kreuzarm: Im Gewölbe und an den Seitenwänden gibt es die für Rhodos seltenen Darstellungen der Apokalypse. Es wird mit einer farbigen Bildersprache die betende, kämpfende Kirche gezeigt. Zu erkennen sind beispielsweise die sieben apokalyptischen Reiter und der als Tier aufsteigende Antichrist. Gemeint ist der römische Kaiser und Christenverfolger Nero. Im Scheitel des Gewölbes ist Christus vor den geflügelten Symbolen der Evangelisten zu sehen.

Südwand: Im Giebel ist der Marientod dargestellt. Darunter links neben dem Fenster Gregorius, Basilios und Christosomos sowie rechts die 40 Märtyrer.

▪ Mo–Sa 9–19, So beginnt um 7 Uhr die Messe, danach trifft sich der Ort am Kirchenplatz.

Christos kümmert sich liebevoll um seine Esel

Donkey Station

Inmitten der Natur, einen Kilometer außerhalb von Asklipio, haben 15 Esel ein glückliches neues Zuhause gefunden. Wer eine tiergerechte Alternative zum Eselsritt im touristischen Líndos sucht, ist bei „Donkey Cruise" genau richtig. „Am liebsten würde ich alle Esel aus Líndos hierher übersiedeln", scherzt Chris, der sich gemeinsam mit seiner Mutter Angeline um sie kümmert.

Viele der Tiere stammen aus schlechter Haltung, Angelina und Chris wollen ihnen nun ein besseres Leben ermöglichen. Sie kümmern sich liebevoll um ihre Tiere.

Angeboten werden unterschiedliche Wandertouren, die man – auf einem Esel reitend oder auch als Begleiter zu Fuß – buchen kann (etwa 30 € für 2 h).

Unsern Lesern Elisabeth und Horst F. hat das sehr gefallen: „Die Tour war für uns (Ehepaar 60 und 56 Jahre) sehr entspannend und mit tollen Eindrücken von der einmaligen Landschaft gespickt. Bei dem Ritt auf dem Esel – sehr komfortabel auf original Eselsatteln – kommt die totale Entspannung auf, es ist nur zu empfehlen!"

▪ Zuletzt starteten die Ausritte täglich um 10 und 16 Uhr. www.donkeycruise.com, ☎ 6946439155.

Namenspatron Asklepios

Nein, noch immer wurde kein Heiligtum des Asklepios in der Umgebung des Dorfes entdeckt. Vielleicht ruhen die Reste noch unter dem Schutt vergangener Epochen. Der Sohn des Apollon und Gott der Heilkunde wurde überall in Griechenland seit dem 5. Jh. v. Chr. verehrt. Die berühmtesten Heiligtümer sind Kos und Epidaurus (Peloponnes). Wenn auch die Tempel längst in Trümmern liegen, so ist doch sein Schlangenstab bis heute das Emblem der Heilkunde.

Kiotári

Lange Zeit war die Ostküste im Inselsüden vergessen. Das hat sich seit den 1990er-Jahren grundlegend geändert. Vor allem in Kiotári sind große Ferienresorts entstanden, die insbesondere auf Familienurlaub am Strand setzen. Dabei handelt es sich meistens um All-inclusive-Hotels. .

Zu den großen Resorts zählen beispielsweise die beiden 4-Sterne-Hotels „Rodos Princess" und „Rodos Maris" mit jeweils über 600 Betten. Bei den im Stil eines Resorts errichteten Hotelbauten wurden die Bausünden, wie beispielsweise in Faliráki aber vermieden. Die Hotelanlagen passen sich der Landschaft vergleichsweise gut an. Vor allem die langen Sand-Kies-Strände machen Kiotári zu einem begehrten Ferienort. Am Strand wird alles angeboten, was das Touristenherz begehrt. Es gibt sogar einen Wasserspielplatz. Ein Bummelzug fährt die Strandhotels ab. Hier sind auch einige Tavernen einen Besuch wert. Ansonsten hat der touristische Ort aber nicht viel zu bieten.

Praktische Infos

Verbindungen Von 8.05 bis 21 Uhr verkehrt fast stündlich ein **Bus** nach Rhodos-Stadt (7,10 €, von Gennadi kommend, meistens über Lardos, Archangelos, Afandou und Faliraki) und zurück. Außerdem fährt von von 8.15 Uhr bis 22 Uhr jede halbe Stunde ein Bus nach Pefki und Lindos (2,80€), zurück geht es sogar bis 0.30 Uhr. 2-mal pro Tag nach Prasonisi (4,40 €).

Übernachten **Paraktio Beach Apartments**, etwas südlich des Hauptstrandes liegt die geschmackvoll eingerichtete Apartment-Anlage der Familie Sofos. Unter der Leitung des sprachversierten Filippos (Englisch und ein wenig Deutsch) offeriert die Pension 7 Ferienwohnungen (mit Klimaanlage, Kühlschrank, Herd und Geschirr), teilweise mit großen Terrassen und Balkonen zum Strand. „Die Appartements in der ersten Etage haben eine Empore, die als Schlafzimmer mit Doppelbett ausgestattet ist, was wir sehr romantisch fanden", berichten Nicole und Georg Schmidt-Brücken aus Dortmund. Die kleine Anlage – Paraktio heißt auf Deutsch „am Strand" – ist sehr gepflegt, auf Wunsch wird das Frühstück auf der hauseigenen Terrasse (überdacht und vor Wind geschützt) serviert. Auch einheimische Speisen werden auf Bestellung von der Familie zubereitet. Der

Sagenumwobener Strand von Kiotári mit dem Chilioravdi-Häuschen

Strand befindet sich unmittelbar unter der Anlage. Geöffnet April–Okt. Die Preise schwanken zwischen 55 und 90 € je nach Größe, max. können 4 Pers. in einem Studio übernachten. ☏ 22440/47278 oder 47350, www.paraktio.com.

Ekaterini-Hotel, sympathische kleine Hotelanlage mit Studios und Apartments am südlichen Rand von Kiotári (300 m zum Strand). Sehr familiäre, griechische Atmosphäre, viele Stammgäste, gutes Essen, schöner Pool. Es werden auch barrierefreie und moderne Suiten (mit Lift) im 3. Stock angeboten. Halbpension möglich. Bei Buchung eines Frühstücks kann man auch für ca. 6 € am abendlichen Buffet teilnehmen. Positive Leserstimmen. ☏ 22440/47131, www.ekaterini-hotel.com.

Essen & Trinken Taverne Stefanos, eine ruhige Terrasse mit Blick aufs Meer, dazu frischer Fisch und köstliche Vorspeisen. Der Saganaki (gebackener Féta) kommt im Blätterteig mit Honig umhüllt auf den Tisch, gegrilltes Gemüse wird mit Knoblauchöl verfeinert, die Keftédes (Fleischbällchen) bereitet Stefanos nach einem geheimen Familienrezept zu. Geor-

gos, sein Neffe, ist stets zu Späßen aufgelegt, und wenn Zeit ist, erzählt er vielleicht auch die Sage, die sich um das Holzhäuschen am Strand rankt. Familienbetrieb seit 1924. Gutes Preis-Leistungs-Verhältnis. ☏ 22440/47339.

Mein Tipp **Mourella**, das kleine Lokal mit weinberankter Dachterrasse liegt direkt am Strand in der Nähe des Hotels „Mitsis Rodos Village" und gehört zweifellos zu den besten Restaurants der Insel. Serviert wird mediterrane Feinkost mit griechischem Touch, fantasievoll zubereitet. Hervorragender Service, gute Weine. Nicht ganz preiswert, aber für das Gebotene fair. ☏ 22440/47324.

Ouzo Bay, das Strandrestaurant gehört zwar zum „Al Mare Hotel", ist aber für jedermann offen. Der originelle Name geht auf das gleichnamige Restaurant in Baltimore zurück, von dem erfolgreichen Konzept entstand hier auf Rhodos ein Ableger. Griechische Küche in bester Qualität, Spezialität ist Fisch, doch auch Vegetarier werden fündig. Aufmerksamer Service sorgt für ein Rundum-Wohlgefühl. ☏ 22440/47130.

Ein Haus aus tausend Bambusstäben

Am Strand von Kiotári steht etwas erhöht auf einem Felsen ein kleines Häuschen, das von den Einheimischen *Chilioravdi* genannt wird. Sein Name bedeutet so viel wie „tausend Stöcke" und seine exponierte Lage macht neugierig – wer wohl hier wohnt? Tatsächlich hat diese Hütte keine Wohnfunktion, sie wurde einst von einem Einwohner aus Asklipio erbaut, um an eine Sage zu erinnern, die sich vor mehreren tausend Jahren hier abgespielt haben soll: Einst lebten die Menschen von Asklipio an der Küste von Kiotári und wurden häufig von Piratenüberfällen heimgesucht. Als sich wieder einmal eine Belagerung durch die Piraten ankündigte und die Menschen in Angst und Schrecken versetzte, hatte ein kluger Dorfbewohner die Idee, einen Zaun aus tausend Bambusstöcken zu bauen. Über den Zaun hängten die Bewohner Felle von Ziegen, Schafen und Eseln, um den Anschein einer großen Siedlung zu erwecken. Als die Piraten angreifen wollten, erschraken sie ob der Größe des imposanten Zauns und zogen eingeschüchtert davon. So wurde die kleine Siedlung bei Kiotári verschont. Um an diese Begebenheit zu erinnern, errichtete Vassilis Georgas die kleine Hütte aus tausend Bambusstäben, die sich heute noch in Familienbesitz befindet. Allerdings wurde sie, nachdem sie zweimal heftigen Winterstürmen zum Opfer fiel, mittlerweile mit Holz und Steinen verstärkt.

Corinna Brauer

Richtig voll wird es am Strand von Gennádi selbst im Hochsommer nicht

Gennádi

Gennádi ist ein bei vielen Rhodos-Kennern beliebtes Bauerndorf, das sich seinen eigenen Charakter erhalten konnte. In den letzten Jahren gewann der Ort durch die Ferienanlagen an der Küste zusätzliche Bedeutung. Dennoch geht es in dem weitläufigen Dorf eher gemächlich zu. Nur im Zentrum ist abends etwas los: Dann füllen sich die Tische der Tavernen, die draußen auf den Straßen und der Platia stehen. Hier genießt man dann gemeinsam Wein und Souvlaki, Moussaka & Co. Es gibt auch einige Bars und sogar einen Nachtclub. Ein paar Seitengassen weiter ist es aber schon wieder still.

Gennádi ist idealer Ausgangspunkt, um den noch immer einsamen Süden von Rhodos kennenzulernen. Der gemütliche Ort mit seinen 300 Einwohnern liegt 1 km vom Meer entfernt.

In den letzten Jahren bemühte sich das Dorf um den Fremdenverkehr. Mittlerweile mit einigem Erfolg, trotzdem hält sich die Besucherzahl noch in Grenzen. Am Dorfrand entstanden einige Hotels und die Tavernen am Strand vermieten jetzt auch Liegestühle und Sonnenschirme für anspruchsvollere Badegäste. In Gennádi sollten Sie sich zumindest ein Zweirad leihen, da die Busverbindungen Richtung Süden sehr schlecht sind und der Ort doch ziemlich verlassen auf weiter Flur liegt, sodass auch hart gesottene Fußgänger nicht allzu weit kommen.

Praktische Infos

Verbindungen Von 8 bis 20 Uhr verkehrt fast stündlich ein **Bus** nach Rhodos-Stadt und zurück (über Kiotári, 7,10 €, meistens mit Zwischenstopps u. a. in Lardos, Lindos, Archangelos, Afandou und Faliraki): Abfahrt in Gennadi um 8, 9, 9.45, 10.30, 11.30, 12.20, 13.45, 14.45, 15.45, 16.30, 17.20, 18.30, 19.20, 20 Uhr.

Einkaufen An der Platia gibt es eine gute Bäckerei und einen Händler, der lokales Obst und Gemüse verkauft.

Zweiradverleih Dimitris' Rent a Motor-bike, 50 m von der Platia an der Straße zum Strand auf der linken Seite. Mountainbike 12 € pro Tag, Scooter ab 17 € pro Tag.. Besitzer Dimitris Manias ist freundlich und hilfsbereit, ☎ 22440/43064 oder 43606 sowie 6977665745.

Übernachten Gennadi Beach Apartments, die blau-weiß getünchte Apartment-Anlage von Emmanouel Dimitriou liegt unmittelbar am Dorfstrand, gegenüber der Taverne Antonis. Zweckmäßige Zimmer für max. 4 Pers., familiäre Atmosphäre, viele Stammgäste. DZ 30–50 €, je nach Saison und inkl. Liege am Strand. Waschmaschine vorhanden. ☎ 22440/43641, www.gennadibeach-rodos.gr

Petasos, 400 m von der Platia und vom Strand entfernt. Blitzsaubere Studios mit Küche, Bad und Balkon, ruhige Lage, teilweise mit Meerblick. Von April bis Ende Okt. geöffnet (Tipp von Gert-Jürgen H. aus Karlsruhe). Ein 2er-Apartment kostet 35–50 €, das Preis-Leistungs-Verhältnis stimmt! ☎ 22440/43045, www.petasos-rhodes.gr ▪ **Lesertipp**

Hotel Summer Breeze, „Klein und familiär, ca. 25 Zimmer. Der Chef hat auch in Deutschland gelebt und spricht gut Deutsch. Vor allem die Verpflegung verdient ein Lob. Der ruhige und saubere Kieselstrand ist ca. 600 m ent-fernt." (Thomas H. aus Rastatt). DZ ab 20–58 €, inklusive Frühstück. Gratis WLAN. ☎ 22440/43543 oder 6983 000 099; www.summerbreezehotel.gr.▪ **Lesertipp**

Essen & Trinken Die drei Tavernen **Thalassa, Klimis und Antonis** stehen nebeneinander am nördlichen Beginn des Ortsstrands. Sie bieten einen schönen Blick aufs Meer und eine gute Küche. Alle drei sind auf Fisch spezialisert, diesen servieren sie frisch und preiswert.

Lime Grill, vor allem Einheimische kommen in dieses kleine Lokal. Freundlicher Service und sehr preiswerte, gute Gerichte vom Grill. Auch dem Hund das Lokals schmecken diese augenscheinlich ausgezeichnet. An der Gasse zwischen Durchzugsstraße und Platia. ☎ 22440/ 43113.

Mama's, in einem schönen Hof werden hier sehr gute Gerichte aufgetischt. Traditionelle Gerichte, aber auch Pizza. An der Hauptgasse, direkt in der Nähe der Platia. Abends besser reservieren. ☎ 22440/43547.▪ **Lesertipp**

Nikos & Maria, hier kommt südländisches Feeling auf. Nikos und Maria servieren frische Gerichte vom Grill. An der Hauptgasse zur Platia, 200 m davon entfernt. Freundlicher Service und gute Stimmung. ☎ 22440/43511.

Vati

In den Weiler mit seinen weißen, kubischen Häusern, 7 km nordwestlich von Gennádi, verirrt sich kaum ein Besucher, denn die asphaltierte Straße von Gennádi nach Apolakkía führt an dem Dörfchen mit seinen engen Gassen vorbei. Vati liegt in einer hügeligen Landschaft mit zahlreichen Olivenhainen. Am nördlichen Ortsrand finden sich auf einem umzäunten Gelände Reste einer frühchristlichen *Kirche*. Eine Pause in Vati lohnt sich nicht nur wegen des malerischen Ortsbildes, sondern auch wegen der Dorftaverne „Plátanos".

Verbindungen Jeden Mo, Mi und Fr verkehrt ein **Linienbus** zwischen Rhodos-Stadt, Vati, Profiliá, Istrios, Arnítha und Apolakkía. Abfahrt ist um 14.30 Uhr in Rhodos-Stadt, zurück geht es morgens um 7.20 Uhr ab Apolakkía. Eine einfache Fahrt kostet je nach Fahrtziel bzw. Einstieg zwischen 6,50 und 8,20 €.

Essen & Trinken Plátanos, „Deutsch sprechen, griechisch essen" war einst der Leitspruch dieser großen, gepflegten Taverne, die das deutsch-griechische Ehepaar Savas und Inge (aus der Pfalz) bis zu ihrer Rente betrieben und es damit zu einiger Berühmtheit brachten. Nun schwingen Dorflehrer Kostas und seine Frau Toula den Kochlöffel und halten an der Tradition fest, leckeres Essen unter einer großen Platane zu servieren. Die griechischen Klassiker kommen frisch auf den Tisch, Spezialitäten sind gekochtes Zicklein und Souzoukakia (griechische Hackfleischwürstchen) in pikanter Tomatensauce. Idealer Mittagsstopp, aber auch am Abend kann man hier stundenlang sitzen und das Dorfleben beobachten. Auch im Winter geöffnet, dann allerdings nur Do–So. ☎ 22440/61150.

Der Süden

Lachaniá

Lachaniá – das Künstlerdorf im Süden. Abseits des Rummels wurde der Weiler in den letzten Jahren zum Sommerziel für Intellektuelle aus ganz Europa. Ruhe und nochmals Ruhe bietet das kleine, von kaum mehr als hundert Menschen bewohnte Dörflein in 3 km Entfernung von der Küste.

Auf den ersten Blick erscheint Lachaniá eher langweilig, doch wer unterhalb der Dorfstraße durch die paar Gassen mit teilweise noch typischen Einraumhäusern schlendert, ändert bestimmt seine Meinung. Hier bekommt man einen Eindruck, wie Rhodos ausgesehen hat, bevor der Massentourismus einsetzte.

Vor einigen Jahren haben sich hier Maler, Bildhauer, Theaterleute und andere Künstler verfallene Häuser gekauft und renoviert, sodass zumindest in den Sommermonaten neues Leben Einzug hält. Mittlerweile gibt es auch einige Privatzimmer zu mieten, man sollte für die Hochsaison jedoch unbedingt reservieren.

Der schönste Platz liegt zweifellos bei der Kirche am unteren Dorfende, wahrscheinlich die romantischste Dorfplatia von ganz Rhodos. In der Taverne „Platanos" sitzt man unter dem riesigen, gleichnamigen Baum und blickt auf die weiß gestrichene Gotteshaus mit seinem kunstvollen Barock-Glockenturm. Mit kühlem Brunnenwasser lässt sich die leere Wasserflasche wieder auffüllen. Einfach dasitzen und relaxen.

Die *Kirche Agía Iríni* entstand 1760 und besitzt an der Südseite an der Außenwand ein Taufbecken, das noch aus frühchristlicher Zeit stammt.

Ein paar Schritte weiter ist die alte (renovierte) *Olivenpresse* des Ortes zu besichtigen.

Praktische Infos

Verbindungen Jeden Di und Do fährt ein **Bus** um 7.30 Uhr von Lachaniá nach Rhodos-Stadt, zurück geht es um 14.30 Uhr. Die knapp 3-stündige Fahrt kostet 7,10 €.

Einkaufen Folgt man den Hinweisschildern zum **Lachania daily market** am Ortsende, gelangt man zu einem kleinen Supermarkt, in dem traditionelle Rhodos-Souvenirs wie Honig, Wein und Souma verkauft werden. Oberhalb des kleinen Geschäfts befindet sich das Hotel White Village.

Übernachten/Essen **White Village**, etwas erhöht am Ortsrand von Lachaniá mit schönem Blick auf die Südküste befindet sich diese Luxusherberge. 23 elegant eingerichtete Villen teilweise mit eigenem Pool warten auf Gäste, die das Exklusive suchen. Für eine Übernachtung muss man mit 150 € pro Haus rechnen. ☏ 22440/46161, www.whitevillage.gr.

Mein Tipp **The Four Elements**, kein Hotel, sondern ein kleines Paradies erwartet den Gast am Anfang des Künstlerdorfes. Vier Apartments, eines davon barrierefrei, widmen sich thematisch jeweils einem der vier Elemente.

An der Kirche trifft man sich in Lachaniá

Das Luxushotel Atrium Palace liegt einsam an der Südküste

Herzstück ist der große Pool mit Rampe, Babybecken und gemütlicher Bar. Die herzlichen, weltoffenen Besitzer, ein belgisches Ehepaar, sprechen Deutsch, Französisch, Niederländisch und Englisch. Im Sommer veranstalten sie im Garten mit Swimmingpool auch Livekonzerte. Viele Gäste kommen jeden Sommer wieder. So ist eine kleine europäische Feriencommunity entstanden. Apartments für 2–4 Pers. mit 1–2 Schlafzimmern, Preise je nach Saison ab 100 € pro Nacht, Frühstücksservice auf Anfrage. ℘ 22440/46001 oder 6939450014, www. thefourelements.be.

Atrium Prestige Hotel, das Resort – mit fünf Sternen ausgezeichnet – liegt am Strand von Lachania, rund 4 km vom Hauptort. Die weitläufige, einsam gelegene Anlage mit 254 Zimmern wurde terrassenförmig am Hang errichtet. Aufgrund der geschickten Architektur mit kubischen Bungalows und gepflegtem Garten haben die Gäste nicht den Eindruck, in einem großen Luxusresort zu wohnen. Stammgäste schätzen den guten Service und die Lage direkt an einem nicht überlaufenen Strand. Außerdem besitzt das Hotel noch zwei Pools, die nie überfüllt sind. Mehrere Restaurants – auch direkt am Strand – verwöhnen kulinarisch. Für Gäste, die Luxus und Abgeschiedenheit suchen. Ein Leihwagen ist unerlässlich. DZ in der Hauptsaison ab 189 €.

🍃**Taverne Platanos,** das gemütliche Lokal mit Tischen im Freien liegt direkt an der Platia. Unter dem schattigen Blätterdach einer alten Platane gibt es gute griechische Landküche mit Zutaten aus der eigenen Landwirtschaft. Lamm, Moussaka, Stifado, Gigantes aus dem Ofen oder Auberginenkeftedes – täglich wird frisch gekocht, fragen Sie nach der Tagesspezialität. Viele Stammgäste aus Griechenland und der ganzen _Welt schätzen die traditionelle Taverne, die seit Jahrzehnten einen guten Ruf besitzt. Der Wirt Michalis spricht Englisch und hilft auch bei der Zimmersuche. Mit seiner Hilfe kann man Studios und renovierte, traditionelle Einraumhäuser mieten, der Preis richtet sich nach der Mietdauer, 35–60 €. ℘ 6944199991, www.lachaniaplatanostaverna.com.

Restaurant Sole Giaguro, das feine italienische Restaurant an der Hauptgasse zur malerischen Platia ist leicht zu übersehen. Doch wer bei Giovanni Scaraggi einmal zu Gast war, wird sich sein Lokal in einem weiß gestrichenen, traditionellen Dorfhaus merken. Proietti Refrigeri, der einst in Feinschmeckerlokalen wie dem „Noma" in Kopenhagen" oder dem „Nobu" in Athen kochte, zaubert eine exzellente Italienische Cuisine auf den Tisch, die Gäste – darunter sehr viele Griechen – aus allen Ecken der Insel in das familiäre Restaurant lockt. Denn seine italienische Kreativität in Kombination mit den exzellenten Produkten der Insel betört die Gäste kulinarisch. Herzlicher Service durch die griechische Ehefrau und ihr Team. Für ein Abendessen mit Wein sollte man zu zweit mit rund 80 Euro rechnen. Abends ab 18 Uhr. Ganzjährig geöffnet. ℘ 22440/46262.

Die ausgestorbene Insel – Winter auf Rhódos

Eigentlich wäre Rhodos angesichts der vielen Sonnentage und des milden Klimas ein Ganzjahresziel. Doch im Spätherbst wird die Insel quasi zugesperrt. Dann ist das Meer zu kühl zum Baden, die Fenster der Strandbars werden mit Brettern versiegelt, die Preistafeln und Liegestühle winterfest eingelagert. Von November bis März herrscht eine Friedhofsruhe auf der Insel. Den Einheimischen kommt das gar nicht so ungelegen. Sie können nach den entbehrungsreichen Sommermonaten endlich durchatmen. Während der Woche widmet man sich den Dingen, die im Sommer vor lauter Arbeit zu kurz gekommen sind, dann ist Zeit für die Olivenernte und für die Familie. In den wenigen Tavernen, die im Winter geöffnet haben, ist man unter sich. Doch auch viele Griechen kehren der Insel den Rücken. Die meisten zieht es nach Athen. Denn dort gibt es auch im Winter Arbeit und die Millionenmetropole bietet mehr Abwechslung als das fast ausgestorbene Rhodos.

Dabei herrscht auf der Insel eigentlich das ideale Wetter für Menschen, die dem kalten, unwirtlichen Winter in Mitteleuropa entfliehen möchten: Angenehme Temperaturen und kein Schnee, jedenfalls an der Küste. Hitzegefühl kommt zwar nicht mehr auf, aber die Sonne während der Mittagszeit ist stark genug, um eine leichte Bräune aufs Gesicht zu zaubern. Und so nutzen inzwischen immer mehr Individualisten die letzten Charterflüge Ende Oktober, um auf Rhodos ihr Winterquartier zu beziehen. Das Leben auf der Insel ist dann sehr preiswert, Hotels und Häuser sind zu einem Spottpreis zu bekommen, wenn sie überhaupt geöffnet sind. Erst im Frühjahr verwandeln heftige Regenfälle die Straßen für kurze Zeit in unpassierbare Pisten. Dann erwacht die Insel aus ihrem tiefen Winterschlaf, überall setzt hektische Betriebsamkeit ein. Prospekte werden neu geschrieben, Tavernen frisch gestrichen, die Andenkenläden neu bestückt und an den Stränden die Liegestühle aufgestellt. Die Saison und damit das Leben kann endlich beginnen.

Plimíri

Die bei Reisegruppen beliebte Bucht von Plimíri im Süden von Rhodos ist auf einer Asphaltstraße erreichbar. 8 km vor Kattaviá, beim Dorf Chóchlakas, führt von der Ostküstenstraße ein geteerter Weg zu dem Weiler. Nach 2 km erscheint der oftmals verschmutzte Sand-Kies-Strand inmitten einer hügeligen Küstenlandschaft.

Die weite Bucht, die im Süden mit dem *Kap Víglas* abschließt, lohnt sich nicht unbedingt für einen Badeausflug (Dusche/WC vorhanden). Allerdings wird am Sand-Kies-Strand bisweilen mancher Unrat angeschwemmt und eine lange Betonmole stört den Gesamteindruck. Gegenüber der populären Ausflugstaverne, die spielend auch einen ganz Bus voller Gäste versorgen kann, liegen meistens ein paar Fischerboote vor Anker. Auch wenn 2015 hier ein neuer TUI-all-inclusive-Ferienclub eröffnete, wirkt die Bucht von Plimíri nie überlaufen.

Einen Blick wert ist die *Kirche* aus der ersten Hälfte des 19. Jh., die zu einem heute verlassenen Kloster gehörte. Beachten Sie die doppelte Vorhalle mit wieder verwendeten Baumaterialien der frühchristlichen Basilika, die hier im 5. oder 6. Jh. stand. Der Eingang zur Kirche befindet sich neben der Taverne. Nach Plimíri fährt kein Bus direkt. Man bittet den Fahrer, bei der Abzweigung an der Ostküstenstraße zu halten und muss die letzten 2 km zu Fuß gehen.

Zwischen Gennádi und der Plimíri-Bucht stößt man auf weitere menschenleere *Kiesstrände*, die zwar nicht immer sehr einladend, dafür aber so gut wie nie besucht sind. An der südlichen Bucht von Plimíri erstreckt sich der *Maros Kavos Beach*. Der Strand ist schön und noch dazu sehr ruhig, denn es führt nur eine Feldstraße hin.

Essen & Trinken **Mojito-Beach Bar**, an der Hauptstraße nördlich von Plimíri weist ein rosafarbener Traktor auf die interessanteste Strandbar von Rhodos hin. Obwohl der Strand eher kieselig bis steinig ist, wird man durch zahlreiche Hängematten, mit Palmwedeln geschmückte Sonnenschirme und Tische in dekorierten Strohäuschen an die Karibik erinnert. Exzellente Cocktails und preiswerte Snacks und Salate zu chilliger Lounge-Musik und Reggae, sehr zu empfehlen ist der Hauscocktail Mojito. Am Abend lässt sich hier mit einem kühlen Getränk in der Hand ein grandioser Sternenhimmel beobachten.

Kattaviá

In einer baumlosen, steppenartigen Landschaft liegt das südlichste Dorf der Insel. Kattaviá, immer noch auf der Schattenseite des Rhodos-Tourismus, ist ein Dorf zum Faulenzen. Nur wenige Besucher bleiben über Nacht. Für die meisten ist Kattaviá nur ein Zwischenstopp auf dem Weg zum Bade- und Surferparadies Prasonísi.

Rund um die höchst idyllische Platia im Dorfzentrum reihen sich die Stühle der Cafés und Tavernen. Selbst in der

Der Süden

Der Inselsüden ist noch sehr ursprünglich geblieben

Hochsaison herrscht hier keine Hektik. Der Bau einer breiten Straße zum südlichsten Kap der Insel brachte einen gewissen Aufschwung des Fremdenverkehrs. In den letzten Jahren entstanden auch ein paar Häuser mit Zimmervermietung. Doch noch immer dominiert die Landwirtschaft. Bis vor einem Jahrzehnt schien Kattaviá durch den Wegzug vieler Familien zum Sterben verurteilt. Verlassene Häuser sind steinerne Zeugen dieser Landflucht. Doch diese Zeiten scheinen dank des Fremdenverkehrs vorbei zu sein. Einst war Kattaviá eine Art Kornkammer der Insel. In den alten Windmühlen am Dorfrand wurde das Getreide gemahlen. Vor allem die Italiener bemühten sich, die landwirtschaftliche Produktion zu modernisieren. Viele ältere Bewohner Kattaviás sprechen übrigens noch hervorragend Italienisch, das sie während der Besatzung durch die Italiener in der nahe gelegenen Schule von Ágios Pávlos gelernt haben.

Zeugnis davon liefert das ehemalige italienische Mustergut *Ágios Pávlos*. Einst träumten die Italiener davon, die Gegend zu kolonisieren. Noch im Zweiten Weltkrieg gab es einen bescheidenen Flughafen. 2 km östlich (Straße Richtung Lachaniá) liegt die Kirche von Ágios Pávlos mit ihrem weithin sichtbaren Campanile. Viele der Gebäude auf dem Gelände sind inzwischen verfallen. Doch das einstige Mustergut wurde 2017 wieder aufgebaut (auf der rechten Seite der Straße nach Kattaviá).

Die Besitzerfamilie lebt dort auch selbst und plant andere Häuser, wie etwa die ehemalige Schule, ebenfalls wieder in Stand zu setzen. Im Arkadenhof des ehemaligen Musterguts wurde schon ein kleines Café namens Colonia San Marco eingerichtet. Hier gibt es preiswerten Kuchen, Baklava und Kaffee. An den Wänden sind historische Fotos zu sehen. Im angrenzenden, kleinen Shop werden lokale Produkte wie Pasta aus Kattaviá und Wein aus Émbonas verkauft. Ein Zwischenstopp lohnt sich.

Die *Friedhofskirche Mariä Entschlafung* in Kattaviá stammt aus dem 14. Jh. und liegt am südlichen Dorfrand. Sehenswert sind die Fresken aus dem 16.–19. Jh. Im Zentrum des Kirchleins: die Kuppel mit Christus Pantokrator, umgeben von Engeln und Propheten. Den Schlüssel für das Gotteshaus bekommt man vom Wirt der Taverne im Dorfzentrum.

Praktische Infos

Verbindungen Von Kattaviá führt eine gut ausgebaute, wenig befahrene **Straße** die Westküste entlang und weiter Richtung Rhodos-Stadt. Die Straße zieht sich durch eine menschenleere Dünenlandschaft. Das **Inselchen Chtenia** liegt wie ein versteinertes, überdimensionales U-Boot vor der Küste. Unterschätzen Sie die Distanzen nicht: Von Kattaviá bis Apolakkía sind es 16 km (Taxis müssen aus Líndos bestellt werden). Die **Busverbindung** nach Kattaviá ist schlecht. Nur Di und Do fahren um 14.30 Uhr Busse von Rhodos-Stadt in das Bauerndorf, zurück geht es entsprechend Di oder Do um 7.15 Uhr (8,20 €).

Tanken Die Tankstelle befindet sich am östlichen Ortsrand.

Übernachten **Apartments Prasonísi-Club,** beliebte Unterkunft bei Surfern, am nördlichen Dorfrand entstand das zweistöckige, hübsche Haus mit sauberen Zimmern. Es werden Apartments mit großem Balkon und Kochnische angeboten. DZ ca. 45–80 €, Frühstück inkludiert., der Transfer zum Strand nach Prasonísi ist kostenlos. Im Hochsommer ist eine telefonische Reservierung empfehlenswert. WLAN kostenlos. ☎ 22440/91054 oder 6943296697, www.prasonisiclub.gr.

Essen & Trinken *mein Tipp* Eftihia, urige Taverne gegenüber, in einem hübschen Hinterhof. Bei Theodoris und seiner Mama gibt es preiswerte griechische Küche nach alten Familienrezepten. Besonders das Moussaká schmeckt hervorragend, aber auch die Vorspeisen wie Hackfleischbällchen und Pitaroudia sind zu empfehlen. Zum Nachtisch reicht der freundliche Wirt ein Dessert auf Kosten des Hauses. Auch nur für einen Kaffee empfehlenswert. Griechische Gastfreundschaft – hier gibt es sie noch.

Botanisches Inselglück für Orchideen

Im Frühjahr 1988 wurde Adolf Riechelmann für seine Ausdauer auf einer europaweiten Pirsch nach unbekannten Orchideen belohnt. In der Nähe von Kattaviá entdeckte der Realschullehrer aus dem fränkischen Forchheim zusammen mit seinem Begleiter Dr. M. Schöbinger eine zierliche Ophrys-Pflanze (Regenwurz), die sich deutlich von verwandten Arten unterschied. Die beiden kamen bei ihrer Analyse zu der Auffassung, dass ihnen das höchste Orchideen-Jagdglück zuteil geworden sei. Denn die entdeckte Pflanze „ist eine Kreuzung (Hybride) zwischen der großblütigen Unterart der Hummel-Ragwurz und der gehörnten Unterart der Bremsen-Ragwurz", so die Hobby-Forscher. Der Erstfinder hat das Recht, der entdeckten Pflanze einen Namen zu geben. Da Adolf Riechelmann und sein Kollege die Orchidee in der Nähe von Kattaviá gefunden hatte, entschieden sie sich für „Ophrys x-kattaviensis". Das x zwischen den Namensteilen verwenden die Biologen als Kennzeichen für eine Kreuzung. Außerdem wird der Finder benannt, indem sein Name auf den der Pflanze folgt. Also heißt die entdeckte Hybride vollständig: „Ophrys x-kattaviensis A. Riechelmann und M. Schöbinger". Die erste von dem Forscherduo aufgespürte neue Orchidee bei Kattaviá bleibt der Nachwelt erhalten. Die botanische Staatssammlung in München bewahrt sie auf. Weltweit gibt es übrigens bis zu 30.000 Arten, doch in Europa sind es lediglich 280. Die Leidenschaft für die Orchideen hat Riechelmann übrigens von seinem Vater, einem Installateur, geerbt. Sein Biologie- und Chemiestudium schloss er mit einer Arbeit über die Orchideen seiner Heimat, der Fränkischen Schweiz, ab.

Dass ausgerechnet auf Rhodos zahlreiche Orchideenarten zu finden sind, liegt an den günstigen geologischen und botanischen Gegebenheiten der Insel. Vor allem Wald gibt es dank den jahrzehntelangen Aufforstungsbemühungen auf Rhodos mehr als auf den Nachbarinseln. 700 Orchideen-Fundorte sind bekannt, auf einem 2 qkm großen Feld wurden bis zu 32 Arten gefunden. Allerdings ist die „Königin der Blumen" durch das Vordrängen des Tourismus auf Rhodos stark gefährdet. Während im Norden durch den mittlerweile weitgehend zum Stillstand gekommenen Bauboom kaum noch natürliche Vegetation zu finden ist, gibt es im bisher noch recht ursprünglichen Süden und Inselinnern rund um Ágios Thomás, Profiliá oder Istrios zahlreiche Rückzugsmöglichkeiten der Orchideenflora. Beste Zeit, um die Orchideen in ihrer Blühte zu sehen, sind die Monate März bis Mai. Einen hervorragenden Überblick über die Verbreitung der einzelnen Arten gibt das Buch der Orchideenspezialisten Gisela und Horst Kretzschmar sowie Prof. Wolfgang Eccarius „Orchideen auf Rhodos". Es ist als E-Book mit Fundortkoordinaten erhältlich unter www.orchideen-kartierung.de.

Der alte Hof San Marco wurde revitalisiert

Penelope, in der auffällig dekorierten Taverne kochen Stamatis und seine Frau Apostolis einfaches griechisches Essen: reichlich gewürztes Fleisch mit landestypischen Beilagen. Manchmal gibt es frischen Fisch. Die Tatsache, dass Stamatis und seine Frau in fast jedem Reiseführer stehen, ist ihnen vielleicht etwas zu Kopf gestiegen: Der allzu geschäftstüchtige Wirt winkt jeden vorbeikommenden Gast in seine Taverne und bringt gern ungefragt Kuchen als Dessert an den Tisch, um ihn später bezahlen zu lassen. Direkt an der Platia unter einem großen, alten Ficus-Baum. Gerichte ab 8 €, auch zum Frühstücken geeignet. ✆ 6944794342.

mein Tipp **Caffe Colonia San Marco**, das liebevoll eingerichtete Café im ehemaligen italienischen Mustergut *Ágios Pávlos,* 2 km östlich von Kattaviá, ist eine Oase. Hier gibt es leckeren Kuchen, griechische Süßspeisen und feinen Kaffee. Sehr netter Service in dem historischen Gebäude aus der Kolonialzeit.

Prasonísi

Prasonísi heißt so viel wie „grüne Insel". Es ist der südlichste Punkt von Rhodos und der Ort, an dem Mittelmeer und Ägäis aufeinandertreffen. Hier befindet sich einer der schönsten Strände der Insel. Der Blick auf die Bucht ist spektakulär.

In den letzten Jahren hat das früher nur schlecht erreichbare Prasonísi einen unerwarteten Boom erlebt, längst machen Touristenbusse hier Station. Die meist steife Brise, die an der Landenge weht, machte den Ort zu einem der beliebtesten Surfertreffs in der Ostägäis. Seitdem die asphaltierte Straße von Kattaviá (8 km, beschildert) fertiggestellt ist, kann der Besucher ganz bequem zu dem weitläufigen Strand gelangen. Auf dem Weg dorthin passiert man das neue, in einer Talmulde liegende Elektrizitätswerk von Rhodos, das die Insel mit Strom versorgt. .

Das Kap ist fest in der Hand der Surfer. Inzwischen gibt es hier zwei Tavernen, das „Oasis" und das „Lighthouse", ein paar Hotels und Surfschulen. Die

Die Todesfalle

Durch den Isthmus, eine feinsandige Landenge, ist das Kap mit dem Festland verbunden. Im Frühjahr und Herbst, wenn die Wellen besonders hoch schlagen, ist die zungenartige Sandbrücke hinüber zum Kap oft hüfthoch überspült. Dann ist es nicht ungefährlich, die Landzunge zu überqueren. Trotzdem wagen viele den knapp 2 km langen Aufstieg hinüber zum Kap mit seinem alten Leuchtturm. Der steigende Meeresspiegel führt in Verbindung mit starken Nordostwinden zu vermehrter Erosion, die Sandbank wird teilweise weggeschwemmt.

Achtung: Man sollte nur bei maximal knöcheltiefem Wasser über den Isthmus wandern und nie allein gehen. Wenn die Wellen hochschlagen, kann die Überschreitung des Isthmus lebensgefährlich werden! Es kam schon zu tragischen Todesfällen.

Zimmer und Apartments sind jedoch meist den Surfschülern vorbehalten.

Baden

Zum Baden ist Prasonísi nur bedingt geeignet. Auf den ersten Blick sieht die Halbinsel wie ein Traumstrand aus. Der meist böige Wind sorgt dafür, dass die feinen Sandkörner wie kleine Nadeln die Haut bearbeiten. Die meisten Besucher geben nach einer Weile auf. Wenn es freilich windstill sein sollte, sind die Badefreuden ungetrübt. Der Strand wird regelmäßig gesäubert. Dennoch kann es vorkommen, dass durch die starke Strömung Schmutz angeschwemmt wird.

Die starken Nordwestwinde machen Prasonísi zu einem anspruchsvollen **Surfrevier**. Während in der nördlichen Bucht waghalsige Wellenritte möglich sind, kräuselt sich in der südlichen Bucht gegenüber kaum das Wasser. Der Meltémi hat Prasonísi zum Synonym für Surfer auf dem Dodekanes gemacht. In der Regel bläst der Meltémi aus nordwestlicher Richtung. Die sandige Landbrücke zwischen der vorgelagerten Insel und dem Festland wirkt wie ein Staubsauger. Durch die Komprimierung der Luftmassen gibt es hier ein bis zwei Windstärken mehr als sonst auf der Insel. Der Meltémi beginnt in Prasonísi am Morgen relativ sanft und beschleunigt sich Stück für Stück bis zum Nachmittag. Noch einen anderen Vorteil hat die Südspitze für Surfer: Das Meer fällt ganz langsam ab. Es gibt einen rund 20 m breiten Streifen entlang der Sandbank. Hier kann man gefahrlos stehen oder eine Pause einlegen. Doch Achtung: Verlässt man die Brandungszone, gibt es meterhohe Wellen. An den von den Surfern genannten *big days* gibt es Brecher mit einer Höhe von über drei Meter. Dann wird das Mittelmeer für ungeübte Windsurfer lebensgefährlich! Mittlerweile gibt es eine exzellente Infrastruktur für die Freunde dieser nautischen Sportart. Es sind drei Surfschulen vor Ort: das Pro-center, das Prasonisi Center und Wind4fun. Die Surfschule Pro Center von Christof Kirschner vermietet zwischen Mai und Oktober moderne Surfbretter (30 €/Std.) und gibt Kurse. Für eine Privatstunde sollte man mit 75 € rechnen. Es gibt sogar ein leistungsstarkes Motorboot, das bei Problemen schnell für Hilfe sorgt.

▪ Das **Pro Center** ist im Winter unter ☏ 0043/316/318606 und im Sommer in Praso-

Hier weht immer ein starker Wind: Prasonísi

nísi unter ☎ 22440/91045 erreichbar. Siehe auch im Internet: www.prasonisi.com.

Hält man sich am Strand von Prasonísi (Generatorhäuschen) rechts, trifft man nach rund 1 km auf einen kleinen Fischerhafen. Dort liegt das **antike Vroúlia** aus dem 7. Jh. v. Chr., das vermutlich als Militärstützpunkt die Südspitze von Rhodos schützen sollte. Doch viel ist von der Siedlung (mittlerweile umzäunt) nicht mehr übrig. In der Bucht selbst (Tafel „Ancient Settlement") wurden Teile eines *Fußbodenmosaiks* mit geometrischen Mustern in Rot, Weiß und Schwarz freigelegt. Es gehört zu einer vermutlich frühbyzantinischen Kirche. Steigt man auf den gegenüberliegenden Hügel im Westen, trifft man auf die spärlichen Reste des antiken Vroúlia. Ein paar Brocken dokumentieren den Standort der früheren Mauer, die hinauf zum Tempel führte. Mehr als Steinhaufen sind von ihr nicht geblieben. Nur für speziell Interessierte. Wer von den kümmerlichen Überbleibseln der Antike enttäuscht ist, wird mit einem tollen Blick auf Prasonísi entschädigt.

Praktische Infos

Verbindungen   Von Rhodos-Stadt fahren tägl. 2 **Busse** nach Prasonísi: um 9 und 13 Uhr, zurück geht es um 13 und 16 Uhr (10,40 €).

Essen/Übernachten   Die Badegäste werden von zwei konkurrierenden Tavernen versorgt. Originell: In einer der Tavernen gibt es ein selbst gebasteltes Windrad. Hier wird täglich frischer Fisch serviert. Es gibt verschiedene Zimmervermietungen.

Lighthouse, eine der beliebtesten Unterkünfte in Prasonísi ist diese Pension am Strand. Hier fühlen sich vor allem Windsurfer wohl. Es gibt das 1997 errichtete Stammhaus mit einem Sandsteinportal unmittelbar am Sandstrand, dieses wurde nun um ein weiteres Gebäude erweitert. Saubere Zimmer und eine durchaus geschmackvolle Einrichtung. Es lohnt sich die Halbpension in der gleichnamigen Taverne nebenan. Schräg gegenüber gibt es ein neues Studiohotel. Die Apartments sind etwa 20 qm groß und verfügen über Kochnische, Balkon sowie AC. DZ (inkl. Frühstück und Abendessen) 85–95 €, Apartment (ohne Frühstück und Abendessen) 60–80 €. ☎ 22440/91030 oder 91071, www.prasonisilighthouse.com.

Oasis, hier gibt es leckeren Fisch und delikate Vorspeisen. Die Taverne betreibt auch eine Zimmervermietung. Die Zimmer mit schönem Blick sind mit blauen Möbeln eingerichtet, ☎ 22440/91031 www.oasis-prasonisi.com.

Kloster Skiádi

Von der Westküstenstraße mit ihrer dünenartigen Landschaft führt zwischen Kattaviá und Apolakkía (s. u.) eine asphaltierte Straße in die Berge (11 km nördlich von Kattaviá, bestens beschildert). Von fern sieht man das Inselchen *Chtenia*, das wie ein versteinertes Riesen-U-Boot aussieht. Nach 4 km Bergstrecke erreicht man das Kloster Skiádi. Nicht nur die wunderschöne Lage mit toller Aussicht, sondern vor allem die *Ikone der Panagía* sorgen für die große Popularität des entlegenen Klosters. Das Moní entstand in der zweiten Hälfte des 19. Jh., nachdem ein großzügiger Mönch aus Kattaviá die finanziellen Mittel bereitstellte. Die Ursprünge liegen jedoch viel weiter zurück. Bereits im 13. Jh. stand hier eine Kreuzkuppelkirche, die in den neuen Bau als Altarraum integriert wurde.

Noch immer sind die Verwüstungen durch Brände in der Umgebung sichtbar. Das Kloster wurde jedoch renoviert und hat sich zu einem wahren Schmuckstück entwickelt. Für Besucher gilt es, entsprechende Kleidung zu tragen (keine Shorts). Am Eingang steht ein Korb mit Tüchern bereit. Im angrenzenden Museumsshop gibt es Ikonen, Kreuze und Bücher zu kaufen. Am 8. September findet hier das traditionelle Kirchweihfest *(Panagirí)* zu Ehren der Mutter Gottes statt. Dann

Idyllisches Ausflugsziel:
Kloster Skiádi

Der Süden

Die verschwundene Muttergottes-Ikone

Vor vielen Jahrhunderten lebten drei Eremiten in den Bergen der rhodischen Westküste. Nacheinander sahen sie nachts mehrmals am Strand ein wunderbares Licht, was sie zum Nachsehen bewog. Dort entdeckten sie die Ikone der Muttergottes mit dem Kind. Die Einsiedler glaubten fest, dass sie vom Evangelisten Lukas höchstpersönlich gemalt worden wäre. Allerdings währte die Freude über den in einer Höhle aufbewahrten Fund nicht lange, denn am nächsten Tag war das Bild verschwunden. Die Suche führte sie in die Ruinen eines verfallenen Tempels, wo sie die Ikone wieder fanden. Aus Dankbarkeit errichteten sie an dieser Stelle das Kloster Skiádi.

wird bereits am Abend zuvor bei traditioneller Musik und Tanz bis spät in die Nacht gefeiert. Besucher sind herzlich willkommen.

Anfahrt Von der Küstenstraße von Apolakkía nach Kattaviá auf die Asphaltstraße in Richtung Skiádi abbiegen, bis zum Kloster sind es 3 km. Auch der Weg über Mesangrós (8 km) ist gut asphaltiert.

Übernachten Wer einen eigenen Schlafsack mitbringt, kann im Kloster übernachten. Vor allem die Sonnenuntergänge lassen den mangelnden Komfort des Klosters schnell vergessen. Am Eingang gibt es Trinkwasser. Es sind mittlerweile auch Toiletten vorhanden. In der Regel herrscht von 13 bis 16.30 Uhr Mittagsruhe. Ein Besuch ist dann nicht möglich.

Mesanagrós

Weiß leuchtet das gerade mal 65 Einwohner große, verwinkelte Dörflein auf einer Bergnase inmitten der gottverlassenen, terrassenförmigen Hügellandschaft hervor.

Die Jungen sind längst nach Rhodos-Stadt und an die Küste gezogen, nur die Alten sind geblieben. Sie versammeln sich jeden Abend vor dem Kafenion „Mike". Der freundliche Wirt (mittlerweile Tsambikos, der Cousin von Mike) hat viel über die Region zu erzählen. Außerdem verwahrt er die Schlüssel für die Attraktion des idyllischen Weilers: die *Kirche Mariä Entschlafung (Kímis tis Theotókou)*. Sie wurde auf den Ruinen einer frühchristlichen Kirche aus dem 5. Jh. und eines zweiten Baus aus dem 7. Jh. errichtet. In die heutige Kirche sind noch einige Teile aus dem 13. Jh. integriert, beispielsweise eine verzierte Säule über der Eingangstür und ein marmornes Taufbecken im Innern. An der prächtigen, holzgeschnitzten Altarwand befindet sich eine Darstellung der Zwölf Apostel. Die Fresken aus dem 14. Jh. sind leider stark verwittert. Vor allem im Sommer zieht das Gotteshaus Kunstinteressierte an. Die Kirche ist tagsüber geöffnet, über eine kleine Spende in den Klingelbeutel ist man sehr dankbar. Mesangrós ist eines der ursprünglichsten und abgeschiedensten Dörfer auf Rhodos. Es liegt in den südlichen Bergen am Koukouliari. Wer Ruhe und Frieden sucht, wird den Aufenthalt bei den freundlichen Einheimischen genießen.

Essen Im **Kafenion** gibt es einfache, aber leckere Landküche: Souvláki, Gyros, Omelett oder Salat. Auch nur für einen Kaffee-Stopp lohnenswert. Man kann stundenlang sitzen und die Atmosphäre genießen. ☎ 22440/62325.

Apolakkía

Auf den ersten Blick wirkt das kleine Dorf, 4 km von der Westküste am Rand des Kurkurtachi-Tales gelegen, nicht besonders reizvoll. Fremde verschlägt es meist nur für wenige Stunden bei einer Rundfahrt um die Insel hierher. Dabei lohnt sich ein Aufenthalt in dem 400-Einwohner-Weiler inmitten einer hügeligen Küstenlandschaft durchaus.

Vor allem Individualisten, die Ruhe suchen, werden sich bei genauerem Hinsehen dem Charme des Ortes nicht entziehen können. Denn Apolakkía – Hauptanbaugebiet für Melonen auf Rhodos – ist ein idealer Ausgangsort für einsame Wanderungen ins Inselinnere. Bis zu den Sandstränden der Westküste sind es von Apolakkía ca. 4 km, allerdings sind diese wegen Windverhältnissen und Verunreinigung nicht besonders populär.

Rund um Apolakkía gibt einiges zu entdecken, z. B. das nördlich gelegene Kirchlein *Ágios Geórgios o Wardas* (laut

Inschrift 1289/90 erbaut), dessen Fresken zu den ältesten auf der Insel gehören. Ein Spaziergang hierher gestaltet sich sehr reizvoll, zumal das Ziel ein äußerst beschauliches Plätzchen ist, das zum Picknicken einlädt. In der Nähe der Kapelle befindet sich ein schöner Stausee, der zur Bewässerung der landwirtschaftlichen Flächen dient. Apolakkía ist trotz der großen Entfernung zu den rhodischen Touristenzentren längst kein weltabgeschiedener Ort mehr. Während der Saison herrscht viel Verkehr. Vor allem Busse machen hier auf ihrer Inselrundfahrt gerne Halt. Dennoch bestimmt noch immer die Landwirtschaft den Rhythmus der Einwohner. Neben Melonen werden in Apolakkía auch viele Tomaten angebaut.

Baden

Entlang der Straße nach Kattaviá gibt es viele wunderschöne, einsame *Kiesstrände* mit ausgedehnten Dünen. Das Wasser färbt sich in allen möglichen Türkis- und Blautönen. In der Ferne schimmern bizarr geformte Inselchen. Die Idylle täuscht: Bei starkem Wind sind die Strände wegen teilweise hoher Wellen gefährlich. Je nach Windrichtung wird auch Müll angeschwemmt, außerdem führt die Straße leider stets in unmittelbarer Nähe vorbei.

Zahlreiche weitere Bademöglichkeiten gibt es auch an der Küste nach Monolithos, diese sind leider ebenfalls oft verschmutzt – dafür ist man hier fernab der Touristenströme.

Anfahrt Die Straße von Monólithos nach Apolakkía ist geteert. Das Gleiche gilt für die Verbindung von Apolakkía über Kattaviá (17 km) zur Ostküste nach Gennádi und über Vati nach Gennádi. Jeden Mo, Mi und Fr verkehrt ein **Bus** zwischen Rhodos-Stadt, Vathi, Profiliá, Istrios, Árnitha und Apolakkía. Start in Rhodos ist um 14.20 Uhr, zurück ab Apolakkía um 7.30 Uhr (7,90 €).

Anfahrt Ágios Geórgios o Wardas Von der Platia in Apolakkía zunächst die Straße nach Gennádi nehmen. Kurz vor Ortsende geht es links ab zur Kapelle (Achtung: nur aus Richtung Gennádi beschildert). 2,3 km auf asphaltierter Straße, dann links ab auf eine Schotterpiste, von hier noch ca. 1,5 km, bestens beschildert.

Praktische Infos

Übernachten/Essen **Amalia,** die meisten lernen das Hotel (15 Zimmer) an der Platia als Restaurant kennen. Die freundlichen Besitzer vermieten auch zweckmäßig eingerichtete Zimmer. DZ 25–35 €, Frühstück 8 € pro Pers., geöffnet von Ende März bis 1. Nov. ✆ 22440/61365 oder 61366, weitere Eindrücke auf www.rhodos-travel.com/amalia-hotel.htm.

An der Dorfplatia konkurrieren gleich vier **Tavernen** um Kundschaft. Am empfehlenswertesten erschien uns das kleine **Eckhaus**: sehr gute Souvláki, relativ günstig. Die Speisekarte liegt nur für Touristen bereit, normalerweise wird aufgezählt, was die Küche aktuell zu bieten hat. Die wenigen Tische sind fast immer besetzt, die Taverne ist bei den Bewohnern von Apolakkía sehr beliebt.

Schräg gegenüber bei **Manolis** halten meist die Rundreisebusse, um ein landestypisches Mittagessen einzunehmen. Nach Aussagen einiger unserer Leser leidet darunter der Service.

Chrisama, ca. 2 km südlich von Apolakkía liegt diese Strandtaverne mit schönem Blick auf die vorgelagerten Inselchen. Die Küche bietet nichts Außergewöhnliches, hingegen sind die Sonnenuntergänge, die man hier beobachten kann, unvergesslich. An der Küstenstraße nach Kattaviá, ✆ 6973982156.

Der Süden

Unverbaute Küstenlandschaft

Hinterland

Der einsame Weiler **Árnitha** liegt abseits der gängigen Inselrouten. Bauern und Alte bewohnen das stille, an einem Berghang gelegene Dörflein. Oberhalb des Ortskerns (immer der Durchgangsgasse bergan folgen) liegt die Kirche *Ágios Nikon* mit schönen Wandmalereien aus dem 13. oder 14. Jh. Unterhalb des Dorfes Árnitha befindet sich an der Straße eine schattige Ausflugtaverne unter Bäumen.

▪ Von Apolakkiá die Straße Richtung Gennádi nehmen, nach ca. 2,5 km geht es rechts ab nach Árnitha.

Das Ruinenfeld **Agía Irini** liegt wenige Kilometer von Árnitha entfernt. Interessierte können hier die Reste einer frühchristlichen Kirche aus dem 6. Jh. entdecken (ehemaliger Bischofssitz). Um die Ruinen aufzuspüren, bedarf es allerdings fast schon detektivischen Geschicks.

▪ Von der Straße von Apolakkiá nach Gennádi biegt man kurz nach der Abzweigung nach Árnitha links ab nach Istrios (hinter der Brücke, nur aus Richtung Gennádi kommend beschildert). Nach 1 km sieht man auf der rechten Seite ein Schild mit der Aufschrift *Ágios Ioánnis.* Ab hier 200 m weiter auf der Straße Richtung Istrios, wenn man genau hinsieht, erscheinen auf der linken Seite auf einer Anhöhe die eingezäunten Ruinen inmitten von Olivenbäumen und Getreidefeldern. Die Straße führt weiter ins 4 km entfernte Dorf Istrios.

Wer ein ursprüngliches rhodisches Dorf kennenlernen möchte, für den ist ein Besuch in **Istrios** empfehlenswert. Hier tragen die Frauen noch ihre traditionelle Kopfbedeckung und der Pope gilt als eine Autorität. Lohnenswert ist ein Spaziergang zum Friedhof am westlichen Ortsrand. Dort steht eine etwa 800 Jahre alte *Kapelle.* Die wenigen noch vorhandenen Fresken sind allerdings dermaßen verwittert, dass sie kaum erkennbar sind. Am 15. August wird hier mit einem großen Kirchweihfest *(Panagiri)* Mariä Himmelfahrt gefeiert.

Beeindruckend ist die Lage von **Profiliá** (2 km östlich von Istrios): Terrassenförmig steigen die kubischen Häuser an. Von hier bietet sich ein herrlicher Blick über das Inselinnere, dabei fallen auch die vielen verkohlten Baumstämme auf. Rund um das kleine Dorf wüteten im Jahr 2013 fünf Tage lang schwere Waldbrände. Außerdem lohnt sich ein Besuch der vermutlich im 15. Jh. errichteten *Ágios-Geórgios-Kirche.* Das unscheinbare Gotteshaus, erbaut mit grauen Natursteinen, liegt im Ortszentrum (am Weg nach Gennádi), oberhalb der Durchgangsstraße. Die stark verwitterten Wandmalereien stammen aus dem 16./17. Jh. Ende August findet hier das traditionelle Kirchweih statt.

Die einzige Infrastruktur des Dorfes ist die Taverne neben der Kirche, dabei sorgen der Wirt Savvas und seine Frau nicht nur für frische Lebensmittel. Als sich die Regierung von Rhodos vor Jahren weigerte, das kleine Dörfchen an das schnelle Internet anzuschließen, errichteten die beiden Wirtsleute kurzerhand eine eigene Satellitenschüssel am Hang gegenüber des Dorfes und versorgen seitdem die rund 50 Bewohner von Istrios mit der Internettechnik.

◆ **Essen & Trinken** Neben der Ágios-Geórgios-Kirche befindet sich unter einem riesigen Johannisbrotbaum die **Taverne O Listis** („der Räuber"). Der Wirt Savvas und seine Frau Konstantina genießen inselweit einen exzellenten Ruf für ihre frisch zubereitete Landküche. Zu den Spezialitäten zählt neben den Grillgerichten auch der Auberginensalat mit Feta, der erst gegrillt und dann in der ausgehöhlten Frucht serviert wird. Probieren Sie auch mal *Pligouri,* Schweinshaxe gefüllt mit Äpfeln, Honig und Senf. Jeden Tag wird etwas Besonderes gekocht, das nicht auf der Karte steht – fragen Sie einfach in der Küche nach. Sonntags gibt es Lamm vom Spieß. Sämtliches Fleisch und Gemüse liefern Bauern aus den umliegenden Dörfern. Ab 9 Uhr geöffnet, am Abend treffen sich hier die Dorfbewohner zum Tavli spielen. ✆ 22440/61578.

Nikos, der Schnapsbrenner von Istrios

„Der bekannteste Grieche von halb Europa" nennt er sich gern selbst. Nikos, der unter anderem auch in Köln und Frankfurt lebte, hat auch wirklich allen Grund dazu, denn ein riesiger Koffer voller Fotos und Dankesschreiben steht in seiner Lagerhalle. Dort brennt er jedes Jahr im Herbst traditionell den bekannten *Souma*, einen Traubenschnaps, der hier besonders mild schmeckt. Früher besaß er zusammen mit seiner Frau über 17 Jahre lang ein Café in Faliráki und fuhr Touristen als Taxifahrer über die Insel. Doch in den Zeiten der All-inclusive-Hotels hat er sich in sein Heimatdorf Istrios zurückgezogen. Mit Beginn der Weinernte wird hier von Mitte September bis Ende Oktober gebrannt. Dann bringen Bauern ihre Ernte zu Nikos. In dieser wichtigen Zeit beginnt sein Arbeitstag meist morgens um 6 Uhr und endet spät in der Nacht. Die Maische wird in großen, offenen Fässern angesetzt und verbreitet einen süßen Duft, der an Rosinen erinnert. Nach zwei Wochen Gärungszeit ist sie bereit für den Brennofen. 200 Liter Maische ergeben ungefähr 18 Liter *Souma*. Das Brennen erfordert Konzentration und ständiges Beobachten. Doch zwischen Justieren und Messen bleibt noch viel Zeit, denn es kommt nicht selten vor, dass der drei Stunden dauernde Brennvorgang mit einer *Parea* überbrückt wird. Dabei sitzt man zusammen, es wird gegessen und über das Leben philosophiert. Der fertige Brand kann dann gleich mit nach Hause genommen werden. Besucher sind herzlich willkommen und eingeladen, beim Brennen zuzuschauen. Nikos und seine Frau verkaufen auch Olivenöl von den eigenen Bäumen. Am Ortseingang aus Richtung Apolakkía beim ersten Abzweig nach rechts den Berg hinauffahren, die Lagerhalle wirkt auf den ersten Blick recht unscheinbar. In der Nebensaison ist es ratsam, den Besuch bei Nikos telefonisch anzukündigen (℡ 6937515400).

Corinna Brauer

Nikos brennt im Herbst den bekannten Souma, einen Traubenschnaps

Die Westküste

Der zur Ägäis gewandte Teil der Insel bietet landschaftliche Vielfalt: schroffe Berghänge, kilometerlange Sandstrände und geschichtsträchtige Stätten, wie die antike Stadt Kamirós. Je südlicher man fährt, desto ursprünglicher und wilder wird es.

Wenn der Wind am Nachmittag aufbraust, kann es selbst im Sommer an der Westküste kühl werden. Die Westküste ist die eher schroffe Seite der Insel. Hier fühlen sich Surfer wohler als Badegäste.

Wer aus Rhódos-Stadt kommend an der Westküste entlangfährt, ist erst einmal enttäuscht. Denn Orte wie Ixia, Triánda (Ialyssós), Kremastí und Paradísi sind mit ihren vielen Hotels, Tavernen und Touristenshops nicht gerade einladend. Bis zum Flughafen geht ein Ort in den anderen über. Und es herrscht im Sommer ein höllischer Verkehr. Doch der erste Blick täuscht, denn gerade Ixia und Ialyssós verfügen über exzellente Hotelanlagen. Zudem sind Orte wie Ialyssós und Triánda bei Surfern beliebt. Weiter im Süden kann man Naturwunder und geschichtsträchtige Stätten besichtigen. Am südlichen Ende der Westküste wird es einsamer. Große Ansiedlungen gibt es hier keine. Nahe den verschlafenen, kleinen Dörfern Monólithos und Kritina stehen eindrucksvolle Burgen in exponierter Lage. Auch sie sind einen Ausflug wert.

Was anschauen?

Antikes Kamirós: Archäologen gruben hier eine komplette antike Stadt aus. Man kann die Grundrisse der Gebäude und Stadtviertel noch gut erkennen. Ganz oben lag einst der Tempel der Pallas Athene, von hier hat man heute einen schönen Blick auf die Ägäis. → **S. 140**

Filérimos: Auf dem Plateau findet man die Überreste eines Tempels des Zeus und der Athene. Doch Filérimos ist heute vor allem wegen seiner Landschaft und der Aussicht ein beliebtes Ziel. → **S. 130**

Monólithos: Die alte Ruine im Süden der Westküste ist beeindruckend. Auf einem Felsvorsprung hoch über dem Meer errichteten die Johanniter im 15. Jh. diese mächtige Wehranlage. Inmitten der hohen Mauern steht eine schlichte, weiß gekalkte Kapelle. → **S. 147**

Wo baden?

Die Strände an der Westküste sind nicht so schön wie die an der Ostküste von Rhódos. Dafür geht es hier deutlich ruhiger zu. Entlang der Küstenstraße passiert man immer wieder einladende Badestellen.

Kap Foúrni: Am Kap findet man mehrere kleine Badebuchten mit traumhaften, fast menschenleeren Kiesstränden. In der Nähe kann man eine ehemalige Höhlenkirche besichtigen. Schon die Fahrt dorthin ist ein Erlebnis. → S. 149

Rund um Kamirós Skala: Nach der Besichtigung der antiken Stadt Kamirós bieten sich die kleinen Sand-Kies-Strände in der Umgebung für einen Badestopp an. Hier geht es gemächlich zu, die Schirme sind zumeist gratis und man kann in Ruhe den Blick aufs Meer genießen. Wind, Wellen und der Verkehr im Hintergrund beeinträchtigen nur manchmal das Badevergnügen. Besonders schön ist die Kopria-Bucht. Wer einen noch idyllischeren Strand sucht, kann von hier die Fähre nach Chálki nehmen. → S. 145

Was unternehmen?

Schmetterlinge bewundern: Wer glaubt, Naturwunder gäbe es nicht mehr, sollte das Tal der Schmetterlinge *(Petaloúdes)* besuchen. In einer üppig bewachsenen Schlucht flattern hier allsommerlich Tausende von Schmetterlingen, die vom Harz der Bäume angezogen werden. Man kann das Tal durchwandern: Vom unteren Eingang führt ein schöner Weg bis nach oben. In weiteren 15 Minuten erreicht man von dort das Kloster Kalopetra. → S. 135

Einen Strauß streicheln: Auf der Straußenfarm nahe dem Schmetterlingstal leben auch Kängurus, Wildschweine und Kamele. Die Betreiber des kleinen Zoos haben sich zum Ziel gesetzt, Mensch und Tier einander näher zu bringen: Füttern erlaubt und in speziellen Interaktionszonen auch das Streicheln. → S. 137

Auf Knochensuche gehen: Unterhalb der spektakulären Burgruine Monólithos liegt das Kap Fourni. Die Höhlenkirche wurde einst für religiöse Zwecke genutzt und lohnt den kleinen Umweg. → S. 149

Die Welle reiten: Fast kontinuierlich weht der Wind parallel zur Küste, am Nachmittag wird er meistens stärker. Sowohl Anfänger als auch Könner finden ideale Voraussetzungen für den Surfsport. In Orten wie Ialyssós und Triánda findet man hierfür zahlreiche Angebote.

Die Italiener bauten Filérimos wieder auf

Filérimos

Durch einen Pinienwald windet sich die Straße von Triánda in vielen Serpentinen den Berg (267 m) hinauf zur antiken Akropolis von Ialyssós (im Mittelalter in das heute gebräuchliche Filérimos umbenannt), einer der drei Stadtstaaten von Rhodos. Heute steht hier ein überdimensionales Betonkreuz.

Auf dem Plateau, das man in zehn Autominuten vom Küstenort Triánda erreicht, ist von der Antike nicht viel übrig geblieben. Eine Treppe, links und rechts von hohen Zypressen flankiert, führt zu dem parkähnlichen Gelände auf dem seit rund 2500 Jahren besiedelten Bergrücken, der auch ein Bergkloster beherbergt. Aus ältester Zeit sind lediglich spärliche Reste eines *Tempels des Zeus* und der *Athene* sowie ein *dorisches Brunnenhaus* (nicht zu besichtigen) erhalten. Komplett, aber nicht unbedingt geschichtsgetreu, wurde die *Muttergotteskirche* aus dem 14. Jh. wie-

der aufgebaut. Für die letzte Zerstörung sorgten 1943 deutsche Soldaten. Hinter dem Gotteshaus führt eine Pinienallee zu einer halb verfallenen *byzantinischen Festung*, von der man eine gute Sicht auf den Nordteil von Rhodos hat.

Filérimos ist eines der beliebtesten Ausflugsziele der Insel. Kein Wunder, dass deshalb die paar Stühle des Cafés unter der mächtigen Eiche am Eingang ständig besetzt sind. Das schmale, 600 m lange, in Ost-West-Richtung verlaufende Plateau ist allerdings weniger wegen seiner kunsthistorischen Schätze, sondern ganz einfach wegen seiner Landschaft einen Ausflug wert. In der ersten Hälfte des 20. Jh. lebten in Filérimos italienische Franziskaner. Heute lassen sich an Wochenenden gerne griechische Brautpaare auf dem Berg trauen.

▪ Geöffnet ist die Ausgrabungsstätte tägl. 8–20 Uhr (zwischen Nov. und April 8–15 Uhr), Eintritt 6 €, Kinder und Studenten mit ISIC frei, andere

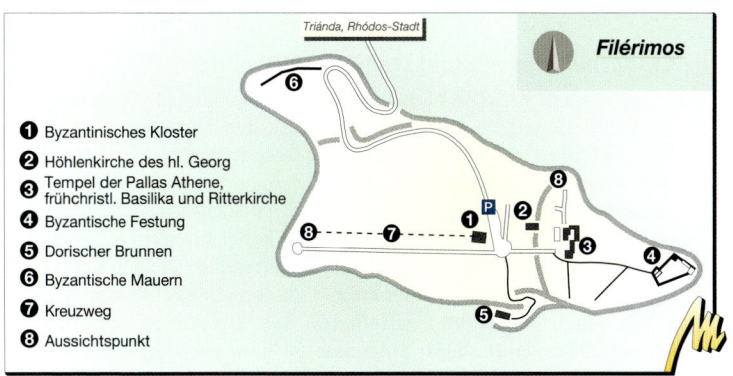

Filérimos

❶ Byzantinisches Kloster
❷ Höhlenkirche des hl. Georg
❸ Tempel der Pallas Athene, frühchristl. Basilika und Ritterkirche
❹ Byzantische Festung
❺ Dorischer Brunnen
❻ Byzantine Mauern
❼ Kreuzweg
❽ Aussichtspunkt

Studenten 3 €. Unter einer Eiche am Eingang befindet sich ein Kafenion mit Souvenirverkauf, daneben die Toiletten. ✆ 22410-92202.

Anfahrt/Verbindung   In Triánda (8 km von Rhodos-Stadt) geht es links ab (beschildert), dann noch 5 km den Berg hinauf. 100 m vom Eingang der Ausgrabungsstätte liegt die **Bushaltestelle**. Der Bus ab Rhodos-Stadt fährt tägl. um 10.10 Uhr, zurück geht es um 13.15 Uhr (4,30 €). Oft stehen auch **Taxis** bereit.

Geschichte

Filérimos dokumentiert wie kaum ein anderer Ort auf Rhodos die Siedlungsgeschichte der Dodekanes-Insel. Wahrscheinlich hat es bereits in mykenischer Zeit eine Siedlung oder vielleicht auch eine Festung auf dem Filérimos gegeben. Nach 1200 v. Chr. erreichte die dorische Einwanderungswelle die Insel. Zum ersten Mal taucht in dieser Zeit der Name Ialyssós auf. Zum Herrschaftsbereich gehörten damals der gesamte Norden von Rhodos, die Westküste bis zum heutigen Soroní und die Ostküste bis über Archángelos hinaus. Nach der Gründung der Inselhauptstadt wurde Ialyssós offensichtlich verlassen. Strabon berichtet, dass einige Bewohner nur aus strategischen Gründen zurückgeblieben sind, alle anderen gingen in die neue Hauptstadt Rhodos.

Einst verherrlichte der Dichter Pindar (522–446 v. Chr.) in einer erstmals in Ialyssós vorgetragenen Ode die Entstehung der Insel Rhodos. Sie war ein Geschenk von Zeus an den Sonnengott Helios – so die Legende. Der Sage nach besiedelten die Urenkel die Insel und gründeten die drei Städte Ialyssós, Kamirós und Líndos.

Der heutige Name „Filérimos" für das antike Ialyssós heißt übersetzt so viel wie „Freund der Einsamkeit". Der originale Name stammt von einem Einsiedler aus byzantinischer Zeit, der hier einst ein Kloster gegründet hatte. Wegen seiner strategischen Lage war Filérimos beliebtes Angriffsziel bei Inseleroberungen. 1248 okkupierten die Genuesen den Berg. Kaum mehr als ein halbes Jahrhundert später, im Jahre 1306, nahmen die „Ritter des Heiligen Johannes von Jerusalem" die Festung ein, ehe sie – erst drei Jahre später – die Stadt Rhodos eroberten. 1522 schlug Suleiman bei seinem Eroberungszug sein Hauptquartier auf dem Filérimos auf. Der Berg spielte immer wieder bei Kriegen eine wichtige strategische Rolle. Zuletzt am Ende des Zweiten Weltkriegs: im Herbst 1943 kämpften hier Hitler-Truppen gegen italienische Soldaten.

Die Westküste

Granathülsenernte und Stahlhelmpyramiden

Filérimos war beileibe nicht immer ein Synonym für Harmonie und Stille. *Lawrence Durrell* (1912–1990), der Rhodos 1945 zum ersten Mal besuchte und später dort Presseattaché im auswärtigen Dienst wurde, beschreibt Filérimos in seinem interessanten Buch *Leuchtende Orangen* (Rowohlt-Verlag) folgendermaßen: „Das Kloster ist völlig zerbombt worden und das Bild der Jungfrau, dem zur Zeit der Kreuzfahrt so viel Verehrung gegolten hat, ist schon lange vorher verschwunden. Wieder einmal gingen wir stattdessen zwischen zerstörten Granatenwerfern und einer metallenen Ernte von Granathülsen dahin, denn Phileremo ist kurz nach dem Fall Italiens ein Ort grausamer Kämpfe zwischen italienischen und deutschen Truppen gewesen. Die Italiener konnten, obwohl sie in sechsfacher Übermacht waren und die Höhe besetzt hielten, den Angriffen der Stukas nicht länger als eine Woche standhalten. Sie hinterließen Haufen von scharfer Munition und eine kleine Pyramide von Stahlhelmen. Das kleine Kloster ist eine Ruine. Im Garten liegen einige byzantinische und hellenische Gesteinstrümmer verloren herum. Aber der Ausblick vom schmalen, baumbestandenen, schattigen Mönchsweg, den man von einem Rande zum anderen die ganze Höhe entlanggeführt hat, ist unvergleichlich. Von hier aus blickt man landeinwärts bis zum geplünderten Flughafen von Marizza hinab, der nun mit verlassenen Flugzeugen getupft ist; manchen fehlen die Tragflächen; sie liegen über das Feld verstreut wie verkohlte Motten unter einer Lampe."

Rundgang

Vom Eingang führt eine schnurgerade Allee mit einem römisch-katholischen **Kreuzweg 7** zum südlichen **Aussichtspunkt 8** mit einem gewaltigen **Kreuz**. Rechts vom Treppenaufgang wurde eine Kapelle errichtet, die das ganze Jahr offen ist. Das zwischen 1992 und 1996 errichtete Betonkreuz lässt sich von innen besteigen. Das ist jedoch nichts für Besucher mit Platzangst. Von hier bietet sich ein malerischer Ausblick über die Landschaft und zum alten und neuen Flughafen der Insel, bis hinüber zur gebirgigen Küste der Türkei. Auch die Feuerwehr schätzt das Panorama. In den heißen Monaten des Jahres ist hier oben eine Feuerwache eingerichtet.

Byzantinisches Kloster 1: Beim Parkplatz, innerhalb eines umzäunten Areals, liegen die Reste eines byzantinischen Klosters aus dem 10. Jh. Noch gut zu erkennen sind die Grundmauern des einstigen Gotteshauses, einer typisch byzantinischen Kreuzkuppelkirche.

Höhlenkirche des heiligen Georg 2: Rund 500 Jahre alt sind die Fresken der in den Hang gebauten Höhlenkirche. Sie zeigen vor allem Szenen aus der Leidensgeschichte Christi, aus dem Leben Maria und Josefs sowie anderer biblischer Gestalten. An der Ostwand – unterhalb von Jesus mit seinen Aposteln – ist der heilige Georg verewigt, in der Mitte das achtzackige Johanniterkreuz. Die im 14. und 15. Jh. entstanden Fresken sind jedoch stark verwittert, die Darstellungen fast nur noch für Experten zu identifizieren. Die Kirche liegt links von der Zypressenallee, die vom Kassenhäuschen bergauf führt. Läuft man von der Höhlenkirche noch ein paar Meter weiter, sieht man eine kleine Allee in westlicher Richtung, die zu einem wenig besuchten Aussichtspunkt führt. Der kleine Umweg lohnt sich: Der Blick reicht bis zur Nordspitze der Insel. Zwischen dem Kap von Rhodos-Stadt und der türkischen Küste durchpflügen meist unzählige Fähren die Ägäis.

Tempel der Pallas Athene, frühchristliche Basilika, Ritterkirche 3: Links hinter dem Treppenaufgang – ganz in der Nähe des Glockenturms – finden sich die Grundmauern und Säulentrommeln des Tempels aus dem 3./2. Jh. v. Chr., der vermutlich erst in frühchristlicher Zeit zerstört wurde. Der Bau war mit einer Länge von 23,5 m und einer Breite von 12,5 m eher klein. Vermutlich wurde hier schon seit dem 9. Jh. v. Chr. die Göttin Athene verehrt. Die Steine des Athene-Tempels wurden im 5. oder 6. Jh. n. Chr. für den Bau einer Basilika verwendet. Das am besten erhaltene Relikt ist ein drei Stufen tiefer gelegenes, kreuzförmiges Taufbecken.

Später, zur Zeit der Johanniter, entstanden verschiedene gotische Kapellen (ab Ende des 15. Jh.), die in der Zeit der Türkenherrschaft jedoch verfielen. Zu Beginn des 20. Jh. polierten die Italiener die Ruinen wieder auf. Das Kloster mit seinem Kreuzgang hat eine besondere Atmosphäre, nicht zuletzt wegen der prächtig blühenden Bougainvillea-Sträucher.

Byzantinische Festung 4: Eine Kiefernallee führt zur Festung. Das strategisch günstig gelegene Bergplateau Filérimos war in byzantinischer Zeit von Mauern umgeben. Wichtigstes Relikt aus dieser Zeit sind die Reste der Zitadelle im Osten des Plateaus. Die Türken richteten einst die Wehranlage wieder her und genossen nun ihrerseits den Vorteil der guten Lage. Den endgültigen Verfall der Festung stoppten erst die italienischen Restauratoren. Heute wirkt die Festung stark renovierungsbedürftig. Reste eines alten Wehrturms sind wegen Einsturzgefahr gesperrt.

Dorischer Brunnen 5: Am Südosthang liegt das dorische Brunnenhaus aus Tuffgestein, das seit vielen Jahren leider nicht zu besichtigen ist. Der Weg vom Parkplatz bzw. Ausgrabungsgelände dorthin ist heute verschlossen. Das Brunnenhaus stammt aus dem 4. Jh. v. Chr. In einer Zisterne wurde das Wasser aus den verschiedenen, tief in den Filérimos-Berg getriebenen Kanälen gesammelt. Hier findet sich auch eine Nekropole (Gräberfeld), die von spätmykenischer bis zur klassischen Zeit genutzt wurde.

Mosaik im Kreuzgang

Die Westküste

🚶 **Wanderung 6: Von Filérimos nach Triánda**　→ S. 252
Auf steilen und unebenen Pfaden führt diese Wanderung vorbei an den Ruinen von Filérimos durch dichten Pinienwald.

Theólogos

Das Bauerndorf hat eine lange Vergangenheit. Bereits vor rund 2400 Jahren befanden sich hier ein kleiner Apollon-Tempel und ein Theater.

In das schmucke Bauerndörfchen – auch *Tholós* genannt – zwischen der Küstenstraße und dem Tal der Schmetterlinge finden nur wenige Besucher den Weg, selbst die paar Tavernen an der wenig befahrenen Durchgangsstraße sind selten voll.

Das stille Dorf am Hang spielte jedoch einst eine wichtige Rolle. Angeblich soll in Theólogos der Evangelist Johannes den Bau einer der ersten christlichen Kirchen auf Rhodos initiiert haben. Die spärlichen Reste der antiken Stadt mit Tempel und Theater sind noch heute zu sehen. Wenn man die Straße von der Küste zum Dorf fährt,

erkennt man leicht die *Ausgrabungen*. Am einfachsten sind die Reste eines Tempels aus dem 5. bis 4. Jh. v. Chr. zu finden, der einst dem Apollon Erethímos geweiht war. Dieser war offenbar der Schutzgott der Bauern. Wie der kleine Tempel ausgesehen hat, darüber gibt es nur Vermutungen. Der kleine Pavillon ist längst verlassen.

■ Das Ausgrabungsgelände liegt links und rechts der Straße, die von der Küste nach Theólogos führt. Ca. 400 m von der Abzweigung an der Küste (Wegweiser) liegt auf der rechten Seite die Tempelruine (Schild)

Ob Theólogos als Urlaubsort geeignet ist, muss jeder Besucher selbst entscheiden. Denn nicht nur der Fluglärm durch den nahe gelegenen Flughafen kann störend sein, südlich des Dorfes liegt unübersehbar das Elektrizitäts-

Bienenmuseum in Pastida

Die Imkerei auf Rhodos erfreut sich seit vielen Jahrzehnten großer Beliebtheit. Vor allem in den Berg-Orten wie Sianá, Émbonas oder Monólithos wird ein feiner, würziger Honig hergestellt. Die zahlreichen wilden Kräuter wie Thymian, Oregano und Rosmarin geben dem Honig der Insel seinen unverwechselbaren Geschmack. In der Nähe des von Touristen wenig besuchten Ortes Pastida können Rhodos-Besucher in einem Museum mehr über die komplexe Bienenzucht erfahren und anhand von transparenten Schaubienenkörben einen Einblick in die faszinierende Welt dieser Insekten gewinnen. Das moderne Ausstellungsgebäude mit Abfüllanlage (hier liefern 80 Imker aus allen Teilen der Insel ihren Honig ab) erreicht man, wenn man, auf der Westküstenstraße kommend, am Ortsrand von Kremasti einer Landstraße nach links Richtung Pastida und anschließend den Hinweisschildern „Bee Museum" folgt.

■ Das Museum ist tägl. geöffnet: Mo–Sa 8.30–17, So 9–13 Uhr (Okt.–Mai: Mo–Fr, 8.30–17, Sa bis 13 Uhr) . Eintritt Erw. 3 €, Kinder (ab 13), Studenten und Rentner 1,50 €. Im Laden können die verschiedenen Honigsorten und andere Produkte wie Kosmetik und Süßigkeiten aus Honig gekauft werden. ☎ 22410/48200. Wer es nicht ins Museum schafft, kann sich auf der Webseite www.mel.gr über die Imkerei auf Rhodos informieren, hier gibt es auch einen Online-Shop.

werk der Insel, genannt *Soroní Power Station*. Durch das Verbrennen von Öl entstehen schädliche Emissionen. Je nach Windrichtung sind sie eben auch in Theólogos spürbar.

Baden

Zum Baden findet man 500 m von der Küstenstraße vor allem *Kiesstrände* (Duschen vorhanden), es gibt allerdings bessere Strände auf Rhodos. Bei den wenigen Badegästen, mit denen man den Strand in der Regel teilen muss, handelt es sich meist um Surfer. Ein alter Bunker mit Geschützen aus dem Zweiten Weltkrieg verunziert den Ort.

Praktische Infos

Verbindungen Tägl. (beinahe stündl.) **Busse** von Rhodos-Stadt nach Theólogos (3 €).

Übernachten **Sabina**, 70-Zimmer-Hotel mit Pool, guter Service. April bis Okt. geöffnet. Von der Küstenstraße bei Theólogos beschildert. DZ 40–70 €, ☎ 22410/41702, www.sabinahotel.gr.

Studios Sea View, von Rhodos-Stadt kommend, geht es nahe dem Ortsende (beim Geldautomatenhäuschen) rechts ab. 200 m vom Strand, mit Pool und schönem Garten, ruhig gelegen. Im Erdgeschoss Bar und Restaurant. Mai bis Ende Okt. geöffnet. Das Studio mit Kochgelegenheit, Bad, Balkon oder Terrasse kostet bei Familie Michalakis pro Nacht ca. 30 € (2 Betten) bzw. ca. 40 € (3 Betten). WLAN kostenlos. ☎ 22410/81486, www.seaviewweb.com.

Alex Beach, großer Komplex an der Küstenstraße mit Hotel und Bungalows, nicht zu übersehen. Professionell geführtes Haus, Pool, Garten, Animation, diverse Sportmöglichkeiten. Der Strandabschnitt des Hotels ist einer der besten der Gegend. April–Okt. geöffnet. DZ 50–90 €, EZ 35–65 €. WLAN kostenlos, ☎ 22410/82422, www.alexbeach.gr.

Essen & Trinken **Drosia**, bei Einheimischen fast schon eine Institution. Auf der schattigen Terrasse am Dorfplatz wird köstliche griechische Hausmannskost serviert. Große Portionen, gutes Preis-Leistungs-Verhältnis. Unter der Woche nur am Abend geöffnet, am Wochenende auch schon mittags. ☎ 22410/41684.

Tal der Schmetterlinge (Petaloúdes)

Tausende und Abertausende von Schmetterlingen tummeln sich hier zwischen Juni und September. Das kleine, romantische Tal, 7 km von Flughafen Paradísi entfernt (beschildert), ist in der Ägäis einmalig. Die hier wachsenden Amberbäume enthalten ein besonderes Harz, das die Schmetterlinge anzieht.

In der Saison herrscht im Tal der Schmetterlinge allerdings auch menschlicher Massenandrang, dann kann es an manchen Stellen des schmalen, schattigen Pfads schon mal eng werden. Daher lohnt es sich, früh aufzustehen und das malerische Tal als einer der Ersten zu betreten.

Es gibt drei Eingänge ins Tal der Schmetterlinge. Vom unteren Eingang führt ein etwa 3 km langer Pfad über Stock und Stein, Holztreppen und -brü-

cken bis zum oberen Eingang. Die meisten Schmetterlinge sieht man zwischen dem mittleren und oberen Eingang. Für den Hin- und Rückweg sollte man sich inklusive vieler Pausen, um die Schmetterlinge beobachten zu können, rund 3 Stunden Zeit nehmen, gutes Schuhwerk ist empfehlenswert. Wer nicht den gesamten Weg gehen will, kann sich von der Bimmelbahn mitnehmen lassen, die jede halbe Stunde vom mittleren Eingang nach oben und retour fährt (4,50 € pro Person, Kinder bis sind 12 gratis).

Die Quadriga-Schmetterlinge, wissenschaftlich *Panaxia quadripuncatria*, sind auf den Ästen und Zweigen kaum auszumachen, wenn ihre Flügel gefaltet sind. Wenn sie sich bewegen, blinken sie jedoch in kräftigen Weiß-, Rot-, Braun- und Schwarztönen.

Die Quadriga-Schmetterlinge locken jährlich 200.000 Besucher an

Die Schmetterlinge wandern im Juni und Juli aus verschiedenen Biotopen ins Tal von Petaloúdes, entwickeln sich hier zur Geschlechtsreife, paaren sich, und kehren im September wieder in ihre ursprünglichen Lebensräume zurück. Sie nehmen während ihres Aufenthaltes im Schmetterlingstal bis zu drei Monate lang keine Nahrung auf und sind deshalb sehr empfindlich gegenüber Störungen. Jedes Aufscheuchen kostet sie Kraft. Ein Museum am unteren Eingang informiert über die Schmetterlinge und die Fauna auf Rhodos. Doch nicht nur die Störungen durch die vielen Besucher haben den Schmetterlingen zugesetzt, sondern auch Erosion und die Ziegenweidewirtschaft.

Das wasserreiche, ca. 1,5 km lange Areal mit seinen knorrigen Bäumen ist im höchsten Maß gefährdet. Die „Karriere" von Petaloúdes begann in den 1970er-Jahren. Damals klatschten Führer noch in die Hände oder benutzten Pfeifen, um die Schmetterlinge aufzuschrecken, damit die Besucher sie

fotografieren konnten. 1984 war es so weit, dass die Population vom Aussterben bedroht war. In einem biologischen Forschungsprojekt wurde nachgewiesen, dass Lärm eine der Hauptursachen der Populationsminderung im Schmetterlingstal ist. Daraufhin wurden entsprechende Schutzmaßnahmen eingeleitet, die vor ein einigen Jahren noch verschärft wurden.

Seit 1991 ist das Tal im Besitz der Gemeinde Theólogos, die auch für dessen Schutz sorgt. Mittlerweile wird das Tal lückenlos von Videokameras überwacht. Auch die Öffnungszeiten wurden eingeschränkt, um den Schmetterlingen mehr Ruhe zu gönnen. Ob die getroffenen Maßnahmen ausreichen, muss die Zukunft noch erweisen. Die Anwesenheit von rund 200.000 Besuchern im Jahr ist der größte Feind der Schmetterlinge. Kritiker fordern daher eine weitere Reduzierung der Öffnungszeiten. Um den Schutz des mittlerweile eingezäunten Biotops zu finanzieren, wird ein Eintritt von 5 € verlangt.

Der Eintrittspreis beinhaltet auch den Besuch des **naturgeschichtlichen Museums**. Es zeigt eine Vielzahl verschiedener Schmetterlinge und informiert über das labile Ökosystem Petaloúdes'.

Das kleine **Kloster Kalopetra** befindet sich am oberen Ende des Schmetterlingstals. Dort biegt man nach dem Eingang nach rechts ab und folgt der Straße rund einen Kilometer weiter bergauf bis zum Kloster, das auch mit dem Auto über die Verbindungsstraße nach Psínthos gut erreichbar ist. Unter Akazien und Zypressen kann man sich auf der Klosterterrasse niederlassen. Von hier bietet sich dem Besucher ein schönes Panorama über die Westküste. Auch ein Blick in die Kapelle mit ihrem blauen Sternenhimmel lohnt sich. Das Gotteshaus wurde im 19. Jh. nach einem Erdbeben wieder aufgebaut. Kalopetra heißt so viel wie „guter Felsen". In der Kirche selbst sind zwei alte Ikonen aus dem 19. Jh. zu sehen.

Der Rückweg über die Asphaltstraße bergab ist nicht zu empfehlen, es gibt keinen Schatten und in der Hauptsaison ist die Strecke ziemlich stark befahren. Besser ist es deshalb, den Weg durch das Schmetterlingstal, auf dem man gekommen ist, auch zurück zu nehmen.

■ Mai–Sept 8.30-16.30 Uhr, 10. Juni–10. Sept. bis 18 Uhr. Eintritt 5 €, Kinder unter 10 Jahren frei. In der Nebensaison nur teilweise geöffnet, dann ist der Eintritt frei, doch es gibt auch kaum Schmetterlinge zu sehen. Der Preis schließt auch den Besuch des Museums mit ein. ✆2241 082822

Anfahrt/Verbindungen Von Rhodos-Stadt kommend fährt man kurz nach dem Ort Paradisi links ab (beschildert), von hier sind es noch 7 km. Das Schmetterlingstal ist auch von Psínthos aus erreichbar (7 km, beschildert). Am unteren und am mittleren Eingang sowie zwischen oberem und mittlerem Eingang gibt es Parkplätze.

Busse von Rhodos-Stadt fahren um 9.30 und 11.30 Uhr (5,20 €), zurück geht es um 12.30 und 15 Uhr.

Kloster Kalopetra

Essen & Trinken Am unteren Eingang zum Schmetterlingstal befindet sich eine gemütliche Taverne, beim mittleren Eingang ein Café und ein Imbissstand. Am oberen Eingang gibt es einen Kiosk mit Snacks und Erfrischungsgetränken.

Hinweise zum Schutz des Schmetterlingstales

Die vorgeschriebenen Wege auf keinen Fall verlassen, um Flora und Fauna nicht noch mehr zu stören.

Vermeiden Sie jede Art von Lärm – klatschen Sie auch nicht, um die Schmetterlinge aufzuschrecken.

Fangen oder töten Sie keine Schmetterlinge.

Rauchen Sie wegen der Waldbrandgefahr nicht und werfen Sie keinen Abfall weg.

Straußenfarm

In der Nähe des berühmten Schmetterlingstals findet man eine weitere „tierische" Sehenswürdigkeit für Kinder und Erwachsene: die Straußenfarm „Farma of Rhodes". Hier kann man mit den größten Vögeln der Welt auf Tuchfühlung gehen, denn die Familie Kalafatas, die die Farm seit der Jahrtausendwende

Die Westküste

betreibt, hat sich das Ziel gesetzt, Mensch und Tier einander näherzu-bringen. Angefangen haben Georgia und ihr Mann George vor Jahren mit 15 Straußen, die sie aus Zypern importier-ten. Mittlerweile arbeiten auch ihre drei Söhne auf der Farm, deren Areal sich auf über 32 km² erstreckt und inzwi-schen neben rund 200 Straußen noch andere Tiere wie Kängurus, Hirsche, spuckbereite Lamas, Esel, Kamele,

Wildschweine und viele andere mehr beherbergt. Für die kleinen Besucher gibt es zusätzlich ein Kleintiergehege (Vögel, Kaninchen, Schafe).

In einer speziellen Interaktionszone darf man unter Aufsicht das Straußen-gehege betreten und die für den Um-gang mit Menschen trainierten und daher zutraulichen Tiere füttern, strei-cheln und sich mit ihnen fotografieren lassen.

Wer probieren möchte, wie z. B. Straußenfilet oder ein Omelett aus Straußeneiern schmeckt, kann dies im Restaurant vor Ort tun, und wer sich für ein Mitbringsel rund um den Strauß, aber auch allerlei anderes aus haus-eigener Produktion wie etwa Honig, Olivenöl oder Tee aus dem farmeigenen Kräutergarten interessiert, wird im Ge-schenkeshop auf dem Gelände fündig.

Füttern ausdrücklich erlaubt!

▪ Von Mai bis Okt. tägl. 9–19.30 Uhr (im Winter schließt die Farm 1–2 Std. früher). Eintritt 7 €, Kinder von 3 bis 12 Jahren 4€, unter 3 Jahren frei. Beim Online-Kauf ist das Ticket 20% güns-tiger. www.farma-rhodes.com, ☎22410/81717, rhodesostrich@gmail.com.

Anfahrt/Verbindungen Vom Schmetter-lingstal und von Theologos. (jeweils rund 4 km) sehr gut ausgeschildert.

Essen & Trinken Im Restaurant der Farm werden Gerichte vom Wildschwein und vom Strauß angeboten wie etwa Wildschwein-Bur-ger oder Strauß-Stifado. Dazu gibt es Gemüse, Kräuter und Olivenöl aus eigener Produktion.

Soroní

Ein Datum ist die Ursache für den Bekanntheitsgrad des Dorfes auf der ganzen Insel: der 30. Juni. Denn an diesem Tag feiert man das Fest des Heiligen Ágios Soúlas, der der 4 km vom Dorf gelegenen *Wallfahrtskirche* seinen Namen gab. Höhepunkt der Festlichkeiten ist ein Pferde- und Eselrennen, das schon Lawrence Durrell (1912–1990) begeisterte. Sonntags ist der Hain von Ágios Soúlas

ein beliebter Picknickplatz und die Lichtung beim Kloster mit Fußball-, Tennis- und Kinderspielplatz ein Ort der Entspannung für gestresste In-selbewohner. Auch Urlaubsgäste sind willkommen.

Zwischen Theólogos und Soroní steht unübersehbar das Elektrizitäts-werk der Insel. Durch einen farbigen Anstrich in der Art eines Leuchtturms soll es freundlicher wirken.

Baden

Der Strand von Soroní ist wenig attraktiv. Es gibt kaum Schatten und das E-Werk ist in Sichtweite. Von der Küstenstraße führt eine 1 km lange Allee zu dem relativ breiten Beach (mit Dusche) – eine Mischung aus Sand und Kies. Der Küstenstreifen wird vor allem landwirtschaftlich genutzt. Meistens sind es Griechen, die in Soroní baden gehen.

Praktische Infos

Verbindungen   Tägl. 11 Busverbindungen von und nach Rhodos (3 €).

Essen & Trinken   Taverne Helena, am Strand von Soroní. Typisch griechische Speisen, frischer Fisch und Steaks. Der oft starke Wind stört beim Essen nicht, denn eine Glasscheibe schützt die Taverne. Mittleres Preisniveau, Spielplatz für Kinder vorhanden.

Fánes

Der kleine Weiler südlich von Soroní versucht Besuchern mehr als einen Badeurlaub zu bieten. Der Dorfstrand ist über eine 1,5 km lange Stichstraße leicht von der Küstenstraße aus zu erreichen; es gibt Strandduschen, eine Surfschule (nur im Sommer) und eine kleinen Fischer- und Sporthafen.

Doch das recht unscheinbare Fánes hat sich auch einen Namen als farbenfrohes Ausflugsziel gemacht. denn der Künstler Loukas Nikolitsis ermutigte die Bewohner vor Jahren, ihrem Dorf mit kräftigen Pinselstrichen ein neues Image zu geben. Im Frühjahr 2011 wurden so innerhalb weniger Tage 72 Häuser bunt bemalt. Beim Rundgang durch das Zentrum des beschaulichen Dörfchens strahlen dem Besucher die Häuser in Rot, Blau und Gelb entgegen.

Anfang August findet hier ein traditionelles Kirchweihfest statt. Um viele Besucher anzulocken, hat man außerdem ein Weinfest ins Leben gerufen, das jährlich am ersten Septemberwochenende stattfindet. Besucher sind eingeladen zu Ausstellungen, Tanzaufführungen sowie Verkostungen von Wein und anderen regionalen Spezialitäten.

Praktische Infos

Verbindungen Tägl. 11 **Busverbindungen** von und nach Rhodos (3 €).

Übernachten/Essen   Rooms Michael's Vacancies, von Fánes auf der asphaltierten Straße Richtung Strand, nach 800 m auf der rechten Seite. Das Haus von Michael Komizoglou und seiner Frau Lisa liegt inmitten von Feldern und ist nicht zu übersehen. Mit Bar, schattigem Garten, 400 m vom Strand. Die Pension ist vor allem bei Windsurfern beliebt. Michael verfügt sogar über ein Häuschen am Strand, um Surfbretter aufzubewahren. Die Zimmer werden bevorzugt wöchentlich vermietet, im Preis enthalten sind Frühstück und Abendessen. Eine Abholung vom Flughafen ist gegen einen Aufpreis von ca. 20 € möglich. Von April bis Ende Sept. geöffnet. DZ pro Woche 600 €. ℭ 22410/42329 oder 6938254417, www.kite-rhodos.com.

*mein*Tipp **Delfini Hotel**, originelles und farbenfrohes Hotel am Strand, das der Familie des Künstlers Loukas Nikolitsis gehört. 20 einfach eingerichtete DZ, teilweise in Gartenbungalows, sowie 6 Familienzimmer und 2 Apartments mit kleiner Küchenzeile. DZ ab 40 € pro Nacht. Zum Haus gehört auch eine Strandtaverne, in der gute griechische Hausmannskost serviert wird. Der hauseigene Gemüsegarten ist der liebste Zulieferer von Mama Nikolitsis. Am Abend kann man hier bei gutem Wein und frischem Fisch den Sonnenuntergang betrachten. ℭ 22410/41369, www.delfini-fanes.gr.

Die Westküste

In der Antike war Kamirós eine der drei Hauptstädte auf Rhodos

Kamirós

Die Ausgrabungen von Kamirós zählen zweifellos zu den bedeutendsten auf Rhodos. An einem sanften Berghügel, umgeben von Pinien, stehen die Reste der Stadt, deren Glanzzeit schon 2600 Jahre zurückliegt. Beim Rundgang um das Ausgrabungsgelände kann man außerdem die wunderschöne Aussicht auf die Ägäis genießen.

Noch gut sind die Grundrisse der Gebäude und Stadtviertel zu erkennen, die wahrscheinlich durch ein Erdbeben bereits 142 n. Chr. dem Erdboden gleichgemacht wurden. In den 1930er-Jahren entdeckten italienische Archäologen die kleinste der drei antiken Städte der Insel. Zum Vorschein kam eine hellenistische Stadt, deren Architektur von der römischen Kolonisation nahezu unbeeinflusst blieb. Im Gegensatz zur wichtigen Handelsstadt Líndos hatte Kamirós eher ländlichen Charakter. Haupterzeugnisse waren Öl, Wein und Feigen.

Ähnlich wie in Líndos ist bereits die Topographie von Kamirós ein Erlebnis. Die idyllische Lage am Hang mit Blick auf die Ägäis macht zweifellos den ganz besonderen Charme der antiken Stadt aus.

Kamirós gliedert sich in drei Ebenen. Die erste erreicht man unmittelbar am Ortseingang. Hier befinden sich die öffentlichen Gebäude. Die zweite ist der eigentliche Siedlungsbereich, der sich halbkreisförmig an den Hang anschließt. Die dritte Ebene ist das kleine Gipfelplateau, die Akropolis von Kamirós. Auf diesem Plateau stand auch eine 200 m lange Halle mit dorischen Säulen. Dahinter sind noch heute Reste des *Tempels der Pallas Athene* zu erkennen.

Die hellenistische Stadt war hervorragend organisiert. Wer den zum Meer abfallenden Hang hinaufspaziert, hat nicht nur einen fantastischen Ausblick, sondern erkennt noch die Reste einer ausgeklügelten Wasserversorgung sowie eine große *Zisterne* (600 Kubikmeter!), die den Trinkwasservorrat für die 300 bis 400 ehemals in Kamirós lebenden Familien sicherte.

Geschichte

Kamirós, die kleinste der drei antiken Städte auf Rhodos, war einst Verwaltungszentrum des südwestlichen Teils der wohlhabenden Insel. Die Wirtschaft war – ganz im Gegensatz zu Líndos – vor allem durch Landwirtschaft und Handwerk geprägt. Während die Mythologie Kamirós mit den Minoern aus Kreta (→ Kasten unten) in Verbindung bringt, ist historisch sicher belegt, dass sich spätestens im 14. Jh. v. Chr. die Mykener in der Gegend von Kamirós ansiedelten. Diese Tatsache wird dokumentiert durch die Entdeckung ihrer Grabstätten. Damals erlebte Kamirós seine erste Blütezeit, die sich nach der dorischen Einwanderung fortsetzte.

Den Höhepunkt seiner Entwicklung erreichte Kamirós vermutlich im 6. Jh. v. Chr., als es noch vor den beiden anderen rhodischen Städten eigene Münzen prägte. Bevor sich die drei alten Städte von Rhodos im Jahre 408 v. Chr. zusammenschlossen, umfasste das Staatsgebiet einen 30 km langen und 10 km breiten Inselstreifen. Doch durch die Gründung der neuen Hauptstadt Rhodos wurde die Stadt politisch bedeutungslos. In archaischer Zeit war Kamirós zweifellos ein durchaus wohlhabender Ort. Das beweisen die schönen, aufwendig gearbeiteten Vasen, die man in den Gräbern fand. Heute sind sie im Archäologischen Museum von Rhodos zu besichtigen. Weitere Fundstücke dokumentieren, dass Kamirós noch bis zum 4. Jh. n. Chr. besiedelt war. Danach wurde die Siedlung endgültig aufgegeben. Warum, ist bis heute unklar. Vielleicht vertrieben die in dieser Zeit häufigen Piratenüberfälle die letzten Einwohner.

Kretischer Vatermörder in Kamirós

Ein schweres Schicksal erwartete Althaimenes, den Sohn des Königs Katreus von Kreta und Enkel des Minos. Denn das Orakel sagte ihm voraus, dass er eines Tages seinen Vater ermorden werde. Um seinem grausamen Schicksal zu entgehen, emigrierte der Sohn nach Rhodos und ließ sich mit seinen Gefährten in der Gegend von Kamirós nieder. In dieser Zeit soll er das Zeus-Heiligtum auf dem Attáviros, von dem aus man an klaren Tagen Kreta in der Ferne sieht, errichtet haben. Das Schicksal lässt sich jedoch nicht so einfach überlisten: Weil dem Vater die Entscheidung des Sohnes keine Ruhe ließ, kam Katreus nach Rhodos, um Althaimenes heimzuholen und ihm sein Königreich zu vermachen. Es war Nacht, als der kretische König am Strand von Kamirós landete. Althaimenes und seine Gefährten hielten ihn und seine Gefolgschaft für Piraten und töteten sie. So erfüllte sich der Spruch des Orakels doch. Als Althaimenes klar wurde, was er angerichtet hatte, bat er Zeus in seinem unendlichen Schmerz, dass ihn die Erde verschlingen möge, was auch geschah.

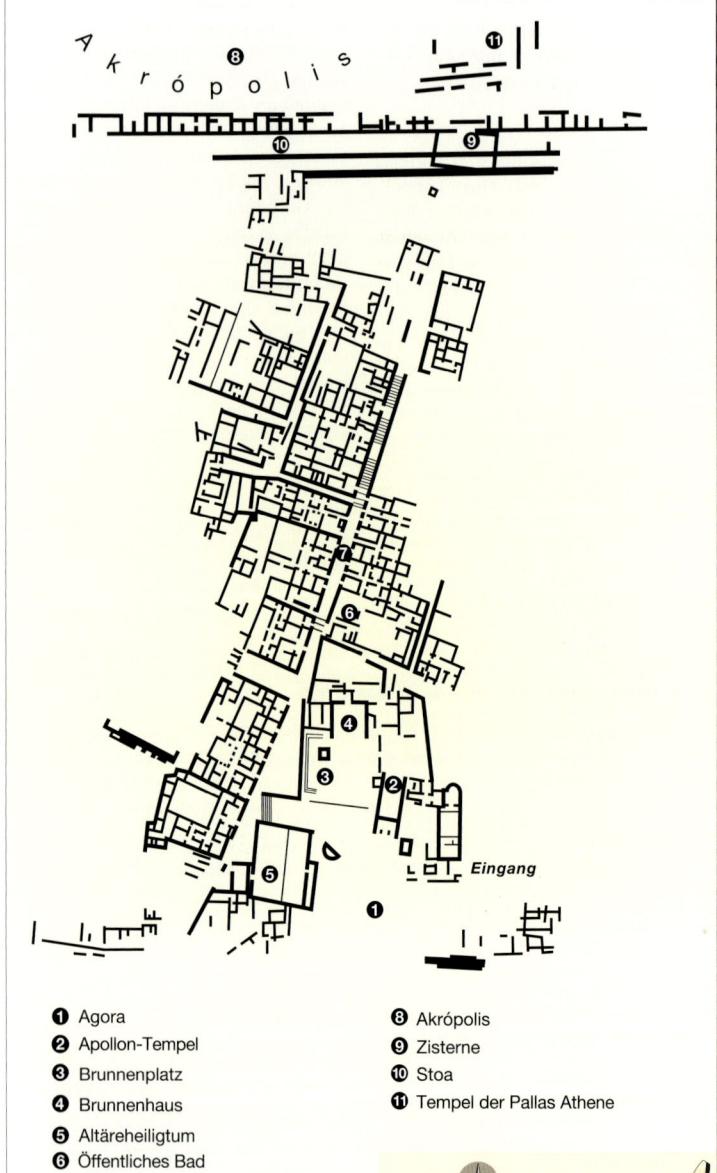

❶ Agora

❷ Apollon-Tempel

❸ Brunnenplatz

❹ Brunnenhaus

❺ Altäreheiligtum

❻ Öffentliches Bad

❼ Wohngebiete / Hauptstraße

❽ Akrópolis

❾ Zisterne

❿ Stoa

⓫ Tempel der Pallas Athene

Kamirós

50 m

Rundgang

Agora 1: Nur wenige Schritte vom Eingang und schon steht man auf der Agora, dem wichtigsten Platz der Stadt. Von den zahlreichen Heiligtümern und Denkmälern, die einst diesen Platz schmückten, sind heute nur noch kümmerliche Reste zu sehen.

Apollon-Tempel 2: Obwohl es nicht ganz sicher ist, wird das Gebäude im Zentrum der unteren Ebene als Apollon-Tempel bezeichnet. Denn nachweislich wurde der Gott in Kamirós verehrt. Von dem Bauwerk mit einem Grundriss von 8 x 9 m lassen sich noch die Außenmauern sowie die Säulenanordnung deutlich ausmachen, obwohl nur eine einzige fast vollständig erhalten ist. In der Cella erkennt man sogar noch den Sockel des einstigen Kultbildes.

Brunnenplatz 3: Östlich des Apollon-Tempels schloss sich ein 20 x 25 m großer Platz unmittelbar an, auf dem wahrscheinlich religiöse Rituale stattfanden. Bis zum heutigen Tag hat sich eine dreistufige Treppenanlage an der Ostseite erhalten. Hier saßen vermutlich die Zuschauer, um die Geschehnisse vor dem Tempel zu verfolgen.

Brunnenhaus 4: Das Brunnenhaus fällt durch seine rekonstruierten dorischen Halbsäulen auf. Es steht am südlichen Ende des Festplatzes und wurde mehrmals umgestaltet. Offenbar ähnelte es einst dem dorischen Brunnen von Filérimos.

Altäreheiligtum 5: Oberhalb der Agora (östlich) liegt das große, rechteckig umschlossene Altäreheiligtum. Der Eingang befindet sich an der Westseite. Die Altäre lagen einst auf zwei von Norden nach Süden ausgerichteten Ebenen, die durch eine Treppe miteinander verbunden waren. Auf der unteren (westlichen) Ebene steht ein 6,5 m langer Altar. Im Westteil ist die Treppe noch erhalten, die die Priester zur Opfergabe hinaufgestiegen sind.

Dieser Altar war laut einer Inschrift dem griechischen Sonnengott Helios geweiht.

Öffentliches Bad 6: Ein Gebäude östlich des Altäreheiligtums, am nördlichsten Ende der Hauptstraße, war vermutlich das öffentliche Schwimmbad von Kamirós. Nur spärliche Reste des Calidariums (Warmbad) und der Rohrleitungen für das Heizungssystem sowie die Feuerstellen für die Warmwasser- und Heißluftaufbereitung sind erhalten.

Wohngebiete 7: In das eigentliche Wohngebiet der antiken Stadt gelangt man weiter hangaufwärts. Die breite Hauptstraße, die zur Akropolis führt, ist noch gut erhalten. Die Wohnblöcke wurden rasterartig durch Querstraßen unterteilt. Einige der Säulen der Wohnhäuser und Werkstätten hat man wieder aufgerichtet. Die Säulen stützten das nach innen geneigte Hausdach. Diese ungewöhnliche Dachkonstruktion hatte den Zweck, das Regenwasser in eine Zisterne im Innenhof zu leiten.

Akropolis 8: Auf dem Weg zum Hügelplateau trifft man auf die **Zisterne 9**, die vermutlich aus dem 6. Jh. v. Chr. stammt und durch ihre Größe (Länge 20 m, Breite 10 m) recht eindrucksvoll wirkt. Sie wurde 4 m tief in den Felsen gebaut. In dem Bassin sammelte sich das Regenwasser. Es sind noch zwei Abflüsse zu erkennen, die das Wasser durch Kanäle in die Stadt leiteten. Über zwei Treppen gelangte man in die Zisterne, um sie zu reinigen.

Darüber wurde beim Wiederaufbau von Kamirós um 200 v. Chr. eine riesige, 200 m lange Halle, die **Stoa 10** mit dorischen Säulen, errichtet. Einige dahinter liegende Räume dienten vermutlich Pilgern als Übernachtungsquartiere.

Ein paar Meter weiter oben liegt der **Tempel der Pallas Athene 11**, von dem heute nur noch sehr wenig zu sehen ist. Das Kultgebäude wurde nach dem Erdbeben von 226 v. Chr. neu aufgebaut.

Die Westküste

■ Mai bis Sept. tägl. 8–20 Uhr (ab Mitte Sept. schließt das Museum 1–2 Std. früher), Okt.–April Di–So, 8–15 Uhr. Eintritt 6 €, Senioren 3 €, Schüler und Studenten mit ISIC frei, Kinder frei.

Baden

Wer baden möchte, darf keinen Traum-Beach erwarten, denn am kleinen Sandstrand von Kamirós wird relativ viel Seetang angespült, ansonsten ist er aber recht sauber, und mit Strandduschen, kostenlosen Liegen und Taverne ausgestattet. Genau richtig für eine Erfrischung nach der Besichtigung des antiken Kamirós. Wenn die See rau ist, wird viel Seegras aufgewirbelt. Das trübe Wasser wirkt dann wenig einladend.

Ein paar Kilometer weiter nördlich findet man bei den Restaurants Dyonos Steki und Akrogiali ebenfalls angenehme Badeplätze. Auch hier gibt es kostenlose Liegen. Besonders idyllisch ist die Kopria-Bucht im Süden (nach Kamirós Skala). Hier serviert die Taverne Johnny außerdem guten Fisch.

Praktische Infos

Verbindungen **Busse** aus Rhodos-Stadt fahren um 7.30, 9 und 11.15 Uhr, zurück geht es um 10, 12.15, 14.30 und 15 Uhr. Einfache Fahrt 5,20 €.

Essen & Trinken **Porto Antico,** auf jeder Landkarte, die man auf Rhodos irgendwo geschenkt bekommt, wird das Restaurant beworben. Der Gast erhält beim Vorzeigen der Karte 15 % Rabatt. Daher scheint die Speisekarte hier auch recht überteuert. Wer vom Essen nicht zu viel erwartet, wird bestimmt fündig. Es gibt viele verschiedene Fischplatten, meist stammt der Fisch jedoch aus der Tiefkühltruhe. Dafür ist die Lage top und kinderfreundlich: mehrere Kinderspielplätze sowie Liegen und Schirme am Strand sind für Gäste kostenlos. Besser nur einen Kaffee trinken. ℘ 22410/40001.

Old Kamirós, unterhalb von Kamirós an der Küstenstraße, direkt am Strand, liegt das Lokal – eine harte Konkurrenz zur Nachbartaverne. Unter einem Eukalyptusbaum (willkommener Schatten in der Mittagshitze) bietet Panagiotis Pitropakis griechisches Essen und genauso sein (verstrittener) Verwandter aus dem Porto Antico kostenfreie Liegen am Strand sowie zwei sehr schöne Kinderspielplätze. Schöne, halbrunde Bar. Die Fischgerichte schmecken lecker. Besonders empfehlenswert sind die Sými-Shrimps. Auch hier erhält man besagte 15 % Rabatt nach Vorzeigen der Inselkarte (oder Erwähnen derselben), die Preise sind allerdings entsprechend höher. ℘ 22410/40012. Beide Tavernen werden in den Sommermonaten häufig von Reisebussen angefahren.

Akrogiali, 1,5 km in Richtung Rhodos-Stadt liegt die Taverne von Eliás Maroulaki. Die Stühle des kleinen Lokals mit großer Terrasse am Meer hat der Besitzer in den griechischen Nationalfarben gestrichen. Am Wochenende bei Einheimischen aus Rhodos-Stadt sehr beliebt. Einfache, preiswerte Landküche. ℘ 22410/40038.

Wer früh kommt, hat die antike Stadt Kamiros fast für sich allein

Kamirós Skála

Der Weiler ist eines der beliebtesten Ausflugsziele an der Westküste. Hier fahren die Schiffe zur Nachbarinsel Chálki ab. Viele Gäste kommen auch wegen den Tavernen an der Hafenmole. Allerdings sind die Zeiten eines preiswerten Fisch-Menüs angesichts der leer gefischten Ägäis auch hier vorbei.

Der kleine Hafen ist das „Sprungbrett" hinüber zur Dodekanes-Insel Chálki. Leben kommt in dem Weiler nur auf, wenn die kleine Fähre ablegt. Da die Fährpläne je nach Jahreszeit wechseln, lohnt sich genaues Nachfragen. Die Überfahrt kostet rund 10 € und dauert etwas über eine Stunde. Für Archäologiefans: Hinter der Taverne „Louka's" sieht man noch den von Pflanzen umwucherten Reliefschmuck eines hellenistischen Grabes.

Kamirós Skála ist auch bei Griechen als sonntägliches Ausflugsziel beliebt. Die kleine Landspitze bei der Hafenmole ist ein bevorzugtes Revier für Angler. Manch ein Petrijünger holt sich dort seinen Fisch für den eigenen Mittagstisch. Und schließlich verkaufen die Fischer von Chálki hier ihren Fang, der später auf dem Markt von Rhodos-Stadt landet. Seit jeher gilt die Ebene um Kamirós Skála als sehr fruchtbar. Die vielen Gewächshäuser, in denen vor allem Tomaten und Frühgemüse gedeihen, bescheren eine reiche Ernte.

Praktische Infos

Verbindungen Fähre: Nach Chálki fahren tägl. von Mai bis Okt. drei Schiffe: „Fedon", „Nikos Express" und „Nissos". Das Ticket für die einfache Fahrt kostet rund 10 €. Die Betreiber informieren auf Facebook über aktuelle Verbindungen (ihre Seiten sind auch ohne eigenes Konto abrufbar: www.facebook.com/fedon. halki; www.facebook.com/Nissos-Halki-Chalki-1422228884710043, www.facebook.com/NIKOS-Express-1617517758531433). Infos auch unter

✆ 6934117388. Je nach Boot und Wetterlage dauert die Überfahrt zwischen 45 Minuten und etwas über einer Stunde. Der Fahrplan hängt von der Saison ab: In der Hauptsaison fahren alle Anbieter mehrmals täglich. Das erste Schiff legt dann um 9 Uhr von Kamirós Skála ab und die letzte Fähre fährt zwischen 16 und 18 Uhr zurück. In der Nebensaison sind die Verbindungen deutlich seltener, im November fahren Fähren z. B. nur ein paarmal pro Woche. Die Abfahrtszeiten können je nach Wetterlage schwanken. Daher sollte man schon eine halbe Stunde vor der Abfahrt beim Boot sein.

Busse: tägl. 2-mal nach Rhodos-Stadt und zurück (5 €)

Essen/Übernachten Althemenis, insbesondere von deutschen Bustouristen viel besuchte Taverne (Kaffee und Kuchen am Nachmittag!) an der Hafenmole, entsprechend sind die Preise (teurer Fisch). Achtung: Es gibt keine festen Preise! Daher genau fragen, wie viel das Fischgericht tatsächlich kostet, um spätere Diskussionen zu vermeiden. Es werden auch relativ einfache Zimmer vermietet. DZ ab rund 35 €, z. T. mit Meerblick. ✆ 22460/31303, Reservierung ist auch über die eigene Facebook-Seite möglich (am besten eine private Nachricht schreiben).

mein Tipp **Fischtaverne Louka's,** gemütliche Terrasse mit Blick auf den kleinen Hafen und die bunten Fischerboote. Eine Bilderbuchtaverne. Viele Rhodier kommen am Wochenende hierher zum Fischessen, reichhaltiges Angebot auch an Meeresfrüchten. Außerdem bietet die Besitzerin Despina ein täglich wechselndes vegetarisches Menü. Auch empfehlenswert für ein kleines Frühstück vor der Abfahrt nach Chálki. Nicht ganz preisgünstig. ✆ 22460/31271.

Fischtaverne Johnny S., in einer kleinen Kiesbucht zwischen Kamirós und Kastéllos (2 km) liegt die einfache Taverne versteckt an einem Hang. Was hier auf den Tisch kommt, ist garantiert frisch und preiswert. Von der Küstenstraße großzügig beschildert. Eine Asphaltstraße führt zu dem Ausflugslokal. Neben der Taverne lockt eine kleine Bucht zum Schwimmen. ✆ 22460/31342.

Die Westküste

Auf einem schroffen Felsen über der Küste liegen die gut erhaltenen und restaurierten Reste der Johanniterburg, die Kastéllos genannt wird

Kritiniá

Von Kastéllos zu dem stillen Bergdörfchen führt der Weg ständig bergauf. Die weißen, kubischen Häuser heben sich schon von fern deutlich von der kahlen Berglandschaft ab. In Kritiniá hat der Tourismus kaum Spuren hinterlassen. Die meisten lassen das verwinkelte Dörfchen links liegen.

Fast alle Besucher machen eine Pause beim *Volkskundemuseum* an der Küstenstraße. Hier lädt das schöne Terrassencafé „Milos" zum Verweilen ein. Ein Blick in das kleine Heimatmuseum lohnt sich. Die bäuerlichen Geräte wie Gabeln aus Ästen, Scheren, Beile und Zangen geben einen Einblick in den Arbeitsalltag. Die Rhodier waren seit jeher kunstfertig. Das belegen die ausgestellten Stickereien oder die geschnitzte Wiege. Sogar ein Bett wurde nachgebaut.

Ein Spaziergang durch das idyllische Kritiniá ist eine erholsame Angelegenheit, denn Fremde wagen sich kaum in das enge Gewirr der Gassen. Der außerhalb gelegene Dorffriedhof ist das Eingangstor. Eigentlich besteht der Ort nur aus zwei Straßen: Die eine ist zum Durchfahren, die andere, die zur Platia führt, ist Treffpunkt der Männergesellschaft. Dazwischen befindet sich die langgestreckte Dorfkirche mit ihrem vierstöckigen Turm. Nicht nur an einem Sonntag liegt der Ort wie ausgestorben da.

Der Name Kritiniá soll von der Insel Kreta – auf Griechisch Kríti – herrühren. Der Legende nach ist der Sohn des Königs Katreus und Enkel des legendären Königs Minos von Kreta, Althaimenes, hier an der zu Kreta hingewandten Küste gelandet.

Die als „Kritiniá Castle" ausgeschilderte **Burgruine Kastéllos** zählt zweifellos zu den schönsten der Insel. In der Hochsaison kann der kleine Parkplatz schon mal voll werden. Von der Küstenstraße ist die beeindruckende Anlage mit bloßem Auge zu erkennen. Auf einem schroffen Felsklotz hoch über der Küste liegen die restaurierten Reste einer außergewöhnlich gut erhaltenen Johanniterburg. Der Bau der Befestigung wurde 1472 von Großmeister Orsini begonnen. Später setzten die Großmeister Pierre d'Aubusson und d'Amboise das Militärprojekt fort. Doch erst unter Fabrizio del Carretto fanden die Bauarbeiten ihren Abschluss. Ein Pfad führt durch das Kastellareal hinauf zum Burgturm, der eine einzigartige Aussicht bis hinüber nach Alimiá und Chálki bietet, im Inselinneren eröffnet sich der Blick auf das schroffe Massiv des Attáviros. Auf der 1982 betonierten Plattform über dem Kirchenschiff sollte man sich eine Mußestunde gönnen.

▪ Von der Hauptstraße (2,5 km nördlich vom Bergdörfchen Kritiniá) geht es rechts ab, beschildert. Eine ca. 1 km lange Asphaltstraße führt zur Ruine. Für eine Besichtigung sollte man gutes Schuhwerk tragen.

4 km südwestlich von Kritiniá, unterhalb der Küstenstraße, liegt das **Kloster Amartoú**. Dorthin bietet sich ein schöner Spaziergang an, der Weg ist das Ziel. Auf bequemen Feldwegen, vorbei an Olivenhainen und Weingärten, benötigt man zu Fuß etwa eine Stunde bis zu der bescheidenen Anlage. Ein Kirchlein und ein halb verfallener Turm sind alles, was es zu sehen gibt. Leider sind die typisch rhodischen Fußbodenmosaike zubetoniert worden. Die Piste zum Kloster ist auch mit dem Auto gut befahrbar. Von der südlichen Zubringerstraße nach Kritiniá ausgeschildert. Anfang September findet hier die traditionelle Kirchweih mit Musik, Tanz und natürlich viel Fleisch vom Grill statt.

Praktische Infos

Verbindungen   2-mal tägl. um 7.30 und 13.30 Uhr **Bus** aus Rhodos-Stadt (5 €), zurück am nächsten Morgen um 7.25, 8.45 und 14.45 Uhr.

🦐**Übernachten**   **Auberge Kalopétri**, die kleine Anlage befindet sich ca. 700 m vom Hafen Kamirós Skála entfernt auf dem Weg nach Kritiniá und liegt eingebettet zwischen Bergen und Meer. Sie gehört dem belgisch-griechischen Ehepaar Ulrike und Ioannis, die das Terrain am „guten Stein" (Kalo pétri) erwarben, um sich ihren Traum vom eigenen Haus zu erfüllen. Doch dann fanden sie den Ort so schön, dass sie ihn auch für andere erlebbar machen wollten. Sie bauten Terrassen aus Naturstein, ließen Holzmöbel schreinern und errichteten acht individuelle Unterkünfte. Jedes Zimmer hat eine private Terrasse mit Blick auf die umliegenden Hügel und das Meer. Zum Frühstück gibt es frisches Obst, selbst gekochte Marmelade und viele lokale Spezialitäten. Fahrradverleih, Babybett und Babystuhl vorhanden. Der Kiesstrand der Copria-Bucht ist nur 700 m entfernt und auf einem eigens angelegten Fußweg erreichbar. Wanderwege beginnen direkt ab Unterkunft. Es gibt zwei Studios im Maisonette-Stil, Bungalows und Apartments, eines davon mit traditionellem Hochbett. Min. 2 Nächte. Studio ab 70 €, Bungalow ab 80 €. 📞 22460/ 31168, www.aubergekalopetri.com.

Essen & Trinken   **Café Milos,** origineller Rundbau neben einer Windmühlenruine, lohnenswert vor allem wegen des einzigartigen Blickes nach Chálki. An der Küstenstraße gelegen, aus Kamirós Skála kommend, kurz vor Kritiniá auf der linken Seite.

Café/Restaurant Piatsa, auf der großen Terrasse an der Platia isst man preiswert und gut. 📞 22460/21080.

Café Kastelo, am Parkplatz unterhalb der Burgruine Kastéllos, ein kleines Café mit frisch gepressten Orangensaft und kleine Snacks. Schöner Blick auf die Westküste.

Monólithos

Die Küstenlandschaft wird immer wilder: schroffe Felsen, wenig Vegetation, viel Wind. Das Dörfchen Monólithos liegt in den Bergen, am Südhang des Akramytis. Von der Küste ist der Weiler nicht zu erkennen. Im Mittelalter zogen sich die Einwohner aus Angst vor Piratenüberfällen ins Inselinnere zurück.

Heute leben in Monólithos fast nur noch Bauern und Alte; manche der weiß getünchten, kubischen Häuser sind längst verfallen. Für Leben sorgen vor allem die Ausflügler auf dem Weg zur Burg oder zum Kap Foúrni.

Das Bergdorf selbst ist zwar ohne besonderen Reiz, doch die Ruine der

Ágios Geórgios – Heiliger mit großer Fangemeinde

Unter den Heiligen läuft der heilige Georg – Ágios Geórgios – jedem Konkurrenten den Rang ab. In Griechenland wurden sogar Könige nach ihm benannt. Eigentlich ist die Existenz des Heiligen bis heute umstritten. Wahrscheinlich stammte er aus Kappadokien und wurde um 303 als römischer Soldat gemartert. Die Legende macht ihn zum Märtyrer und zum Drachenkämpfer. Durch die Kreuzfahrer kam er im Mittelalter nach Europa. Als Schutzheiliger der Waffenschmiede und der Bauern machte der „Groß-Märtyrer" der Ostkirchen schnell Karriere. Auf der einstigen Kreuzfahrerinsel Rhodos hat Georg seit jeher einen besonderen Klang. Meistens wird er zu Pferd, mit dem Drachen kämpfend, samt Fahne und Schild dargestellt. Im nahen Zypern gilt er sogar als Heiliger, der das Wasser brachte. Der von Georg getötete Drachen stand stellvertretend für einen Herrscher, der die knappe Ressource Wasser unter seine Gewalt brachte. Georg kam, sah und siegte. Auch auf Rhodos sind dem volksnahen Drachentöter viele Kapellen geweiht. Sein Name zählt seit Jahrhunderten zu den populärsten auf der Insel.

Johanniterburg sollte man sich nicht entgehen lassen! Sie liegt 2,5 km entfernt (in westlicher Richtung) und schon ihr Anblick aus der Ferne ist beeindruckend. Auf einem Felsvorsprung hoch über dem Meer errichteten die Johanniter (→ Kasten S. 208) im 15. Jh. diese mächtige Wehranlage. Nach ihr ist auch der Ort Monólithos benannt – der Name bedeutet „einzelner Stein". Inmitten der hohen Festungsmauern steht eine schlichte, weiß gekalkte *Kapelle*, die dem Heiligen Panteleímonos geweiht ist. Idyllisch für eine kleine Rast ist die Bar Castle unterhalb der Burg.

Auf der Asphaltstraße zum Kap geht es 2 km nach der Johanniterfestung rechts ab auf einen Schotterweg hinunter Richtung Meer. Nach 2,5 km gelangt man zu der kleinen Kapelle **Ágios Geórgios**, die meist jedoch verschlossen ist. Das weiß getünchte Kirchlein mit den beiden Kiefern am Eingang und die romantische Küstenlandschaft bilden eine stille, melancholische Einheit, für die sich der Abstecher lohnt. Von hier unten wird auch die Bedeutung des Ortsnamens Monólithos einsichtig: Die Festung wurde auf einen riesigen, schroff in die grüne Landschaft ragenden Felsblock gebaut.

Praktische Infos

Verbindungen Bus 2-mal pro Woche von und nach Rhodos (6,50 €).

Übernachten/Essen Thomas, Monólithos ist ein idealer Ausgangsort, um den Süden der rhodischen Westküste zu entdecken. Das große Haus am Ortsrand bietet von seinen Balkons ein einzigartiges Panorama bis zur Westküste. Zehn renovierte in warmen Braun- und Beigetönen dekorierte Zimmer mit Dusche und Kochecke, ca. 40 €. Im Nebengebäude sind geräumige Apartments für Familien untergebracht (je nach Saison 40–60 €). Ganzjährig geöffnet. Im Sommer empfiehlt sich eine Reservierung unter ℘ 22460/61291, www.thomashotel.gr.

Panorama, Nomen est omen – die Taverne bietet eine grandiose Aussicht über den Süden der Insel, am Ortsende links, auf dem Weg zur Burg. Leckere Grillgerichte und rhodische Weine, Stammgäste schätzen das Pastitsio und das Moussaká. Überdachte Parkplätze. ℘ 22460/61262, www.panoramamonolithos.gr.

The old monolithos, köstliche griechische Landküche erwartet den Gast auf der kleinen überdachten Terrasse in der Nähe der Dorfkirche, besonders gut schmecken Moussaká und Souvláki vom Grill, manchmal gibt es als Aperitif gelben (mit Safran verfeinerten) Ouzo. ☎ 22460/1276.

Kap Foúrni

Folgt man der asphaltierten steilen Straße, die von Monólithos zur Johanniterburg führt, hinab Richtung Meer, gelangt man nach 5 km zum legendären Kap Foúrni, einer felsigen Halbinsel. Schon die Fahrt selbst ist ein Abenteuer.

Von der breiten Badebucht führt ein sehr steiler Fußweg mit viel Geröll zu der Landzunge. Es empfehlen sich feste Schuhe und wegen der stacheligen Vegetation auch eine lange Hose. Der Felsrücken aus weichem, hellbraunem Sandstein eignete sich einst hervorragend um kleine Höhlen als Verstecke und Schlupfwinkel anzulegen. Man kann entlang des felsigen Landvorsprungs zur Südseite laufen und stößt dann auf mehrere solcher Höhlen, die auch für religiöse Zwecke genutzt wurden. Zwei Höhlen sind miteinander verbunden. Zu sehen sind dort Inschriften, und in einer weiteren Grotte ein Lampenhalter.

Auf dem Rückweg zum Plateau trifft man linker Hand auf zwei Grabkammern, aus denen mittlerweile Knochen und Schädel entwendet wurden. Südlich davon eine weitere kleine Höhle mit treppenartigem Zugang zum Meer, rechts davon ein Schacht, in den unterirdisch Wasser gespült wird. Läuft man auf dem Plateau ca. 10 m in Richtung Kap, trifft man auf eine Höhlenkirche. Auf der rechten Seite befinden sich Grabkammern mit Knochen. An der Spitze des Kaps stehen noch Reste eines Leucht- oder Wachturms.

Baden

Am **Kap Foúrni** gibt es mehrere kleine Badebuchten mit traumhaften, fast menschenleeren Kiesstränden (viele sind nicht leicht zugänglich). Der Hauptstrand „Fourni Beach" ist ungefähr 120 m breit, viel Sand, aber auch Kiesel. Hier gibt es im Sommer auch eine kleine Bar, Duschen, Sonnenliegen und -schirme sowie Toiletten. Wer es einsamer liebt, sollte den Kiesstrand „Alyki Beach" rund 1 km vor der Hauptbucht am Kap Foúrni aufsuchen. Er liegt unterhalb eines Pinienhaines, mit einigen Liegen und Duschen. Zahlreiche weitere, nicht gepflegte Bademöglichkeiten gibt es außerdem an der Küste Richtung Apolakkía.

Idylle pur:
die Copria-Bucht bei Kritiniá

Rund um Profítis Ilías und Attáviros

Die Bergdörfer um die beiden mächtigen Inselberge Profítis Ilías und Attáviros sind das andere Rhódos, das zu Unrecht gerne links liegen gelassen wird. Hier geht es ruhiger zu als an der touristischen Küste.

Die Wanderung um den waldreichen Berg ist eine Alternative zum Baden. Selbst im Sommer ist es hier oben erträglich warm. Ein kühles Lüftchen umfächelt den Wanderer. Zwei ehemalige Hotels im alpenländischen Stil erinnern an die Zeit der italienischen Besatzungszeit in der ersten Hälfte des 20. Jahrhunderts. Zum Gipfel des knapp 800 m hohen Profítis Ilías führt übrigens eine gut ausgebaute Asphaltstraße – für Autofahrer.

In den Bergdörfern kann man noch das ursprüngliche griechische Leben kennenlernen. Am Abend treffen sich die Einheimischen in der Dorftaverne, Touristen sind in der Unterzahl. Viele von ihnen kommen nur, um Souvenirs einzukaufen, und verlassen die Dörfer nach einigen Stunden wieder. Orte wie Émbonas oder Sianá sind berühmt für ihren Wein, Souma und Honig.

Außerdem laden die Nadelwälder im grünen Landesinneren zu ausgedehnten Wanderungen ein. Wer der sommerlichen Hitze vorübergehend entfliehen möchte, findet hier im Schatten der Bäume bei kühler Bergluft eine gute Gelegenheit.

Mit dem Auto können Sie auch die entlegenen Ziele gut erreichen. Die Straßen sind in ausgezeichnetem Zustand. Dennoch sollten Sie langsam fahren – nicht nur wegen der vielen Kurven. Denn im Hinterland kann es leicht passieren, dass Ihnen einige Ziegen auf der Straße entgegenkommen.

Was anschauen?

Profítis Illías: Am Profítis Illías fühlt man sich wie in der Alpenregion: Frische Bergluft, ausgedehnte Nadelwälder, zwei ehemalige italienische Kurhotels prägen diese Gegend. Bei der Wanderung rund um den Gipfel trifft man außerdem auf eine verlassene frühere Villa von Benito Mussolini. → S. 152

Piazza bei Éleousa: Die Italiener wollten Éleousa zum Musterort ausbauen. Oberhalb des Dorfs sieht man Relikte aus dieser Zeit: eine große Piazza, rundherum stehen eine überdimensionierten Kirche und sich selbst überlassene Geisterhäuser. → S. 154

Ágios Nikólaos Fountoúkli: Das byzantinische Kirchlein am Rande einer Parkanlage ist wegen seiner umfangreichen Fresken einen Besuch wert. Außerdem genießt man von hier eine schöne Aussicht auf das Hinterland und die Westküste. → S. 154

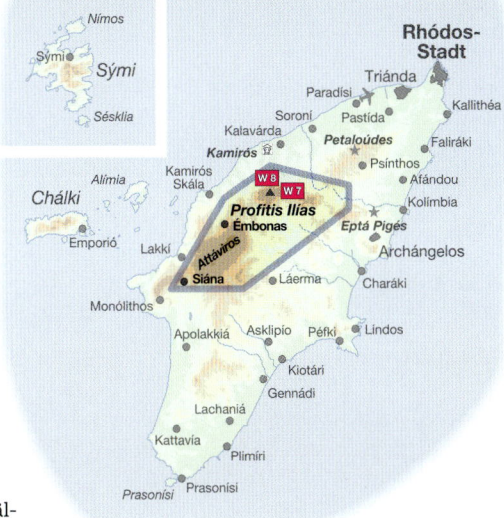

Wo wandern?

Bei Wanderungen durch Wälder, Steinwüsten und Olivenhaine kommen Naturliebhaber auf ihre Kosten. Im Wanderführer finden Sie zwei Wanderungen durch das Hinterland: eine Tour auf den **Profítias Ilías** (→ S. 254) und eine rund um den Gipfel (→ S. 255). Ausdauernde Wanderer können die beiden Touren kombinieren: Auf alten Wegen und ehemaligen Eselpfaden durch Kiefernwälder, an Kapellen und malerischen Ruinen vorbei geht es von Salákos auf den Gipfel. Die Route rund um den Gipfel eignet sich auch für ungeübte Wanderer. Dabei können sie die kühle Wald- und Bergluft genießen.

Fortgeschrittene Wanderer können außerdem den höchsten Berg der Insel, den **Attáviros**, erklimmen (→ S. 157). Doch seien Sie vorsichtig: Das Wetter kann in dieser Region sehr schnell umschlagen!

Bei allen drei Wanderungen empfiehlt es sich, ausreichend Wasser mitzunehmen und festes Schuhwerk zu tragen.

Was einkaufen?

Wein: Émbonas ist der bekannteste Weinort auf Rhódos. Mehrere Weingüter im Ort bieten ihre Erzeugnisse zur Verkostung und zum Kauf an, entsprechend viele Touristen sind hier unterwegs. Beschaulicher geht es in Apollóna zu. Hier wartet das Weingut Piperis auf Probier- und Kauffreudige, und die Tavernen schenken lokalen Wein aus. → S. 156

Honig und Souma: In der Hauptstraße von Siána reihen sich Läden aneinander, die lokalen Honig, Souma und Olivenöl verkaufen (→ S. 160). Sianá ist auf Rhódos für seinen Thymianhonig bekannt, im Umkreis stehen zahlreiche Bienenstöcke. Auch in den benachbarten Dörfern bekommt man guten Wildkräuterhonig. Thymian, Oregano und Rosmarin geben diesem einen würzigen Geschmack.

Handgewebtes: Wer durch Émbonas schlendert, wird an die Tradition der Handweberei erinnert. Das Bergdorf mit seinen kalten Wintern hat eine lange Tradition mit Heimtextilien. Zahlreiche Läden bieten die heimischen Produkte an.

Blick ins Landesinnere vom Gipfel des Profítis Ilías

Profítis Ilías und die Bergdörfer

Ausgedehnte Nadelwälder und zwei von den Italienern erbaute ehemalige Hotels im alpenländischen Stil am Gipfel: Hier erlebt man ein anderes Rhodos.

Das ökologische Paradies Profítis Ilías ist vor allem ein Verdienst der Italiener. Sie forsteten unter großen Anstrengungen das Bergmassiv auf und schufen somit eines der waldreichsten Gebiete der Insel. Doch immer wieder dezimieren verheerende Flächenbrände, teilweise vorsätzlich gelegt, den Bestand.

Zum 798 m hohen Profítis Ilías führt eine gut ausgebaute, 16 km lange Asphaltstraße. An heißen Sommertagen ein ideales Ausflugsziel. Hier oben weht stets ein kühles Lüftchen.

Die Gipfelregion erinnert mehr an einen hügeligen Park als an eine schroffe Gebirgslandschaft. Ein kleines, sehenswertes *Kloster* steht unweit der beiden ehemaligen Kurhotels Elafos und Elafina (Hirsch und Hirschkuh).

Die zuständigen Gemeinden Kámiros bauten die Herbergen am Gipfel wieder auf. Seit 2006 ist das schönere der beiden Hotels wieder in Betrieb: das 1929 entstandene Hotel Elafos. Mittlerweile würde es von einer neuerlichen Renovierung sehr profitieren, Gäste steigen nur mehr wenige ab. Die Terrasse vor dem stark in die Jahre gekommenen Hotel eignet sich jedoch für eine Kaffeepause. Das gegenüberliegende Haus wurde in Elafaki umbenannt und ist mittlerweile eine Taverne, die eher durchschnittliche Speisen serviert.

Gar nicht erst wieder aufgebaut wurde hingegen die Villa de Vecchi am Beginn von Wanderweg 7. Der italienische Gouverneur Maria de Vecchi ließ sie einst erbauen, später diente sie dem italienischen König Viktor Emanuel III und Benito Mussolini als Ferienresidenz. Mussolini soll seine Villa allerdings nie betreten haben. Wer sie nun besucht, findet ein verlassenes Geisterhaus vor. Angesichts des schlechten Zustands des Hauses ist von einem Betreten abzuraten. Es besteht Einsturzgefahr! Der Glanz von einst lässt sich nur mehr erahnen. Rundherum sieht man noch die Überreste ehemaliger Wirtschaftsgebäude.

Der Profítis Ilías ist ein ausgezeichnetes Wandergebiet, die alten knorrigen und windschiefen Bäume erinnern an einen Märchenwald. Viele Griechen kommen am Wochenende hierher, um ausgedehnte Mountainbike-Touren zu unternehmen. Ein kleines Waldcafé versorgt die meist wenigen Besucher mit Getränken und Essen. Am Abend, wenn die Tagestouristen abgereist sind, kehrt hier in der Abgeschiedenheit eine wunderbare Stille ein, kein Lärm stört die Idylle am Berggipfel.

Übernachten, Essen & Trinken **Elafos,** Berghotel nach griechisch-italienischer Art: Fensterläden mit Herzchen, überdimensionales, handgeschnitztes Schachspiel in der Lobby. Bei der 1 Mio. Euro teuren Restaurierung wurde darauf geachtet, den ursprünglichen Zustand des Hotels aus der italienischen Besatzungszeit wiederherzustellen, im Kaminzimmer dokumentieren Fotos die Zeit der 1930er-Jahre. Ganzjährig geöffnet. Die Zimmer wirken allerdings teilweise heruntergekommen. Einer unserer Leser erlebte einen sehr enttäuschenden Aufenthalt und bezeichnete das Hotel in seinem Brief sogar als „Bruchbude".

Lohnenswert ist die nette **Café-Bar** in der Lobby und auf der Terrasse, sie ist vor allem bei Wandergruppen sehr beliebt. Oberhalb des Hotels befindet sich ein schattiger Spielplatz. ☎ 22460/22402 oder 6974607617, www.elafos hotel.gr.

Auch die gegenüberliegende **Taverne Elafaki** serviert Speisen, genießt aber keinen guten Ruf. ☎ 22460/22280.

 Wanderung 7: Am Gipfel des Profítis Ilías   → S. 254
Einfache Tour durch lichte Pinienwälder mit herrlichen Ausblicken.

Salákos

Das beschauliche Dörflein liegt am Nordhang des mächtigen Berges Profítis Ilías. Auf der Insel ist Salákos wegen seines guten Mineralwassers bekannt. Die kleine Getränkefabrik liegt im Flusstal, 2 km unterhalb des Ortes. Von Salákos sind es auf der gut ausgebauten Teerstraße noch 10 km bis zum Gipfel des knapp 800 m hohen Berges. Der liebenswerte Weiler mit seiner idyllischen Platia lädt zum Verweilen ein – nicht zuletzt wegen des preiswerten Essens in den Tavernen am Dorfplatz mit Brunnen. Salákos ist auch ein guter Ausgangsort, um die Bergwelt der beiden höchsten Inselberge Attáviros und Profítis Ilías kennenzulernen.

Verbindungen Es gibt tägl. 3 **Busse** von Rhodos-Stadt: 4.45, 14.30 oder 15.45 Uhr. Zurück geht es um 6.15, 8, 15.40 oder 17.20 Uhr. Die einfache Fahrt kostet 4,30 €.

Übernachten **Nimfi,** das sicherlich schönste Haus von Salákos ist ein schmuckes, gemütliches Familienhotel. Das Gebäude, weiß-braun angestrichen und von zwei Palmen flankiert, wurde ursprünglich von einem Italiener erbaut. Auch innen ist die Villa geschmackvoll eingerichtet: offener Kamin, Holzbalkon. Leider ist der Glanz schon etwas verblasst. Sympathische Besitzer, ganzjährig geöffnet. Am Ortsausgang Richtung Profítis Ilías auf der linken Seite. Der Besitzer des Nimfi betreibt auch eine kleine Cafébar im Erdgeschoss. Nur 4 DZ mit Bad, ab 55 €, als EZ ab 35 €, Preise inkl. Frühstück. ☎ 22460/22206, www.nymph.gr.

Essen & Trinken **Ta Kítala,** Taverne am zentralen, idyllischen Platz neben dem Rathaus aus der italienischen Besatzungszeit gelegen. Man sitzt um einen Brunnen herum, unter einem großen, schattigen Baum. Einfache griechische Küche, ideal für eine Rast. Freundlicher Service. ☎ 22460/22099.

Wanderung 8: Vom Bergdorf Salákos zum Gipfel des Profítis Ilías → S. 255

Auf einer romantischen Waldstraße durch die lichten Pinienwälder des Profítis Ilías bis zum Gipfel.

Éleousa

Inmitten einer lieblichen Landschaft am nordöstlichen Rand des Massivs liegt Éleousa an einem Knotenpunkt verschiedener Inselstraßen. Es ist ein außergewöhnlicher Ort, denn einst hatten die Italiener den Weiler für eine Musterkolonialisierung auserkoren. Bei den Einheimischen ist Éleousa vor allem als Ausflugsziel an Sonntagen beliebt.

Am oberen Dorfrand sieht man sehenswerte Überbleibsel aus dieser Zeit: die kuriose „Piazza und rundherum mehrere exzentrische Gebäude wie einen ehemaligen Gouverneurspalast. Dieser wurde vom griechischen Militär und später als Sanatorium genutzt, heute verfällt er zusammen mit den meisten Nebengebäuden. Tauben sind dort noch die einzigen Bewohner. Gegenüber vom Palast steht eine überdimensionierte Kirche. In einem der Nebengebäude haben die „forest fire fighters" Station bezogen.

Man passiert die „Piazza", wenn man mit dem Auto der Straße von Kolímbia nach Profítis Ilías folgt. Zu Fuß nimmt man die Straße, die an der Taverne Oasis rechts vorbei nach oben führt.

Wenige hundert Meter von dem eigenartigen Platz bergauf in Richtung Profítis Ilías (Fountoúkli-Kirche) trifft man auf ein kreisrundes, ebenfalls von den Italienern errichtetes *Bassin* mit einem Durchmesser von ungefähr 30 m. Dieses wurde einst mit Mitteln der Europäischen Union restauriert, weil es Teil des Rettungsprogramms für den vom Aussterben bedrohten Gizani-

Fisch war. Im Sommer diente es der Dorfjugend als Swimmingpool. Nun fällt das ungepflegte Becken auch eher in die Kategorie „kuriose Sehenswürdigkeit": Der Platz ist verlassen und das Wasser so trüb, dass man die Fische – falls überhaupt vorhanden – nicht erkennen kann.

Verbindungen 2-mal tägl. von und nach Rhodos-Stadt.

Essen & Trinken Oasis, eine von Griechen geschätzte Taverne für Wochenendausflüge. Die Grillküche, insbesondere das Lamm, genießt einen guten Ruf. Der Service ist allerdings verbesserungswürdig. An Werktagen ist hier aber wenig los. An der Durchgangsstraße. ✆ 22460/98279.

Ágios Nikólaos Fountoúkli

Um das kleine Juwel zu finden, folgt man der Straße von Éleousa zum Profítis Ilías. Nach knapp 4 km trifft man linker Hand am Rand eines Pinienwaldes auf das gut erhaltene byzantinische Kirchlein mit seinen besonders reizvollen Fresken. Mittlerweile sind jedoch die über 500 Jahre alten Wandmalereien stark verwittert und die einzelnen Motive kaum noch zu erkennen.

Das Gotteshaus und die Wandmalereien am Fuß des berühmten Inselberges stammen aus der Zeit um 1500 und wurden von einem hohen byzantinischen Verwaltungsbeamten gestiftet. Man hat die Kirche zur Erinnerung an seine früh verstorbenen Kinder erbaut. Das Stifterehepaar und sein Nachwuchs sind in den Wandmalereien an den beiden Seiten der Tür, die sich nach Westen öffnet, verewigt:

Fountoúkli: ein kunsthistorisches Juwel

Rechts sieht man das Ehepaar ein Modell der Kirche in den Händen halten, darüber der segnende Christus. Auffallend ist der Purpurmantel des kaiserlichen Beamten, der dessen soziale Stellung unterstreicht. Zur linken Seite des Eingangs findet sich eine Abbildung der Stifter mit ihrem Nachwuchs. Gut zu erkennen ist ihr Kind in der Mitte. Nur mehr sehr undeutlich hingegen das zweite, mit zur Seite gestrecktem Arm dargestellt.

Nicht nur die Fresken der Kirche sind außergewöhnlich, sondern auch die Bauform. Sie ähnelt einem Kruzifix, das von drei gleich großen und einem längeren halbrunden Nebenraum – von Kunsthistorikern *Konche* genannt – gebildet wird.

Das Kirchlein steht am Rand einer kleinen Parkanlage (mit Spielplatz), in der die Rhodier gerne ihr sonntägliches Picknick veranstalteten. Der uralte Baumbestand ist eindrucksvoll. Zudem lädt ein riesiger Feigenbaum im umzäunten Teil bei der Kapelle im Herbst zum Naschen ein.

Die tolle Aussicht von Ágios Nikólaos Fountoúkli schätzt auch die Feuerwehr, die hier einen Beobachtungsposten eingerichtet hat. Für Durstige: Ein Brunnen spendet das ganze Jahr über Trinkwasser. Außerdem sind Toiletten vorhanden. Eine gut ausgebaute Asphaltstraße führt bergauf zum Gipfel des Profítis Ilías (4 km).

Archípoli

Das unscheinbare, aber beschauliche Bauerndörfchen im Loutani-Tal bietet sich als Ausgangsort für Exkursionen ins Inselinnere an. Nach Éleousa sind es 4 km, nach Eptá Pigés 5 km und bis zum Meer bei Kolímbia 9 km. Für Kirchenfans gibt es an der Straße nach Psínthos zwei Gotteshäuser, die wegen ihrer Wandmalereien sehenswert sind. Unweit der Hauptstraße, 6 km von Archípoli entfernt, steht ein wenig versteckt die Kirche *Panagía Parmeniotissis* (14. Jh.). Und 2 km vor Psínthos sieht man rechts auf einem Hügel die einschiffige Kirche *Agias Trías,* die aus der gleichen Zeit stammt. Die bis zur

Artpark – Kunst unter freiem Himmel

Zwischen Archípoli nach Éleousa leuchtet es aus dem Pinienwald in allen möglichen Farben. Seltsame Konstruktionen mit Sonnendächern sind bereits zu erkennen. Die Fata Morgana in dieser einsamen Gegend ist der Artpark. Auf Initiative des Malers Damon Papakiriakou, der lange in Dänemark lebte, und seiner Frau Emily Lyroni entstand eine Kunstausstellung unter freiem Himmel, die von Mai bis Oktober zu sehen ist. Internationale Künstler aus Europa, Mexiko oder auch Japan stellen in diesem Waldgelände Gemälde, Fotografien, Skulpturen und Installationen aus. Manche von ihnen leben einige Wochen oder Monate im Artpark, um sich von der ruhigen Umgebung inspirieren zu lassen. Sie bekommen Kost und Logis und tragen dafür zur Galerie bei. Bisweilen kann der Besucher daher auch Künstler bei der Arbeit antreffen und mit ihnen plaudern. Seit einigen Jahren gibt es auch eine Indoor-Galerie, in der verschiedene Gemälde ausgestellt werden.

■ Tägl. 10–16 Uhr. Eintritt frei. ☏ 6972815547.

Unkenntlichkeit verblichenen Fresken entstanden im Jahr 1407, wurden aber teilweise im 18. Jh. übermalt. Im Innern ist noch ein antiker Altar mit Stierköpfen zu entdecken. Leider ist die Kirche meistens geschlossen. Dennoch lohnt sich der Ausflug, denn von der Anhöhe bietet sich ein schöner Blick auf Psínthos.

Übernachten, Essen & Trinken Replay, die Café-Bar mit angeschlossenem Restaurant an der Hauptstraße ist nicht zu übersehen. Preiswerte Küche, große Auswahl an Vorspeisen, frische Salate mit Zutaten aus dem eigenen Garten. Außerdem werden 4 nagelneue farbenfrohe Studios vermietet, teilweise mit 2 Schlafzimmern. Mit Frühstück rund 35 €. ☏ 22460/98296, www.replayrestaurantrodos.com.

Platánia

In das malerische Dorf am Hang des Profítis Ilías verirrt sich kaum ein Fremder. Freundlich begrüßen die Einwohner die wenigen Besucher des Dorfes. Bekannt war Platánia früher für seine bunten Häuser, die jährlich neu in den verschiedensten Farben ge-

tüncht wurden. Diese Tradition ging mittlerweile verloren und jetzt erstrahlen die meisten Häuser in schlichtem Weiß. Leider verunziert ein Militärgelände den Dorfrand.

Essen & Trinken **Taverne Perama**, am Hang gebautes Haus am Ortsrand (Richtung Éleousa), ideal für eine Rast, herrlicher Blick aufs Inselinnere. Der Parkplatz ist im Grunde viel zu groß für die meist wenigen Besucher.

Apollóna

Die Zeiten, als kaum ein Fremder in das abgelegene Bergdorf gefunden hat, sind längst vorbei. Eine breite Asphaltstraße führt von Éleousa über den Weiler Platánia zu dem Bauerndorf (8 km) am bewaldeten Südhang des Profítis Ilías. Eine gut ausgebaute, 5 km lange Straße führt auch auf den knapp 800 m hohen, markanten Berg.

Apollóna ist vor Jahren vom Tourismus entdeckt worden. Busse machen bei ihren Rundfahrten über die Insel hier gerne Station. Dennoch hat sich das Dorf mit zahlreichen schönen, alten Bauernhäusern seinen Charakter bewahrt. Die Landwirtschaft prägt das Leben der wenigen Bewohner. Das Dorf ist umgeben von Weingärten, Olivenhainen und Orangenplantagen. Auch Granatäpfel findet man hier. Abends treffen sich die Einheimischen in den Lokalen und Cafés des Orts. Die schöne Lage und das rege Dorfleben machen das charmante Apollóna zu einem guten Ausgangsort für die Erkundung des Inselinneren. Der nach dem bis heute nicht aufgefundenen Apollon-Heiligtum benannte Ort ist außerdem bekannt für seinen Wein, den Sie etwa in der Taverne „Panorama" genießen können. Bei der Weinkellerei Piperis am Ortsende Richtung Émbonas können Sie sich gratis durchkosten und anschließend die besten Flaschen kaufen (von 10.30–20 Uhr geöffnet, www. piperiswinery.com).

Ein kleines *Volkskundemuseum* erzählt die Geschichte des früher so kargen Lebens in den Bergen. Es wird von einem Dorfbewohner in Privatinitiative betrieben und zeigt die Ausstattung eines alten Bauernhauses, aber auch Trachten von Apollóna und Émbonas und landwirtschaftliche Geräte. Besonders eindrucksvoll ist die zweieinhalb Meter große Ölmühle. Historische Fotos aus der Zeit kurz vor Ausbruch des Zweiten Weltkriegs dokumentieren das harte Landleben. Die schlechte wirtschaftliche Situation der Insel zwang bereits Ende des 19. Jh. viele Bewohner zur Emigration. Eine Einwanderungsurkunde für die USA von 1888 ist ein stummer Zeuge dieser Zeit.

▪ Straße des 28. Oktober 15 (40 m unterhalb der Durchgangsstraße, ausgeschildert). Tägl. 11–14 Uhr. Eintritt 2 €. Sollte niemand da sein, einfach anrufen: ☏ 6945273844.

Verbindungen   2-mal tägl. von und nach Rhodos-Stadt.

Essen & Trinken   **Panorama**, der Name hält, was er verspricht. Die Taverne am Ortsausgang in Richtung Émbonas bietet einen fantastischen Ausblick. Ein Pflanzendach bietet Schatten, kühle Getränke stehen bereit … Ein ideales Ausflugslokal, das auch Reiseveranstalter längst entdeckt haben. Dennoch kann man im Panorama gut essen. Griechen aus der rund eine Autostunde entfernten Hauptstadt machen in der Nebensaison gerne einen Ausflug hierher. Die Taverne verkauft auch hausgemachten Honig, Olivenöl und Souma.

Café Perno, auf der Terrasse treffen sich die Einheimischen unter einem großen Baum – zur Mittagspause oder am Abend, um die Neuigkeiten des Tages zu besprechen.

„An der Taverne Panorama war es uns aufgrund des Straßenlärms zu laut. Ruhiger sitzt man in der **Taverne Paraga** am Ortsausgang Richtung Émbonas. Auf einer großen Terrasse unter Blätterdach hat man einen wunderbaren Blick auf die Berge. Das Speisenangebot ist sehr gut, typisch griechisch mit besonderer lokaler Note, dazu hausgemachter Wein und selbst gebackenes Brot. Ein Familienbetrieb mit ausnehmend freundlichem Service." (Klaus und Ilse D.). ▪ **Lesertipp**

An der Straße von Apollóna nach Émbonas gibt es zudem schöne **Picknickplätze** mit viel Schatten. Palmen flankieren die landschaftlich reizvolle Straße.

Attáviros und die Bergdörfer

Der Attáviros, mit 1215 m der höchste Berg auf Rhodos, gleicht einer riesigen Steinwüste.

Von den Gassen Émbonas aus betrachtet, wirkt der langgestreckte, hellgraue Gipfel zum Greifen nah. Wer sich darauf verlässt, wird eine herbe Enttäuschung erleben. Der Aufstieg dauert mindestens drei Stunden und ist zwischen Geröll und Felsbrocken sehr mühsam. Eine markierte Wanderroute gibt es nicht. Auf dem Gipfel hat das griechische Militär eine Radarstation errichtet. Das Wetter in der Gipfelre-

Profitis Ilías und die Bergdörfer

gion des Attáviros, die einer Mondlandschaft gleicht, kann sehr schnell umschlagen. Vor allem im Frühjahr und Sommer kommt oft dichter Nebel auf, bei dem man schnell die Orientierung verliert. Auch die Winde können extrem sein. Wenige Minuten östlich vom Gipfel befinden sich auf einem kleinen Hügel die wenigen steinernen Überreste eines *Zeustempels*, die nur noch von Experten zu erkennen sind.

Mit dem Auto auf den Attáviros: In die Straße von Kamirós nach Sianá münden, von Émbonas kommend, zwei Straßen. Bei der südlichen Einmündung beginnt eine gut ausgebaute Bergstraße, teilweise mit Leitplanken, zum Gipfel des Attáviros. Der höchste Punkt ist südlich der Radarstation, markiert durch eine Steinsäule. Beim Gittertor und auch davor gibt es kaum Platz zum Parken oder Wenden. Zur Straßensituation: Die Straße ist ab Beginn asphaltiert. Der Asphalt endet an der Waldgrenze. Das nachfolgende Straßenstück ist zwar breit, aber teilweise äußerst steinig und sehr steil. Es endet bei einem Windpark (offene Schranke). Ab der Schranke ist die Straße – offenbar in die Zuständigkeit des Militärs gehörend – tadellos ausgebaut und bis zum Gipfel asphaltiert. (Lesertipp von Dr. Hugo M. aus Kritzendorf, Österreich.)

Falls Sie eine Besteigung des Attáviros wagen wollen, hier einige Tipps:

- Gehen Sie auf keinen Fall allein.
- Festes Schuhwerk ist unbedingt notwendig.
- Wählen Sie einen wolkenlosen Tag aus, um nicht Gefahr zu laufen, dem unwirtlichen Wetter, insbesondere dem extremen Nebel und Wind, ausgesetzt zu sein.
- Achten Sie auf ausreichenden Wasservorrat.

Émbonas

Der Winzerort hat sich zu einem Touristenmagneten gemausert. Die meisten der 1500 Einwohner von Émbonas leben vom Weinbau, der in den vergan-

genen Jahren einen kontinuierlichen Aufschwung genommen hat. Die Weine werden auch außerhalb von Rhodos geschätzt. Die bekannte Weinkellerei Emery hat in dem Bergdorf ihren Sitz und begründete einst den guten Ruf. Das moderne Gebäude, ausgestattet mit deutschen Maschinen, ist am Dorfrand nicht zu übersehen. Mittlerweile haben sich jedoch auch kleine Weinbauern auf ihre Tradition besonnen und keltern ihre Weine selbst. So nahmen die Qualität, aber auch die Preise in beiden Dekaden kontinuierlich zu. Ende August/Anfang September findet auf dem Dorfplatz zum Abschluss der Weinlese ein großes Fest statt.

Émbonas kann jedoch auch eine Enttäuschung sein. Seit vielen Jahren haben Ausflugsveranstalter aus Rhodos-Stadt die weitläufige Siedlung unterhalb des 1215 m hohen Attáviros-Gipfels für kitschige Folkloreabende fest gebucht. Dann sollte man die von der Busgesellschaft angesteuerte Taverne lieber meiden. Auch untertags machen immer mehr Touristen und Reisebusse in dem kleinen Ort halt. So sucht man manchmal länger einen Parkplatz.

Der viele Ausflugsverkehr hat jedoch auch seine positiven Seiten. Er hält die alte Handwerkskunst des Dorfes am Leben. Viele Frauen im Dorfzentrum verkaufen so ihre Strick- und Webwaren, die an langen Winterabenden entstanden sind.

Im Dorfzentrum gibt ein kleines *Folkloremuseum* Auskunft über das ärmliche Leben in früheren Zeiten. Es ist in einem typischen Häuschen mit zahlreichen Originalmöbeln untergebracht. Die Sammlung wurde von dem ortsansässigen Schriftsteller Yiannis Konstantakis (1908–85) gegründet.

Ein Beispiel der tiefen Religiosität der Rhodier steht oberhalb der Straße nach Salákos. Dort hat die Familie Mastrogiannakis die *Kirche St. Nikolaos* auf einem Hügel errichten lassen. Das Gotteshaus erinnert an ihren ums Leben gekommenen Sohn Nikos, von dessen Ersparnissen der Bau finanziert wurde.

Verbindungen 2-mal fährt ein Bus nach Rhodos-Stadt (6 und 17.10 Uhr) und 3-mal retour (4.45, 13.30 und 15.45)

Übernachten **Attáviros**, am Ortseingang von Kritiniá kommend auf der linken Seite. Helle, saubere Zimmer, die allesamt einen neuen Anstrich bekommen haben. Gemütliche Bleibe über der Hochebene, von der Poolterrasse hat man einen herrlichen Blick auf die Küste. Die Familie von Vassilia Antonaki lebt gleich nebenan. Preiswerte DZ mit Bad, Terrasse und Kochgelegenheit (50 € mit Frühstück), Familienzimmer mit 2 Schlafzimmern ab 140 €, Dreibettzimmer 60 €. Ganzjährig geöffnet, es gibt auch ein Restaurant. WLAN kostenlos. Ein Leser berichtet uns von durchgelegenen Matratzen, aber einem sehr schönen Pool. ✆ 22460/41235, www.atavaroshotel.gr.

Essen & Trinken Die Tavernen genießen trotz des Ansturms von Bustouristen bei Einheimischen einen guten Ruf. Vor allem die Fleischküche wird hier geschätzt. Den kulinarischen „Ruhm" von Émbonas begründete die Taverne Bakis.

Bakis, die schlichte Taverne mit zahlreichen historischen Fotos liegt am Ortsausgang in Richtung Rhodos-Stadt, gar nicht weit vom Weingut Emery. Sie gilt unter Einheimischen als das beste Lokal des Dorfes. Hier werden auch die guten Weine von Kounaki ausgeschenkt. Auf der Speisekarte stehen vor allem die Klassiker der griechischen Landküche. ✆ 22460/41442 oder 41242.

Die **alte Taverne** von Bakis steht neben der Kirche. Einheimische streiten sich darüber, in welcher der Tavernen es denn nun besser schmeckt. Doch auch hier ist man an der richtigen Adresse und es werden ebenfalls Weine von Kounaki und Merkouris ausgeschenkt. ✆ 22460/41247.

Weingüter Der Rebensaft aus Émbonas hat in den letzten zehn Jahren eine wahre Renaissance erlebt. Vor allem die Athiri-Traube, die an den nördlichen und westlichen Hängen des Attáviros wächst, machte die Weißweine aus Émbonas berühmt. Die Rebgärten rund um den Ort wurden in der Vergangenheit wegen der guten Nachfrage erweitert, und die meisten Winzer in Émbonas setzen längst auf Quali-

Das Hotel Elafos im alpenländischen Stil auf dem Profítis Ilías

tät statt auf Quantität. Hier eine Auswahl empfehlenswerter Weingüter:

Weingut Kounaki: Dieses kleine Weingut in einer Seitengasse der Hauptstraße (Beschilderung folgen) ist das älteste der Insel. Heute wird das 1928 gegründete Unternehmen vom Enkel des Gründers geführt. Und der setzt konsequent auf hohe Qualität. Vor allem die Weiß- und Dessertweine gehören zu den Stärken des Winzers. Die Trauben wachsen auf einer Höhe von 500 bis 700 m über dem Meeresspiegel. Die von der Meeresbrise umfächelten Athiri-Reben geben dem Weißwein aufgrund ihrer besonderen Lage einen unverwechselbaren fruchtig-trockenen Charakter. Kounaki produziert jährlich 20.000 Flaschen Wein. Die Weine werden sowohl in Edelstahltanks als auch in französischen Eichenfässern ausgebaut. Die Preise liegen zwischen 7 und 22 €. Besonders gut hat uns der Rotwein *Polipoikiliakos Kounaki* geschmeckt, der aus Merlot-, Syrah- und Cabernet-Sauvignon-Trauben gewonnen wird. Wer fruchtige Weißweine schätzt, sollte den *Athiri Kounaki* probieren. Der Besuch bei dem netten Besitzer in seiner stimmungsvollen Probierstube lohnt sich. ✆ 22460/41440, oder 6940695865, www.kounakiwines.gr.

Weingut Merkouris: Der Familienbetrieb der beiden Brüder Kostás und Manolis Papamichail stellt einfache, ehrliche Landweine her. Das Weingut mit einer jährlichen Produktion von 20.000 Flaschen liegt auf der linken Straßenseite am Ortsausgang in Richtung Kritiniá/Sianá. Neben der Probierstube liegt der Keller mit den Holzfässern. Spezialität des Hauses sind die Cabernet-Sauvignon-Rotweine und der

Tresterbrand *Souma*, den es in zwei Varianten gibt: mit 50 % und 60 %! Die Flasche kostet ab 4 €. ℘ 22460/41280, 41243 oder 6946671012.

Weingut Emery: Der Klassiker unter Émbonas' Weingütern, in der Probierstube kann man die Weine der Familie Triantafillou probieren. Das 1923 in Rhodos-Stadt gegründete Unternehmen hat sich 1974 in Émbonas niedergelassen (am Ortsausgang in nordöstlicher Richtung auf der linken Seite) und wird bereits in der dritten Generation geführt. Zwar hat man vor über 90 Jahren einmal als Ouzo-Destillerie am Hafen von Rhodos-Stadt angefangen, der größte Teil der Produktion entfällt heute jedoch auf den Wein, und das sind jährlich rund eine Million Flaschen, verkauft fast ausschließlich auf der Insel. Es gibt allerdings Pläne, den Wein künftig wieder zu exportieren. Im Angebot befinden sich auch Sekt und Dessertweine,. Besonderer Beliebtheit bei den Weinen erfreuen sich der weiße *Villaré* (100 % aus Athiri-Trauben), der gut zu Fisch passt, der *Gran Rosé* (100 % aus Amorgiano-Trauben) und der rote *Zacosta* (ebenfalls aus Amorgiano), alle drei zwischen 6,50 und 20 € pro Flasche. Bei Einheimischen steht der *Athiri Mountain Slopes* (Preis 9,50 €) am höchsten im Kurs. Der Weißwein wird wie der Villaré nur aus Athiri-Trauben gewonnen. Im Gaumen überrascht er mit Geschmacksnoten aus Limonen, Bananen und Ananas. Sowohl der Weiß- als auch der Rosé-wein sollten bei 8 bis 10 Grad Celsius getrunken werden. Emery keltert nicht nur eigene Trauben, sondern kauft auch dazu. Jährlich werden 900.000 kg Trauben verarbeitet (April bis Anfang Nov. Mo–Sa 10–16.30 (zur Hauptsaison auch länger), So geschlossen; ℘ 224 10/29111, www.emery.gr).

Sianá

Das hübsche Bergdorf südwestlich des Attáviros erlebte in den vergangenen Jahren einen Boom. Früher hielten hier nur wenige Besucher, um eine Rast an der Platia bei der modernen *Dorfkirche* einzulegen. Denn das Gotteshaus ist wegen seiner modernen Fresken sehenswert. Die in den 1970er-Jahren entstandenen Wandmalereien illustrieren unter anderem das Leben des Heiligen Panteleímonos. Heute ist Sianá fester Bestandteil jeder Bus-Inseltour. Die Einheimischen haben sich darauf eingestellt. Entlang der Durchgangsstraße reihen sich die Läden mit Honig, Souma und Olivenöl aneinander.

Tagsüber ist Sianá von Reisebussen und Touristen übervölkert, die jedoch meist nur eine halbe Stunde bleiben, um

Fehlt auf keiner Inselrundfahrt: das Honigdorf Sianá

Souma – Hochgeistiges aus den Bergen

Im Schatten des Attáviros gehört das Schnapsbrennen seit Jahrhunderten zu einer beliebten Beschäftigung. *Souma* wird der Tresterbrand auf Rhodos genannt. Im Winzerdorf Émbonas, in Ágios Isídoros und natürlich in Sianá gibt es noch teilweise urige Brennanlagen für diese rhodische Art des Grappas. Entlang der Hauptstraße ist der Souma z. B. im Laden von Maria Mastrosavas erhältlich. Für eine Halbliterflasche des ziemlich starken Traubentresters soll man rund 5 € rechnen. Besucher, die im September und Oktober unterwegs sind, können die Brenner bei der Arbeit beobachten. Zuerst werden die Weinreben auf Dächern getrocknet. So steigt der Zuckergehalt und damit auch der Alkoholgehalt. Danach werden die Trauben zerkleinert und die Maische wird in Fässer abgefüllt. Sie braucht etwa zwei Wochen zum Gären und kommt anschließend in den Brennkessel, der in der Regel mit Holzscheiten erhitzt wird. Aus rund 100 Litern Maische werden rund 10 Liter des Tresterbrandes gewonnen. Einheimische schätzen ein Gläschen nach einem schweren Essen am Abend zur Unterstützung der Verdauung.

Die Weintrauben von Émbonas

Profítis Ilías und die Bergdörfer

einen Blick in die Dorfkirche zu werfen und einzukaufen. Abends gehört das Dorf wieder seinen Bewohnern: es wird gemütlich.

Sianá ist auf Rhodos für seinen hervorragenden Thymianhonig bekannt. Das Pfund kostet etwa 6–7 €, je nach Qualität. Im Umkreis von Sianá stehen noch zahlreiche hölzerne Bienenstöcke. Mit einem Bienenvolk – das sind 30.000 bis 60.000 Bienen – erwirtschaftet ein Imker durchschnittlich 10 bis 15 kg Honig pro Jahr. In Sianá ist es Brauch, einem Neugeborenen einen kleinen Löffel Honig zu geben. Man wünscht ihm damit ein „süßes Leben". Auf Rhodos war der Honig nicht nur wegen seiner Heilwirkungen und zum Süßen bekannt. Man verwendete Bienenwachs auch, um Krüge zu verschließen und Schiffsplanken abzudichten. Früher führte jedes Kaiki eine Scheibe Wachs mit, um mögliche Lecks schnell abdichten zu können.

Einkaufen **Siana Natura Maria**, ziemlich genau gegenüber der Kirche verkauft die Tochter von Anastasia (→ Essen) den besten Honig der Insel. Das kann man ohne Übertreibung behaupten, denn bei Familie Mastrosavas gibt es nur naturbelassene Produkte. Nach dem Geheimnis ihres Honigs gefragt, erklärt Maria: „Wir lassen die Bienen in Ruhe". Kein Zuckerwasser wird zugesetzt, um die Bienen zu höherer Produktion anzuregen, das Ergebnis ist zwar weniger Masse, dafür ein intensiverer Geschmack, der den etwas höheren Preis rechtfertigt. Neben verschiedenen Honigsorten kann man auch hausgemachten Souma und das Olivenöl aus eigener Produktion erwerben. Die Familie Mastrosavas hat eine lange Tradition in der Herstellung der Produkte. ✆ 22460/09001 oder 6947110710, www.greekoliveoil-maria.com.

Übernachten   Fragen Sie in der Taverne „Village Place" nach Jorgos oder schräg gegenüber bei Sofia, sie helfen Ihnen bei der Zimmersuche. Man sollte sich aber nicht unbedingt darauf verlassen, die wenigen Zimmer sind oft schon belegt. Schlichte DZ für ca. 20 €.

Essen & Trinken   Village Place, die Taverne an der Hauptstraße gegenüber der Dorfkirche zählt zu den beliebtesten an der Westküste. Hier spielen die Einheimischen noch Tavli. Es gibt deftige griechische Kost. Aufmerksamer, freundlicher Service. Hier werden auch Honig für 4-7 € und Souma mit 50 % und 70 % für 5 € verkauft.

mein Tipp **Panorama**, in den 1960er-Jahren begann Großvater Manos Mastrosavas an dieser Stelle die ersten Touristen mit selbst gebranntem Souma und eigenem Olivenöl zu verköstigen. Zu dieser Zeit gab es kaum Restaurants und Bars auf der Insel, Touristen galten als Exoten. In Ermangelung geeigneter Behälter füllte man Öl und Souma einfach in ausgespülte Retsina-Flaschen und gab es den Gästen mit nach Hause. Manos lernte das Handwerk des Souma-Brennens von den Italienern, die Familie ist noch heute in Besitz einer der wenigen Lizenzen (→ Einkaufstipp und Kasten über Michalis Pangos rechts). Mittlerweile führt Tochter Anastasia das Traditionslokal und hat inselweit einen guten Ruf für ihr köstliches Stifádo, mit dem sie sogar schon in einer Kochsendung brillierte. Ihr Sohn Phillipos steht schon bereit, um den Restaurantbetrieb weiterzuführen. Alle Gerichte auf der Karte sind hausgemacht, sogar die Pommes frites. Empfehlenswert auch das Pastítsio und Moussaká. In der Küche findet nur das eigene Olivenöl Verwendung. An der Hauptstraße Richtung Émbonas auf der rechten Seite. ✆ 22460/61209.

Ágios Isídoros

Auf der Südseite des Attáviros liegt das Bauerndörflein Ágios Isídoros, dessen Häuser entlang der Durchgangsstraße wie Perlen an einer Schnur aufgereiht sind.

Ein Blick in die *Dorfkirche* (außerhalb von Gottesdiensten leider geschlossen) lohnt hier ebenso wie der Besuch des gemütlichen Restaurants „Ataviros" im Zentrum. Der Weiler ist leicht über eine asphaltierte Straße erreichbar, die von der Westküstenstraße (2 km nördlich von Sianá) abzweigt, oder über die Straße, die östlich um den Attáviros nach Émbonas führt.

Wer diese landschaftlich sehr reizvolle Straße nimmt, trifft 8 km nordöstlich von Ágios Isídoros auf das wiederaufgebaute **Kloster Artamíti**. Die Kirche mit ihrem dreigeschossigen Glockenturm wäre längst eingestürzt, hätte man sie nicht mit Betonpfeilern stabilisiert. Im Inneren des Gotteshauses, das dem heiligen Johannes geweiht ist, gibt es längst keine Fresken mehr, nur noch die 120 Jahre alte Ikonostase. Das Kloster steht in einer menschenleeren Berglandschaft, deren Stille nur von dem Gebimmel der Glöckchen weidender Ziegen und Schafe unterbrochen wird. Seit 2015 leben hier wieder zwei Mönche. Die Zwillinge Leandros und Alexandros stammen aus Kreta und haben ambitionierte Pläne: Sie wollen ein Programm initiieren, das Meditation, Beten und Wandern umfasst und das kleine abgeschiedene Kloster wieder für Gäste attraktiv macht. Die beiden Mönche sprechen ein wenig Englisch und freuen sich über Besucher. An einem der letzten beiden Septemberwochenenden findet hier im schönen Innenhof mit viel Musik, Tanz und Souvláki vom Grill das letzte Kirchweihfest der Insel statt.

■ 7–13 und 16–19 Uhr, Fr geschlossen, jeden Do 6.30–8.30 Uhr Gottesdienst.

Michalis Pangos – Pionier des rhodischen Inseltourismus

Es gibt nicht mehr viele, die berichten können, wie es in den 1960er- und 70er-Jahren war, als sich der Tourismus auf Rhodos entwickelte und ausländische Besucher auf der Insel noch als Exoten galten. Michalis Pangos Augen leuchten, wenn er von dieser Zeit erzählt, als Gastfreundschaft großgeschrieben wurde und man an jeder Ecke Orangen und Weintrauben geschenkt bekam. Der alte Herr sitzt in seinem Wohnzimmer, die Regale biegen sich unter den Geschichts- und Botanikbüchern und man spürt den Stolz, wenn Michalis von seiner Zeit als erster Fremdenführer erzählt.

Seine Geschichte beginnt am ertsen Inselhotel „Albergo delle Rose" in Rhodos-Stadt. Gegenüber lebte Michalis mit seiner Familie und so half er schon als Teenager den Gästen mit freundlichen Kleinigkeiten und bekam dafür ab und zu ein Trinkgeld. Sein Ehrgeiz war geweckt, und er lieferte sich mit seinem Freund einen Wettbewerb, wer die meisten deutschen Wörter lernen könnte. Jeden Tag ein neues Wort, machte 365 Wörter im Jahr – der Grundstein für sein Germanistikstudium. Später kamen Italienisch, Spanisch und Englisch dazu. Als 1962 eine Schule für Fremdenführer auf der Insel gegründet wurde, war er unter den ersten Schülern. Aber der Beruf war damals noch verrufen. Er erinnert sich, wie eine Nachbarin seiner Mutter zurief: „Dein Sohn läuft wie ein Hund mit den Fremden herum!" Doch er ließ sich nicht beirren. Für Kreuzfahrttouristen überlegte er sich eine Route, um ihnen den Profitis Ilías, Monólithos und Líndos zeigen zu können. Damals war das noch ein Abenteuer, es gab keine bequemen Reisebusse, keine befestigten Straßen und das einzige Kafenion mit Toiletten befand sich in Siána bei Manos Mastrosavas. Bei einem Halt fragte Michalis den Wirt, ob er nicht ein wenig Olivenöl und Honig bringen könne, und legte so den Grundstein für Siánas heutige Berühmtheit. Die Nachfrage nach seinen Inseltouren war so groß, dass er manchmal mit drei Bussen gleichzeitig unterwegs war. Er war der einzige Fremdenführer, der sich botanisches Wissen angeeignet hatte. Wer mit ihm unterwegs war, traf garantiert auf einen Bauern, der Trauben oder Aprikosen zum Probieren hatte. „Als mich die Gäste fragten, was das Obst denn koste, wunderte ich mich, und meine Antwort war - stets: Das kostet nichts, das kostet nur das gute Herz. Es war paradiesisch".

1968 kam die erste Wandergruppe, mit der Michalis über die Insel zog, immer mit dabei: rote Farbe zur Markierung der Wanderwege. „Damals kamen wir an einem Kafenion vorbei, der Wirt schlachtete eine Ziege für uns und alle haben zusammmen gegessen – Professoren, Lehrer, die Dorfbewohner."

Nach ein paar Jahren heuerte Michalis auf einem Kreuzfahrtschiff an und bereiste als Dolmetscher und Proviantmeister die Welt, aber nirgendwo gefiel es ihm so gut wie auf Rhodos. Wenn er mit seinem Schiff im Mandráki-Hafen lag, hörte er seine Gäste sagen: „Mike, you are right, this is paradise." 1979 heiratete er eine Holländerin, und kehrte nach Rhodos zurück, um weiter als Fremdenführer zu arbeiten. Heute setzt sein Sohn die Tradition fort.

Corinna Brauer

Chálki

Das Eiland Chálki ist im wahrsten Sinne des Wortes „steinreich". Die westlich von Rhódos gelegene Insel wirkt wie ein mächtiger, überdimensionierter Steinhaufen inmitten der Ägais. Dem herben Charme sind viele Stammgäste erlegen.

Chálki auf einen Blick:

Größe: 28 km², 10 km lang, 3 km breit

Bevölkerung: im Winter 200, im Sommer knapp 500 Einwohner

Entfernungen: Emporió–Chorió 3,5 km, Emporió–Kloster Ág. Ioánnis Alárga 8 km

Chálki ist das ideale Reiseziel für Urlauber, die eine Alternative zum Trubel auf Rhódos suchen. Die Insel überzeugt mit idyllischer Ruhe, glasklarem Wasser und einer grandiosen steinigen Landschaft.

Die Berge im Inselinneren ragen über 500 m hoch hinaus. Schatten spendende Bäume findet man nur vereinzelt im Inseldorf Emporió. Die malerische Hauptstadt ist das einzige bewohnte Dorf des 28 km² großen Eilands, auf dem nur wenige Autos verkehren. Wohin sollte man auch fahren, wenn es nur ein bewohntes Dorf gibt? Das Straßennetz beschränkt sich mehr oder weniger auf die 3,5 km Straße zum Ruinendorf Chorió. Ein Auto mitzubringen lohnt sich daher nicht. Wer Chálki entdecken will, muss gut zu Fuß sein. Nur ein Minibus fährt unregelmäßig durch die verwinkelten Gassen. Einsame Wanderungen zum Ruinendorf Chorió mit seinem mächtigen Kastell oder zu entlegenen Stränden bieten sich an. Auf Chálki gibt es noch viel zu entdecken.

In der verkarsteten, kahlen und felsigen Gebirgswelt gedeiht lediglich Macchiagestrüpp, das kaum Wasser zum Überleben braucht. Im Sommer wird es ungemein heiß, Schatten ist rar. Wenn sich die Fähre der Hafeneinfahrt nähert, glaubt man die wenigen Bäume an den Händen abzählen zu können.

Heute kaum vorstellbar: Chálki war einst, wie Sými im Norden, dicht bewaldet. Schiffbau und Kupferabbau erforderten jedoch viel Holz und die vermehrte Abholzung führte zur Erosion des fruchtbaren Bodens. Das Resultat zeigt sich heute im kargen Landschaftsbild. Nur etwa 500 Menschen mit ihren 6000 Ziegen und Schafen leben auf der Insel, die alles andere als wohlhabend ist. Die wichtigste Einnahmequelle ist der Tourismus. Nur eine

Minderheit der Bevölkerung lebt noch vom Fischfang. Dazu kommt ein wenig Schwammtaucherei, die früher wirtschaftlich große Bedeutung hatte.

Was anschauen?

Emporió: Die bunten Häuser Emporiós vor den kargen Felsen geben ein schönes Bild ab bei der Einfahrt in den Hafen. Ein Spaziergang durch das nette Dorf ist lohnenswert, auch wenn es keine großen Sehenswürdigkeiten gibt. Am Abend servieren die Tavernen am Hafen frischen Fisch. → S. 167

Chorio: Seit etwa drei Jahrzehnten ist die ehemaligen Inselhauptstadt verlassen. Über ihr thront eine 600 Jahre alte Johanniterburg, von der aus man über die halbe Insel bis hinüber nach Rhodos blicken kann. In der Nebensaison kann man von Emporió aus hinaufwandern. In der Hauptsaison empfiehlt es sich wegen der Hitze den Minibus zu nehmen. → S. 172

Kloster St. John: Das größte und wichtigste Kloster auf Chálki liegt inmitten einer kahlen, einsamen Landschaft. Wer es nicht zu Fuß ansteuern möchte, nimmt den Minibus oder bucht einen Trip bei einer Reiseagentur, am besten für den Nachmittag, sodass Gelegenheit besteht, den Sonnenuntergang von dort oben zu bewundern. Regelmäßige Angebote in der Hochsaison, in der Nebensaison nur sporadisch. Am 29. August findet zu Ehren St. Johns ein großes Fest auf Chálki statt. → S. 172

Wo baden?

Die meisten Strände auf Chálki sind felsig, dafür ist das Wasser kristallklar. Die schönsten Strände kann man mit dem Wassertaxi oder auf längeren Wanderungen erreichen. Nur 15 Minuten spaziert man zum einzigen Sandstrand, dem populären **Póntamos-Beach.** Eine gute Taverne sorgt hier für Verpflegung und Sonnenschirme. Wer es ruhiger mag: Zum **Ftenagia-Beach** geht man auch nur etwa 20 Minuten. → S. 169

Wie erreichen?

Von Kamiros Skala: Der kleine Ort im Westen von Rhódos bietet mit über zehn Fahrten pro Tag während der Hochsaison die besten Verbindungen nach Chálki. Eine Reservierung für die etwa einstündige Überfahrt ist ratsam. In der Nebensaison muss man einen Trip nach Chálki genauer planen, die Fähren verkehren dann nicht mehr täglich. → S. 169

Von Rhódos-Stadt: Dodekanes Seaways fährt jeden Dienstag und Donnerstag (auch im Winter) morgens nach Chálki und am späten Nachmittag zurück. Die Überfährt dauert eineinviertel Stunden. Außerdem setzt die Fähre Anek Lines mehrmals pro Woche von Rhódos nach Chálki über. Die Überfahrt ist billiger, dauert aber zwei Stunden. → S. 169

Karge Schönheit: Chálki

Geschichte der Insel

Die Quellen zur Inselgeschichte sind dürftig. Man geht davon aus, dass der Name Chálki von Chalkos, der griechischen Bezeichnung für Kupfer, abgeleitet ist, das vermutlich in der Antike auf der Insel abgebaut wurde. Gesichert ist die Theorie jedoch nicht. Archäologisch belegt ist immerhin, dass Chálki seit neolithischer Zeit bewohnt ist. Davon zeugen Messer- und Keramikfunde in Chorió.

Die Dorer brachten aus dem antiken Kamirós auf Rhodos den Apollo-Kult auf die Insel. Die Archäologen bewiesen diese Annahme mit Fundstücken aus der Gegend um Peukía an der Ostküste, der Póntamos-Bucht und aus Emporió. Bereits im 5. Jh. tauchten die Chalkiaten im Athener Steuerverzeichnis auf. Damals wie heute war die Inselgeschichte stets vom übermächtigen Bruder Rhodos beeinflusst.

Chálki gehörte im Altertum zu Kamirós auf der großen Nachbarinsel Rhodos. In hellenistischer Zeit wurde auch der Bergsporn von Emporió besiedelt. Bei einem Spaziergang durch die Ruinen kann man noch heute den einen oder anderen Steinquader aus dieser Epoche zwischen dem mittelalterlichen Mauerwerk entdecken. Bis in frühchristliche Zeit herrschte in Chálki relativer Wohlstand. Noch im Mittelalter gab es mindestens vier Siedlungen. Neben *Emporió* und *Chorió* befand sich beim Kloster Ágios Ioánnis der Ort *Antramassos,* und *Phoiniki* lag in der Nähe des Kap Limanári (der Name ist ein Hinweis auf den phönizischen Einfluss). Aufgrund der vielen türkischen Überfälle beschloss der Ritterorden schließlich 1475 und 1480 die Rückführung der Inselbevölkerung nach Rhodos. 1493 wurde Chálki vollständig evakuiert. Doch erst 1522, vor dem Beginn der Belagerung von Rhodos, fiel es endgültig in die Hände der Türken.

Im 19. Jh. erlebte die Insel durch den Schwammhandel – ähnlich wie die beiden Dodekanes-Inseln Kálymnos und

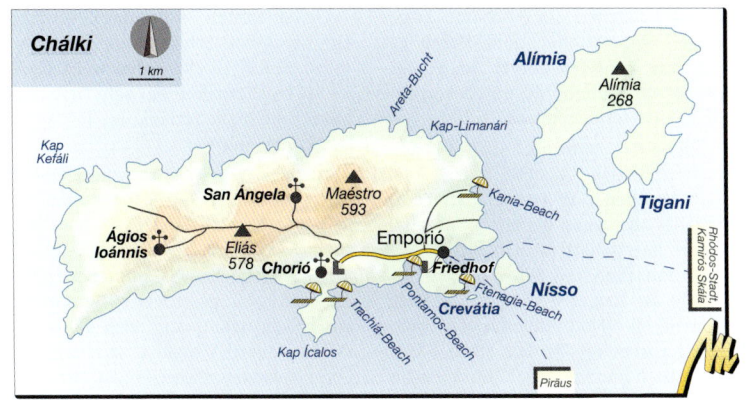

Sými – einen wirtschaftlichen Aufschwung. Damals hatte sie 4000 Einwohner, die sich Herrenhäuser leisteten und die Nikolauskirche in Emporió erbauten.

Als 1922 die Italiener Chálki übernahmen, war die große Zeit der Schwammtaucherei bereits vorüber. Mit ihren Restriktionen versetzten sie diesem Wirtschaftszweig den letzten Schlag. Damit begann die große Auswanderungswelle. Die meisten Einwohner wanderten nach Rhodos und nach Florida aus. Von jener Emigrationswelle hat sich die Insel nie mehr erholt.

Bis zum Zweiten Weltkrieg lebten noch 2000 Menschen dort. Doch es wurden ständig weniger. Erst der bescheidene Tourismus der letzten Jahrzehnte bringt, zumindest im Sommer, ehemalige Einwohner wieder zurück und hat damit die „Insel des Friedens und der Freundschaft zwischen der Jugend in aller Welt", wie Chálki regierungsamtlich seit 1983 genannt wird, mittlerweile aus dem Dornröschenschlaf erweckt. Mit der Eröffnung des Boutique-Hotels am westlichen Hafeneingang (nun: Aretanassa Hotel) erhielt Chálki bereits vor Jahren ein wahres Schmuckstück und durch viel privates Engagement konnten inzwischen darüber hinaus viele alte verfallene Häuser in Emporió restauriert und Privatzimmer modernisiert werden. Vor allem Briten schätzen das Ambiente der ehemaligen Kapitänshäuser, die sich in schmucke Ferienhäuser verwandelt haben. Einen Versuch in dieser Richtung hatte es schon in den 80er-Jahren des vergangenen Jahrhunderts gegeben, als durch die von UNESCO und griechischer Regierung geförderte Instandsetzung der Häuser die Insel für den Tourismus geöffnet und der Abwanderungstendenz in der Bevölkerung entgegengewirkt werden sollte. Doch die ehrgeizigen Entwicklungspläne erwiesen sich als unrealistisch, das Sanierungsprojekt wurde wie zahlreiche weitere Infrastrukturprojekte nie zu Ende geführt. Die Bürokraten standen sich selbst im Weg und der Missbrauch von Fördergeldern durch Mitarbeiter der Behörden rief viel Unmut hervor.

Emporió

Sichelförmig reihen sich die von zitronengelb bis apricot getünchten, vornehm wirkenden Häuser des Hafenortes Emporió (auch Nimborió genannt) aneinander. Der fünfstöckige klassizistische Glockenturm der Nikolauskirche

(18. Jh.) ragt wie ein erhobener Zeigefinger zwischen den zum Hafen gewandten Fassaden hervor, im Hintergrund ein erdbrauner, ins Ockergelbe übergehender Bergkoloss.

Wenn das Fährschiff an der Hafenmole festmacht, kommt in Emporió, dem einzigen Dorf von Chálki, Leben auf. Abends, wenn die letzte Fähre abgelegt hat, gehört der Ort wieder den Einheimischen und den wenigen Touristen, die länger in Emporió bleiben. Obwohl die Fährverbindungen nachhaltig verbessert wurden, spielt Chálki touristisch auch im 21. Jh. nur eine Nebenrolle, was sich u. a. in preiswerteren Übernachtungsangeboten im Vergleich zur Nachbarinsel Chálki niederschlägt.

Diese Abgeschiedenheit genießen auch manche Einheimische, die im anstrengenden Tourismusgeschäft auf Rhodos arbeiten und gerne mal ein Wochenende zum Ausspannen auf ihre Heimatinsel kommen. Urlaubern, die länger bleiben wollen, seien die ehemaligen Kapitänshäuser in erster Reihe am Meer empfohlen. Von ihrer Terrasse kann man direkt ins Wasser springen, das selbst am Hafen glasklar ist.

In den bunten Gassen des Ortes blühen prachtvoll Hibiskus und Bougainvillea. Der idyllische Hafen von Emporió ist bei Künstlern ein sehr beliebtes Motiv, die auch Ferienkurse in Aquarellmalerei anbieten.

An klassischen Sehenswürdigkeiten bietet die Hauptstadt jedoch kaum etwas. Die **Nikolauskirche** ist einen Besuch wert. Im Inneren des am Hang gelegenen Gotteshauses kann man sich die kunstvoll geschnitzte Ikonostase anschauen, schön sind auch die originellen Mosaik-Arbeiten aus weißen und schwarzen Kieselsteinen. Ein Abstecher ins kleine **Kirchenmuseum** wäre ebenfalls lohnenswert, aber leider steht man oft vor verschlossenen Türen. Wer mehr sehen will, kann zur ehemaligen Hauptstadt Chorio oder zum Kloster Ágios Ioánnis (St. John) wandern.

Lebensmittel, Getränke und das Einkehren sind teurer als auf Rhodos. Auf Chalki gibt es keine Apotheke (hier hilft der Hausarzt weiter), doch mittlerweile einen Bankomaten. Auch eine eigene Entsalzungsanlage hat die Insel inzwischen, bis vor einigen Jahren

Malerische Kulisse: der Hafen von Emporió

musste Trinkwasser noch mit Tankbooten angeliefert werden. Dass es immer noch kostbar ist, merkt man z. B. am Strand, wo man für die Benutzung der Duschen 50 Cent bezahlt.

Für kulturelle Abwechslung sorgt das **Chálki-Kulturfestival** von Ende Juni bis Mitte September. Dann kommen Musikkapellen und Tänzer aus allen Teilen Griechenlands für eine Aufführung auf die kleine Insel. Zum **Namenstag von St. John** am 29. August findet auf Chálki eines der schönsten Kirchenfeste des Dodekanes statt. Die erste Fähre (zumeist Fedon) am Morgen fährt dann bunt geschmückt auf die Insel, an Bord eine Musikkappelle, die bei der Hafeneinfahrt ein spezielles Lied für Chálki spielt. Nachdem der Schutzheilige der Insel in einem Gottesdienst geehrt wurde, wird abends am Hafen von Emporió ausgiebig „Panigiri" gefeiert. Bis in die Nacht wird gemeinsam gegessen, getrunken und getanzt.

Baden

Am Dorfrand gibt es mehrere Möglichkeiten zum Baden, doch keinen richtigen Strand. Die Küste von Chálki ist überwiegend steinig, aber durchaus reizvoll. Sehr schöne und abgelegene Kiesbuchten sind nur nach langen Wanderungen oder per Wassertaxi zu erreichen. Drei lohnenswerte Strände sind aber gut zu Fuß von Emporió aus zu erreichen: **Póntamos, Ftenagia und Kania.**

Póntamos Beach: Der beliebteste und nächste Strand. Der Póntamos Beach liegt nur knapp 1 km westlich von Emporió. Er ist der einzige Sandstrand auf Chalki, dazu mit glasklarem Wasser. Für die Verpflegung sorgt die sehr gute Taverne Nick's, die auch Sonnenschirme und -liegen sowie Zimmer vermietet (→ S.171). Nördlich der Bucht befindet sich eine von den Italienern freigelegte Nekropole aus hellenistischer Zeit (4.–3. Jh. v. Chr.).

Ftenagia Beach: Der schöne Strand liegt am südwestlichen Ende von Emporió (etwa 1 km vom Hafen entfernt). Man geht die Strandpromenade bis zu ihrem südlichen Ende, wo ein steiniger Pfad (kein Schatten) an einer weißen Kapelle vorbei zu dem nur rund 20 m breiten Kiesstrand führt (beschildert). Eine angrenzende Betonterrasse mit Liegen bietet zusätzlichen Platz für die Besucher und es gibt eine kleine Taverne.

Kania Beach: schmaler Strand im Norden vom Emporió. Auch hier tischt eine gute Taverne auf und vermietet Liegestühle. Zu Fuß geht man etwa 30 Minuten, aber es fahren auch Wassertaxis und der graue Minibus. Das **Chalki Dive Center** bietet Tauchgänge für Anfänger und Fortgeschrittene (www.chalkidive.com) an.

Chálki → Karte S. 167

Basis-Infos

Verbindungen zur Insel Täglich laufen 3 **Ausflugsboote** von *Kamirós Skála* (Rhodos/Nordwestküste) in Richtung Chálki aus: „Fedon", „Nikos Express" und „Nissos". Das Ticket für die einfache Fahrt kostet rund 10 €. Je nach Boot und Wetterlage dauert die Überfahrt zwischen 45 Minuten und etwas über einer Stunde. Der Fahrplan hängt von der Saison ab: In der Hauptsaison fahren alle Anbieter mehrmals täglich. Das erste Schiff legt dann um spätestens 9 Uhr von Kamirós Skála ab und die letzte Fähre fährt zwischen 16 und 18 Uhr zurück. Das erste Boot von Chálki nach *Kamirós Skála* fährt meistens schon um 6 Uhr. In der Nebensaison sind die Verbindungen deutlich seltener. Im November fahren die Schiffe z. B. nur 3–4 mal pro Woche hin und zurück. Der Abfahrtszeiten können je nach Wetter schwanken.

Es gibt außerdem mehrmals pro Woche **Fährverbindungen** von Rhodos-Stadt mit Anek Lines und Dodekanisos Seaways. Die Tragflächenboote von Dodekanisos Seaways jeden Dienstag und Donnerstag (auch im Winter) nach Chálki und zurück. Das Boot startet meist um 9:45 Uhr in der Früh, fährt dann weiter auf Inseln wie Kos und kehrt um rund 17:10 Uhr nach Chálki zurück (in der Nebensaison um 9 und 16 Uhr). Ein Rückfahrtticket kostet rund 30 € (eine einfache Fahrt ist verhältnismäßig teurer), die Überfahrt dauert 1:15 Stunden. Die Fähre Anek Lines fährt über Karpathos und Santorin nach Chálki und zurück. Abfahrt ist mehrmals pro Woche am frühen Morgen, retour geht es abends. Das Rückfahrtticket kostet nur 16 €, eine Fahrt dauert jedoch zwei Stunden.

Exakte Auskünfte erteilen die Hafenämter in Rhodos-Stadt (℡ 22410/28666 oder 27695) und Emporió/Chálki (℡ 22460/45220), Informationen und Reservierungen auch im Internet unter www.12ne.gr, www.anek.gr oder www.facebook.com/fedon.halki. Außerdem informieren die kleinen Betreiber Nissos und Nikos Express auf Facebook über aktuelle Abfahrtszeiten oder unter ℡ 6934117388.

Verbindungen auf der Insel Bus: Der silbergraue Minibus der Gemeinde verkehrt täglich ab dem Fährhafen auf der einzigen Straße der Insel. Nikos, der freundliche Fahrer, kennt die Insel wie seine Westentasche und spricht gut Englisch. Er fährt mehrmals täglich zu den Stränden Póntamos, Ftenagia und Kania (1,50 €) und retour sowie um 18.30 nach Chorió (5 €) und zum Kloster Ágios Ioánnis (10 €) und zurück. Busfahrpläne gibt es an jeder Rezeption oder beim Hafenamt. Es sind auch individuelle Routen möglich: ℡ 6944694106.

Taxi: Taxistand am Hafen. Wenn mal kein Taxi an der Mole zu finden ist: ℡ 22460/45251, 694 4434429 (mobil), 6978870095 (mobil). Taxifahren auf Chálki ist teuer. Die Fahrt nach Chorió kostet 20 €, zum nahen Póntamos-Strand 5 €, zum Ftenagia-Strand 8 €, zur Kirche Ágios Ioánnis im Inselinneren 33 €.

Inselausflüge Zifos Travel, am Hafen, verschiedene Ausflüge und Hilfe bei der Zimmersuche. ℡ 22460/45028, 6944376176, zifostravel@rho.forthnet.gr

Fedon Travel, an der Hafenpromenade, Exkursionen zu den nahe gelegenen Stränden, nach Chorio und zum Kloster Ágios Ioánnis Alárga. ℡ 22460/45110 oder 6940688433, fedontravel@yahoo.gr.

Captain George, ganztägige Badeausflüge mit der „Meltemi II" zur Trachiá-, der Areta-Bucht im Norden der Insel oder rund um Chálki, ca. 15 €/Pers. (mind. 5 Teilnehmer). In Costa's Café am Hafen nachfragen.

Außerdem steht auf Chálki ein **Wassertaxi** zur Verfügung. Im Hafen liegen einige kleinere **Ausflugsboote**, mit denen man sich zu einem Strand fahren und wieder abholen lassen kann (℡ 22460/45251, 6944434499 oder 61001 oder einfach am Hafen nachfragen). Der Preis ist Verhandlungssache.

Zweiradverleih am Hafen.

Gesundheit Wer ärztliche Hilfe benötigt, biegt am Weg zum **Póntamos-Strand** rechts ab (ausgeschildert); ℡ 6907760595 oder 693 7503969.

Karten: im Saint Nicolas Boutique Hotel für 5 € zu kaufen.

Polizei ℡ 22460/45213.

Post Mo–Fr 7.30–14.45 Uhr, an der Hafenmole. Gleich daneben ein Bankomat.

Kinderfreundlich: Póntamos-Beach

Übernachten/Essen & Trinken

In den letzten Jahren sind die Übernachtungs-möglichkeiten in Emporió zahlreicher und stil-voller geworden. Neben einigen Privatzimmern gibt es hier auch idyllische Ferienhäuser direkt an der Wasserfront zu mieten. Es empfiehlt sich eine frühzeitige Reservierung, denn gerade in der Hochsaison sind die schönsten Häuser oft ausgebucht. Einige davon sind fest in bri-tischer Hand (Nissia Holidays).

Agenturen Hilfreich bei der Zimmersuche können die Reiseagenturen am Hafen sein (sie-he oben). Für ein einfaches DZ sollten Sie mit 40 € rechnen, ein Ferienhaus kostet ab 80 € pro Nacht. Die Büros haben während der Sai-son (Mai bis Ende Sept.) ganztägig geöffnet, auch am Wochenende.

Halki Houses, ☎ 6979670544, www.halki houses.gr.

Übernachten   Villa Kalypso, mitten im Ortszentrum in der Nähe der Wasserfront, mo-dern-elegant eingerichtete Apartments für 2–4 Pers. 100–220 €. ☎ 6936128308, www.villa kalypso.com.

Mein Tipp **Villa Praxithea,** hält man sich am Hafen rechts und folgt der schmalen Gasse am Meer entlang, gelangt man zu dieser empfeh-lenswerten Unterkunft von Iakovos und Mano-lis Gryllis in einem über 100 Jahre alten Kapi-tänshaus. 2 Apartments unterschiedlicher Grö-ße, von jedem Zimmer hat man einen herrli-chen Blick auf das türkisblaue Meer. Apartment im ersten Stock für bis zu 5 Pers. Ab 80 € (je nach Größe der Gruppe), Apartment im Erdge-schoss für bis zu 7 Pers. Ab 130 €, ☎ 697242 7272, www.villapraxithea.com.

Gleich daneben entstand die **Villa Aristea,** ein liebevoll dekoriertes Ferienhaus mit 1 Schlaf-zimmer und wunderschöner schattiger Natur-steinterrasse direkt an der Wasserfront. Je nach Saison ab 65 € pro Nacht.. ☎ 6972427272, www.villapraxithea.com/villaaristea.

Aretanassa Hotel, das 2017 umbenannte ehemalige St. Nicolas Boutique Hotel, ein Schmuckstück direkt an der Hafeneinfahrt. An-geboten werden 19 Zimmer, einige davon mit Meerblick. DZ mit Terrasse 80–109 €, Zimmer mit Balkon kosten etwas mehr. ☎ 22460/70927, info@aretanassa.gr.

Villa Amalia, direkt an der Wasserfront be-herbergt dieses traditionelle Dorfhaus 4 luxu-riöse Apartments unterschiedlicher Größe. Von der Terrasse springt man direkt ins Meer. 75–140 € pro Nacht. ☎ 6944397124, www.villa amalia.gr.

Aquarella Apartments, in zweiter Reihe entstanden hier 8 farbenfrohe Apartments, teilweise im Maisonette-Stil, alle mediterran-elegant eingerichtet. ☎ 22460/45331 oder 6987 192516, www.aquarella-apartments.gr.

Nick's Taverna, in der Taverne kann man sehr günstig und gut essen, schöne Terrasse am Meer. Hier werden auch einige Zimmer mit Bad, Kühlschrank und Veranda (direkt am Strand!) vermietet. 1 km von Emporió, Pónta-mos-Beach. DZ 75 € mit Frühstück. ☎ 22460/ 45295, Möglichkeit zur Reservierung auch über Facebook (am besten eine private Nachricht schreiben).

Essen & Trinken   Das „große Esszimmer" der Insel ist der **Hafen**. Ein Dutzend Lokale steht zur Auswahl und man hat die Qual der Wahl. Der Fisch ist meistens, aber nicht immer frisch. Oftmals genügt ein Blick in die Vitrine des jeweiligen Restaurants: Die Augen eines fri-schen Fisches müssen noch klar sein, die Kie-men hellrot. Übrigens ist Chálki für seinen wür-zigen Honig bekannt. Bei der Anlegestelle der Fähre gibt es oft Imker, die Gläser in unter-schiedlichen Größen verkaufen.

Taverne Maria, am Rande der kleinen Platia am Hafen (hinterm Postgebäude, leicht an der blauen Treppe zu erkennen) liegt ein wenig versteckt die beliebte Taverne. Maria wird vor allem wegen ihrer Grillgerichte geschätzt. Bei schlechten Windverhältnissen kann es auf ihrer kleinen Terrasse mit einem halben Dutzend Ti-schen schon mal rauchig zugehen. Preiswert.

Taverne Mavri Thalassa (Black Sea), das Restaurant – zu Deutsch *Schwarzes Meer* – ist bekannt für seine großen Portionen und fri-schen Fisch. Besonders die Kalamaris und die Nachspeisen schmecken gut. An der Hafen-promenade.

Bäckerei Dimitris, an der Hafenmole gegen-über vom Taxistand. In der Bäckerei gibt es nicht nur leckeres Weißbrot, sondern auch klei-ne, gute Snacks für wenig Geld. Eine Leserin schwärmt hier von der wohl besten Apfelta-sche der Welt.

Taverne Magefsis, von Lesern gelobt wegen des sehr freundlichen Service und des super Essens. An der Hafenpromenade in der Nähe der Post.

Chálki → Karte S. 167

Taverne Balantis, hier sitzt der Gast schattig unter einem riesigen Ficus-Baum. Beliebt sind die Grillgerichte, für die britischen Gäste gibt es auch Burger und Omelettes, auch viele Einheimische schätzen die Küche der kleinen Taverne.

Almyra, das neue Restaurant bemüht sich um anspruchsvollere Kunden und hebt sich so von den anderen Tavernen am Hafen ab. Gute griechische Küche, abseits von Moussaka, zu etwas höheren Preisen.

 **Wanderung 9:
Von Emporió zur Kapelle Panormítis**　　→ S. 256
Auf schattenlosen Wegen geht es zu einer einsamen Kapelle, von der man eine schöne Sicht auf Emporió und die Küste genießt.

Chorió

Fragt man nach Chorió, zu Deutsch *Dorf*, deutet der Gefragte in Emporió zielsicher auf eine baumlose Bergkette. Mit angestrengtem Blick erkennt man auf dem Gipfel etwas Zackenförmiges: die ehemalige Burg von Chálki, die wie ein Adlernest am Berg klebt. Hinter der Kuppe ducken sich die Wohnhäuser. Seit etwa drei Jahrzehnten wohnt in der ehemaligen Inselhauptstadt keine Menschenseele mehr. Obwohl die Einheimischen am Hafen einen Spaziergang von 20 Minuten versprechen, muss man einen knapp einstündigen Fußmarsch zurücklegen, bis man den Gipfel erreicht. Eine Asphalt- bzw. Betonpiste, der einzige befestigte Weg der Insel, führt von Emporió – vorbei am beliebten Strand in der Póntamos-Bucht – stetig bergauf zur ehemaligen Inselhauptstadt. Am Ziel schlängelt sich ein Pfad durch die Häuserzeilen mit beschädigten Wänden, eingestürzten Dächern und verdorrten Hausgärten hinauf zur mittelalterlichen, 600 Jahre alten *Johanniterburg*. Traumhaft ist von dort das Panorama, das über die halbe Insel bis hinüber nach Rhodos reicht. Die mittelalterliche Burg entstand auf der antiken Akropolis. Die Festungsanlage wurde vermutlich im 14. Jh. unter den *Assanti* erbaut, nachdem Barello Assanti (1366–72) mit Chálki, Tílos und dem benachbarten Inselchen Alímia belehnt worden war. Die Wehrmauern und Zinnen, vor allem an der Nordmauer, sind noch gut erhalten, teilweise sogar begehbar. Auf dem Gipfel kann man noch die Außenwände der einstigen Burgkapelle *Ágios Nikólaos* erkennen. Die spätbyzantinischen Fresken modern vor sich hin, ohne dass sich jemand darum kümmern würde. Wer bei der Wanderung ins Schwitzen gekommen ist: Unterhalb der Burg sieht man die steinige Halbinsel Trachia, die durch einen schmalen Isthmus mit Chálki verbunden ist. Dort gibt es zwei wunderschöne Kiesstrände, die aber nur mit festen Schuhen von der Burg aus zu erreichen sind. Wer es bequemer möchte, kann sich auch von Emporió per Fischerboot hinbringen lassen.

Wandern ab Chorió

Nicht gekennzeichnete, schmale Pfade führen von Chorió auf den **Inselberg Profítis Ilías** und zum **Kloster Ágios Ioánnis** (auch St. John Alargas, ca. 8 km von Emporió entfernt).

Die beschwerliche Wanderung sollte man im Hochsommer auf keinen Fall ohne ausreichenden Sonnenschutz und vor allem Trinkwasser unternehmen. Denn wer das gebirgige Inselinnere erkunden will, wird eine Steinwüste entdecken. Es empfiehlt sich, wegen der enormen Hitze am Nachmittag sehr früh aufzubrechen.

Von Chorió führt zunächst eine Piste zum **Kloster San Ángela**, wie die italienischen Besatzer das Erzengelkloster (Moní Taxiarchis) am Südhang des mit 593 m höchsten Berges Maéstro nannten. Der mühsame Weg wird mit einem fantastischen Ausblick belohnt. Man kann die Wanderung anschließend in Richtung Westen fortsetzen.

Eine Straße führt über das 578 m hohe Eliás-Massiv zum **Kloster Ágios Ioánnis Alárga** (Zisterne vorhanden) mit einer gewaltigen Zypresse. Reizvoller jedoch als das Gotteshaus selbst ist die grandiose, kahle Landschaft, über die der Wind unaufhörlich pfeift.

Das Kloster Ágios Ioánnis Alárga ist das größte und wichtigste Kloster auf Chálki. Es wird noch heute von einer Familie bewohnt, die in den Sommermonaten die Besucher mit Erfrischungen und einfachen Speisen versorgt. Zu Ehren St. Johns feiert die Insel am 29. August ein großes Fest (→ S. 169).

Nachbarinsel Alímia

Tipp für Einsamkeitsfans: ein Trip nach Alímia, der Kalkinsel in Form eines Fragezeichens. In einer halben Stunde erreicht man das menschenleere Eiland, im Altertum *Eulimne* genannt, mit den Resten einer ehemaligen Johanniterburg. Das gleichnamige Dorf ist bereits seit den 1960er-Jahren verlassen. Die Inselbewohner lebten nach dem Krieg in großer Armut, viele von ihnen starben am Hunger. Bis Anfang der 1970er-Jahre wohnten noch drei Familien auf der Insel und das in bescheidensten Verhältnissen ohne Elektrizität. Da die Insel keine natürlichen Wasservorkommen hat, war die landwirtschaftliche Nutzung nur im Winter bei ausreichenden Regenfällen möglich. Nach dem Tod der letzten Einwohner überließ man die Häuser einfach sich selbst. Nur ab und zu fährt ein Schäfer nach Alímia, um nach seiner Herde zu sehen. Es gibt keine regelmäßigen Verbindungen, aber mittlerweile Ausflugsboote (ab 30 €, die Fahrten finden meist sonntags statt).

Während des Zweiten Weltkriegs nutzten die Deutschen die Insel als Versteck für ihre U-Boote und Schnellboote. Im April 1944 wurde ein britisches Kommando beauftragt, dem ein Ende zu setzen. Doch die Briten wurden von den Nazi-Truppen entdeckt, zum Tode verurteilt und exekutiert, die Inselbevölkerung deportiert.

Chálki → Karte S. 167

Sými

Das karge Sými wirkt nur auf den ersten Blick abweisend. Auf den zweiten Blick machen die fjordartige Hafeneinfahrt, die klassizistischen Steinhäuser, die treppenartigen Gassen und das gemächliche Alltagsleben Sými zum kleinen Paradies.

Sými auf einen Blick:

Größe: Mit 67 km2 hat die Insel nur 5 % der Gesamtfläche von Rhodos

Bevölkerung: Im Winter 1500, im Sommer 3000. In der Hochsaison bringen die Fähren aus Rhódos tagsüber bis zu 500 Touristen nach Sými.

Entfernungen: Sými–Pédi ca. 3 km, Sými–Nimboriós ca. 2 km, Sými–Panormítis ca. 22 km

Die Insel verdankt ihren Namen der Tochter des Königs Ialysos von Rhódos. Simi – so ihr Name – wurde von dem Seemann Glaukos, dem späteren Erbauer des legendären Schiffs „Argo", mit dem die Argonauten nach Kolchis aufbrachen, entführt und auf die Insel gebracht. Das heutige Sými, einziges Städtchen der Insel und aus den beiden Ortsteilen *Chorió* (am Hang) und *Gialós* (am Hafen) bestehend, liegt an der Stelle der antiken Stadt Syme, Überreste davon existieren leider nicht mehr.

Außer den Fischerdörfern *Pédi* und *Nimboriós* sowie dem *Panormítis-Kloster* gibt es keine weiteren Ansiedlungen, entsprechend wenig ausgebaut ist das Straßennetz. Asphaltiert ist im Wesentlichen nur die Straße von Nimboriós/Sými-Stadt zum Kloster Panormítis, die die Insel in voller Länge durchquert, und die, die zur Bucht von Pédi führt.

Das nur 10 km von der türkischen Küste entfernt liegende Sými gleicht in weiten Teilen einer Geröll- und Steinwüste: kahl und unfruchtbar, bergig und nur schwer zugänglich. Vegetation ist nahezu nicht vorhanden. Im Gegensatz zu anderen Inseln des Dodekanes wurde es in weiten Teilen nicht terrassiert. Die Bewohner lebten jahrzehntelang von der Schwammfischerei und nicht von der Landwirtschaft. Bäume und Sträucher wachsen nur in der Bucht von Pédi und im südlichen Teil der Insel. Die höchste Erhebung ist der Berg Vigla mit 616 m. Die Küste präsentiert sich steil und buchtenreich. Man kann sie auf ausgedehnten Wanderungen oder mit dem Wassertaxi erkunden. Wer ohne großen Rummel auskommt, Ruhe sucht und gerne wandert, wird sich auf Sými wohlfühlen.

Der Tourismus ist mit Ausnahme der Fischerei die einzige Einnahmequelle der Insel, die einst mit der Schwammtaucherei reich geworden war. Vor allem Segler und Yachtbesitzer schätzen sie wegen ihres Naturhafens, der als einer der sichersten der Ägäis gilt. Ein großes Angebot an Hotels, Pensionen und Privatzimmern findet sich in Sými-Stadt (Gialós und Chorió), weitere Übernachtungsmöglichkeiten gibt es in Pédi, Nimboriós und im Kloster Panormítis.

Was anschauen?

Gialós: Bei einem Spaziergang entlang der Promenade kann man den wunderschönen Hafen erkunden. Nette Tavernen und Cafés laden zum Besuch ein und auch am Abend ist hier einiges los. → S. 177

Windmühlen über der Stadt: Etwa 380 Stufen führen von Gialos bis zum alten Stadtteil Chorió. Wer dann noch nicht genug hat, kann zu den Windmühlen hinaufsteigen, die auf dem Bergkamm über Sými-Stadt thronen. Von hier hat man eine herrliche Aussicht. → S. 179

Kloster Panormítis: Das Kloster liegt mit seinem prachtvollen Innenhof in einer pinienbekrönten kesselförmigen Bucht. Wenn die Ausflugsschiffe nicht gerade Station machen, kann man hier eine einmalige Stille und Schönheit genießen. → S. 190

Wo baden?

Nimborios: Am Meer entlang spaziert man von Gialos eine gute halbe Stunde in das verträumte Dorf. Hier gibt es einen netten schmalen Kiesstrand mit einer Taverne, die Liegen und Schirme vermietet. → S. 187

Geórgiou-Disálona-Bucht: Der Blick auf den Kiesstrand vom Wasser aus ist spektakulär: Im Hintergrund ragt eine graue Felswand in schwindelerregende Höhe. Hin kommt man nur mit dem Boot, verpflegen muss man sich selbst. Yachtbesitzer schätzen die Lage und machen hier gerne Station. → S. 189

Wie erreichen?

Nach Sými kommen Sie von Rhódos-Stadt auf zwei Arten – individuell oder im Rahmen eines organisierten Tagesausflugs:

Individuelle Anreise: In der Hauptsaison fahren mehrmals täglich Schiffe von Dodekanes Seaways und Anes Lines. Die Hinfahrt findet – passend für einen Tagesausflug – in der Früh statt, zurück nach Rhódos geht es vorwiegend am Abend, entweder des gleichen oder eines anderen Tages, je nachdem, ob man einen längeren Aufenthalt plant.

Organisierter Ausflug: Am Mandraki-Hafen in Rhódos werben mehrere Anbieter für ihre Tagesausflüge nach Sými. Preise (rund 25 €) und Programm ähneln sich. Manchmal ist noch Zeit für einen Badestopp in einer der versteckten Buchten.

Blick auf das wunderschöne Gialós

Geschichte der Insel

Wer durch Sými schlendert, dem werden die großen, teilweise prachtvollen Bürgerhäuser auffallen. Zahlreiche davon sind heute längst renoviert. Die wenigen brüchigen Ruinen sind Tummelplätze für die vielen Katzen der Insel. Die außergewöhnliche Architektur bezeugt den einstigen Wohlstand der Insel. Die *Schwammfischerei* war früher ein lukratives Geschäft. Während der türkischen Besatzungszeit hatte Sými eine begrenzte Pauschalsteuer, den Maktu, zu zahlen und war verpflichtet, jährlich eine bestimmte Menge an hochwertigen Schwämmen an den Sultanspalast zu liefern.

Die Schwammtaucherei florierte. 1912 lebten auf Sými 23.000 Menschen (davon über 2500 Schwammfischer), 1937 waren es nur noch 6300. Das Produkt, das die Simioten so lange ernährte, war nicht mehr gefragt, auch hatten die italienischen Besatzer die Steuer auf die Schwämme so sehr erhöht, dass die Existenz vieler Familien bedroht war. Da es auf der Insel keine anderen Erwerbsmöglichkeiten gab, wanderten die meisten Bewohner aus, vor allem in die USA und nach Australien. Sými fiel in einen Dornröschenschlaf, die Bewohner lebten mehr schlecht als recht von der Landwirtschaft und dem Fischfang. In den letzten Wochen des Zweiten Weltkriegs verlagerte Otto Wagner, der als Oberkommandeur über die deutschen Truppen in der östlichen Ägäis eingesetzt war, aufgrund zunehmender Bombardements durch die Alliierten sein Hauptquartier von Rhodos nach Sými. Am 8. Mai 1945 unterschrieb er hier die Kapitulation. Eine Inschrift in Chorió zeugt davon: „Heute flüstert die Freiheit mir zu, hört auf ihr 12 Inseln besorgt zu sein. 8. Mai 1945". Nach der jahrhundertelangen Besatzung durch Türken, Italiener und Deutsche wurde Sými zwei Jahre später ein Teil Griechenlands.

Kaiki – ein Schiff für alle Lagen

Im Hafen von Sými lagen sie zu Dutzenden vor Anker. Die Kaikis. Noch immer ist der ägäische Schiffstyp der treueste Begleiter für die Insulaner übers Meer. Das Kaiki besitzt eine lang gezogene Form mit spitzem Bug und Heck, geradem Kiel samt flach ausladendem Rumpf. Dieser auf dem Dodekanes einst häufig anzutreffende Bootstyp besitzt eine hohe Stabilität. Das ist gerade in der Ostägäis wichtig, wenn der Meltémi mal wieder für eine steife Brise sorgt. Inseln wie Sými sind in Griechenland für ihren Bootsbau bekannt. In der Regel werden die Konstruktionsgeheimnisse von Generation zu Generation weitergegeben. Die einstigen hölzernen Segelschiffe wurden früher ausschließlich für Handel und Schwammfischerei eingesetzt. Heute sind sie mit einem Motor ausgerüstet und transportieren Besucher auch zu abgelegenen Stränden auf der Insel. Ihre Länge kann bis zu 15 m betragen. Doch die Zahl der bunt bemalten Fischerboote nahm dank der EU-Verordnung Nr. 2370/2002 zuletzt rapide ab. Brüssel zahlte jedem Fischer eine Prämie von bis zu 175.000 Euro, wenn er sein Boot zerstörte. Dahinter stand das ehrgeizige und wichtige Ziel, die bedrohten Fischbestände im Mittelmeer zu stabilisieren. Doch mit der Zerstörung vieler Tausend kleiner Fischerboote wurde dieses Ziel nicht erreicht. Dank riesiger Trawler und illegaler Verstöße gegen geltende Fischereivorschriften sind die Fischbestände nach wie vor bedroht und Brüssel hatte mit seiner Maßnahme nur das Ende einer jahrhundertealten Tradition initiiert.

Heute lebt Sými vor allem vom Tourismus, der der Insel nach dem Ende der Schwammfischerei wieder zu einer gewissen Wohlhabenheit verholfen und gleichzeitig die alte Tradition ein wenig wiederbelebt hat: Vor allem vormittags, wenn die Ausflugsfähre die Urlauber von Rhodos nach Sými bringt, sieht man am Hafen Inselbewohner Schwämme – die mittlerweile allerdings von der afrikanischen Küste stammen – bearbeiten.

Sými-Stadt und der Norden

Das **Hafenviertel Gialós** ist romantisch wie kaum eine andere Bucht des Dodekanes. Dies gilt vor allem nachts, wenn die beleuchteten Häuser an den steil abfallenden Berghängen die fjordähnliche Bucht in ein schummeriges, melancholisches Licht hüllen. Schöner kann ein Hafen nicht liegen.

Sými hat sich besonders unter Seglern als lohnenswertes Ziel herumgesprochen. Die windgeschützte Bucht ist fast täglich restlos ausgebucht – entlang der Mole von Gialós, dem Hafenviertel von Sými-Stadt, ist kein Anlegeplatz mehr frei. Vielfach wird in „zweiter Reihe geparkt".

Sými → Karte S. 179

Tagsüber ist eine ganze Menge los: Pünktlich ab 11 Uhr mittags laufen die Ausflugsfähren aus Rhodos in den Hafen ein und der tägliche Überfall internationaler Touristenschwärme beginnt. Die Besetzung der Insel dauert jedoch nur etwa vier Stunden, denn dann ist das prall gefüllte Sightseeing-Programm beendet: Windmühlenbesichtigung (oben auf dem Bergkamm), Visite bei den Schwammverkäufern am Hafenbecken, Geruchsprobe bei den Gewürzhändlern, Galerie-Besuch (vor allem Aquarellmalereien) und ein Spaziergang durch das Gassenlabyrinth rund um den Hafen. Viele türkische Besucher haben jedoch ein anderes Programm: Sie legen mit ihren Booten erst abends an. Dann „tanken" sich die Besitzer in den Tavernen an der Hafenmole (etwa in der Taverne Menos) voll und feiern die Nacht durch.

Doch Sými setzt immer mehr auf anspruchsvollere Touristen. So gibt es seit Kurzem einen Bio-Supermarkt und ein „Wellbeing Center" (mit u. a. Yoga, Pilates und verschiedenen Massagen) im Zentrum. Es ist kein billiges Pflaster. Die Preise der Unterkünfte sind im Ver-

gleich zu den anderen Inseln des Dodekanes hoch. Auch die Restaurantbesitzer wissen um die Belastbarkeit der Portemonnaies ihrer Kundschaft. Wer mehr als nur Sými-Stadt erkunden will, der ist auf Kaikis angewiesen – und auch das geht auf Dauer ins Geld.

Eigentlich erfreulich: Offiziell sind die Gassen von *Gialós* für Autos und Motorräder von 11 bis 15 Uhr und von 21 bis 24 Uhr gesperrt. Doch leider hält sich niemand daran.

Geprägt wird das Stadtbild vom neoklassizistischen Baustil der meisten Häuser. Sie sind letzte Zeugnisse des Wohlstands, der hier im 18. und 19. Jh. herrschte. Viele Simioten kamen damals zu Geld – die erfahrenen Seefahrer mit ausgeprägtem Geschäftssinn versilberten ihre begehrte Ladung, die Schwämme. Auffallend sind die Braun- und Ockertöne der stattlichen Herrenhäuser (*Archontikas* genannt), die „Nationalfarben" Sýmis. Rund vier Fünftel aller Türen und Fensterstöcke sind damit gestrichen – im gleichen Farbton wie die gelblich-braunen Anzüge der Schwammtaucher.

Vorbereitungen für ein romantisches Abendessen vor Hafenkulisse

Heute fließen die Finanzmittel aus Athen und Brüssel. Dank großzügiger Subventionen ist dem Zerfall der Stadt Einhalt geboten worden. Trotz der enormen Renovierungsleistung der vergangenen Jahre stehen etliche Gebäude noch immer leer und verfallen, wie etwa die zwei verwaisten ehemaligen Museen im Zentrum. Die meisten leer stehenden Häuser sieht man jedoch auf dem Weg nach Chorió, die Bewohner sind bereits vor Jahrzehnten ausgewandert. Viele verließen die Insel kurz nach dem Zweiten Weltkrieg, in dem die deutsche Wehrmacht Sými aus der Luft angegriffen und bombardiert hat. 1945 kapitulierte hier der grausame, selbst ernannte „König von Rhodos", Otto Wagner. Zuvor befahl er noch die Vernichtung eines riesigen Vorratslagers mit Lebensmitteln, Munition und Benzin. Viele pittoreske Kapitänshäuser sowie die Johanniterburg in Chorió fielen der Explosion zum Opfer.

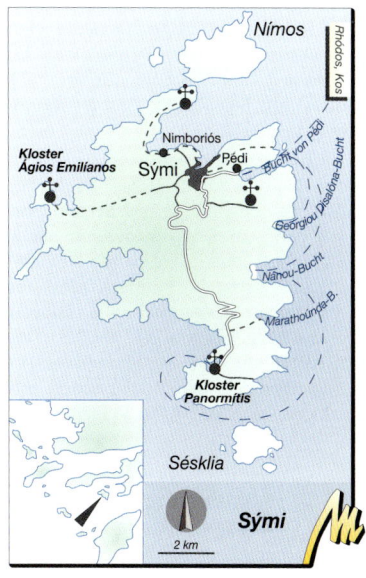

Chorió

Etwa 380 Stufen ziehen sich vom Hafen hinauf nach *Chorió*, dem älteren Teil von Sými-Stadt. Die Hauptgasse, die *Kalí Stráta* (Schöne Straße), endet an der Ruine der Johanniterfestung (*kastro*) aus dem 13. Jh. An ihrer Stelle stand einst ein Tempel, der der Göttin Athene geweiht war.

Unterhalb der Burgruine stecken die Häuser dicht zusammen, bilden ein Labyrinth schmaler Gassen – dort eine Biegung, hier ein Durchgang, mal aufwärts, dann wieder hinab, unüberschaubar Nur mit Mühe kann sich der kleine Inselbus durch Chorió drängen, viel zu eng ist selbst die breiteste Straße. Zwischen Außenspiegel und Mauern klaffen nur wenige Zentimeter. Die Häuser in Chorió sind übrigens durchnummeriert. Straßennamen hätten keinen Sinn – zu verwirrend ist der steinerne Irrgarten.

Archäologisch-volkskundliches Museum: Das kleine, in einem herrschaftlichen Haus in Chorió untergebrachte Museum widmet sich der Geschichte der Insel und ihren maritimen Traditionen wie Bootsbau und Schwammtaucherei. Darüber hinaus ermöglichen die Rekonstruktion eines traditionellen Hauses und eine Trachtensammlung es dem Besucher, sich ein Bild von der ursprünglichen Lebensweise der Inselbewohner zu machen. Zum Zeitpunkt der Recherchen 2018 war das Museum noch im Aufbau und deshalb der Eintritt frei (8–14:30 Uhr, Mo geschlossen).

Windmühlen über der Stadt: Hoch oben auf dem Bergkamm, etwa 200 m über dem Meer, stehen die brüchigen Mühlen. Früher wurde hier das Getreide für den Schiffszwieback gemahlen. Von den Windmühlen genießt man die beste Sicht auf den Hafen, über die gesamte Insel und hinüber zur Türkei. Steigen Sie am späten Nachmittag hinauf, dann verwandelt die

Sými → Karte S. 179

untergehende Sonne die Bucht von Sými in ein einzigartiges Gemälde. (Für Cineasten: Der Hafen Sýmis diente als Kulisse für den Kinofilm „Die verlorene Insel" mit Ben Kingsley in der Hauptrolle.)

Ganz oben auf der Bergspitze befindet sich eine kleine Höhle. Zahlreiche Skelette von Hunden und Schafen sorgen dafür, dass sie unbewohnt bleibt. Ende der 1970er-Jahre hatten sich hier einige verspätete Blumenkinder aus Amsterdam eingenistet. Der Hippies überdrüssig, verwandelte ein Hirte die Höhle in ein Grab für seine Tiere. Die Aussteiger aus den Niederlanden entschieden sich für eine neue Bleibe.

Baden rund um Sými-Stadt

Die Bademöglichkeiten im Ortsbereich sind mehr als bescheiden. Ein etwa 10 m breiter Kiesstrand findet sich am nördlichen Ende der Hafenpromenade. Wer von hier aus weitermarschiert, vorbei an dem markanten Glockenturm des Klosters Ágios Evangelismos, erreicht den **NOS-Strand**: Das kleine, nur rund 40 m lange Stück Kiesstrand ist mit Liegestühlen (5 €) zugestellt. Die Bar Symi-Paradise versorgt die Gäste mit eisgekühlten Getränken. Noch ein Stück weiter der Straße folgend erreicht man **Nimborios**, wo man an zwei Stränden entspannter baden kann.

 Wanderung 10: Von Gialós zur Kapelle des heiligen Georg und nach Nimboriós   → S. 258

Rundtour mit herrlichen Ausblicken über einen noch sehr gut erhaltenen Eselspfad zu einer idyllisch gelegenen Kapelle und der beschaulichen Badebucht von Nimboriós.

Basis-Infos

Information Bei den unten genannten Reiseagenturen oder auf der besonders lobenswerten Webseite „The Symi Visitor", die mit allerlei Wissenswertem für Touristen aufwartet.

Verbindungen zur Insel Tägl. Verbindungen von und nach Rhodos per **Fähre, Tragflächenboot** oder **Ausflugsboot**. Am Mandráki-Hafen in Rhodos-Stadt findet man zahlreiche Anbieter, die 5-stündige Tagesausflüge nach Symi für rund 20 € veranstalten (etwa mit, 6944722446, www.nikolaosx.gr).

Außerdem verkaufen die Redereien **Anes Lines**, **Dodekanes Seaways** und **Blue Star Ferries** Tickets für individuelle Überfahrten. In der Hauptsaison fahren sie mehrmals täglich von Rhodos-Stadt nach Sými und zurück – im Winter nur mehr einige Male pro Woche. Die Überfahrt dauert zwischen 50 Minuten und 1:30 Stunden und kostet zwischen 10 und 20 € . Preis und Dauer der Überfahrt variie-

ren je nach Anbieter und dem Zeitpunkt der Buchung.

Die Boote fahren von Sými oft weiter nach Kos (1:30 Std.), Kalymnos, Patmos und zu weiteren Urlaubsinseln. Dodekanes hat auch eine Fahrt mit Zwischenstopp beim Kloster Panormitis im Angebot (zum Stand der Recherchen jeden Mittwoch).

Auskünfte geben die **Reiseagenturen** auf Sými (s. u.). Es gibt auch Fährverbindungen in die Türkei, nach Datcha, Marmaris oder Bodrum.

Fahrpläne im Internet: www.gtp.gr oder direkt bei der Fährlinie Anes, die auf Sými unter ℡ 22460/71444 oder 71100, www.anes.gr zu erreichen ist, sowie bei Dodekanisos Seaways, www.12ne.gr.

Verbindungen auf der Insel Der gelbe **Symi-Bus** fährt zwischen 8 und 24 Uhr zu jeder vollen Stunde von Gialós über Chorió nach

Pédi (1,50 €) und zurück (zu jeder halben Stunde). Busfahrer Lakis Nikolakopoulos kennt auf der Insel jeder. Sein Fahrstil durch die engen Gassen von Chorió ist ein Erlebnis. Abfahrt ist am südlichen Ende der Hafenmole beim Restaurant „Pantelis". Eine weitere Verbindung besteht zum Kloster Panormítis. Der **türkisblaue Inselbus** fährt ab Gialós Mo–Fr um 6.50, 10.30 (nur in der HS und dann auch nur Mo, Di und Do) und 14 Uhr, zurück geht es um 7.30, 12 (nur in der HS) und 15.20 Uhr, Sa und So fährt der Bus ab Gialós um 7:30, 10.30 und 14 Uhr, zurück geht es um 8, 12 und 15 Uhr. Die etwa 30-minütige Fahrt kostet 3 €. ℘ 22460/71311.

Taxis gibt es auf der Insel insgesamt nur fünf. Stamatis, Costas, Georgos und seine Kollegen bedienen beispielsweise die Strecke zum Kloster Panormítis. Doch das Vergnügen ist teuer: knapp 25 €. Für eine Fahrt von Gialós nach Chorió sollte man mit circa 4 € rechnen. Buchung u. a. unter ℘ 6945531676.

Bimmelbahn, zu jeder vollen Stunde fährt vom Hafen in Gialós ein kleiner Zug bis nach Nimborió. Für 6 € Fahrpreis pro Pers. (Kinder bis 12 Jahre 3 €) muss man sich nebenbei allerdings von griechischer Schlagermusik lautstark beschallen lassen. Nicht jedermanns Geschmack.

Ausflugstipp

„Normalerweise fahren die Ausflugsboote folgende Route: Rhodos–Panormítis–Sými-Stadt oder umgekehrt. Wir haben Folgendes gemacht: Statt beim Kloster Panormítis wieder in See zu stechen, haben wir, nachdem zahlreiche Touristen den Ort wieder verlassen hatten, den kleinen Inselbus (einen Bulli mit ca. neun Plätzen) zur Stadt Sými quer über die Insel benutzt und sind dann zum verabredeten Zeitpunkt wieder an Bord gegangen. Die Vorteile sind: Die Wartezeit am Kloster Panormítis kann genutzt werden, um sich noch einmal in Ruhe umzusehen oder einfach die friedliche Atmosphäre in dem faszinierenden Naturhafen zu genießen. Die Busfahrt gibt wunderschöne Einblicke in die Landschaft, herrliche Ausblicke auf das Meer und einen Blick auf die Stadt Sými, wie man ihn vom Wasser nicht haben kann. Zeit für die Besichtigung ist ausreichend vorhanden, da der Bus ungefähr so lange benötigt wie das Schiff." ▪ **Lesertipp** von Nicole und Georg S.-B. aus Dortmund

Bucht bei Gialós

Inselausflüge Täglich starten vom Hafen außerdem kleine Ausflugsboote zu verschiedenen Badebuchten (vor allem an der Ostküste) und zum südlich vorgelagerten Inselwinzling **Sésklia**. Lucas ist seit 1978 im Geschäft und bietet seinen Gästen täglich **Taxiboot-Transfers** zu den umliegenden Stränden an (direkt am Hafen zu finden, ☎ 6945045068). Auch andere Anbieter, wie Pavlos und Kostas fahren mehrmals täglich (☎ 6946251320).

Neben den Taxibooten, rasanten, kleinen Motorbooten, schippern größere **Kaikis** zur Panormítis-Bucht und zu weiteren schönen Badebuchten. Die Tagesausflüge mit ehemaligen Fischkuttern werden ab 25 € samt Verpflegung angeboten. Außerdem werden verschiedene Touren im Pick-up oder zu Fuß über die Insel offeriert (zu buchen etwa bei Sými Tours).

Achtung! Sými ist dafür bekannt, dass es im Sommer besonders heiß werden kann. Das Thermometer steigt an manchen Tagen über 40 Grad! Bedenken Sie, dass die Tagesausflüge zwischen 11 und 16 Uhr, also während der heißesten Tageszeit, stattfinden. Auch die Überfahrt kann wegen des heftigen Meltémi-Windes durchaus zum Abenteuer werden. Wenn sich ein schwerer Seegang abzeichnet, ist der Verzicht auf ein üppiges Frühstück ein Vorteil.

Auto-/Motorradverleih Auf Sými gibt es mehrere Vermieter, angesichts der Größe der Insel lohnt sich durchaus ein motorisiertes Zweirad oder für eine Familie sogar ein Auto, beispielsweise bei **Glaros**. Preisbeispiele: Fiat Panda 30–55 € pro Tag, Jeep 40–55 €, 125-ccm-

Vespa 15–25 €, Quad 25–45 €. ☎ 22460/71926, ☎ 6948362079, www.glarosrentacar.gr.

Tanken in Sými-Stadt.

Gesundheit Es gibt zwei Ärzte und zwei Zahnärzte auf Sými. Die Praxis der Allgemeinmediziner befindet sich vor dem Hotel Kokona in Gialós, ☎ 22460/71290 und 71316. Die Zahnarztpraxis erreichen Sie ebenfalls in Gialós, ☎ 22460/71272. Die Ärzte sprechen Deutsch. Außerdem gibt es eine Apotheke an der Hafenfront. Das nächste Krankenhaus befindet sich in Rhodos-Stadt.

Banken Diverse EC-Automaten, die Alpha-Bank und National Bank of Greece unterhalten sogar eigene Filialen, die werktags bis 14 Uhr geöffnet sind.

Post Wenige Meter von der Polizei entfernt. Mo–Fr 7.30–14 Uhr. Briefmarken werden auch im Kiosk verkauft.

Reiseagenturen **Symi Tours**, seit 30 Jahren kümmert sich die Agentur der Familie Sykallos um die Bedürfnisse der Sými-Besucher. Sie hilft bei der Zimmersuche, bei der Buchung von Fährtickets und organisiert Ausflüge, etwa Wandertrips, eine Rundfahrt mit dem Boot oder eine Bustour zum Kloster Panormítis. ☎ 22460/71307, www.symitours.com.

Marathounta Holidays (Kalodoukas Holidays), am Beginn der Stufen hinauf nach Chorió. ☎ 22460/71077, www.kalodoukas.gr. Hilfreich bei der Buchung von Fährtickets und der Suche nach Unterkünften. Außerdem plant die Agentur, zukünftig auch wieder Ausflüge zu organisieren. Tägl. 9–13 und 18–21 Uhr.

Waschsalon **Symi Laundry** heißt der Waschsalon an der Hafenfront, 7 kg Wäsche kosten 6 €, 15 Min. mit Trocknen 12 €.

Übernachten

Trotz zahlreicher Hotels, Pensionen und Privatquartiere gleicht die Zimmersuche einer Odyssee – schweißtreibend, lästig, nervend. Zumindest in der Hochsaison sind (fast) alle Zimmer belegt und die ohnehin sehr hohen Übernachtungspreise klettern in astronomische Höhe. Relativ preiswert ist es noch im Frühjahr und Frühsommer. Bei vielen Herbergen zählt der September noch zur Hochsaison. Eine frühzeitige Buchung raten wir dringend an! Die meisten Vermieter holen ihre Gäste übrigens kostenlos vom Hafen ab.

Nireus **6**, das bei deutschen Gästen beliebte Hotel mit 36 Zimmern der gehobenen Kategorie und Restaurant zählt zu den beliebtesten Quartieren der Insel. Die Herberge liegt direkt am Uhrenturm. Vor dem Haus geht es stufenförmig ins Wasser. Nireus ist eine komfortable und gepflegte Herberge mit schönem Meerblick. DZ in der Hochsaison mit Frühstück ab 96 € (NS ab 60 €), Suiten ab 136 €, EZ ab 63 €. ☎ 22460/72400, 401, 402, www.nireus-hotel.gr.

Übernachten

2 Hotel Odyssia
3 Kleanthi and Kostas Studios
4 Hotel Aliki
5 Villa Thalassa
6 Hotel Nireus
7 Anastasia
9 Hotel Albatros
10 Iapetos Village
11 Thea Apartments
13 Hotel Kokona
14 Villa Katerina
17 Opera House
19 Hotel Fiona

Essen & Trinken

1 Taverne Tholos
8 Taverne Neraida
12 Taverna Meraklis
15 Vapori
16 Olive Tree Café
18 Georgios

Sými Stadt

130 m

MeinTipp **Iapetos Village** 10, gepflegtes Haus mit 28 sehr geräumigen Zimmern, darunter auch 6 Apartments und 13 Maisonette-Suiten. Das einzige Hotel auf Sými mit Swimmingpool und Sauna liegt zentral. Sehr schöne Anlage im traditionellen Stil. Aufmerksamer Service, zum Frühstück werden die Gäste mit hausgemachter Limonenmarmelade verwöhnt. DZ inkl. Frühstück ab 95 €, Maisonette mit Küchenzeile 150 €. WLAN kostenlos. ☎ 22460/72777, www.iapetos-village.gr.

Kleanthi and Kostas Studios 3, modern und gemütlich eingerichtete Apartments am südlichen Ende der Bucht von Gialos. Von der Terrasse hat man einen wunderschönen Blick auf die Bucht. DZ in der Hauptsaison etwa 70 €, Dreibett-Zimmer etwa 80 €. kleanthi-and-kostas-studios.symi.top-hotels-gr.com.

Kokona 13, das nur 100 m vom Hafen entfernt liegende Hotel wurde 2017 renoviert. Es verfügt über geräumige Zimmer und schöne Bäder. Auf einer mit dichtem Laub überwachsenen Terrasse wird das Frühstück serviert. Ruhige Lage inmitten des Gassengewimmels von Gialós, allerdings ist eine Kirche in der Nähe, deren Glocke möglicherweise läutet. Kein Meerblick. Nette Besitzerfamilie Michailou. Mit Klimaanlage und WLAN DZ ab 73 € inkl. Frühstück. ☎ 22460/71451, www.hotelkokona.gr.

Fiona 19, geschmackvolles 2-Sterne-Haus an der großen Treppe in Chorió. Alle Zimmer sind farbenfroh eingerichtet. Das Frühstück nimmt man auf einer riesigen Terrasse mit wundervollem Blick über Sými ein. Manchmal macht der sympathische Besitzer Michalis, der wie seine Frau Fiona perfekt Englisch spricht, dazu auf seiner Sandouri Musik. DZ in der Nebensaison 60 € (inkl. Frühstück), Hauptsaison 90 €, WLAN kostenlos. ☎ 22460/72088, www.fionahotel.com.

MeinTipp **Alikí** 4, das zweistöckige klassizistische Haus aus dem Jahre 1895 von Georgos Nikolis nahe dem Uhrenturm am Hafen mit repräsentativer Lobby, großer Dachterrasse und gediegener Atmosphäre ist selbst schon eine Sehenswürdigkeit. Es wurde 1999 aufwendig restauriert. Es verfügt über 12 DZ und 3 Suiten. Geöffnet April–Okt. Vor allem bei Briten beliebt. Geräumiges DZ mit Bad ab 70 €, DZ mit Meerblick ab 95 €. Die Suiten mit großem Balkon kosten ab 140 € aufwärts. WLAN kostenlos. ☎ 22460/71665, www.hotelaliki.gr.

Odyssia 2, die familiäre Herberge an der nördlichen Hafenmole bietet komfortable Apartments unterschiedlicher Größe mit kleiner Küche (teilweise im Maisonette-Stil), alle haben einen schönen Blick auf den Hafen. Die terrassenförmige Anlage, überwiegend in grauem Naturstein

380 Stufen führen von Gialos nach Chorió

erbaut, besitzt auch ein Restaurant im Erdgeschoss. Nette Besitzerfamilie. Apartment 50–120 €, WLAN inklusive. ☎ 22460/71210 oder 72642, www.symi-odyssia.gr.

Albatros 9, in den engen Gassen südlich des Hafens. Die Besitzerin Fabienne Vargas ist sehr freundlich. Die 5 Zimmer sind hell und sauber, die Einrichtung farbenfroh – hier stimmt alles. Teilweise schöner Meerblick. April–Okt. offen. DZ inkl. Frühstück 45–65 €. Fabienne vermietet auch traditionelle Ferienhäuser in Chorió. ☎ 22460/771707, ☎ 6976803291, www.albatrosymi.gr.

Opera House 17, gepflegte Anlage mit 29 Studios und Apartments, schöner Garten, 150 m vom Hafen entfernt. Man erkennt das Haupthaus im Sými-Stil an der leuchtend blauen Fassade. Die Apartments verfügen über Badezimmer und große Kochecken, teilweise mit 2 Schlafzimmern. Freundliches Wirtsehepaar. DZ 75–200 €. WLAN kostenlos. ☎ 22460/72034, www.symioperahouse.gr.

Anastasia 7, hinter der Post. Die Zimmer wurden erst kürzlich renoviert, an der Rezeption spricht man Griechisch sowie wenige Brocken Englisch und von den Zimmern schaut man auf die umliegenden Gebäude. DZ ab 45 €, in der HS 70 € mit Frühstück. ☎ 22460/71364, www.anastasiahotel-simi.gr.

mein Tipp **Thea Apartments 11**, 5 stilvolle Apartments, eines schöner als das andere, teilweise im Maisonette-Stil. Panos, der sympathische Besitzer, füllt den Kühlschrank seiner Gäste mit allem, was man zum Frühstücken braucht. In der Bäckerei nebenan braucht man dann nur noch frisches Brot zu holen. Herrlicher Blick vom Balkon, stundenlang könnte man einfach dasitzen und die Schiffe beobachten. Das DZ mit dem Namen „Maroussa" kostet beispielsweise 100–140 €. An der Treppe Richtung Chorió auf der linken Seite, ☎ 22460/72559 oder ☎ 6997517517, www.symi-thea.gr.

Villa Katerina 14, wer ein ruhiges Plätzchen zu einem guten Preis sucht, ist hier genau richtig. Die freundliche Katerina Tsakiris vermietet in ihrem schönen Haus oberhalb von Gialós 3 sehr einfach eingerichtete DZ zu einem Spitzenpreis. 40–50 € pro Nacht zahlt man in diesem Haus, und das auch in der HS. Jedes Zimmer ist ausgestattet mit Du/WC und Klimaanlage. Von der Terrasse schöner Blick auf das Hafenpanorama. Katerina spricht gut Englisch, am besten anrufen: ☎ 2246071813 oder 6945130112.

Wandertipps – Kapellen und Klöster

Alle Wanderungen beginnen in Gialós (Sými-Stadt). Diese wurden von unserem Leser Dr. Norbert Aleweld aus Iserlohn-Sümmern begangen:

Zur Kapelle Ágios Fanoúrios: Der Straße folgen, die am Nautischen Museum einbiegt. Nach einer schmalen Treppenstraße gelangt man auf Maultierpfaden (rote Punktmarkierung) zur Kapelle Ág. Fanoúrios (Schlüssel bei der nahe gelegenen militärischen Wachstation) mit einem stimmungsvollen Innenhof. Von dort in östlicher, dann in nordöstlicher Richtung auf schmalem, unmarkiertem Pfad zwischen alten Bruchsteinmauern zur Kapelle Ág. Paraskeví nach Chorió. Am Kastro (Haussteinwände mit Kurvenpolygonen) auf verschiedenen Wegen nach Gialós (ca. 2:30 Std. mit Ruhepausen).

Über Ágios Fanoúrios zum Kloster Ágios Emilianós: Anstieg von Sými-Stadt wie oben bis Ágios Fanoúrios, danach über die Fahrstraße zur Kapelle Taxiárchis Michaíl Roukouniótis mit sehr schönen Fresken (bitte läuten). Der Straße zur Kapelle Ág. Anárgyrii (Ág. Cosmas und Damian) mit sehr anheimelndem Innenhof folgen. Links an der Kapelle vorbei führt ein schmaler Pfad (rote Markierung) durch einen ausgedehnten Zedernwald zur Kapelle Ág. Giannis Theológos (Feiertage am 8. Mai und 27. September). Von hier bereits wunderbare Ausblicke auf die Bucht von Marór und Skoúmissa. Hinter Ág. Theológos wird die Punktmarkierung spärlich. Der Pfad läuft halb links, dann nach rechts in nördlicher Richtung. Oberhalb der Marór-Bucht dem Pfad zur Kapelle Ág. Filímonos folgen, diese links und rechts passieren und danach am westlichen Ufer der Skoúmissa-Bucht zum Insel-Kloster Ág. Emilianós. Man geht rund 4 Std. inklusive Besichtigungspausen. Von Ág. Emilianós fahren Boote nach Sými-Stadt. Am besten vorher nach den Abfahrtszeiten erkundigen.

Essen & Trinken/Nachtleben   → Karte S. 183

Ein ganzer Schwung von Tavernen und Restaurants, deren Besitzer jedoch wissen, was man Touristen abverlangen kann. Dabei sind die Restaurants an der Hafenpromenade deutlich teurer als die Konkurrenz in weniger exponierter Lage. Positiv aufgefallen sind uns folgende Tavernen:

Essen & Trinken   Neraida 8, die Taverne von Michael Megloudis serviert klassische Landküche, Fleischgerichte bereits ab 8 €, große Terrasse. ✆ 22460/71841.

MeinTipp Tholos 1, unterhalb des Klosters Ág. Evangelismos. Man sitzt direkt am Wasser unter Sonnensegeln und genießt den Ausblick auf Sými, während die Vögel in der Tamariske zum Essen zwitschern. Die täglich wechselnden Speisen sind auf eine Schiefertafel geschrieben. Neben der traditionellen Küche gibt es vegetarische Gerichte wie Hummus, weiße und grüne Bohnen oder einen köstlichen Auberginensalat, mit Schafskäse verfeinert. Aufmerksamer Service. ✆ 22460/72033.

Sými → Karte S. 179

Die Insel der Promis

Auch Tina Turner war schon da. Die Sängerin legte im Sommer 2003 mit ihrer Jacht im Hafen von Sými an. Der Inselzeitung „Symi Visitor" war der prominente Besuch allerdings lediglich zwei Sätze auf Seite 6 wert. Denn Stars und Sternchen gibt es auf Sými jede Menge. Die Liste reicht von Schauspielerinnen wie Sarah Jessica Parker über Oscar-Preisträger Jeremy Irons bis zur Sängerin Mariah Carrey. Sogar der ehemalige, 2018 verstorbene US-Präsident George Bush stattete der Insel einen Besuch ab. In blauen Bermudas und Baseballkappe schlenderte er über die Hafenpromenade. Und auch der jordanische König Abdullah II. suchte auf dem kleinen Eiland Ruhe und Erholung.

Sými gilt als Insel der Promis. Nur redet darüber niemand gerne, Sýmis Bewohner sind verschwiegen. Um die Promis wird kein großes Aufheben gemacht. Etwa 20 mehr oder weniger bekannte Persönlichkeiten aus Großbritannien sollen die Insel regelmäßig besuchen, erzählt man sich in den Tavernen am Hafen hinter vorgehaltener Hand. Und auch aus Deutschland reisen die Promis an. Zumindest vier sollen zu den Stammgästen gehören. Aber bitte keine Details. Um wen es sich handelt, wollen die Einheimischen nicht sagen. Das würde nicht zum Image der Insel passen.

Von der Prominenz lässt sich hier jedenfalls keiner aus der Ruhe bringen. Die Fischer am Hafen flicken weiter ihre Netze, die Schwammverkäufer gehen weiter ihrem Geschäft nach. Niemand jagt Autogramme. Auf Sými können die Stars an den Strand und zum Gemüsehändler, ohne dass sich gleich jemand umdreht und ihnen hinterherschaut.

Sými will exklusiv sein, einerseits. Die Stammgäste sollen sich zurückziehen können. Es gibt so gut wie keinen Verkehr, keine großen Hotelklötze. Doch Sými will auch rentabel wirtschaften, andererseits. Die Tavernen, Cafés und Schmuckläden am Hafen können von den Stammgästen allein nicht leben. Sie sind angewiesen auf die Tagestouristen aus Rhodos. Doch die wollen partout nicht ins Bild der schicken Promi-Insel passen. So bewegt sich die Insel zwischen den beiden Urlauber-Klischees: sog. Blue Chip Tourists, umweltbewusst und an der Kultur des Gastlandes interessiert, contra Pauschalreisende, mit Fotoapparat behangen und am Kitsch der Souvenirverkäufer interessiert.

Vom Massentourismus „all inclusive" wird Sými jedenfalls auch in Zukunft verschont bleiben – vorausgesetzt die Verkehrsanbindung bleibt, wie sie ist. Die Insel ist nur per Fähre zu erreichen und die Anreise vom Flughafen Rhodos dauert ein paar Stunden – definitiv zu lange für die großen Reiseveranstalter. Die muten ihren Gästen in der Regel höchstens 90 Minuten Transport zum Hotel zu. Tina Turners Jacht kann also getrost weiter die kleine Hafenbucht von Sými ansteuern. Denn auf Sými lässt sich davon niemand aus der Ruhe bringen.

Meraklis 12, alteingesessenes Restaurant mit freundlichem Service in der schmalen Stichstraße, die von der Hafenspitze abzweigt. Große Auswahl, üppiger Bauernsalat, zivile Preise. Erkundigen Sie sich nach frischem Fisch. Ein Klassiker unter den simiotischen Tavernen. ℅ 22460/71003.

Georgios 18, an der Platia in Chorió. Von wildem Wein umrankte Pergola, mäßige Preise, vorzügliche Küche. Hier treffen sich seit Jahrzehnten die Sými-Insider. ℅ 22460/71984.

✎ **Olive Tree Café** 16, schöner Platz für eine Pause mit Aussicht auf die Küste nach 372 Stufen auf dem Weg nach Chorió. Frisch zubereitete Smoothies und Mehlspeisen sowie verschiedene kleine andere Speisen wie etwa Brot-Muffins. Die netten britischen Besitzerinnen verwenden dafür nur saisonale und lokale Zutaten und achten auf Nachhaltigkeit, so dienen etwa Makkaroni als Strohhalme. Viel Zeit mitbringen, denn Schnelligkeit zählt nicht zu den Stärken des Cafés ℅ 22460/72681.

Nachtleben Abends ist in den Gassen am Hafen mächtig was los. In den Bars drängen sich die Touristen.

In der **Harani-Bar** kann man den Abend angenehm ausklingen lassen – leckere Cocktails und gute Musik. ℅22460/71422.

Vapori 15, vor dem Aufgang zur Kalí Stráta liegt die beliebte Bar von Mary Burney und Michaelis Foutouradakis, mit Schiffsbildern an allen Wänden. Gute Cocktails und freundlicher Service. Ab 17 Uhr geöffnet. ℅ 22460/72082.

Nimboriós

Das kleine Fischerdorf, knapp 2 km nordwestlich von Sými-Stadt, besteht nur aus knapp hundert Häuser und einem guten Dutzend Kapellen. Taxiboote pendeln beladen mit sonnenhungrigen Urlaubern zwischen Gialós und dem Kieselstrand in der sichelförmigen Bucht. Eine Teerstraße entlang der Küste führt von Gialós nach Nimboriós, zu Fuß braucht man eine gute halbe Stunde. Es gibt einen leicht abfallenden, schmalen Kieselstrand mit Liegen und Sonnenschirmen sowie eine Taverne. Weiter nördlich gibt es bei einer Snackbar noch einen kleinen zweiten Strand.

So charakterisiert der aus Franken stammende Schriftsteller Ludwig Fels im „FAZ-Magazin" die abgeschiedene Ortschaft: „Die Klippen unten im türkisfarbenen Wasser sind mit Seeigeln gepunktet und vom Ende der

Die karge Schönheit von Symi hat schon viele Besucher fasziniert

Sými → Karte S. 179

Meeresbucht scheinen weiß die fernen Mauern zweier Klöster herüber. (…) In Nimboriós sagen sich nicht einmal mehr Hund und Katze gute Nacht, so abgeschieden, ausgestorben wirkt der Ort; trostlos." Wir haben Nimboriós allerdings gar nicht als trostlos erlebt, sondern als echtes kleines Paradies für jene, die die Einsamkeit genießen möchten – und wie gemacht für Verliebte!

Etwa 10 Minuten von der Taverne Metapontis entfernt liegen auf einer Anhöhe drei kleine Kirchen (nach der Taverne links hinauf, der Weg ist leider manchmal gesperrt). Daneben sind die Reste eines byzantinischen Mosaiks (überdacht) zu sehen. Außerdem hat man von hier aus einen schönen Blick über die Bucht. Etwas weiter die Anhöhe hinauf, in einem umzäunten Gelände, liegen zwölf unterirdisch miteinander verbundene Höhlen. Man sagt, es seien entweder Katakomben oder die Krypta einer Basilika, die einst hier gestanden haben soll. Achtung: In den Höhlen können Tierkadaver liegen.

Mein Tipp **Übernachten** Niriides, in den 1990er-Jahren erbautes Hotel oberhalb der Bucht, das aus insgesamt 5 Häusern im Sými-Stil besteht. Komfortable Zimmer mit Meerblick, großem Balkon oder Terrasse. Es stehen 10 Apartments mit Küchenzeile für max. 4 Pers. zur Verfügung. Familiäre Atmosphäre. Die Besitzer kümmern sich rührend um jeden Gast, Abholung von der Fähre und Transfer nach Gialós, so oft man will (eigentlich gegen eine Gebühr, der Besitzer verzicht aber auch oft freiwillig auf diese). Der Hausherr ist außerdem Hobbykoch und verwöhnt seine Gäste am Abend mit griechischen Spezialitäten (auf Bestellung). Normales DZ 100–140 € (Frühstück 11 €). ✆ 22460/71784 und 71892 oder ✆ 6974395493 www.niriideshotel.com.

Insel Nímos

Das unbewohnte Eiland, ein nur 9 km von der türkischen Küste entfernter Bergklotz nördlich von Sými, ist heute ein Vogelschutzgebiet. In den 70er-Jahren des 20. Jh. lebten auf der größten Insel der Gemeinde Symi noch ein paar Schäfer. Heute kommen trotz – wenn auch bescheidener – Bademöglichkeiten nur in der Hochsaison ein paar Besucher zu den Stränden und der Inselkirche Panag tis Apokoui. Die Fahrt kostet pro Person rund 10 €. Voll wird es auf Nímos nur am 15. und am 23. August. Dann findet hier die Insel-Kirchweih *(Panagira)* statt.

Die Ostküste Sýmis

Die Küste präsentiert sich abwechslungsreich: Hier nur graues Gestein, senkrecht aufragend, durchzogen von abweisenden Kerben und Falten, in anderen Abschnitten sanfte Hügel, an deren kargen Boden sich vereinzelt Bäume und Büsche klammern – ein ockerfarbenes Gesicht mit grünen Bartstoppeln.

Bucht von Pédi

Von Sými-Stadt führt eine Betonpiste zu der fast kreisrunden Bucht. Zu Fuß ist man eine knappe Stunde unterwegs, vorbei an einladenden Tavernen, zahlreichen Agaven und einem lärmenden Kraftwerk. Dabei geht es über zahlreiche Höhenmeter. Es ist ausdrücklich verboten, an den steilen, kahlen Hängen zu klettern. Auf den Geröll- und Steinhalden könnte abrutschendes Gestein eine Katastrophe auslösen. Wer es bequemer haben möchte, sollte ein Taxi oder den Bus (1,50 € pro Fahrt) nehmen.

Im weiten Rund der Bucht dümpeln Dutzende Fischerboote, an denen sich die vom Wasser reflektierten Sonnenstrahlen widerspiegeln. Katzen räkeln sich im Schatten, ein paar Enten watscheln am Ufer entlang und auf den Terrassen der Tavernen vergilben die

Speisekarten. Pédi ist ein verschlafenes Fischernest, nur in der kleinen Werft widersetzt man sich der alles durchdringenden Trägheit.

Die Bucht von Pédi hat zwar zwei kleine Strände, aber das Wasser ist hier ziemlich trüb und die Uferstraße verläuft unmittelbar hinter dem schmalen Streifen Sand. Die alteingesessenen Tavernen Tolis und Kamares servieren jedoch gute Speisen, für die sich ein Ausflug nach Pédi lohnt.

Übernachten **Pédi Beach,** modernes Hotel an der Zufahrtsstraße zur Bucht. Davor liegt der Kiesstrand. Erkennungszeichen: zwei riesige Palmen. Die 54 Zimmer sind farbenfroh im weißblauen Stil eingerichtet und verfügen über TV, Telefon, Dusche und Balkon. DZ je nach Saison und Aussicht zwischen 55 und 156 €. Für den Blick auf die Bucht zahlen sie rund 10 € extra. Die Halbpension kostet 15 € pro Tag, WLAN kostenlos. Das Haus ist von Deutschland aus über die großen Reiseveranstalter zu buchen. ☎ 22460/71870, www.pedibeachhotel.gr.

Baden

Agía-Marína-Bucht: Am nördlichen Ende der Bucht von Pédi. Benannt ist die 200 m kleine Bucht nach dem Kirchlein auf dem vorgelagerten Felsklotz. Am Kies-Sand-Strand stehen Sonnenschirme und Liegestühle und auch auf den Service einer Taverne muss nicht verzichtet werden. (Hier stehen die beiden Kochkünstler aus dem Restaurant Muses in Gialós am Herd.) Weiterer Vorteil gegenüber Pédi: Das Wasser ist glasklar. Die Bucht wird von Kaikis angesteuert (hin und zurück ca. 9 €). Der Strand ist aber auch per pedes über einen Ziegenpfad zu erreichen (ca. 1 Std. ab den Windmühlen in Chorió)

Ágios-Nikólaos-Bucht: kleiner Sand-Kies Strand, eine halbe Stunde Fußweg entlang der Bucht von Pédi in Richtung Süden. Taxiboot ab Sými 9 € hin und zurück. Ein Strand, der auch für Kinder gut geeignet ist, da es flach ins Wasser geht. Am Strand gibt es eine Taverne, die auch Sonnenschirme und -liegen vermietet. Schatten findet

Spurensuche in alten Gemäuern

man auch unter einem der Bäume, die den Strand säumen.

Geórgiou-Disálona-Bucht: Badebucht an der Ostküste zwischen den Buchten von Pédi und Nánou. 300 m Kiesstrand, im Hintergrund ragen graue Felswände in schwindelerregende Höhen auf – einfach atemberaubend! Zwischen den Bäumen am Grund der gewaltigen Schlucht versteckt sich eine Kapelle (Wasser gibt's in der Zisterne unmittelbar neben der Kapelle, ansonsten muss man sich selbst verpflegen). Boot ab Gialós 12 €.

Nánou-Bucht: Mit dem Kaiki ist man von Sými-Stadt knapp eine halbe Stunde unterwegs – die schöne, weitläufige und romantische Bucht ist auf dem Landweg kaum zu erreichen. Es gibt einen Pfad, den wir aber nicht empfehlen. Mischung aus Stein, Kies- und Sandstrand, Olivenhaine, gutes Tauch- und Schnorchelrevier, günstige Taverne. Taxiboot ab Sými 12 € hin und zurück.

Marathoúnda-Bucht: weitläufige, aber schmale Kiesbucht mit Taverne und Sonnenliegen. Mit dem Kaiki zu erreichen (hin und zurück rund 4 €).

Sými → Karte S. 179

Der Westen und Süden Sýmis

Kefalá-Halbinsel: Von der Hauptstraße zwischen Sými-Stadt und dem Kloster Panormítis (s. u.) zweigt eine Straße nach Westen zum *Kloster Ágios Roukouniótis* (von den Simioten auch einfach *Michael* genannt) ab. Der quadratische Komplex fußt auf den Mauern einer byzantinischen Festung, die wiederum Überresten eines antiken Tempels aufgepflanzt wurde. Die untere Kirche stammt aus dem 16. Jh., die obere aus dem 19. Jh.

Vom Kloster führt eine Betonstraße weiter nach Westen entlang einer Kaserne (Fotografieren verboten). Die Gegend ist erstaunlich reich an Vegetation. Bäume haben sich zu Wäldchen zusammengetan, widerstehen Hitze wie Trockenheit und spenden Wanderern Schatten. Nachdem man eine Kirche und später einen Ziegenstall passiert hat, zweigt ein Pfad bergab nach rechts ab. Der Markierung mit dem blauen Punkt folgen. Nach knapp 5 km öffnet sich eine Bucht, in der auf einem großen Fels im Wasser das *Kloster Ágios Emilianós* thront. Per Steg ist es mit dem Festland verbunden. Schönes Fotomotiv! Die Bucht wird auch von Kaikis angelaufen (ca. 6 €).

Insel Sésklia: An der Westküste des Inselzwerges südlich von Sými eine kleine Anlegestelle mit angrenzendem Kiesstrand samt Schatten spendenden Tamarisken. Gutes Schnorchelrevier. Aber aufgepasst: viele Seeigel! Die Fahrt von Sými-Hafen nach Sésklia (oft ist auch *Teftousa* zu lesen) dauert mit einem Badekaiki eine Stunde. Die Bucht ist ein beliebter Seglertreffpunkt.

Kloster Panormítis: Der Besuch des malerischen Klosters an der südlichen Spitze von Sými ist ein Muss. Die Anlage liegt in einer von Pinien bekrönten, kesselförmigen Bucht, die zum Baden einlädt. Hauptanziehungspunkt ist der prachtvolle, blumengeschmückte Innenhof mit dem markanten Mosaikrelief und dem weißen Arkadenrundgang. Im Gegensatz dazu ist das kleine Kirchlein (errichtet 1783) beinahe unauffällig. An der schwarz verräucherten Decke hängen zahlreiche, uralte Weihrauchbehälter. Lediglich zwei winzige Fenster sorgen für spärliches Licht. Das Kloster wird noch heute von einem Mönch versorgt. Übrigens: Der markante Glockenturm ist jünger als der Barockstil vermuten lässt. Er wurde erst 1905 errichtet.

Die Stille und die Schönheit des Klosters Panormítis bezaubern auch heute noch. Nur wenn die Ausflugsschiffe auf dem Weg von Rhodos und

Sými-Stadt hier für eine Stunde anlegen, wird es laut und trubelig. Doch so schnell wie die Ausflügler gekommen sind, verschwinden sie auch wieder.

Jedes Jahr am 8. November wird zu Ehren des heiligen Michael ein großes Fest gefeiert, das zahlreiche Pilger aus ganz Griechenland anzieht.

Etwa 150 m vom Klostereingang mit dem vierstöckigen Glockenturm erinnert eine Bronzeplatte an eine Gräueltat deutscher Faschisten: Am 11. Februar 1944 töteten Wehrmachtssoldaten den Abt des Klosters, den Verwalter Michael Lampros und den Soldaten Floros Zouganelli, die in der griechischen Widerstandsbewegung aktiv waren.

Ein breit gefächertes Panoptikum kirchlicher und weltlicher Relikte bekommt man im Kloster- und Volkskundemuseum zu sehen. Am interessantesten ist der letzte Raum der Ausstellung mit Segelschiffminiaturen der Schwammtaucher. Ansonsten sind die Exponate bunt gemischt: altes Geschirr, Bett, Bücher, Kleidung, Besteck, Waffen, Uhren, Kirchenschmuck, Landkarten und vieles mehr. Tipp: Gehen Sie zuerst in das Museum und nicht in das Kirchlein – erfahrungsgemäß ist es anfangs in den Räumen noch nicht gar so voll.

 Die Öffnungszeiten kennt nur der Herr. Eintritt 1,50 € (für beide Museen). **Wichtig:** Die Ausflugsfähre fährt bereits nach etwa einer Stunde wieder ab!

Übernachten Ist in der Klosteranlage möglich, allerdings muss man sich auf eine spartanische Einrichtung gefasst machen. DZ für ca. 15 €.

Essen & Trinken **Taverne Panormion**, nur wenige Schritte vom Kloster, gegenüber dem kleinen Badestrand, liegt diese Taverne. Reguläres Essen zu fairen Preisen. Netter Service.

Etwa 20 m links vom Glockenturm stößt man auf einen Durchgang zur **Bäckerei des Klosters**. Spezialität: brezelartiges Gebäck für 2 €. Es gibt auch ein Café und einen Mini-Market.

Das malerische Kloster Panormítis

Sými → Karte S. 179

Hirsch und Hirschkuh bewachen den Mandráki-Hafen in Rhódos-Stadt

Nachlesen

& Nachschlagen

Die Sonne brennt über Líndos

Natur und Ökologie

Aufgrund von 300 Sonnentagen pro Jahr wird Rhódos liebevoll „die Insel des Sonnengotts Helios" genannt. Ebenso trägt sie den Beinamen „Roseninsel" (auch wenn der Name eher die Gattung Hibiskus meint). Wegen ihrer einmaligen Vegetation ist die Insel in der Ägäis berühmt

Doch jeden Sommer droht Waldbrandgefahr – umsichtiges Verhalten ist gefordert. Der Volkssport Jagd hat die Tierwelt reichlich dezimiert. Die Fischbestände sind durch die jahrelange Überfischung drastisch reduziert – die meisten Fische, die heute in den Tavernen auf den Teller kommen, stammen aus Aquakulturen rund um Rhodos, was mit ökologischen Risiken für die Küsten und die Wasserqualität verbunden ist. Wer mit offenen Augen über die Insel fährt, dem bleiben auch die vielen Bauruinen und Müllproble-

me nicht verborgen. Bis jetzt haben die sonst so geschäftstüchtigen Griechen noch nicht das Potential erkannt, das im Recycling steckt.

Dennoch ist Rhodos eine botanische Oase in der Ägäis. Orangen und Limonen leuchten, Hibiskus und Bougainvillea blühen, Myrte, Thymian, Rosmarin und andere aromatische Kräuter duften und im Frühjahr ist die Insel ein Eldorado für Orchideenliebhaber. Selbst im heißen Sommer ist es überraschend grün auf Rhodos.

Klima

Auf Rhodos herrscht ein **subtropisches Mittelmeerklima.** Die Sommer sind heiß und trocken, die Winter mild und

regenreich. Mit über 3000 Sonnenstunden Jahr für Jahr kann man sich in ganz Griechenland zwischen Mai und

Rhodos-Stadt				
	Ø Luft-temperatur (Min./Max. in °C)		Ø Niederschlag (in mm), Ø Regentage		Ø Wasser-temperatur (in °C)
Jan.	8,8	15,1	100	16	15,5
Febr.	8,8	15,2	100	13	14,5
März	10,1	16,8	76	11	16,5
April	12,5	20,0	28	8	17,5
Mai	15,8	24,2	19	5	18,5
Juni	19,9	28,4	2	1	23,0
Juli	22,3	30,5	0	0	24,0
Aug.	22,7	30,7	0	0	23,5
Sept.	20,5	28,2	6	2	21,0
Okt.	16,9	24,5	66	7	19,5
Nov.	13,2	20,1	94	10	17,5
Dez.	10,4	16,6	100	15	16,0
Jahr	**15,2**	**22,5**	**591**	**88**	**19,0**

September auf einen strahlend blauen Himmel verlassen und Rhodos macht hier keine Ausnahme. Im Gegenteil: Sie verfügt selbst für griechische Verhältnisse über eine weit überdurchschnittliche Anzahl von Sonnenstunden.

Obwohl Rhodos auf gleicher Höhe wie Nordafrika liegt, sind die Temperaturen selbst im Hochsommer erträglich. Das verdankt die Insel dem kühlenden, frischen, manchmal auch stürmischen **Meltémi** (→ Kasten), einem Nordwestwind, der mit angenehmer Stetigkeit fast immer an der Westküste bläst. Er sorgt sogar für niedrigere Wassertemperaturen. An der geschützten Südostküste (Líndos und südlicher) liegt die Temperatur in der Regel um drei Grad höher.

Während z. B. auf Korfu bereits Ende September das Saisonende eingeläutet wird, geht es auf Rhodos noch einen Monat weiter. Auch im Oktober klettern die Temperaturen auf Rhodos auf weit über 25 Grad und ein Sprung ins 20 Grad warme Ägäische Meer wird als erfrischende Abkühlung empfunden. Lediglich die Nächte sind nicht mehr ganz so lau wie in den Sommermonaten.

Die **Saison** beginnt Anfang bis Mitte April, traditionell oftmals mit dem Wochenende des griechischen Osterfestes. Während die Tagestemperaturen im April auch schon mal 25 Grad erreichen können, ist das Meer zum Baden noch zu kalt. Für Wanderungen ist der Frühling jedoch ideal – alles grünt und blüht. Ab Anfang Juni sind sämtliche touristischen Einrichtungen geöffnet, die Anzahl der Regentage sinkt auf null und es wird richtig heiß. Die Wassertemperaturen steigen auf 23 bis 24 Grad und während der Hochsaison im Juli/August/September liegen die Temperaturen bei 30 bis 35 Grad, nicht selten auch darüber. In den heißen Sommermonaten kann es für Indivi dualisten schwierig werden, eine Unterkunft zu finden, denn viele Häuser sind bis unters Dach ausgebucht.

Beschaulicher geht es im Oktober zu: Luft- und Wassertemperaturen sind nicht mehr ganz so hoch und der touristische Andrang lässt nach. Am 31. Oktober ist die Saison dann schlagartig vorbei: Die letzten Charterflieger bringen die Gäste wieder zurück in mitteleuropäische Gefilde, viele Hotels und

Der Meltémi – ein Wind, der die Glocken läuten lässt

Zwischen Ende Mai und Ende Oktober kommt der Meltémi meist am späten Vormittag auf, steigert sich tagsüber bis zu Windstärke 5 oder 6 und flaut gegen Abend wieder ab. Im Juli und August erreicht er aber oft Windstärke 7 oder 8; dann weht er meist auch über Nacht und mehrere Tage lang. Bei dieser Sturmstärke legt er den Schiffsverkehr zwischen den Inseln des Dodekanes lahm – selbst die großen Fähren bleiben im Hafen. In der Regel kommt der Meltémi von Norden. Charakteristisch ist die schwankende Windstärke, beispielsweise das rasche Abflauen nach Sonnenuntergang und das Wiederauffrischen bei Morgengrauen.

Die Griechen klassifizieren die Stärke des Meltémi nicht mit Zahlen, sondern mit Namen: Der „Karekládos" wirft Stühle um, der „Trapezádos" fegt Tische fort und der stärkste, der „Kabándos", sei – so sagt man – stark genug, um die Glocken im Kirchturm läuten zu lassen.

Während man in der Antike *Aiolos*, den Sohn des *Poseidon* und Beherrscher der Winde, dafür verantwortlich machte, haben Meteorologen heute das Luftdruckgefälle zwischen dem westlichen und östlichen Mittelmeer als Ursache des Meltémi erkannt.

Tavernen schließen, der Dodekanes gehört wieder seinen Bewohnern, auch wenn es mittlerweile eine zunehmende Zahl von Touristen gibt, die in den Wintermonaten das stille Rhodos genießen. Regen und Stürme vor allem zwischen Dezember und Februar muss man dann allerdings einkalkulieren. Dennoch sinkt das Thermometer kaum unter milde 10 bis 15 Grad.

Pflanzenwelt

Die reiche Flora profitiert von den kräftigen Winterregenfällen: Im Frühjahr grünt und blüht es allerorten. Selbst auf den ärmsten Böden bringen dann wahre Blumenmeere hervor. Im Sommer, wenn viele Blüten schon vertrocknet sind, präsentiert sich Rhodos weiterhin schön grün. Doch manche Regionen des Dodekanes zeigen ein ganz anderes Gesicht: Die kleinen Nachbarinseln Sými oder Chálki geben sich eher karg, fast wüstenhaft. Eine Besonderheit auf Rhodos sind die 29 endemischen Pflanzenarten. Vor allem für Liebhaber von **Orchideen** ist die Insel ein wahres Paradies.

Etwas vereinfacht (und von den landwirtschaftlich genutzten Flächen abgesehen) finden auf Rhodos drei verschiedene Vegetationstypen: Wälder, Macchia und die karge Phrygana. Heute bilden Aleppokiefern, Pinien, Zypressen, aber auch Laubbäume wie Eichen, Kastanien und Buchen auf Rhodos dichte **Wälder.** Rund um das Massiv des Profítis Ilías sieht es aus wie in mancher deutschen Mittelgebirgslandschaft. **Macchia** ist der Oberbegriff für immergrüne Krüppelbäume, Büsche und Sträucher, die häufig Rodungsgebiete oder Waldbrandflächen überwuchern. Etwa 2–4 m hoch, dornig und stachelig, bildet die für das Mittelmeergebiet charakteristische Vegetationsform der Macchia ein oft undurchdringliches Hindernis.

Phrygana nennt man eine typische Erscheinung überweideter Gebiete, in denen Schafe und Ziegen alles abgefressen haben, was halbwegs verdaulich scheint. Die Phrygana zählt nicht dazu, wehren sich die kugeligen, höchstens kniehohen Sträucher doch durch spitze Stacheln und Dornen. Im Umfeld, durch die Waffen der Phrygana mitgeschützt, wachsen oft duftende Kräuter wie Oregano, Thymian und Rosmarin, die auf der Insel im Straßenverkauf angeboten werden.

Häufige Baumarten

Aleppokiefern: Hochstämmige Nadelbäume, die mit den Pinien verwandt sind. Ihr Harz verleiht dem Retsina den typischen Geschmack.

Mittelmeer-Zypresse: Neben Pinie und Olivenbaum die auf Rhodos am weitesten verbreitete Baumart. Sie ist leicht an ihrer schlanken, hohen Form zu erkennen. Viele Griechen verbinden mit der Zypresse vor allem den nächstgelegenen Friedhof, denn viele Fiedhöfe sind von Zypressen umgeben. Die Mittelmeer-Zypresse besitzt kugelförmige, rund 3 cm große Zapfen, die an kurzen Stielen hängen und aus acht bis vierzehn holzigen Schuppen bestehen. Heutzutage wird die Zypresse vor allem gegen Bodenerosion eingesetzt. Die Blätter und Zweige sind seit der Antike wegen ihrer Heilwirkung beliebt. So lindern die aus ihnen gewonnenen ätherischen Öle beispielsweise Erkrankungen der Atemwege. Sie werden auch für Parfüms und Raumsprays verwendet.

Platanen: Sie dienen oft als Sonnenschutz für Kafenía. Die ahornähnlichen, zur Blütezeit im Frühjahr herrlich duftenden Laubbäume werden bis zu 30 m hoch; sie benötigen viel Wasser, wachsen deshalb vor allem in Bachtälern.

Kastanien: Auf dem Dodekanes im Vergleich zur Ostägäis relativ selten zu finden. Eine Gattung für sich ist die Esskastanie mit ihren Maronen.

Maulbeerbäume: Nicht hoch, aber breit – mit dichtem, großflächigem Blattbewuchs beschatten sie oft Dorfplätze und Kafenía.

In den Monaten April und Mai blüht es auf Rhódos allerorten

Eukalyptusbäume: Die an der abblätternden Rinde zu erkennenden Bäume stammen eigentlich von der südlichen Erdhalbkugel. Als schnell- und hochwüchsige Laubbäume, die mit hohem Wasserverbrauch Sumpfgebiete trocken legen können, werden sie heute aber in vielen Mittelmeerländern gepflanzt. Gefährlich dabei: Die stark ölhaltigen Bäume brennen besonders leicht. Kolímbia an der Ostküste von Rhodos besitzt eine kilometerlange Eukalyptusallee.

Pflanzenarten in Macchia und Phrygana

Agaven: eine Sukkulentenart, die ursprünglich vom amerikanischen Kontinent stammt. Ihre auffälligen, meterhohen Blütenstände blühen im Juni; nach der Blüte stirbt die Pflanze ab.

Feigenkakteen: große, fleischige Kakteen, deren herrlich süße Früchte von winzigen, aber sehr lästigen Stacheln effektiv geschützt werden. Wer ans Fruchtfleisch möchte, bearbeitet sie am besten unter fließendem Wasser mit einer Wurzelbürste (Fingerschutz durch Handschuhe, Gabel o. Ä.).

Über den Olivenbaum

Der Olivenbaum *(Olea europaea var. sativa)* ist eine der ältesten Kulturpflanzen des Mittelmeerraums. In großen Teilen Griechenlands prägt er das Landschaftsbild, denn auf den vorherrschenden Kalkböden gedeiht er besonders gut. Ursprünglich stammt er aus Vorderasien, aber man kultivierte ihn schon zur Zeit Homers im Ägäis-Raum. In der Blütezeit des klassischen Athen trug er viel zum Reichtum der Stadt bei. Außerdem galt der Ölbaumzweig als Symbol des Friedens und des Sieges, weswegen man ihn bei den Olympischen Spielen den Siegern überreichte.

Der Anbau verlangt Geduld: Ein Olivenbaum trägt erst nach fünf bis zehn Jahren die ersten Früchte, die sich aus kleinen gelb-weißen Blüten entwickeln; den höchsten Ertrag erzielt er nach etwa 20 Jahren mit durchschnittlich 20 kg Oliven. Ein Baum kann mehrere hundert Jahre alt werden. Blütezeit ist im Mai und Juni, Reifezeit zwischen September und November. Der Winter ist Erntezeit. Im Spätherbst werden große Netze unter den Bäumen ausgelegt. Der Wind bläst viele Oliven herunter, der Rest wird mit Stangen und Kämmen geerntet. Die Arbeit ist zeitintensiv, da sorgfältig vorgegangen werden muss. Wenn die zarte Haut der Früchte verletzt wird, sinkt die Qualität des Öls drastisch. Und es muss schnell gehen – zwischen Ernte und Pressung dürfen nicht mehr als drei Tage liegen.

Nach der Ernte wandern die Oliven in eine der vielen Ölmühlen, die entweder in privater Hand sind oder kollektiv über den Bauernverband finanziert werden. Dort wird die gesäuberte Ernte gemahlen und anschließend gepresst – mittels der sog. Kaltpressung, die das beste Öl *(„Natives Olivenöl extra")* liefert. Aus 100 kg Oliven erhält man so – je nach Qualität der Oliven – ca. 20 Liter Öl. Durch chemische Extraktion und Raffinierung gewonnenes Öl ist qualitativ minderwertig, wobei durch die EU-Verordnung 61/2011 der Standard für *Natives Olivenöl* so weit gesenkt wurde, dass in Supermärkten kaum noch ein anderes Öl zu finden ist. Ein gutes Öl erkennt man am Peroxidwert, der angibt, wie lange das Öl gelagert wurde: Liegt er bei 5 oder 6, spricht das für gute Qualität, geht er gegen 10, kann das Öl schon ranzig schmecken. An freien Fettsäuren enthält ein Spitzenöl höchstens 0,4 Prozent. Das erreicht der Olivenbauer nur, wenn er seine Oliven zwischen Ernte und Verarbeitung schonend behandelt. Für die Industrie ist es einfach, auch aus minderwertigen Ölen ein Produkt zu mischen, das den EU-Standards entspricht, indem sie sie mit anderen Ölen unterschiedlicher Herkunft zusammenschütten und so die Grenzwerte einhalten. Nur im Kleingedruckten auf dem Etikett offenbart sich, dass das Öl aus Oliven „verschiedener Anbaugebiete des EU-Mittelmeerraumes" stammt. Achten Sie beim Kauf von Olivenöl darauf, dass die Adresse des Produzenten auf der Flasche steht – das belegt die Herkunft der Olivensorte und schließlich die Qualität. Ein Liter gutes Olivenöl kostet auf Rhodos ca. 10 €. Übrigens ist der Pro-Kopf-Verbrauch von Olivenöl in Deutschland in den letzten Jahren von 0,35 auf 0,83 Liter pro Jahr gestiegen – in Griechenland beträgt er stolze 20 Liter.

Erdbeerbaum: ein immergrüner Strauch mit rötlichem Stamm, der zu den Heidekrautgewächsen zählt; die Früchte ähneln Erdbeeren nur optisch (→ Kasten, S. 72).

Keuschlammstrauch: mythologische Pflanze, die im Sommer rosa, weiß oder hellblau blüht. Sie wird auch *Mönchspfeffer* genannt, da ihre Früchte sexuelles Interesse dämpfen sollen und deshalb von Mönchen ins Essen gemischt wurden. Der Strauch wächst vorwiegend an feuchten Standorten.

Ginster: im Frühjahr und Frühsommer leuchtend gelb blühende Sträucher, die anstelle von Blättern grüne Zweige ausbilden.

Oleander: In vielen sommertrockenen Flussbetten bildet der an den lanzettförmigen Blättern zu erkennende Strauch wahre Dschungel; im Frühsommer blüht er rosa oder weiß.

Meerzwiebel: Bis über 1 m Höhe schickt die halb aus dem Boden ragende Knolle im Frühherbst ihren weißen Blütenstand.

Wacholder: strauchartige, knorrige kleine Bäume mit nadelartigen Blättern, die gegenüber salzhaltiger Luft relativ unempfindlich und deshalb gelegentlich auch an Stränden zu finden sind.

Kulturpflanzen

Auf Rhodos werden Obstbäume (Äpfel, Birnen, Kirschen, Pfirsiche) und Gemüse wie Tomaten, Gurken, Auberginen und Paprika angebaut, vor allem im Süden der Insel auch Getreide. Im Folgenden eine Zusammenstellung der für Mitteleuropäer etwas ungewöhnlicheren Kulturpflanzen:

Feigenbäume: wie der Ölbaum eine uralte Kulturpflanze. Meist stehen die weit ausladenden Bäume allein oder in kleinen Gruppen; Reifezeit ist im Spätsommer.

Granatapfelbäume: krummästige, manchmal dornige Bäume, die rot, gelb oder weiß blühen. Die Granatäpfel reifen Ende September/Anfang Oktober. Unter einer harten blassroten Schale verstecken sich die mit Fruchtfleisch umhüllten Samen. Verfeinern Salate und Desserts.

Johannisbrotbäume: immergrüne Bäume mit ledrigen Blättern, die an ihren länglichen, erst grünen, im Reifezustand dann schwarzen Schoten erkennbar sind. Meist wachsen sie wild, werden aber auch kultiviert; die Schoten

Rhódos bietet ideale Bedingungen für den Olivenbaum.

sind essbar, werden normalerweise jedoch nur als Tierfutter verwendet.

Mandel- und Nussbäume: Auf vielen Inseln stehen sie, meist vereinzelt, im Umkreis der Bergdörfer wie Émbonas oder Ágios Isídoros.

Okra: eine etwa fingerlange, grüne Frucht, die als Gemüse gegessen wird; die Zubereitung ist recht aufwendig.

Zitrusfrüchte: Sie gedeihen vor allem in den fruchtbaren Ebenen von Rhodos.

Tamarisken: kleine Bäumchen mit nadelartigen, weichen Blättern. Da sie Salzausscheidungsdrüsen besitzen, können sie direkt am Meer wachsen und werden an Stränden auch oft als Sonnenschutz angepflanzt.

Zypressen: spitzkegelig aufragende Nadelbäume, die gutes Holz und ätherisches Öl liefern.

Ölbaum: → Kasten links.

Tierwelt

Die Fauna auf Rhodos ist arm. Im Herbst nämlich sind sie unterwegs, die Jäger in ihren japanischen Pickups: auf der Ladefläche ein Rudel rassiger Spürhunde, im Visier die letzten jagdfähigen Vertreter der Tierwelt. Großwild (Rehe, Hirsche, Wildschweine) ist stark dezimiert, auch Kaninchen und Rebhühner machen sich bereits rar – in ihrer Not ballern die Weidmänner da auch schon mal auf verwilderte Ziegen oder gar auf Spatzen. An Säugetieren findet man deshalb vorwiegend domestizierte, mehr oder minder freiwillige „Freunde des Menschen": Hunde, zahllose Katzen, Hühner, Ziegen und Schafe; als Lasttiere sieht man noch häufig Esel und Maulesel, seltener auch Pferde. Zahlreicher sind die Insekten, Reptilien und Vögel.

Schmetterlinge: In einem romantischen Tal bei Theólogos („Petaloudes") tummeln sich Tausende von Schmetterlingen. Die dort wachsenden Storaxbäume enthalten ein besonderes Harz, das die Tiere anzieht. Die Quadriga-Schmetterlinge, wissenschaftlich Panaxia quadripunctaria, sind auf den Ästen und Zweigen kaum auszumachen, wenn ihre Flügel gefaltet sind. Werden sie jedoch aufgeschreckt, blinken sie in kräftigen Weiß-, Rot-, Braun- und Schwarztönen. Durch den Lärm der vielen Besucher ist die Population allerdings stark gefährdet.

Gizani-Fisch: Der nur maximal 5 cm große, silbergraue Fisch lebt ausschließlich in den Gewässern von Rhodos. Auch hier ist er jedoch vom Aussterben bedroht (→ Kasten S. 71). In einem etwas vernachlässigten Beobachtungsbecken in Psinthos kann man ihn in der freien Natur beobachten, besser ist er aber im Aquarium von Rhodos-Stadt zu sehen.

Bienen: Häufig etwas abseits der Wege trifft man auf bunt bemalte Bienenkästen, denen man sich natürlich nur mit gebührender Vorsicht nähern sollte. Griechische Inselbienen können aus dem Vollen schöpfen – entsprechend gut schmeckt ihr oft zum Verkauf angebotener Honig. Berühmt ist der Thymianhonig von Sianá.

Reptilien: Mit Schlangen haben Wanderer zu rechnen. Die meisten sind ungiftig, es gibt jedoch auch Vipern, deren Biss (zwei Einstichpunkte im Gegensatz zum halbmondförmigen Abdruck ungiftiger Schlangen) lebensgefährlich sein kann: dann die Bisswunde abbinden (nicht aussaugen!) und sofort zum Arzt. Beste Vermeidungsstrategie ist in unübersichtlichem Gelände ein fester Schritt (Schlangen flüchten, wenn man ihnen die Chance lässt), dazu knöchelhohes Schuhwerk und lange, feste Hosen.

Vorsicht bei Steinhaufen und Ruinen. Dort leben auch Skorpione, deren Stich zwar schmerzhaft, aber nicht lebensbedrohlich ist.

Vögel: Zwar kreisen über den Gipfeln keine Adler oder Geier mehr, doch immerhin Falken, Bussarde und Habichte. Groß ist die Artenzahl der Singvögel aufgrund der vielen Hobbyjäger leider nicht mehr.

Meerestiere: Traurig – die Ägäis ist weitgehend leer gefischt; so mancher Speisefisch auf dem Touristenteller stammt aus Fischzuchtbetrieben der Nachbarinseln Sými und Chálki oder ist ganz einfach tiefgefroren. An Meeressäugern sieht man gelegentlich noch Delfine.

Hirsche: Die Wappentiere der Insel. Hirsch und Hirschkuh können rund um den Berg Pro-

Die Jagdsaison ist eröffnet

fítis Ilías sowie in den Wäldern zwischen Profiliá und Istrios in freier Natur beobachtet werden. Die Italiener hatten sie dort in den 1920er-Jahren mit Erfolg wieder angesiedelt. Doch Waldbrände, Autounfälle und vor allem Jäger haben ihnen stark zugesetzt.

Ziegen: Mehr als Zehntausend von ihnen gibt es auf der Insel, in vielen Dörfern leben heute noch Schäfer, die eigene Ziegen und Schafe halten und damit der Feta-Produktion stetig Nachschub leisten. Doch die Zahl der wilden, unregistrierten Ziegen nimmt zu und wird mitunter auch zum Problem – dann nämlich, wenn sie die Gärten plündern oder die jungen Triebe der aufgeforsteten Bäume abfressen. Dann gehören die Ziegen niemandem. Wird eine Ziege dagegen angefahren, kann es durchaus passieren, dass sich ein Schäfer meldet, der es „nur noch nicht geschafft hatte", seine Ziege zu markieren und Schadenersatz geltend machen will. In den 1950er- und 60er-Jahren hatte jede Familie ihre eigene Ziege, irgendwann, als die Landwirtschaft zurückging, wurden sie einfach freigelassen und vermehren sich seitdem ungehindert.

Land- und Fischwirtschaft

Der Tourismus hat die **Landwirtschaft** schon vor gut einem halben Jahrhundert als wichtigster Wirtschaftszweig auf Rhodos abgelöst. Doch noch immer kann sich die Insel mit eigenen Produkten wie Oliven, Käse, Getreide, Gemüse und Obst selbst versorgen. Landwirtschaft findet man hauptsächlich im Süden rund um Apolakkía und Lachaniá sowie im Osten der Insel rund um Malona und Masarí.

Eine wichtige Rolle spielt auch der **Weinanbau**. Die beiden großen Kellereien Cair und Emery produzieren gute trockene Weiß- und Roséweine, die aber nur zu einem sehr geringen Teil exportiert werden. Ein Problem der Landwirtschaft ist das System der Erbteilung, durch das im Laufe der Jahre die Größe der einzelnen Betriebe beträchtlich geschrumpft ist. Dazu kommt die gebirgige Topografie, die nur kleine Anbauflächen gestattet. Dagegen sind die Bedingungen in den größeren Ebenen noch relativ gut.

Die Ägäis, ohnehin ein nährstoffarmes Meer, ist infolge jahrelanger **Überfischung** mittlerweile fast leer. Längst können die rhodischen Fischer die Insel mit den eigenen Fängen nicht mehr versorgen. Damit überhaupt noch etwas ins Netz geht, verwenden viele der großen Fischtrawler mittlerweile zu engmaschige Netze und verstoßen damit bewusst gegen geltende Fischereivorschriften. Die auf diese Weise gefangenen Fische sind zu jung und haben keine Möglichkeit, sich zu reproduzieren, was eine weitere Dezimierung der Bestände zur Folge hat. Das Fischerei-Institut der Universität Thessaloniki fand heraus, dass bei manchen Fischarten 99 Prozent der auf den griechischen Märkten verkauften Fische kleiner sind, als vom Gesetz erlaubt ist. Bislang gibt es jedoch noch nicht ausreichend Kontrollen und Strafen für die illegalen Fangmethoden. Doch das soll sich ändern: 2017 verpflichteten sich 15 europäische und afrikanische Mittelmeerstaaten zur MedFish4Ever-Erklärung von Malta, die unter anderem vorsieht, die illegale Fischerei bis 2020 zu unterbinden. Außerdem sollen nachhaltig arbeitende kleine Fischereibetriebe und Aquakultur im Mittelmeer gefördert sowie Finanzierungsprogramme für lokale Projekte, wie etwa eine Modernisierung der Flotte durch Ausstattung mit schonenden Fanggeräten, unterstützt werden. Die Mehrzahl der Fische, die in Rhodos-Stadt auf den Teller kommen, stammt mittlerweile aus Fischzuchtanlagen, die in Netzkäfigen in Meeresbuchten betrieben werden. Vor allem Wolfsbarsch *(Lavraki)* und Dorade bzw. Goldbrasse *(Tsipoura)* werden auf dem Dodekanes in mehreren solcher Anlagen gehalten, z. B. in

Sými und Chálki, und jedes Jahr kommen neue dazu. Ob ein geschmacklicher Unterschied zu „freien" Fischen festzustellen ist, darüber sind sich die Griechen nicht einig. Trotzdem kritisiert die FAO die Ökobilanz der Aquakulturen und warnt vor den unabsehbaren Folgen für den Meeresboden, die Wasserqualität, die Sauberkeit der Küsten und letztendlich auch für den Verbraucher. Nährstoffe, Medikamente und Fischkot gelangen meist ungefiltert ins Meerwasser. Das Fischmehl, das an die Tiere verfüttert wird, stammt zum Teil aus Wildfang und belastet so die wildlebenden Bestände zusätzlich. Zudem scheint es mit Pflanzenschutzmitteln belastet zu sein. Weil

Souvenirs, Souvenirs

die in Massentierhaltung lebenden Tiere krankheitsanfälliger sind als ihre wild lebenden Artgenossen, müssen sie mit Antibiotika versorgt werden, was die Entwicklung sog. multiresistenter Keime begünstigt, die sich auch auf den Menschen übertragen können (ähnlich wie bei den Mastanlagen für Schweine und Rinder). In den letzten Jahren setzt sich der Umweltgedanke zwar auch in der Aquakultur durch – allerdings noch nicht hier auf dem Dodekanes, wo man schon der Auflage, die Netzkäfige alle paar Jahre zu versetzen, nicht nachkommt. Übrigens trägt die Fischproduktion in griechischen Aquakulturen mittlerweile mehr zum Bruttoinlandsprodukt bei als die Olivenölproduktion. 80 % der Fische, nämlich 120 000 Tonnen pro Jahr, werden aus Griechenland exportiert.

Die Nachbarinseln Sými und Chálki sind bekannt für eine besondere Art des Fischfangs: die   **Schwammfischerei**. Aber längst gibt es in der Ostägäis nicht mehr genügend Schwämme. Sowohl die Dezimierung der Schwammkulturen durch Meeresverschmutzung, als auch die Konkurrenz durch Plastikschwämme führten zu einem Rückgang dieses Spezialzweiges der Fischerei. Die Schwammfischer sind daher meist wochenlang entlang der nordafrikanischen   Küste   unterwegs,   um Schwämme zu finden.

Waldbrandgefahr

Waldbrände sind ein Umweltproblem, das jedem Rhodos-Besucher allzu schnell augenfällig wird. Betroffen war in der Vergangenheit vor allem der Inselsüden. In den 1990er-Jahren nahmen die Brände katastrophale Dimensionen an. Wer heute durch das Inselinnere rund um Láerma oder Profiliá fährt, entdeckt noch viele Quadratkilometer verwüstetes Land. Doch die Situation ver-

bessert sich allmählich. Seit Ende des 20. Jh. begannen großflächige Aufforstungsaktionen, Tausende Griechen pflanzten Bäume und halfen, große Flächen wieder zu begrünen, allerdings fressen die zahlreichen wilden Ziegen die nachwachsenden Triebe immer wieder ab und boykottieren so die Aufforstungsversuche. Wenn Sie ein Feuer sehen, rufen Sie die Nummer 191.

Waldbrände vermeiden!

Viele Brände entstehen schlicht durch Fahrlässigkeit und Leichtsinn, auch von Urlaubern. Sie wären leicht zu vermeiden:

- Offene Feuer sind in Waldgebieten oder ihrer Umgebung nicht umsonst verboten und mit hohen Strafen bedroht. Auch an Stränden keine Feuer entfachen, denn die Funken werden leicht von der Meeresbrise weitergetragen.

- Abgesehen davon, dass in freiem Gelände entsorgte Zigarettenfilter wegen der über sie ins Grundwasser gelangenden Giftstoffe eine enorme Umweltbelastung darstellen und deswegen generell nicht dort landen sollten: Werfen Sie auf keinen Fall glimmende Zigarettenkippen weg! Besser noch: Am besten überall in der freien Natur grundsätzlich nicht rauchen.

- Sollten Sie am Wegesrand weggeworfene Glasflaschen oder andere Behälter (Metalldosen) sehen, unbedingt einsammeln: Sie können unter griechischer Sonne regelrecht wie Brenngläser wirken und so Waldbrände auslösen.

Wasserversorgung

Um den stetig steigenden Wasserbedarf durch die vielen Touristen zu decken, wurden bei Apolakkía und Laerma Stauseen angelegt. Dennoch kommt die Insel an ihre Wassergrenze, was nicht weiter erstaunt, wenn man bedenkt, dass der durchschnittliche Wasserverbrauch eines Touristen je nach Hotelunterbringung zwischen 500 Litern (Luxushotel) und 200 Litern (Budgethotel) liegt – pro Tag wohlgemerkt. Die kleine Nachbarinsel Chálki war früher sogar auf Wasserlieferungen per Schiff von Rhodos angewiesen. Zur Qualität des Trinkwassers auf Rhodos → S. 236.

Müll und Bauruinen

Die jährlich anfallenden Müllberge sind wie vielerorts auf der Welt auch in Griechenland ein großes Problem. Plastiktaschen und ähnlicher Einwegmüll landen in der Regel auf abseits gelegenen Deponien oder werden verbrannt und setzen dabei Dioxine frei. Zwar wurde bereits im Jahr 2011 die Mülltrennung eingeführt, doch überfüllte Tonnen und Sammelplätze zeigen, dass Rhodos beim Thema Umweltschutz noch ganz am Anfang steht. Die Regierung setzt verstärkt auf Aufklärungskampagnen in Schulen. Zu Beginn jeder Saison sind Hunderte von Schulklassen unterwegs, um Strände und Wälder vom Müll zu säubern. Bei einer Fahrt über die Insel fallen auch die vielen **Bauruinen** auf, die leider so manches Landschaftsbild verschandeln. Aus den Flachdächern ragen die Armierungseisen, daneben stehen oft noch Sandhaufen und Schubkarren. Die Finanzkrise von 2008 hat tiefe Spuren hinterlassen und den Immobilienboom vorerst beendet. Die Bauruinen sind die stummen Zeugen aus der Zeit der viel zu hohen Kredite.

Über 2000 Jahre alt: die Akropolis von Líndos

Geschichte der Insel

Ein Besuch auf Rhódos ist wie eine Reise in die Vergangenheit, in die Zeit der griechischen und römischen Antike, der christlichen Kreuzzüge, der osmanischen Eroberer und des italienischen Kolonialismus. Historie, wohin man auch blickt.

Sichtbare historische Spuren

Wie kaum eine andere Insel Griechenlands besitzt Rhodos einen Schatz an Baudenkmälern aus der Antike und aus byzantinischer Zeit. Natürlich hinterließen auch die Besatzer der Insel – Kreuzritter, Venezianer, Genuesen, Türken und Italiener – in all den Jahrhunderten ihre Spuren.

Die **Inselhauptstadt** wird noch heute vom mittelalterlichen Stadtkern mit dem berühmten Großmeisterpalast des Johanniterordens geprägt. Auch wenn der Koloss über der Hafeneinfahrt längst in den Meeresfluten auf Nimmerwiedersehen verschwunden ist, kommt man bei einem Spaziergang durch die von einem 4 km langen Mauerring umschlossene Altstadt nicht mehr aus dem Staunen heraus. Hier treffen sich christliche, jüdische und muslimische Kultur, versehen mit den trutzigen Denkmälern der Ritterzeit, und gerade außerhalb der touristischen Hauptrouten, in den engen und verwinkelten Gassen, scheint mehr als einmal die Zeit stehen geblieben zu sein.

Besuchermagnet an der **Ostküste** ist das malerische, verwinkelte Líndos mit seiner hoch aufragenden Akropolis, die einst die Kreuzritter in eine Festung umwandelten. Unweit von Rhodos-Stadt ist die antike Akropolis und Klosteranlage von Filérimos (ehemals Ialyssós) eines der beliebtesten Ausflugsziele – auch wenn dort nicht mehr viel erhalten ist. An der **Westküste** bei Kamirós finden sich die wirklich sehenswerten Überreste einer weiteren antiken Stadt. Und weiter im Süden beeindruckt eine Burgruine wie aus dem Bilderbuch, die die Johanniter auf einem Felsklotz nahe dem Örtchen Monólithos errichteten. Über die Insel verteilt finden sich in vielen Orten byzantinische Kirchen und in der Abgeschiedenheit des Landesinneren Klöster: Moní Tharí in Láerma, Moní Skiádi und Moní Artamíti sind noch heute von Mönchen bewohnt.

Mythologie wird Geschichte

Die Vorgeschichte von Rhodos ist geprägt von zahllosen Mythen: Als Zeus die Welt unter den Göttern des Olymp aufteilte, vergaß er **Helios**, den Herrn der Sonne. Er fehlte bei dem wichtigen Meeting der Unsterblichen. Kein Wunder, dass der übergangene Gott verärgert war. Als Helios von seiner Reise zurückkehrte und davon erfuhr, beklagte er sich bei Zeus über das Unrecht. Der Göttervater zeigte sich durchaus kompromissbereit und bot Helios eine neue Versammlung an. Doch der lehnte beleidigt ab. Er forderte, dass das Land, das mitten aus dem Meer auftauchen würde, ihm gehören sollte. Es war das sonnenüberflutete, fruchtbare Rhodos – die Perle der Ägäis. Auf der Insel kam Helios schnell zu Ehren. Drei seiner Enkel, Kamirós, Líndos und Ialyssós, beherrschten die drei wichtigsten rhodischen Städte, die seitdem deren Namen tragen. Schenkt man der Mythologie Glauben, so hat die Insel ihren Namen von Helios' Frau, der Nymphe Rhodi oder Rhode. Rhodi bedeutet Rose, daher trägt Rhodos auch heute noch den Beinamen „Roseninsel".

Sicher ist, dass die frühesten Bewohner die Karer waren, ein Volk aus Kleinasien, danach folgten die Phönizier, die die Insel zu einem bedeuten-

Laokoon-Gruppe im Archäologischen Museum Rhódos

den Handelsplatz machten. Später wurde Rhodos von den Minoern aus Kreta und den Achäern vom Peloponnes kolonisiert.

Erst unter den Dorern (1000–500 v. Chr.) erlebte die Insel ihren großen Aufschwung. Die drei Stadtstaaten Líndos, Ialyssós und Kamirós wurden gegründet. Líndos entwickelte sich zum mächtigen Seehafen und Handelszentrum. Von hier aus entstanden Kolonien rund ums Mittelmeer, beispielsweise in Italien, Frankreich oder Kleinasien.

Im Sog der Großmächte: Persien, Athen, Sparta und Makedonien

Bereits 490 v. Chr. geriet Rhodos als erste Insel der Ägäis in den Einflussbereich Persiens. Doch nach der *Schlacht von Salamis*, bei der die Rhodier auf Seiten der Perser gekämpft hatten, übernahm Athen das Ruder. Rhodos wurde Mitglied im Attisch-Delischen Seebund und litt fortan unter den hohen Tributzahlungen. Deshalb waren die Rhodier sehr schnell zu einem Bündnis mit Sparta bereit, nachdem die Spartaner das unbefestigte Kamirós überfallen und eingenommen hatten. Nach dem Feldzug Athens (411 v. Chr.) beschlossen die rhodischen Städte die Gründung eines Gesamtstaats, an der Nordspitze der Insel, auf dem Gebiet von Ialyssós (heute: Filérimos), entstand eine neue Stadt. Als die Makedonier unter Alexander dem Großen die Vorherrschaft in der Ägäis übernahmen, schlugen sich die Rhodier zu ihrem wirtschaftlichen Vorteil auf deren Seite.

Nach dem Tod Alexanders 323 verweigerten die Inselbewohner die Teilnahme am Krieg gegen Alexanders wichtigen Handelspartner Ägypten. Trotz intensiver makedonischer Belagerung scheiterte eine endgültige Einnahme. Als Siegesdenkmal stellten die Rhodier den legendären Koloss auf, der 226 v. Chr. bei einem Erdbeben ins Meer stürzte.

Die eigentliche Blütezeit der Insel begann im 3. Jh. v. Chr. Rhodos wurde zum Weltzentrum der Kunst und der Wissenschaft. Die Insel zählte nach Schätzungen 60.000 bis 80.000 Einwohner. Prächtigste architektonische Zeugen dieser Epoche sind die Akropolis von Líndos mit dem Athena-Tempel und das antike Kamirós.

Rhódos und Rom

Obwohl sich Rhodos bereits im 2. Jh. v. Chr. mit Rom gegen Makedonien verbündete, nützte dies später wenig. Denn bald verbündeten sich die Römer ihrerseits mit Makedonien und Rhodos stand auf der Verliererseite. Es verlor nicht nur seine kleinasiatischen Besitzungen, vielmehr wurde auch die Kykladeninsel Delos zum Freihafen erklärt. Damit wurde Rhodos seiner wichtigsten Einnahmequelle beraubt, der ökonomische Niedergang nahm seinen Anfang. Ganz egal, was die rhodischen Politiker unternahmen, sie standen immer auf der falschen Seite. Schließlich plünderte Cassius die Insel am Ende des Bürgerkrieges zwischen Cäsar und Pompejus. Die politische und wirtschaftliche Selbstständigkeit war nun endgültig dahin.

Die Integration von Rhodos in das Römische Reich vollzog sich jedoch nur sukzessive. Selbst Kaiser Augustus räumte der Insel, die ihm direkt unterstellt war, gewisse Sonderrechte ein.

Trotz des inneren Zerfalls blieb die Insel im 2. und 1. Jh. v. Chr. ein kulturelles Zentrum der antiken Welt. Rhodos hatte eine populäre Universität mit einer berühmten Redner- und Philosophenschule. Cäsar, Cato, Cicero und Pompejus studierten hier. Die Bildhauer schufen Meisterwerke wie die legendäre Laokoon-Gruppe (Kopie im Großmeisterpalast) oder die Nike von Samothrake, die heute im Pariser Louvre steht. Den Marmor schaffte man übrigens aus Kos heran.

Im 2. Jh. n. Chr. verlor Rhodos, nicht zuletzt durch ein furchtbares Erdbeben im Jahr 155 n. Chr., seinen äußeren Glanz. Über die Insel rollte eine Welle von Überfällen. Goten, Perser und Sarazenen legten sie in Schutt und Asche. Nach der Teilung des Römischen Reiches 395 gehörte Rhodos zum Byzantinischen Reich.

Im Zeichen des Kreuzes

Zu Beginn der Kreuzzüge am Ende des 11. Jh. avancierte Rhodos zur beliebten Zwischenstation auf dem Weg ins Heilige Land. 1191 landeten Richard Löwenherz von England und Philipp von Frankreich auf der Insel. Rhodos, das zwischenzeitlich den Venezianern und Genuesen gehörte,

Schutzpatron von Rhódos: Sonnengott Helios

kam erst nach heftigem Widerstand der Bevölkerung 1309 in den Besitz der Ordensritter des Heiligen Johannes von Jerusalem.

Die Ordensritter sollten 331 Jahre bleiben, ehe der letzte Ordensmeister, Villiers de l'Isle Adam, unfreiwillig am 22. Dezember 1522 die Macht an Sultan Suleiman abgeben musste. Der Johanniterorden baute Rhodos ab der zweiten Hälfte des 15. Jh. zu einer Festung ohnegleichen aus. Als Schutzpolizei für die christliche Seefahrt erfüllte er eine wichtige Funktion. Tatsächlich wehrte er 1444 und 1480 schwere Angriffe der Sultane Ägyptens und des Osmanischen Reiches erfolgreich ab. Darauf gründete auch der enorme Ausbau der rhodischen Festung. Aber selbst diese konnte 1522 den Angriffen Suleimans nicht standhalten. Die Herrschaft war dahin. Malta wurde die neue Heimat des Ordens. Und die Türken? Sie blieben länger als gedacht, nämlich bis 1912.

Italien kolonisiert den Dodekanes

Mai 1912: Italienische Truppen landeten nach 389 Jahren türkischer Herrschaft. Die Bevölkerung jubelte – doch nicht lange. Denn als die Italiener im Krieg mit den Türken 1911/12 Rhodos eroberten, dachten sie nicht im Traum daran, die Insel wieder zurückzugeben. Trotz des heftigen Widerstands der Rhodier traten die Türken Rhodos und den Dodekanes im Friedensvertrag von Lausanne offiziell an Rom ab. Die Italiener wollten eine Musterinsel schaffen. Sie bauten das Straßennetz aus, forsteten gerodete Wälder wieder auf und restaurierten vor allem die Baumonumente aus der Ritterzeit – prächtigstes Beispiel ist der Großmeisterpalast. Überall auf der Insel sind noch Zeugen dieser Zeit zu finden, beispielsweise zahlreiche Prachtgebäude an der lang gezogenen Platia Elefteria in Rhodos-Stadt (am Mandráki-Hafen), der Gutshof an der Straße nach Kattaviá, Kolonialhäuser in Kolímbia und Éleousa.

Der Malteser- bzw. Johanniterorden – ein politisches Kuriosum

Der Malteser- bzw. Johanniterorden existiert bis heute. Seine Wurzeln hatte er in einer Bruderschaft, die in Jerusalem eine Pilgerherberge und ein Hospital mit einer Kirche unterhielt. Sie sollte zum Schutz der Pilger im Heiligen Land und zum Kampf gegen die „Heiden" dienen. Der Johanniterorden hatte drei verschiedene Arten von Mitgliedern: zum einen die Ritter selbst, die adelig sein mussten, die Krankenpfleger, nicht-aristokratische Hilfsmediziner, und die Kleriker als Kirchenbetreuer. Sie waren in nationalsprachliche Gruppen, die sieben „Zungen" *(tongues)*, unterteilt: Auvergne, Frankreich, Italien, England, Deutschland, Provence und Spanien, das sich später in Aragon und Kastilien teilte. Führer des Ordens war der von den Mitgliedern auf Lebenszeit gewählte Großmeister. Die Führer der einzelnen „Zungen" waren zudem Mitglieder eines gesetzgebenden Rates. Unter den Großmeistern dominierten die Franzosen. So war die Umgangssprache Französisch, wohingegen alle Dokumente auf Latein abgefasst wurden.

Als 1291 die Stadt Akkon als letzter wichtiger Stützpunkt der Christen im „Heiligen Land" fiel, zogen sich die überlebenden Johanniter zusammen mit anderen Flüchtlingen nach Zypern zurück. Erst 1306/07 begann die Eroberung von Rhodos, die 1308/09 beendet war. Nachdem die Türken die Christenorganisation 1522 ihrerseits verjagt hatten, überließ sieben Jahre später Karl V. die Insel Malta den Johannitern. Seitdem nannten sie sich *Malteserorden*. An Napoleon verloren sie 1798 kampflos ihren damaligen Sitz. In der Folgezeit versuchten sie, in verschiedenen Städten in Italien den Orden wieder aufzubauen. Vergeblich traten sie zu Beginn des 19. Jh., während des griechischen Aufstandes gegen die Türken, mit der vorläufigen Regierung Griechenlands in Kontakt, um sich wieder in der Ägäis niederzulassen. Schließlich gewährte ihnen 1830 der Vatikan „Exil", das bis heute andauert. Die Ritter beschlossen, den militärischen Charakter ihres Ordens aufzugeben und sich ausschließlich der Krankenpflege zu widmen

Der katholische Malteserorden zählt derzeit rund 9000 Ritter, 500 allein in Deutschland. Der „Souveräne Ritterorden vom Hospital des heiligen Johannes zu Jerusalem, genannt von Rhodos, genannt von Malta" (offizieller Name) ist ein so genanntes *Völkerrechtssubjekt* und unterhält zu 35 Ländern offizielle diplomatische Beziehungen. Bis zum heutigen Tage konnte er Privilegien wie Grundbesitz, Münzrecht und Souveränität behalten. Der Besitz der Malteser wird auf 33 Milliarden Euro geschätzt. Das exterritoriale Gebiet des „Priorats von Malta" in Rom umfasst 6000 qm auf dem Aventin-Hügel und in der eleganten Via Condotti 68 qm. Sie machen den Orden zum kleinsten Staat der Welt, noch vor dem Vatikan. Die Malteser sind nicht nur postalisch souverän, sondern besitzen auch ein eigenes Nationalitätskennzeichen für ihre Autos. Die Aufschrift „SNOM" ziert die noblen Karossen des Ordens. Bisweilen machen auch hohe Staatsgäste dem Großmeister des Malteserordens, derzeit der Italiener Fra' Giacomo Dalla Torre del Tempio di Sanguinetto, im Vatikan ihre Aufwartung.

1940: In Europa herrschte Krieg. Zunächst blieb Griechenland verschont, während Albanien bereits 1939 von den Italienern besetzt wurde. Am 28. Oktober 1940 forderte Mussolini von Griechenland freien Einmarsch für italienische und deutsche Truppen, um Militärstützpunkte auf griechischem Boden zu errichten. Der Führer der Militärdiktatur General Ioannis Metaxas wollte Griechenland aus dem Krieg heraushalten und beantwortete das Ultimatum mit einem kurzen „Ochi" (Nein!). Daraufhin kam es zum Griechisch-Italienischen Krieg. Zwar konnten die Griechen zunächst die Angriffe der überlegenen Italiener zurückschlagen, doch gegen die deutschen Angriffe 1941 waren sie trotz britischer Unterstützung machtlos. Das griechische Militär kapitulierte im Juni 1941, Griechenland wurde zwischen Deutschland und Italien aufgeteilt. Bis heute feiern die Griechen am 28. Oktober den Ochi-Tag als Symbol, dass sie sich damals der Übermacht nicht gebeugt haben. 1943 nach dem Sturz Mussolinis besetzten die Deutschen den größten Teil der Dodekanes-Inseln.

Rhódos und die Deutschen

Nach Kämpfen im Zweiten Weltkrieg gegen ihren ehemaligen Verbündeten Italien übernahmen im September 1943 die Deutschen die Macht. Generalleutnant Ulrich Kleemann baute Rhodos systematisch zu einer Festung aus und nutzte dabei die Anlagen der Johanniter, zum Beispiel auf dem Filérimos-Hügel bei Triánda. Unter seinem Kommando begann die Enteignung und Deportation tausender Juden (→ Kasten „Im Viehwaggon nach Deutschland", S. 34). Die Hälfte der 4000-köpfigen Gemeinde konnte noch rechtzeitig fliehen, die andere Hälfte wurde in die Gaskammern der Konzentrationslager verschleppt.

Als im September 1944 Generalmajor Otto Wagner das Kommando auf Rhodos übernahm, steigerte sich der Terror ins Unermessliche. Der Industriellensohn hatte Hitler bis 1933 in wirtschaftspolitischen Fragen beraten.

Architektur aus italienischer Zeit: der Großmeisterpalast in Rhódos-Stadt

In den letzten Kriegsmonaten wollte er sich auf Rhodos beweisen. Er errichtete das Internierungslager Kallithéa, in dem Tausende italienische Kriegsgefangene und Zivilisten inhaftiert waren. Sie wurden nicht vergast, sondern verhungerten, denn bei schwerer körperlicher Arbeit betrug die Tagesration jedes Gefangenen nur 100 g „Rhodosbrot" und einen Dreiviertelliter Wassersuppe. Das Lager befand sich gleich neben den Thermen. Jeder Fluchtversuch wurde mit dem Erschießen von vier Häftlingen bestraft. Nur zehn der Gefangenen überlebten die Tortur, nach General Wagner sollte niemand das KZ lebend verlassen.

Das Leben auf Rhodos war gefährlich, selbst „der Diebstahl eines Kohlkopfes oder eine unbedachte Äußerung kostet den Kopf" (Spiegel vom 14.2.1951 „Sie haben etwas gutzumachen"). Die Bevölkerung hungerte: Von Januar bis Mai 1944 wurden 2000 Zivilisten amtlich registriert, die an Hunger starben. Dagegen stand der Befehl Wagners, jeden zu erschießen, der es wagte, auch nur eine Orange zu stehlen. Zwischen März und April 1945 wurden 1300 Todesurteile vollstreckt an deutschen Soldaten, italienischen, griechischen und türkischen Zivilisten, die den Diebstahls von Lebensmitteln überführt worden waren.

Aus Wagners Plänen, seine „Insel der Seligen" zu einem „Staat Rhodos" auszubauen, der als Stützpunkt am Rand Europas den deutschen Welthandel fördern sollte, wurde nichts. Anfang Mai 1945 fuhr Wagner auf die Insel Sými, wo er am 8. Mai 1945 kapitulierte. Zuvor hatte sich unter seinen Offizieren bereits eine Opposition gebildet, die plante den wahnsinnig gewordenen „König von Rhodos", wie sich Wagner nannte, zu erschießen, er kam ihnen durch seine Kapitulation zuvor. Als letzte Amtshandlung befahl er die Vernichtung eines riesigen Vor-

ratslagers, denn Lebensmittel, Munition und Benzin sollten nicht den Feinden in die Hände fallen. Viele pittoreske Kapitänshäuser sowie die Johanniterburg in Chorió auf Sými fielen diesem Befehl zum Opfer. Wagner wurde von einem italienischen Militärgericht zu 15 Jahren Zuchthaus verurteilt, von denen er nur drei Jahre absitzen musste. Nach Fürsprache des vatikanischen Bischofs Alois Hudal sowie des damaligen Bundeskanzlers Konrad Adenauer wurde Wagner vorzeitig entlassen. Der überzeugte Nazi lebte bis zu seinem Tod 1971 unbehelligt auf seinem Gut am Chiemsee. Er wurde 83 Jahre alt.

Der Aufstieg zum populären Ferienziel

Nach dem Zweiten Weltkrieg und der damit verbundenen zweijährigen britischen Besatzungszeit kam Rhodos 1947 schließlich nach jahrhundertelanger Fremdherrschaft zu Griechenland. Im demokratischen Griechenland begann der wirtschaftliche Aufstieg von Rhodos. Bereits in den 1950er-, vor allem aber in den 60er- und 70er-Jahren verbesserte die Insel kontinuierlich ihre touristische Infrastruktur. In den 1970er-Jahren endete dann auch die Auswanderungswelle. Die Insel hatte endlich genügend Arbeitsplätze anzubieten. Gastarbeiter, beispielsweise aus Deutschland, kehrten sukzessive zurück (→ Kasten „Ein Zug nach Gummersbach", S. 69) und investierten mit ihrem Ersparten in die Insel. Der vergleichsweise moderne Flughafen und ausländische Hotelinvestoren sorgten für ein rasches Wachstum. Selbst die Wirtschafts- und Finanzkrise von 2008 und die darauf folgenden Einschnitte bei den öffentlichen Ausgaben konnten dem Tourismus kaum etwas anhaben. Heute zählt Rhodos zu den populärsten Ferienzielen im Mittelmeer.

Die Rolle der orthodoxen Kirche

In Griechenland besitzt die Kirche zumindest in der älteren Bevölkerung noch großen Rückhalt. Nicht vergessen ist nämlich bis heute die bedeutende Rolle, die die orthodoxe Kirche in türkischer Zeit als Hüterin und Bewahrerin der griechischen Kultur spielte. Mutige Äbte und Mönche lehrten damals im Verborgenen die griechische Sprache und unterstützten – wie später auch im Zweiten Weltkrieg – tatkräftig den Widerstand gegen die Besatzer. Traditionell sind deshalb Staat und Kirche in Griechenland eng verbunden.

Die orthodoxe („rechtgläubige") Kirche demonstriert schon mit ihrem Namen den Anspruch, einzig rechtmäßige Nachfolgerin der ursprünglichen römischen Kirche zu sein; sie betrachtet sich deshalb als vollkommen und immerwährend. Folgerichtig hat sie ihre Lehre und ihren Kultus, in dessen Mittelpunkt die Vergegenwärtigung der Heilsgeschichte und der Empfang des Heiligen Abendmahls stehen, seit dem Siebten Ökumenischen Konzil von 787 nicht mehr grundlegend verändert.

Eine solche Grundhaltung, verbunden mit einer traditionell starken Position im Staat, sorgt naturgemäß für eine extrem konservative Einstellung gegenüber Reformen. Die sozialistische PASOK-Partei hat in den 1980er-Jahren deshalb versucht, die Macht der Kirche zu beschneiden, was ihr teilweise auch gelungen ist: So steht seit 1982 (!) die standesamtliche Trauung der kirchlichen gleichberechtigt gegenüber; und 1987 wurde die Verstaatlichung von 130.000 Hektar kirchlichen Landbesitzes beschlossen – begleitet von großen Protesten der Kirche. Interessant ist in diesem Zusammenhang, dass die orthodoxe Kirche keinerlei soziale Ambitionen hegt und karitative Arbeit nicht stattfindet.

Ikonostassia

Die Bilderstöcke, die an vielen Straßenrändern stehen, sind ein vertrauter Anblick auf Rhódos und den anderen Inseln der Ägäis. Im Inneren brennt vor einer kleinen Ikone oft ein Öllämpchen und erinnert an einen tragischen Unfall oder ein anderes denkwürdiges Geschehnis, das sich an dieser Stelle ereignet hat.

Die Priester (*Papádes*) sind fester Bestandteil des Dorflebens. Bekleidet mit langen, dunklen Gewändern, das lange Haar unter der charakteristischen Kopfbedeckung im Nacken verknotet, die Bärte üppig, so sieht man sie auf der *Platia*, dem Dorfplatz, sitzen, aber auch auf den Feldern arbeiten: Ihr Gehalt ist gering (eine Kirchensteuer gibt es nicht), weshalb sie zum Nebenerwerb praktisch gezwungen sind. Der Zölibat betrifft in der orthodoxen Kirche nur obere Ränge: Ein einfacher *Papás* darf verheiratet sein und Kinder haben, der Aufstieg zum Bischof bleibt ihm aber verwehrt.

In ganz Griechenland gehören rund 97 % der Bevölkerung dem orthodoxen Glauben an. Daneben gibt es eine muslimische (1,3 %), eine katholische (0,4 %) und eine etwa 5000 Angehörige zählende jüdische Glaubensgemeinschaft (z. B. in Rhodos-Stadt).

Rhódos heute

Die Insel am Rande Europas ist sich ihrer besonderen Rolle als Brücke zwischen Okzident und Orient bewusst. In den letzten Jahren bemühte sich die Inselverwaltung erfolgreich um die Erhaltung des türkischen Erbes. Seitdem die UNESCO, Kulturorganisation der Vereinten Nationen, die Altstadt zum Weltkulturerbe erklärte, wurden die Anstrengungen um die multikulturelle Hinterlassenschaft ausgebaut. Rhodos ist auch ein Ort des Dialogs zwischen den Kulturen. Das Künstlerhaus „Waves of Three Seas" (→ Kasten S. 42), das Schriftsteller und Übersetzer aus ganz Europa beherbergt, sorgt etwa für diesen Austausch. Die Insel beherbergt außerdem Millionen von Touristen aus unterschiedlichen Kulturen: Auf der Insel machen Araber aus den Golfstaaten, Juden aus dem nahen Israel und vor allem Bürger aus der Europäischen Union, aber auch aus Osteuropa gerne Urlaub.

Schuldenkrise

Auch Rhodos war vom harten Sparkurs der griechischen Regierung betroffen. Viele Museen und Hotels mussten ihre Mitarbeiter entlassen oder können sie schlicht nicht bezahlen. Da auch die Durchschnittsgehälter um mehrere hundert Euro gesunken sind, arbeiten viele Rhodier während der Saison in mehreren Jobs. Mit dem drohenden Staatsbankrott Griechenlands und den damit einhergehenden EU-Auflagen wurde 2015 auf Rhodos wie auf vielen anderen bisher privilegierten Inseln der vergünstigte Mehrwertsteuersatz von 16 % auf 23 % erhöht. Bereits vor dieser Erhöhung waren die Preise für Lebensmittel und für Benzin etwas höher als in Deutschland. Nach einigem Hin und Her kaufte 2015 der Frankfurter Flughafenbetreiber, die Fraport AG, für 1,234 Milliarden Euro Betreiberkonzessionen von 14 griechischen Regionalflughäfen, darunter auch die des Flughafens auf Rhodos, der seitdem ausgebaut und modernisiert wurde.

Nach harten Jahren des Sparens, der Steuererhöhung und des Kürzens von Sozialleistungen hat Griechenland die schwere Wirtschafts- und Finanzkrise überwunden. Der Preis der Austeritätspolitik unter dem sozialdemokratischen Premier Alexis Tsipras war freilich hoch. Die Armut in Griechenland – gerade von älteren Menschen – ist gewachsen. Viele Junge haben an-

Leere Liegestühle kann sich Rhódos wirtschaftlich nicht leisten

gesichts der schlechten Berufsaussichten das Land verlassen.

Fluchtziel Rhódos

Anders als auf den Nachbarinseln Lésbos, Kos oder Kálymnos kommen auf Rhodos pro Jahr nur wenige Hundert Migranten an, was nicht zuletzt an der vergleichsweise großen Entfernung zum türkischen Festland liegt. Während Kos nur 5 km von der Türkei entfernt ist, beträgt die Entfernung von Rhodos 40 km. Bei dem Versuch, nach Rhodos zu gelangen, gibt es immer wieder Todesopfer, zuletzt im April 2019 als drei Menschen .

Im Hafen von Rhodos-Stadt befindet sich das kleine Gebäude der Hafenpolizei, in dem die Flüchtlinge registriert werden, sowie ein Büro für Migration. Die Polizei versucht sie möglichst schnell nach Athen weiterzubringen. Die meiste Hilfe für Flüchtlinge wird privat organisiert.

Tourismus: Grenzen des Wachstums

„Wann wacht ihr endlich auf, ihr Griechen von Rhodos?", fragt der Filmemacher Hans W. Geissendörfer, der seit 1972 auf der Roseninsel sein zweites Zuhause hat. Die Rhodier werden immer häufiger von den Albträumen eines hemmungslosen, billigen Beton-Tourismus aus dem Schlaf gerissen. Schließlich stieg in Rhodos und Kos die Anzahl der vermieteten Zimmer von 3000 im Jahr 1981 auf über 20.000. Und nach etwas mageren Zeiten zu Beginn der 1990er-Jahre boomt das Geschäft mit dem Fremdenverkehr inzwischen wieder. Jährlich besuchen rund 2 Millionen Touristen aus aller Welt die Insel. Die meisten Besucher kommen aus Großbritannien, gefolgt von Deutschen, Schweden, Polen und Israelis.

Rhodos lebt vom Tourismus. Das hat seine Menschen, seine Kultur und seine Landschaft verändert. Das Geschäft mit den Fremden hat hier Tradition, doch befürchtet man, dass die Insel bald zubetoniert wird, die Grundwasserreserven rücksichtslos verbraucht und die letzten Strände zu organisierten Rummelplätzen werden. Faliráki ist heute schon ein Synonym für „falschen Tourismus". Doch viele Hotels auf der Insel haben mittlerweile auf „all-inclusive" umgestellt und locken so zahlreiche Gäste. Fast 80 % der Hotelanlagen auf Rhodos bieten das „Rundumsorglospaket" an. Das vermiest jedoch vielen Einheimischen das Geschäft, vor allem die Inselwirte beklagen einen Rückgang ihrer Gäste, die kaum noch aus den Ferienclubs kommen, um in einer Taverne zu essen. Ein einheimischer Tourismusexperte bringt es auf den Punkt: „The game is over with the restaurants." Die Folgen dessen sieht man bereits in Orten wie Kolímbia, deren Zentrum zunehmend verwaist. Daher werden die Rufe nach einem sanften Tourismus auf Rhodos immer lauter.

Die Hafeneinfahrt in Rhódos-Stadt

Anreise

Die bequemste und populärste Anreisemöglichkeit ist ein Direktflug nach Rhódos. In rund drei Stunden gelangen Urlauber von den großen Airports in Deutschland, Österreich und der Schweiz beinahe täglich ins mediterrane Klima des Dodekanes. Kaum eine andere Insel in der Ägäis lässt sich so leicht und häufig erreichen.

Zusätzlich zum Direktflug besteht auch die Möglichkeit, nach Athen zu fliegen und von dort eine Linienmaschine von Olympic Air oder Aegean Airlines nach Rhodos zu nehmen. Dies wird vor allem relevant, wenn die Direktflüge im Sommer bereits ausgebucht sind oder man in den Wintermonaten nach Rhodos fliegen will. Denn zwischen Oktober und April gibt es nur wenige oder sogar gar keine direkte Flugverbindung nach Rhodos.

Man erreicht Rhodos auch mit der Fähre von Piräus – allerdings dauert die Überfahrt zwischen 14 und 20 Stunden. Alle anderen Verkehrsmittel lohnen sich für eine normale Ferienreise nicht. Mit Auto, Zug, Bus und Schiff (Fähre von Italien nach Griechenland) benötigt man für die Hin- und Rückfahrt rund eine Woche. Hinzu kommen Strapazen und Kosten für Verpflegung.

Fliegen

Wer sich nach Rhodos einfliegen lässt, kommt im Paradies an – so heißt nämlich das Straßendorf beim Flughafen, das seinem Namen allerdings keine Ehre macht. Der gut ausgebaute Flughafen Diagoras (16 km von Rhodos-Stadt entfernt) gehört zu den am meisten frequentierten Griechenlands.

Wer übrigens auf dem Flughafen von Rhodos länger warten muss und Hunger hat, ist nicht unbedingt auf die Bars im Airportgebäude angewiesen. Am Anfang des Dorfes Paradisi liegt die auch bei Einheimischen beliebte Taverne „Deipnos". Der Familienbetrieb ist nur etwa fünf Gehminuten vom Flughafen entfernt und serviert preiswerte und gute griechische Küche.

Preisvergleiche für Flüge Zahlreiche Fluggesellschaften haben Rhodos im Programm – die Preise liegen je nach Saison zwischen 80 und 250 € pro Person und Strecke. Die Suche erleichtern Vergleichsportale wie www.sky scanner.de oder www.swoodoo.com.

Flughafen Rhodos Der Flughafen Diagoras (RHO), ℘ 22410/88700, liegt 16 km südwestlich von Rhodos-Stadt. Hier befinden sich eine Bank, diverse Souvenirgeschäfte sowie große internationale **Autoverleiher**, z. B. Hertz (℘ 22410/82902), Europcar (℘ 22410/42006) und Avis (℘ 22410/82896).

Eine **Taxifahrt** vom Flughafen nach Rhodos-Stadt kostet 25 €, nach Líndos 75 €. Die Taxis fahren allerdings nur bis zur Mauer der Altstadt. **Busse** nach Rhodos-Stadt fahren von 6.15– 0.05 Uhr großteils in Intervallen von 15– 30 Minuten. Von Rhodos-Stadt zum Flughafen geht es zwischen 4.45 und 23.30 Uhr alle 15– 45 Minuten. Die Abfahrtszeiten werden jedoch nicht immer exakt eingehalten, es kann auch vorkommen, dass ein Bus gar nicht auftaucht. Eine einfache Fahrt kostet 2,50 €. Eine Bushaltestelle findet sich sowohl am Flughafen als auch an der Küstenstraße (Nähe Taverne).

Flughafen in Athen Der Airport Eleuthérios Venizélos (ATH) liegt 25 km östlich der Hauptstadt. Er kann mit U-Bahn, Taxi und Bus erreicht werden.

Fährpassagen nach Rhódos

Rhodos ist ganzjährig täglich mit Piräus verbunden. Für die Überfahrt sollte man – je nach Fährschiff und Anzahl der Zwischenstopps – von 14 bis 18, manchmal auch 20 Stunden ausgehen.

An Bord der Linienfähren gibt es in der Regel preiswerte *Deckplätze* (ausreichend Sitzmöglichkeiten sind meist vorhanden), die etwas teureren *Pullmannsitze* (Touristenklasse) sowie *Kabinen* der A- und B-Klasse. Die Fähren sind ausreichend komfortabel, beinahe immer existiert eine Bar, wo z. T. auch warme Snacks ausgegeben werden. Insbesondere bei längeren Fahrten und schlechtem Wetter lohnt es sich durchaus, ein paar Euro mehr in eine Kabine zu investieren, die man – zumindest in der Sommersaison (Juli und August) – rechtzeitig reservieren sollte. Wer seine Überfahrt schon von Deutschland aus plant und die Fährtickets frühzeitig im Internet reserviert,

profitiert mitunter von Frühbucherpreisen. Spätestens 30 Minuten vor der geplanten Abfahrt sollte man sich am Fährhafen einfinden.

Allgemeine Fähr-Infos In **Athen** verbindet die U-Bahn den Flughafen Eleftherios Venizélos (ATH) mit dem Fährhafen Piräus.

Alle Dodekanes-Fähren starten und landen in **Piräus** am Uferkai Aktí Possidónos gegenüber der Metrostation.

Die Fähren legen in Rhodos je nach Fährverbindung und Reederei am Industriehafen oder dem Kolona-Hafen (nahe dem Mandrakihafen) an. Genauere Infos erhält man bei der jeweiligen Reederei.

Infos zu Routen und Abfahrtszeiten Am verlässlichsten ist das Internetportal **www. gtp.gr**. Dort wird auch in englischer Sprache über alle Fährverbindungen aktuell und übersichtlich informiert.

Auskunft auch in allen **Reiseagenturen** und bei der **Touristen-Information**.

Suchen und Buchen via Internet: Übersichtliche Fährverbindungen mit sofortiger Preisauskunft und Buchungsmöglichkeiten unter www.greekferries.gr sowie www.ferriesin greece.com.

Gängigste Routen: 1. Piräus–Pátmos–Lipsi–Léros–Kálymnos–Kos–(Astipálea)–Symi–Rhodos (19 Std.) und retour

2. Piräus–(Kálymnos)–Kos–Rhodos (16 Stunden)

3. Piräus–Santorini–Kos–Rhodos (mit der Schnellfähre Blue Star 15 Stunden)

Zdem legen manche Fähren auf der Route Piräus–Kreta auch in Rhodos oder Kárpathos an.

Eine weitere Route führt über Chálki, Kárpathos, Kássos, Kreta, Santorin, Páros und Naxos nach Piräus – zum Inselhüpfen geeignet, nicht aber, um nach Piräus zu gelangen – die Fahrt dauert ewig.

Preisbeispiele Pro Person von/nach Piräus ab 67 € (Deck) bis 135 € (Kabine 1. Klasse), Zweiräder ab 30 €, Autos ab 119 €.

Reedereien Blue Star Ferries, 111 Amerikis Str., ℘ 22410/22461, www.bluestarferries.com.

Dodekanisos Seaways, Kolona Hafen, ℘ 22410/70590, www.12ne.gr.

Anek Lines, 5, Akti Sahtouri, ℘ 22410/35066, www.anek.gr.

Anes Lines, Australias 88, ℘ 22410/37769, www.anes.gr.

Das Busnetz auf Rhódos ist vor allem an der Ostküste fast lückenlos

Mobil auf Rhódos

Rhódos besitzt eine exzellente Verkehrsinfrastruktur. Angesichts der Dimensionen der Insel – eine Länge von fast 80 km – lohnt sich das Anmieten einer Vespa oder eines Autos. Im Inselnorden sind die Busverbindungen hervorragend, doch je weiter man in den Süden kommt, umso schwieriger wird es, die Dörfer per Bus zu erreichen.

Wer nicht den einsamen, abgelegenen Strand auf eigene Faust suchen und finden will, kann sich auf Rhodos auch bequem und preisgünstig mit dem Bus fortbewegen. Allerdings kommt dieser nicht immer pünktlich. Diejenigen, die sich ein Auto oder Zweirad mieten, finden ein ausgezeichnetes Verkehrsnetz vor. Sými und Chálki erreicht man gut bei einem Bootsausflug – ob über einen organisierten Tagesausflug oder auf eigene Faust. Auch auf den kleinen Nachbarinseln wurde das Straßennetz ausgebaut. Mit einer gemieteten Vespa lassen sich so alle Ziele erreichen. Wen es auf andere Dodekanes-Inseln zieht, kann diese mit den regelmäßig verkehrenden Fähren ebenfalls erkunden. Und ganz Unerschrockene erschließen sich die Insel wandernd. Zehn Tourenvorschläge finden Sie am Ende des Buches (→ Kleiner Wanderführer ab S. 240).

Mit dem Auto oder Zweirad

Den Urlauber erwartet ein sehr gut ausgebautes Straßennetz, besonders entlang der Küste. Einige – z. T. schlecht befahrbare – Schotterstraßen gibt es vor allem noch im südlichen Inselinneren.

Wer Rhodos per **Mietfahrzeug** erkunden will, muss sich etwas umstellen: Die Verkehrsregeln und -zeichen entsprechen zwar weitgehend den deutschen. Trotzdem: Hupen Sie lieber einmal zu viel als zu wenig, vor allem vor unübersichtlichen Kurven. Fahren Sie vorsichtig und lassen Sie sich von drängelnden Griechen nicht aus der Ruhe bringen, denn oft ist die Beschilderung unzureichend und Stopp-Schilder von der Sonne ausgeblichen.

Motorräder sind in fast jedem Touristenort zu mieten. Die Preisunterschiede sind gering. Allerdings sollten Sie darauf achten, dass an den Fahrzeugen alles ordnungsgemäß funktioniert. Für weitere Ausflüge ist ein entsprechendes leistungsstarkes Fahrzeug empfehlenswert, denn Rhodos ist alles andere als flach. Weil es bei 40 Grad im Schatten unter dem Helm schnell warm werden kann, verzichten viele Einheimische und auch Urlauber gern auf den Kopfschutz. Dennoch: Es herrscht offiziell Helmpflicht in Griechenland, mitunter wird sie sehr rigoros durchgesetzt. Wer ohne Helm von der Polizei erwischt wird, zahlt ein Bußgeld von 175 Euro.

Fahrradfahren wird auf Rhodos immer beliebter. Ein wenig Kondition ist angebracht, denn es gilt, so manchen Hügel hinaufzustrampeln. Wenn möglich, mieten Sie ein Mountainbike, Sie werden die 21 Gänge und die Stabilität der Räder schnell zu schätzen wissen. Alternativ können Sie sich ein E-Bike mieten.

Verkehrsbestimmungen   Höchstgeschwindigkeiten für Pkw: Autobahn 130 km/h, Schnellstraße 90–110 km/h, außerhalb von Ortschaften 90–110 km/h, innerorts 50 km/h; **für Motorräder**: Autobahn 90 km/h, außerhalb von Ortschaften/Schnellstraßen 70–80 km/h, innerorts 40 km/h (!). Es besteht **Helmpflicht**.

Promillegrenze: 0,24 (Führerscheinneulinge bis 2 Jahre und Motorradfahrer 0,1 Promille).

Mobil telefonieren ist nur mit Freisprechanlage erlaubt.

Pannenhilfe/Notfall Im Falle einer Autopanne ist der griechische Automobilclub **ELPA** in **Rhodos** unter ☏ 10400 (24-Stunden-Pannendienst) zu erreichen. Besser allerdings ist es, sich bei Pannen direkt an die Servicenummer des jeweiligen Mietwagenanbieters zu wenden.

Schlafen ist hier aber erlaubt

Im **Notfall** die Verkehrspolizei von Rhodos verständigen, ☏ 22410/44131.

Tankstellen   Optimales Tankstellennetz, selbst in abgelegenen Gegenden findet sich eine Tankstelle. Die südlichste Zapfsäule steht in Kattaviá.

Parken In Rhodos-Stadt ist das Parken ausgesprochen problematisch (1,50 €/Std.). Dutzende von Parkwächtern schwärmen jeden Tag aus, um Fahrzeuge mit abgelaufenen Tickets ausfindig zu machen. Die Strafen liegen über dem deutschen Durchschnitt (kurzes Parken im Halteverbot 80 €). Auch für Touristen gibt es kein Entrinnen: Wer nicht im Rathaus am Mandráki-Hafen seine Strafe zahlt, bekommt spätestens bei der Rückgabe des Leihwagens die Quittung. In der Regel informieren die Parkwächter die Unternehmen, die – wie Hertz – dann die Strafe (Kreditkarte akzeptiert!) kassieren und weiterleiten.

In der Regel **kostenlos parken** kann man zwischen 14.30 und 17 Uhr, samstags ab 14.30 Uhr und am Sonntag ganztägig.

Die **Fahrbahnmarkierung** gibt Hinweise über die Parkrechte: an gelben Linien herrscht absolutes Halteverbot, an blauen darf man gegen Gebühr parken und an weißen Linien ist parken kostenlos möglich.

Entfernungen Jeweils von Rhodos-Stadt: Kamirós 34 km, Kastéllos 52 km, Líndos 55 km, Tsambiká-Beach 35 km, Monólithos 71 km, Faliráki 15 km, Gennádi 70 km, Profítis-Ilías-Berg 48 km, Kattaviá 89 km.

Autoverleih Vor allem in der Hauptsaison von Juni bis Sept. ist es empfehlenswert, einen Wagen bereits von Deutschland aus zu buchen, da vor Ort viele Autos überteuert oder ausgebucht sind. Oft gibt es Sonderpreise bei einer Mietdauer von 3 oder 7 Tagen.

In der Regel sind die kleineren **Anbieter** etwas günstiger als die renommierten internationalen Firmen wie Hertz oder Avis. Bei diesen hat man allerdings die Gewissheit, dass sich die Fahrzeuge in einem brauchbaren Zustand befinden. Gute Mietwagenfirmen auf Rhodos sind z. B. *Butterfly Rent a Car*, *und Marathon Rent a Car* in Rhodos-Stadt (mit verschiedenen Mietwagenstationen auf der Insel) sowie *Simon Rent a Car* in Charáki. Die Autos werden meist kostenlos zum Flughafen oder dem Hotel zugestellt.

Preisbeispiele (pro Tag in der Hauptsaison): Kleinwagen wie Kia Picanto oder Toyota Yaris circa 30 € (unbeschränkte Kilometerzahl); Mittelklassewagen wie Ford Focus oder Seat Ibiza kosten circa 40 €/Tag.

Zweiradverleih Fahrrad-, Moped- und Mofavermietungen finden Sie in allen Touristenorten. Das Angebot ist groß, die lokalen Preise sind nahezu einheitlich. In der Nebensaison

kann man handeln, insbesondere bei längerer Mietzeit. Testen Sie vor der Vertragsunterzeichnung Bremsen, Licht, Gangschaltung, Reifenprofil, Luftdruck und Ölstand. Manche Mopeds oder Mofas erreichen Geschwindigkeiten von 50 km/h und mehr – auf alle Fälle oft viel zu schnell für die schwachen Bremsen.

Für **Schäden am Zweirad** haftet man im Allgemeinen selbst – nur eine Haftpflicht ist im Preis inbegriffen. Den Mietvertrag sorgfältig durchlesen, darauf achten, ob der Vermieter überhaupt eine Haftpflichtversicherung abgeschlossen hat. Dies gilt besonders bei extrem billigen Fahrzeugen. Oftmals kann auch eine Vollkaskoversicherung (ca. 3 €/Tag) mit oder ohne Selbstbeteiligung abgeschlossen werden.

Preisbeispiele (pro Tag in der Hauptsaison): Fahrrad: ab ca. 10 € (ohne Gangschaltung, geeignet für kleinere Touren); Mountainbike: ab ca. 15 € (Nachteil: sie haben kein Licht; eine kleine Tour am Abend ist also nicht drin).

Mofa: ab ca. 15 € (teils in schlechtem Zustand, auch mit Automatik-Schaltung, leicht zu bedienen); 50-ccm-Maschine: ab 20 €; Vespa: ab 20 €; 80-ccm-Maschinen: ab 50 €. Für 125- und 250-ccm-Maschinen benötigen Sie einen entsprechenden Führerschein.

Mit dem Bus

Man sollte Ausdauer und Geduld mitbringen, wenn man die Insel außerhalb

Unfälle auf den kurvigen Inselstraßen sind vor allem im Sommer häufig

von Rhodos-Stadt per Bus erkunden will. Grundsätzlich gilt: Die **Busverbindungen** im Norden und an der Ostküste bis Gennádi sind hervorragend. Allerdings sind die Busse bisweilen überfüllt und es kommt vor, dass der Fahrer niemanden mehr zusteigen lässt, sondern einfach an der Haltestelle vorbeifährt.

Wer weiter in den Süden und an die südliche Westküste will, muss den Fahrplan genau studieren. Oft gibt es hier nur zwei oder drei Busse pro Woche, z. B. nach Apollóna oder Kattaviá.

In Rhodos-Stadt sind die Verbindungen recht gut, es fahren zahlreiche Busse, vor allem in die Gegend von Faliráki im Osten der Insel und im Westen in die Gegend des Flughafens. Will man weiter in den Westen mit dem Bus vordringen, hat man nicht so zahlreiche Möglichkeiten. Regelmäßige Verbindungen gibt es nur zum Flughafen, etwa 3-mal täglich kommt man zu populären Zielen wie Alt-Kamirós und Salákos. Ausflüge weiter in den Süden oder ins Landesinnere muss man schon sehr genau planen. Auf abgelegenen Strecken ist es ratsam, dem Fahrer mit dem ausgestreckten Arm zu winken, damit er anhält. Auch die Abfahrtszeiten sollte man nicht zu ernst nehmen, da die Busse manchmal fahren, wie sie wollen. Es kann auch vorkommen, dass man bis zu einer Stunde an der Bushaltestelle mitten auf der Ortsumgehungsstraße steht und kein Bus vorbeikommt. Wenn alle Stricke reißen, kann man zur Not immer noch Ausflügler fragen, ob sie einen mitnehmen.

Ausführlichere Infos zu Busverbindungen sind in den Ortskapiteln unter dem Stichwort „Verbindungen" aufgezählt. Vorsicht: Die Angaben beziehen sich auf den Sommer, im Winter und im Frühjahr fahren deutlich weniger Busse!

Preise Selbst eine Fahrt in den Inselsüden – ca. 2 Std. über eine Strecke von mehr als 90 km – kostet nur rund 10 €. Bustickets erhält man im Bus, in den Minimarkets oder am Kiosk an der Nea Agora in Rhodos-Stadt. Die Abfahrtszeiten der Busse ändern sich jedes Jahr und auch mehrmals während der Saison, allerdings nur geringfügig. **Busfahrpläne** sind an der Hotelrezeption erhältlich, teilweise auch im Internet unter folgender Adresse: www.ktelrodou.gr (unter „Bus timetable") bzw. auf der Webseite www.rhodes.gr oder www.ando.gr/eot.

Bustouren werden bevorzugt als Stadt- oder Inselrundfahrt angeboten; außerdem werden Fahrten ins Schmetterlingstal, nach Líndos oder zu den anderen Ausgrabungsstätten der Insel organisiert. Solche eintägigen Exkursionen sind erheblich teurer als z. B. die offiziellen Busse, bieten aber auch einen gewissen Komfort. Wenn Sie pauschal in einem Hotel untergebracht sind, sollten Sie auf jeden Fall die Angebote vergleichen. Die Ausflugspreise der Veranstalter vor Ort sind nämlich oftmals günstiger als die der deutschen Reiseveranstalter; an der Qualität der Ausflüge lassen sich jedoch kaum Unterschiede feststellen.

Zwei Agenturen, die auch mit Reiseveranstaltern zusammenarbeiten und zahlreiche Inselausflüge anbieten, sind *Europe Travel* (www.europetravel.gr) sowie *Cretan Holidays* (www.cretanholidays.gr). Auf ihren Webseiten sind Informationen dazu in englischer Sprache abrufbar, bei Cretan Holidays besteht sogar die Möglichkeit, Exkursionen online zu buchen. Die Ausflüge werden von deutschsprachigen Fremdenführern geleitet.

Mit dem Taxi

Auf Rhodos ist die Fahrt mit dem Taxi ein teures Vergnügen. Eine Fahrt von Rhodos-Stadt bis zum Flughafen kostet 25 €, ins Tal der Schmetterlinge 38 €, nach Lindos 65 €, nach Kiotári im Süden 77 € (jeweils einfach). Um keine böse Überraschung oder hitzige Diskussion zu erleben, empfiehlt es sich, vor Fahrtbeginn nach dem genauen Preis zu fragen. In der Vergangenheit gab es immer einmal wieder Ärger mit

Taxifahrern aufgrund undurchsichtiger Preisgestaltungen. In diesem Fall wenden Sie sich an die Touristen-Information oder an die örtliche Polizeistation.

Fähren und Bootsausflüge

Mit Ausnahme von Kreta hat keine griechische Insel bessere **Fährverbindungen.** Die Fährverbindungen zwischen Rhodos und den anderen Inseln des Dodekanes sind im Sommer ausgezeichnet, der Winterfahrplan, der etwa von Oktober bis April gilt, ist um einiges eingeschränkter und sieht für viele der Inseln nur eine Überfahrt pro Woche vor.

Kos (ca. 4 Std., Dauer abhängig von der Route) ca. 20 €; **Sými** (1 Std.) 13–19 €; **Chálki** (ca. 2:30 Std.) 10 €; **Kastellórizo** (5 Std.) ca. 19 €; **Kárpathos** (5 Std.) ca. 20 €.

Rhodos ist auch etwa zweimal wöchentlich durch eine **türkische Autofähre** mit dem gegenüberliegenden Marmaris verbunden. Der zweistündige Trip ist teuer: Rückfahrkarte ca. 75 € (Abfahrt meistens ca. 15 Uhr ab Rhodos-Stadt, Rückfahrt 10 Uhr). Tickets werden an der Hafenpromenade am Mandráki-Hafen verkauft. Außerdem

können Sie Fahrten nach Bodrum und Fethiye buchen. Nähere Informationen zu den Türkei-Verbindungen erhalten Sie auch beim Hafenamt, ✆ 22410/27695, oder unter www.marmarisferry.com.

Die schnellsten Verbindungen bieten die **Tragflächenboote (Katamarane)** namens „Flying Dolphin". Mit bis zu 70 km/h rasen sie über die Ägäis. In der Hochsaison fahren die Boote täglich fast alle Dodekanes-Inseln an. Rhodos ist dabei die Drehscheibe. Auch eine Fahrt in die Türkei ist so möglich – in einer Stunde erreicht man mit dem Tragflächenboot Marmaris.

Es gibt zudem ein enormes Angebot an **Bootsausflügen** von Rhodos-Stadt aus, etwa zu den Nachbarinseln Sými (→ ab S. 180), Chálki (→ ab S. 169), nach Kos, nach Marmaris oder mit Badestopp bzw. Tauchgang nach Líndos an die Ostküste von Rhodos. Auch von Lindos, Kolímbia oder Stegna fahren Ausflugsschiffe.

Die Bootsausflüge sind in der Regel zwar meist fast doppelt so teuer wie die offiziellen Fährverbindungen, bieten dafür aber ideale Abfahrtszeiten.

Flexibilität ist Trumpf: der Abfahrtsplan der Fähre zwischen Kamiros und Chalki

Information Ausführliche Informationen im Internet unter **www.gtp.gr**. Preisvergleiche unter **www.greekferries.gr** sowie **www.ferriesingreece.com**. Zudem informieren die jeweiligen **Hafenämter** der Inseln telefonisch über die aktuellen Fahrpläne. Informationen in Rhodos unter ☏ 22410/27695, 22220, 28888 oder 28666.

Fährhäfen Die Ausflugsboote zur Nachbarinsel Sými sowie (Segel-)Ausflüge zu anderen Stränden entlang der Ostküste starten im **Mandráki-Hafen**. Dort kann man bei einem gemütlichen Abendspaziergang auch die Preise der einzelnen Anbieter vergleichen und für den nächsten Tag buchen.

Die Fährschiffe und Katamarane wiederum legen meist im **Kolona- bzw. im Handelshafen** ab.

> **Wichtig**: Auch wenn Sie eine bestimmte Reiseroute verfolgen, seien Sie flexibel: Immer wieder kommt es vor, dass Abfahrten wegen rauer See kurzfristig storniert werden müssen. Vor allem kleinere Schiffe können dann oft nicht auslaufen. Dasselbe gilt fürs Anlegen in den oft engen Hafenbuchten. Erscheint das Anlegemanöver dem Kapitän zu gefährlich, fährt er bis zur nächstgrößeren Insel weiter.

Der Fußpfad auf den Profítis Ilías

Wandern

Oft die schönste Art, die versteckten Winkel von Rhodos, Sými und Chálki zu entdecken. Bisweilen sind die steinigen Pfade schwer zu finden; außerdem sind die Routen nur selten schattig. Bringen Sie etwas Ausdauer mit, dann werden Sie mit versteckten Schönheiten belohnt, wie etwa ausgedehnten Blumenteppichen im Frühjahr, einsamen Kapellen und abgelegenen Badebuchten. Immer neue Perspektiven eröffnen sich zu Fuß und oft reicht der Blick bis hinüber zu anderen Inseln oder zum kleinasiatischen Festland.

Aber wandern Sie möglichst nie allein oder lassen Sie wenigstens Ihren Hotelier oder Vermieter wissen, wo Sie unterwegs sind. Die Höhenunterschiede können beträchtlich sein, meist bewegt man sich fernab jeglicher Zivilisation und die Sonne brennt gnadenlos. Beginnen Sie Ihren Ausflug früh. Der beste Start ist bei Sonnenaufgang. Zum einen ist dies mit die schönste Zeit des Tages, zum anderen stellen Sie sicher, dass mit aufkommender Mittagshitze schon ein großer Teil der Strecke geschafft ist.

 Eine Reihe schöner Wanderungen auf Rhodos, Sými und Chálki sowie praktische Infos finden Sie in unserem **kleinen Wanderführer** ab S. 240.

Unterkunft mit maritimen Touch

Übernachten

Unterkünfte stehen in allen Ecken der Insel für jeden Geschmack zur Verfügung. Das Angebot reicht von Luxusherbergen bis zu idyllisch gelegenen Einraumhäusern auf dem Land. Im Norden konzentrieren sich die auf den Pauschaltourismus ausgerichteten Hotelkomplexe, in den Dörfern des Südens und im Inselinneren findet man vor allem preiswerte Privatzimmer. Falls kein Schild „rooms to let" zu sehen ist, fragen Sie einfach in der Dorftaverne.

Hotels/Pensionen: Die Hotels in Griechenland sind nach dem üblichen Sterne-System unterteilt. Doch innerhalb der Kategorien variieren Ausstattung und Service bisweilen gewaltig. Die Preise im Buch beziehen sich in der Regel auf ein Doppelzimmer (DZ). Angaben wie beispielsweise 40–55 € meinen die Spanne zwischen Nebensaison und Hauptsaison. Die Preise ändern sich häufig und differieren je nach Nachfrage ziemlich stark. Daher sind die angegebenen Preise nur eine Orientierung. Außerhalb der Hochsaison lohnt es sich auf alle Fälle zu handeln.

Auf Rhodos herrscht übrigens nicht nur im Juli und August Hochsaison. Auch im September sind oft alle Hotels ausgebucht und daher kaum preiswerter als im Hochsommer. Viele Hoteliers und Pensionsbesitzer bieten ihre Zimmer im Internet an und gewähren bei Buchung im Voraus oft Rabatte – mehr, als wenn Sie vor Ort handeln. Die Buchung direkt beim Hotel ist in der Regel preiswerter als in vielen Fällen über Online-Hotelvermittler. Firmen wie booking.com kassieren schließlich eine Provision, die am Ende über Umwege der Gast zahlen muss.

Privatzimmer: In fast jedem Ort finden Sie Schilder mit den Aufschriften „rooms to rent", „rooms to let" oder „Zimmer frei". Für ein Doppelzimmer müssen Sie im Durchschnitt mit 25 € (Nebensaison, NS) bis 50 € (Hochsaison, HS) rechnen. Erwarten Sie nicht den größten Komfort. Der Raum ist zumeist mit einem schlichten Bett, einem Tisch und meistens mit einem Schrank ausgestattet. Es gibt aber auch eine ganze Reihe von privaten Vermietern, die den Urlaubsgästen liebevoll eingerichtete, gemütliche Apartments mit Kochgelegenheit, eigenem Bad und Familienanschluss zu bieten haben.

Eine Reise in frühere Zeiten

Ferienwohnungen/-häuser: In den letzten Jahren ist das Angebot an Ferienhäusern stetig gestiegen. Von der Luxusvilla mit Meerblick in Líndos bis zum renovierten Natursteinhaus mit traditionellem Hochbett in Kóskinou oder einfachen Ferienwohnungen direkt am Strand – alles ist auf Rhodos zu finden. Für ein Apartment muss man mit 50–80 € pro Nacht rechnen, ein Haus kostet je nach Größe und Anzahl der Schlafzimmer ab 100 € pro Nacht. Besonders im Inselsüden ist ie mittlerweile eine Reihe von luxuriösen Ferienvillen mit eigenem Pool entstanden, die am Tag oft mehrere Hundert Euro kosten.

Buchungsportale: www.airbnb.de, www.fewo-direkt.de, www.traum-ferienwohnungen.de, www.tui-ferienhaus.de, www.hometogo.de.

Private Anbieter: Neben den oben genannten Portalen gibt es noch private (deutsche) Anbieter, die auf der Insel leben bzw. persönliche Kontakte nach Rhodos pflegen und ebenfalls individuelle Unterkünfte vermitteln: Die Deutsche Claudia Schmidt lebt seit 20 Jahren auf Rhodos, ihr Angebot erstreckt sich über die gesamte Ostküste. www.rhodes4vacation.com.

Martina Becker-Lips vermittelt 3 private Ferienhäuser: 2 zwischen Faliráki und Afándou sowie 1 in Kiotári. www.rhodos-ferienhaus.eu.

Camping: Rhodos ist keine Campinginsel. Auch auf den Nachbarinseln Sými und Chálki gibt es keinen Campingplatz. Wild zelten ist in ganz Griechenland verboten, was allein schon wegen der Brandgefahr verständlich ist.

Unterkünfte mit besonderem Flair

Evdokia Boutique Hotel, verstecktes Altstadtjuwel mit Aussicht, Rhodos-Stadt, →S. 52.

Saint Michel Hotel & Apartments, geschmackvoll wohnen in alten Gemäuern, Rhodos-Stadt, → S. 50.

Auberge Kalopetri, individuelles Kleinod an der Westküste (teilw. barrierefrei), Kritiniá, → S. 147.

Traditionelles Dorfhaus, liebevoll gestaltet, Gemütlichkeit pur, in Asklipio → S. 107.

Ferienhaus Villa Paradise, paradiesisch wohnen in erster Strandreihe, Charáki, → S. 84.

Hotel und Apartments Melenos Lindos, Boutiquehotel im schönsten Dorf der Insel, Líndos → S. 93.

Hotel Lindos Mare, Unterkunft mit viel Flair direkt am Strand, Vlicha-Bucht bei Líndos → S. 85.

Apartments The Four Elements, verstecktes Paradies im Künstlerdorf, Lachaniá (Zimmer und Pool barrierefrei), → S. 114.

Hotel Thomas, griechische Gastfreundlichkeit und einzigartiges Panorama, Monólithos, → S. 148.

Die Sonnenterrasse wartet auf die ersten Gäste am Abend

Essen und Trinken

Rhódos ist um eine Nuance variantenreicher als das übrige Hellas. Kräftige, nahrhafte Hausmannskost in einfachen Tavernen bekommt man überall, zudem spürt man bisweilen den Einschlag der italienischen und türkischen Küche – Bakláva, Fava bzw. Hummus oder Pastítsio sind kulinarische Andenken an die vielen Jahre unter fremder Herrschaft.

Wer griechischen Restaurants im Ausland kennt, wird überrascht sein, wie vielfältig und köstlich das Essen hierzulande sein kann – dank frischem Gemüse, gutem Olivenöl und herzhaftem Schafs- und Ziegenkäse. Viele gastronomische Einrichtungen sind noch heute Familienbetriebe. Deshalb richtet sich die Auswahl der Gerichte nach dem eigenen Anbau bzw. nach dem, was gerade zu bekommen ist.

Restaurant (Estiatorion) und Taverne (Taberna) unterscheiden sich heute nur noch unwesentlich (früher war das Estiatorion das „bessere" Lokal mit der größeren Auswahl), und nur noch selten stößt man auf eine Psarotabérna, ein reines Fischrestaurant. Süßigkeiten und Kuchen gibt es meist nur im Sácharoplastíon, in der Konditorei. Eine Besonderheit ist das Kafenion: eine der wichtigsten Einrichtungen des sozialen Lebens in Griechenland. Es ist Dorfparlament, Stammlokal, Treffpunkt für Geschäftsleute, das zweite Zuhause. Meist besteht es nur aus wenigen Tischen und Stühlen in einem schmucklosen Innenraum und ein paar Plätzen an der Straße. Selbst heute finden sich hier ausschließlich Männer ein – bei Touristinnen macht man(n) aber eine Ausnahme.

Gegessen wird zu Mittag und zu Abend zwei Stunden später als in Mitteleuropa. Ein griechisches Abendessen beginnt erst um ca. 22 Uhr. Im Sommer gibt es oft bis Mitternacht noch Hauptgerichte – griechische Sommerabende sind lang. Denn wenn Griechen essen gehen, ist das ein Erlebnis: Der Tisch biegt sich unter der Last der bestellten Köstlichkeiten und selten werden die Teller wirklich leer – würde es doch bedeuten, dass man zu wenig bestellt hat. Bestellt wird gemeinsam, und egal ob Vorspeise oder Hauptgericht – alles wird gleichzeitig gebracht und in der Mitte des Tisches platziert. Jeder bedient sich an den verschiedenen Tellern und auch die Bezahlung erfolgt gemeinsam, getrennte Kassen sind unüblich. Auch die Rhodier fahren gern am Sonntag „aufs Land" und kehren in einer der traditionellen Tavernen ein. Beliebte Ausflugsorte sind Profiliá, Archángelos oder Psínthos.

Zwei Personen bezahlen für eine vollständige Mahlzeit mit Getränken etwa 30 €. Obwohl das Trinkgeld üblicherweise im Preis inbegriffen ist, wird es mittlerweile auch in Griechenland erwartet. Es gibt aber keinen Richtwert wie beispielsweise in den USA. Bei schlechtem Service geben auch Griechen keinen Cent zusätzlich. Bei gutem Service lassen sie einfach ein paar Münzen auf dem Tisch liegen.

Apropos schlechter Service ... Leider gibt es auch auf Rhodos die typischen Touristen-Tavernen, die mit den Urlaubern ein schnelles Geld verdienen wollen. Wer beispielsweise in der Altstadt von Rhodos in einem der Restaurants rund um den Ippocratou-Platz (beim Brunnen) auf einen der vielen Kellner hereinfällt, die mit ihrer wilden Fuchtelei versuchen, neue Gäste auf ihre Terrasse zu locken, wird enttäuscht sein: mäßiges Essen und für das Gebotene schlicht zu teuer.

Spezialität einer jeden Taverne sind vor allem die variantenreichen Vorspeisen (*Mezédes*) wie gefüllte Zucchiniblüten, Paprika mit Feta oder Oktopusbällchen. Hier bietet sich auch Vegetariern eine große Auswahl. Ebenso kleine Appetithappen wie Käsewürfel, Tomaten- und Gurkenscheiben, Scampi, Schnecken, Oliven, Melonenstückchen, Muscheln, kleine Fische und andere leckere Kleinigkeiten, je nachdem, was gerade günstig auf dem Markt zu haben ist.

Eine richtig gute Taverne erkennen Sie daran, dass frisch gekochte Tagesgerichte angeboten werden – etwa traditionelle Gerichte wie *Stifádo* (Fleischeintopf), *Kleftiko* (geschmortes Lamm) oder *Moussaká*. Meist wird noch frischer Fisch oder Fleisch vom Grill serviert.

Jede gute griechische Taverne hat ihre eigenen Rezepte und ihre ganz besonderen Leckerbissen – vor allem an Sonntagen gibt es Gerichte, die man nicht auf der Karte findet und die einiger Vorbereitung bedürfen. Eines darf nie fehlen: Brot – es ist das A und O einer Mahlzeit, selbst wenn ausreichend stärkehaltige Speisen wie Nudeln oder Kartoffeln bestellt sind. Auf der Rechnung wird es meist mit 1 oder 2 € berechnet, auch wenn Sie es nicht angerührt haben. Wer keine Brotbeilage wünscht, muss das ausdrücklich bei der Bestellung sagen. In touristischen Gegenden wird aber mittlerweile vom Kellner auch schon häufig danach gefragt.

Fischtavernen sind reichlich vorhanden, aber von den Hunderten Fischrestaurants gibt es inselweit vielleicht noch zehn, in denen wirklich frisch gefangener Fisch aus dem Mittelmeer angeboten wird. Alle anderen beziehen ihren Fisch aus Aquakulturen bzw. greifen auf Tiefkühlware zurück. Der Oktopus, der vor der Taverne getrocknet wird, ist übrigens kein verlässlicher Indikator. Für manche Taverne ist er nur raffinierte Reklame.

Empfehlenswerte Tavernen

Leckere Auswahl an Vorspeisen

Ta Petaladika, Altstadt von Rhodos-Stadt: authentisch, variantenreich und kreativ, auch bei Griechen sehr beliebt, → S. 55.

Drosia, Theológos: Auf der schattigen Terrasse am Dorfplatz gibt es eine große Auswahl griechischer Köstlichkeiten, → S. 135.

Aristogefsis, Afándou: Klassiker der griechischen Küche in ausgezeichneter Qualität. Spezialität: Pitaroudia (Gemüsepuffer), → S. 68.

Fisch, Fisch, Fisch

Stegná Kozas, Stegná-Bucht: ein ganz besonderer Ort – fantasievolle Küche in bester Qualität mit Blick aufs Meer, → S. 81.

Nireas, Rhodos-Stadt: Dank des charismatischen Chefs Theodoros bewahrt dieser einstige Geheimtipp seine Qualität, → S. 54.

Limanaki, Kolímbia: Auf der Terrasse am Strand lassen sich auch viele Einheimische die gute Fischküche schmecken, → S. 73.

Wo traditionelle Küche gepflegt wird

Artemida, Psínthos: Die meisten Zutaten stammen aus dem eigenen Garten, sogar Liköre und Weine sind hier hausgemacht, → S. 70.

Tsambikos, Kolímbia: griechische Hausmannskost vom Grill in familiärem Ambiente, → S. 73.

O Listis („der Räuber"), Profiliá: exzellente Hausmannskost nach alten Familienrezepten, sonntags auch vom Grill, → S. 126.

Panorama, Sianá: Das Stifádo von Anastasia hat es sogar schon in eine griechische Kochsendung geschafft, → S. 162.

Platanos, Lachaniá: ein echter Familienbetrieb, Salate und Gemüse liefert die familieneigene Landwirtschaft, → S. 115.

Wenn es mal etwas Besonderes sein soll

Restaurant Philosophia, Pefkí: Ein Sunset-Dinner auf der Terrasse am Strand gehört garantiert zu den Höhepunkten eines Rhodos-Urlaubs. Fantasievolle Küche und exzellenter Service haben allerdings ihren Preis, → S. 99.

Mavrikos, Líndos: Die feine griechische Küche ist auch bei Prominenten sehr beliebt, → S. 95.

Mourella, Kiotári: kreative mediterrane Küche und romantische Atmosphäre auf weinberankter Terrasse, → S. 111.

Ein gutes Fischrestaurant erkennen Sie an einer frischen Auslage. Frischer Fisch hat klare Augen, hellrote Kiemen, glänzende Haut und unversehrte Schuppen. Stehen kombinierte Fischteller auf der Karte, dürfen Sie auch stutzig werden: Oktopus, Shrimps und Fischfilet haben unterschiedliche Garzeiten und sollten auch als einzelne Gerichte serviert werden. Ein Fisch, der zehn Minuten nach der Bestellung schon servierfertig ist, kommt garantiert aus der Tiefkühltruhe.

Besonderheiten der rhodischen Küche

Zwar ist die Küche auf Rhodos eher ländlich geprägt, jedoch lassen sich junge Köche immer mehr von der mediterranen Kochkunst inspirieren und geben so traditionellen Rezepten einen Hauch Raffinesse.

Vor allem **Ziegen und Schafe** dienen als Fleischlieferanten, denn sie finden in der kargen Vegetation eine ideale Nahrungsgrundlage. Geschmorte Zickleinkeule oder Lamm aus dem Backofen in Kombination mit *Revithó* (Kichererbsen) oder *Jígantes* (Riesenbohnen) stehen nicht nur an Ostern auf der Speisekarte, sondern in den ländlichen Teilen der Insel auch am Sonntag. *Majirtsa* heißt die traditionelle Ostersuppe, die nach der Auferstehungsfeier am Karsamstag auf den Tisch kommt. Sie wird aus Kopf, Beinen und Innereien der Ziege gekocht und schmeckt leicht säuerlich. Vor allem am Wochenende wird in den ländlichen Tavernen rund um Psínthos oder Profiliá der Holzkohlegrill geschürt, dann gibt es *Paidákia*, gegrillte Lammkoteletts.

Rind- und Schweinefleisch muss zum großen Teil importiert werden. Die bergige Landschaft Griechenlands ist für Milchkühe, Rinder- und Schweinezucht kaum geeignet. Gehacktes Schweine- und Rindfleisch ist die Basis für die allseits beliebten *Keftédes* (auch: *Keftedákia*), Hackfleischbällchen. Sie werden oft nach alten Familienrezepten hergestellt und variieren durch unterschiedliche Gewürze und Kräuter – je nach Vorliebe des Kochs z. B. Petersilie und Kreuzkümmel. *Stifado*, der Klassiker unter den Fleischgerichten, stammt ursprünglich aus dem Orient. Das Fleisch (Rind oder Kaninchen) wird mindestens 1,5 Stunden in einer Tomaten-Zimtsauce zusammen mit möglichst kleinen Zwiebeln im Backofen geschmort und schmeckt auch aufgewärmt einfach köstlich. Gegrillte *Bauernwürste* auf Basis von grobem Schweinefleisch gibt es vor allem rund um Émbona. Unbedingt probieren sollten Sie *Juvétsi* (auch: *Giouvetsi*). Dafür werden reisförmige Kritharaki-Nudeln in einer saftigen Tomaten-Fleischsauce im Ofen geschmort und erhalten so ein besonders intensives Aroma. Traditionell wird Juvétsi mit Kalb- oder Lammfleisch zubereitet, es schmecken auch die Varianten mit Rind oder Huhn.

Fisch ist meist teurer als Fleisch, da die griechischen Fanggründe zum großen Teil leer gefischt sind. Rotbarbe (*Barboúnia*) gehört zwar immer noch zu den beliebtesten Fischen Griechenlands, ist jedoch auch in den hiesigen Gewässern selten geworden. Wolfsbarsch (*Lavraki*) und Dorade bzw. Goldbrasse (*Tsipoura*) stammen dagegen meist aus Aquakultur – sie ist billiger als der konventionelle Fischfang und bequem noch dazu, denn der Fisch gelangt portionsgerecht in die Tiefkühltruhe. Auf den Speisekarten werden die Preise für Fisch (zumindest bei Spezialitäten) meist je Kilo oder je 100 Gramm angegeben und liegen unabhängig von dessen Herkunft zwischen 50 und 80 € pro Kilo. Die Marge bei Fisch aus Aquakulturen ist so für die Restaurants vergleichsweise hoch.

Die Garnelen von Sými

Warum die Tiere nach der Insel Sými benannt wurden, ist bis heute unklar, denn ihr Verbreitungsgebiet erstreckt sich in der südlichen Ägäis von der Insel Kálymnos im Norden bis zur kretischen Küste im Süden. Die Wassertemperatur ist dabei ein limitierender Faktor. Vor Rhodos fühlen sich die Krustentiere am wohlsten in den Küstengewässern vor Faliráki und Líndos. *Plesionika Narval,* wie sie wissenschaftlich genannt werden, leben versteckt auf felsigem Grund, weniger auf Seegras- oder Sandflächen. Nach nur einem Jahr paaren sie sich, die Brutsaison dauert von Mai bis Juli. Mit Hinblick auf den globalen Fischfang und die dramatisch niedrigen Fischbestände im Mittelmeer kann man hier getrost von einem echten Regionalprodukt aus Wildfang sprechen. Die gefangenen Tiere landen fast ausschließlich auf

Knusprige Sými-Garnelen

griechischen Tellern, ihre Haltung in Aquakulturen wurde bislang nicht erprobt, was den traditionell arbeitenden Fischern sicher aus dem Herzen spricht. Gefangen werden die kleinen Tiere mit Booten zwischen 4 und 15 Metern Länge. Die größeren Boote legen zwischen 200 und 300 Fallen aus. Als Köder dient eine Paste aus Mehl, Wasser, Öl und Fisch. Die Fallen mit einer Maschenweite von 12 Millimetern werden je nach Fanggebiet in Tiefen zwischen 20 und 230 Metern ausgelegt. Zum Zeitpunkt des Fangs sind die Tiere zwischen 2,5 und 3 Jahre alt und werden noch auf dem Schiff per Hand weiterverarbeitet und eingefroren. Die Fangmethoden und die aufwendige Weiterverarbeitung erklären auch den verhältnismäßig hohen Preis, der für diese Delikatesse verlangt wird. Etwa 25 € kostet ein Kilogramm der begehrten Krustentiere. Allerdings sorgt die steigende Nachfrage nach den Sými-Garnelen auch zu einem vermehrten Druck bei den Fischern und geringeren Fangerfolgen. So ist der Fang während der Brutzeit von Mai bis Juli zwar verboten, es mangelt jedoch an Kontrollen. Die Fischerboote gehen oft in kleinen Häfen an Land und die Fischer sind nicht verpflichtet Statistiken zu führen. Ca. 50 Boote sind in der gesamten südlichen Ägäis für den Fang lizensiert, zwischen 10 und 20 % davon entfallen auf die rhodischen Küstengewässer.

Ein Forschungsteam um den ambitionierten Wissenschaftler Dr. Stefanos Kalogirou hat die Spezies näher erforscht und Szenarien entwickelt, um den Bestand der Tiere zu sichern. So hat er etwa herausgefunden, dass sich Weibchen eher im seichteren Wasser bewegen und man den Erhalt der Fische in dieser Umgebung somit fördern kann. Auf der Webseite www.plesionika-manage.eu erfahren Interessierte mehr über den Stand der Forschung.

Corinna Brauer

Gegrillte oder gebratene Schwertfischsteaks, *Ksifía*, finden sich auf fast jeder Fischkarte. Häufig zu finden ist auch die hausgemachte Fischsuppe, *Kakaviá*, die jedes gute Fischmenü eröffnet. *Marídes* sind knusprig gebackene Sardellen, die samt Gräten, Kopf und Schwanz gegessen werden.

Zu den einheimischen **Meeresfrüchten** zählen der Oktopus *(Chtapódi)*, Seeigel *(Achinós)* sowie die Symi-Shrimps *(Garidaki simiako)*. Garnelen *(Garides)* stammen meist aus Aquakulturen. Austern, Meeresschnecken und verschiedene Muschelsorten werden importiert. *Oktopus* wird nachts gefangen, dann eine Stunde weichgeschlagen und zum Trocknen vor dem Haus aufgehängt. Oft kommt er gegrillt auf den Tisch (ohne Beilagen), mitunter auch gekocht. Bei den Vorspeisen findet man ihn als Salat in saurer Wein-Essig-Marinade oder als Oktopus-Bällchen. Nicht zu verwechseln ist er mit *Supjés* bzw. *Kalamári frésko*, einer Art „frischen Kalamari", die gebraten auf den Tisch kommen und nichts mit ihren frittierten Namensvettern aus der Tiefkühltruhe zu tun haben.

Rote oder lilafarbene Seeigel sind essbar, aber bereits sehr selten. Aus ihnen wird ein besonderer Salat hergestellt, *Achinosalata*, der in Griechenland als potenzanregend gilt. In manchen Gegenden Griechenlands (z. B. Kreta) ist er schon ganz von den Speisekarten verschwunden, weil die Bestände bedroht sind.

Eine ganz besondere Spezialität auf Rhodos sind die *Sými-Garnelen*, die in guten Tavernen zu finden sind (→ Kasten links). *Garidaki simiako* sind klein und knusprig, man isst sie mit der Schale. Sie sind so gut, dass sie fast pur serviert werden – in Olivenöl gebraten, nur mit etwas Salz und Zitrone gewürzt. Besonders lecker sind sie auch als *Shrimps Saganaki*, bei dem die Sými-Garnelen mit Feta überbacken

Gemüse in Hülle und Fülle gibt es auf dem Markt in Rhódos-Stadt

werden – gesehen und probiert bei Kozas in Stegná.

Eine Besonderheit beim **Gemüse** sind die sog. *Pitaroudia*, gebackene Gemüsebratlinge. Jede Taverne pflegt ihre eigene Variante. Besonders gut und mit langer Tradition in den Tavernen rund um Afándou und Psínthos sowie in Vati und Lachaniá. *Dolmades*, gefüllte Weinblätter, bereichern jede Vorspeisenkarte. Sie sind entweder mit einer Tomaten-Reis-Mischung oder Hackfleisch gefüllt und werden mit einer Ei-Zitronen-Sauce serviert.

Jemistá, gefüllte Paprikaschoten und Tomaten, sind zwar ein griechisches Nationalgericht, jede Gegend hat jedoch ihre eigene Zubereitungsart. Auf Rhodos werden sie meist mit Hackfleisch gefüllt. Es finden sich mitunter auch rein vegetarische

Varianten mit Reisfüllung. *Zucchiniblüten* ergänzen vor allem in der Sommerzeit zwischen Juni und August die Speisekarte. Sie werden auf Rhodos gern mit Feta gefüllt. *Melitzanosaláta*, Auberginensalat, kommt in verschiedenen Variationen auf den Tisch. Sie reichen von essig-sauren, gegrillten Auberginenstückchen mit Pinienkernen bis zu cremigen Pürees. Jede Taverne hat ihre eigene Interpretation. Am besten hat uns der Auberginensalat in der Taverne „O Listis" in Profiliá geschmeckt. Dort kommt die zerkleinerte Aubergine in der ausgehöhlten Frucht in den Ofen und wird mit Feta verfeinert serviert. *Jíjante*s, weiße Riesenbohnen, schmoren mindestens eine Stunde in einer Kräuter-Tomatensauce und schmecken auch kalt hervorragend.

Die Venezianer haben die *Kapern* auf die Insel gebracht. Auf Rhodos werden aber nicht nur die eingelegten Knospen verzehrt, vielmehr wird aus den Blättern des Strauches, nachdem sie eingelegt wurden, ein Salat gemacht.

Bei den **süßen Spezialitäten** ist der türkische Einfluss unverkennbar. Neben den honiggetränkten Gebäckspezialitäten *Bakláva* (Blätterteig mit Walnüssen) und *Kadaifi* (feine Teigfäden mit einer Füllung aus Mandeln oder Walnüssen) ist es auf Rhodos auch üblich zu besonderen Anlässen wie Hochzeiten oder Taufen *Melekounia* zu backen – diese süßen kleinen Riegel bestehen aus Sesam, Mandeln und Honig, sind ausgesprochen gesund und werden auch gern als Willkommensgeschenk an Gäste überreicht. Traditionelles Ostergebäck sind *Koulourakia*.

Kapern: eine Hinterlassenschaft der Venezianer

Mit Ausnahme der Ionischen Inseln (Korfu, Zakynthos etc.) vor der Westküste Griechenlands haben die Italiener keine andere Inselgruppe so stark geprägt wie den Dodekanes. Die Hinterlassenschaften sind auch kulinarisch. Es waren die Venezianer, die die Kapern auf die Insel brachten. Die eingelegten Blütenknospen des anspruchslosen Kapernstrauches (*Capparis spinosa*) gehören zum festen Bestandteil der rhodischen Küche. Kapern – berühmtes Produkt von Sizilien und den Liparischen Inseln – gedeihen an den heißen, felsigen Küsten hervorragend. Der Strauch wächst wild, ist ungefähr 1 m groß und bringt nur maximal 3 kg pro Pflanze. Noch immer werden die Knospen in Handarbeit gelesen. Jedoch auf Rhodos stehen im Gegensatz zu Italien nicht die Knospen im Mittelpunkt, sondern der zarte, obere Teil der bis zu 4 m langen Zweige. Beim Pflücken werden die Dornen entfernt und dann heiß gewässert. So verlieren sie einen Teil der Bitterstoffe. Anschließend werden die Zweige in der Sonne getrocknet, gesalzen und in einem Glasbehälter in Weinessig eingelegt. Die Kapernzweige haben zwei Funktionen: Zum einen als Vorspeise, zum anderen als Salatbeilage. Der Echte Kapernstrauch ist nicht leicht zu erkennen. Am besten lässt er sich im Mai oder Juni identifizieren. Denn dann tragen die dornigen Zweige mit den rundlichen, blau-grün bereiften Blättern zierliche, weiß-rosa Blüten.

Diese kleinen runden Buttergebäckstücke werden mit Orangen verfeinert und schmecken daher nicht zu süß. Sie passen hervorragend zum Kaffee, eignen sich bestens als Zwischensnack auf einer Wanderung und sind in jeder Bäckerei auch außerhalb der Osterzeit erhältlich. Ein Relikt aus der türkischen Besatzungszeit sind *Galatouboúreko*, ein unwiderstehliches Blätterteigdessert, das mit einer Vanille-Zimt-Milchcreme gefüllt ist. In jeder guten Bäckerei erhältlich, manchmal muss man explizit danach fragen, um noch ein Stück vom begehrten Kuchen zu ergattern.

Je nach Saison gibt es auch reichlich **Obst**. Zweimal im Jahr, im Frühjahr und im Herbst, können Orangen rund um Malóna geerntet werden, Melonen gibt es von August bis Oktober vor allem im Süden der Insel rund um Apollóna. Die Herbstzeit ist auch die Zeit der Weintrauben. Rund um Émbona sind dann die Rebstöcke gut bestückt. Viele Bauern verkaufen die süßen Trauben auf den Märkten in Rhodos-Stadt oder direkt von ihrem Pick-up. Ende September reifen auch die Granatäpfel in den ländlichen Gegenden der Insel. Es braucht allerdings Zeit einen Granatapfel zu schälen. Hier ein Tipp: Rollen Sie die Frucht zunächst auf dem Tisch hin und her, anschließend teilen sie sie in zwei Hälften. Die glatte Seite legen Sie in eine Schüssel und entfernen dann die Schale, sodass die roten Samen wie von selbst in die Schüssel fallen. Die Früchte der vor allem im Süden der Insel vorkommenden Erdbeerbäume werden zu leckeren Likören und Marmeladen verarbeitet (→ Kasten S. 72).

Getränke

Traditionell ist **Wasser** (*neró*) das wichtigste Getränk und wurde früher üblicherweise im Restaurant zum Essen gereicht. Das wird jedoch immer seltener, obwohl das Leitungswasser auf Rhodos bekömmlich ist. Viele Grie-

chen halten es für eine Verschwendung, eine ganze Karaffe voll Wasser (wegen der besseren Verdaulichkeit fast immer ohne Kohlensäure) auf den Tisch zu stellen, die die Touristen dann – wenn überhaupt – nur halb austrinken. Überall können Sie jedoch Mineralwasser erhalten.

Wenn man den typischen griechischen **Kaffee**, ein starkes, schwarzes Mokkagebräu in winzigen Tassen, bekommen will, muss man ausdrücklich *Kafé ellinikó* oder „Greek Coffee" verlangen. Die Griechen haben sich an die Ausländer schon so weit gewöhnt, dass sie ihnen im Zweifelsfall immer Nescafé mitteleuropäischer Art servieren, wenn „Kaffee" gewünscht wird. Eine erfrischende Nescafé-Variante ist der *Kafé frappé* mit Eiswürfeln.

Kafé ellinikó: *éna elafrí kafé* = leicht; *métrio* = mittelstark, mit Zucker; *varí glikó* = sehr süß; *skéto* = ohne Zucker; *varí glikó me polí kafé* = sehr süß und sehr stark.

Nescafé: *sestó* = heiß; *frappé* = kalt (schaumig aufgeschlagener Eiskaffee); *skéto* = schwarz; *me sáchari* = mit Zucker; *me galá* = mit Milch.

Nicht zu unrecht sind die Rhodier stolz auf ihren **Wein**. Genießen ihre Weine bei Kennern doch einen guten Ruf. Tatsächlich kann sich die Ernte aus den Weingärten der Insel sehen lassen. Ein Garant für Top-Weine sind die Initialen VQPRD, die für „vin de qualité produit aux regions determinées" stehen. Dieses Prädikat bekommt ein Winzer nur, wenn er auf einer Fläche von 1000 qkm nicht mehr als 800 kg Trauben erntet.

Ein hervorragender und dennoch preiswerter Wein ist der *Ilios*: ein rhodischer Weißwein aus Trauben, die von den Einheimischen *Athiri* genannt werden und am Fuß des Attáviros bei Émbonas wachsen (→ S. 158). *Chevalier de Rhodes* ist ein exzellenter, trockener Rotwein, der aus der Mandilari-Traube im Nordwesten der Insel hergestellt wird und den bereits die Kreuzritter zu genießen wussten. Erfrischend im heißen Sommer ist stets auch ein kühler *Villaré*, der aus den Athiri-Trauben rund um Émbona gewonnen wird. Bekannt ist Rhodos auch für seine Süßweine und vor allem für Sekt (im Champagnerverfahren aus der Athiri-Traube gewonnen, → Kasten S. 55), der auf dem griechischen Markt Kultcharakter hat.

Auch *Retsína* wird auf Rhodos gerne getrunken. Warum der Wein geharzt wird, darüber gehen die Meinungen auseinander. Ein Grund ist wohl, dass Harz Konservierungseigenschaften hat. Bereits vor 3000 Jahren wurde dem Wein Harz beigegeben. Aber das Verfahren hat noch andere Vorteile: Zum einen ist der etwas säuerliche Geschmack durstlöschend und zum anderen behaupten Retsína-Fans steif und

Weintrauben – süßes Vergnügen im Herbst

fest, dass Harz das Aroma des Weines verfeinert, so absurd das auch klingen mag. In ländlichen Regionen sagt man dem geharzten Wein Heilwirkung nach. Wie auch immer, die Griechen stehen zu ihrem Retsína. Man trinkt ihn hauptsächlich zum Essen, oft verdünnt mit Wasser.

Aber auch das **Bier** wird immer beliebter, obwohl es in Hellas nur Massenware der internationalen Bierkonzerne gibt. Vor allem tagsüber, gerade beim Mittagessen, wird jenes Getränk, das der bayerische König Otto I. vor gut 100 Jahren in Griechenland einführte, öfter bestellt als der klassische Retsína. Die europäischen Brauereien haben sich darauf eingestellt. Heute dominieren vor allem die internationalen Brauereikonzerne wie Heineken oder Carlsberg den griechischen Markt. Wer ein griechisches Bier probieren will, landet unweigerlich bei *Mythos*, dem bekanntesten und beliebtesten Bier Griechenlands. Die ebenfalls zur Carlsberg-Gruppe gehörende Mythos-Brauerei befindet sich auf dem griechischen Festland in der Nähe von Thessaloniki und ist die zweitgrößte Brauerei Griechenlands. Von dort wird das nach dem deutschen Reinheitsgebot gebraute Bier in 40 Länder exportiert.

Souma ist die rhodische Art des Grappas. Der Tresterschnaps wird u. a. in den Bergdörfern Émbonas und Sianá (→ Kasten S. 161) hergestellt. Aber auch im Süden von Rhodos im Dörfchen Istrios wird im Herbst Souma gebrannt (→ Kasten S. 127).

Ouzo aus Rhodos schmeckt besonders intensiv, hat er doch ein paar Prozent mehr Alkohol als der in den Gaststätten üblicherweise ausgeschenkte Anisschnaps. In Griechenland serviert man ihn vor dem Essen, im Sommer auch gern gemischt mit kaltem Wasser und Eiswürfeln und begleitet von einigen Vorspeisen, sog. *Mezédes*. Auf Rhodos beliebt ist vor allem der Ouzo Nr. 13.

Feste feiern

Die Griechen lieben es zu feiern – nicht nur die Feiertage werden mit großem Aufwand begangen, sondern auch die Namenstage der Heiligen, der Kirchenpatrone, die sog. Panigíris.

Es gibt zwei Arten von Feiertagen: die nationalen und die lokalen; meist haben sie historische oder religiöse Anlässe. Die oft zweitägigen Feiern mit Essen, Trinken, Tanz und Musik sind Höhepunkte im griechischen Alltag. Fremde sind dabei immer willkommen. Es lohnt sich eine solche Feier mitzuerleben. Das wichtigste Familienfest des Jahres ist das Osterfest (→ Kasten). Schon Wochen vorher beginnen die Vorbereitungen für das lautstarke Spektakel, das mit der Karfreitagsprozession beginnt und in der Osternacht mit der Auferstehung Christi seinen Höhepunkt erreicht. Jedes Jahr müssen einige Tausend Lämmer und Zicklein ihr Leben lassen, denn am Ostersonntag gilt ein Lamm zu grillen beinahe als Pflicht. Höhepunkt des griechischen Sommers ist der 15. August, Mariä Himmelfahrt, der mit viel Musik und Tanz gefeiert wird.

Nationale Feiertage

1. Januar: Neujahr – in Griechenland statt Weihnachten Tag der Geschenke.

6. Januar: Epiphanie (Erscheinungsfest) – man feiert Jesu Taufe im Jordan und damit seine erste öffentliche „Erscheinung" als Licht im Dunkel der Welt.

25. März: Griechischer Unabhängigkeits- und Nationalfeiertag – Erinnerung an den 1821 begonnenen Freiheitskampf gegen die Türken.

Karfreitag/Ostern: Ein Erlebnis! Das Osterfest der griechisch-orthodoxen Konfession wird, da nach dem Julianischen Kalender berechnet, später gefeiert als unser Osterfest: 2016 fällt der Ostersonntag auf den 1. Mai, 2017 auf den 16. April und 2018 auf den 8. April.

1. Mai: Frühlingsfest und Tag der Arbeit.

Pfingsten: Ebenfalls ein bewegliches Fest, 50 Tage nach Ostern. Besonders gefeiert wird in den Agía-Triáda-Kirchen (Dreifaltigkeitskirchen), jeweils am Abend des Pfingstsonntags, z. B. in Psínthos.

15. August: Mariä Entschlafung – so gedenkt man des leiblichen Todes Marias (die eigentliche Himmelfahrt findet für die orthodoxe Kirche erst drei Tage später statt). Speziell auf Rhodos ist dies das bedeutendste kirchliche Fest. Besonders eindrucksvoll sind die Feierlichkeiten in Émbonas sowie Lárdos, Líndos und Triánda.

28. Oktober: „Ochi-Tag". „Nein" (= „Ochi") zu Mussolinis Ultimatum 1940; Nationalfeiertag.

25./26. Dezember: Weihnachten – wird in den Familien mit einem großen Festessen gefeiert.

Lokale Feiertage auf Rhodos

Fast ohne Ausnahme feiert jedes Dorf und jede Stadt ein eigenes Kirchweihfest. Oft wird mit einer Prozession an den örtlichen Kirchenheiligen erinnert. Manche Feste finden bereits am Vorabend statt oder werden am darauffolgenden Wochenende gefeiert:

23. April: Ágios Geórgios in Kritiniá, Afándou, Malóna und Pastída

21. Mai: Ágios Konstántinos im Kloster Tharí

15. Juni: Ágios Amos in Faliráki

29. Juni: Ágios Petros und Pavlos in Líndos

29./30. Juni: Ágios Soulas bei Soroní

17. Juli: Ágía Marína in Kóskinou und Paradísi

20. Juli: Profítis Ilías auf dem gleichnamigen Inselberg

25.-27 Juli: Kirchweihfest in Kattaviá

27. Juli: Ágios Pandeleimon in Sianá

6. August: Metamorphosis in Marítsa

29. August: Große Feier zur Namenstag des St. John auf Chalki.

Ende August/Anfang September: Weinfest im Émbonas

8. September: Geburt der Muttergottes, Fest im neuen Kloster von Tsambiká (an der Straße Rhodos–Líndos) sowie beim Kloster Moní Skiádi.

14. September: Heiliges Kreuz in Kalithiés, Malóna und Apóllona

26. September: Ágios Ioánnis Theológos im Kloster Artamíti bei Ágios Isídoros

18. Oktober: Ágios Loukas in Afándou

8. November: Fest des Erzengels Michael in Archángelos und auf Sými im Kloster Panormítis

14. November: Ágios-Konstántinos-Prozession zu Ehren des Schutzheiligen von Rhodos in Rhodos-Stadt am Mandráki-Hafen

Ostern – das Fest aller Feste

An Ostern kehrt ganz Rhodos heim. Die vielen Fähren, die in Piräus ablegen, sind bereits Wochen vorher ausgebucht. Wer jetzt noch nach einem Flugticket fragt, erntet bei Olympic Air nur bedauerndes Kopfschütteln. An Ostern trifft sich die Familie, das Dorf, die ganze Insel. Die im Winter halb verlassenen Dörfer im Süden von Rhodos erwachen zu neuem Leben. Selbst die Familienmitglieder aus Übersee scheuen die Kosten der weiten Reise nicht. Bereits lange vor den Festtagen explodieren allerorts lautstark die Silvesterkracher, die eher mit kleinen Bomben vergleichbar sind als mit Feuerwerkskörpern. Selbst die Natur zeigt sich mit blühenden Zitronenbäumen, mit virtuosen Farbtupfern auf den noch nicht von der Sommerhitze verbrannten Wiesen von ihrer besten Seite.

Das griechisch-orthodoxe Osterfest beginnt am Gründonnerstag, doch dem geht eine über vierzigtägige Fastenzeit voran. Das heißt vor allem kein Fleisch, kein Vergnügen und keine Liebe. Doch daran halten sich heute nur noch die strenggläubigen Alten in den Dörfern abseits von Rhodos-Stadt. An Karfreitag findet eine Prozession durchs Dorf statt, die vom Popen *(Papás)* angeführt wird. Höhepunkt der Osterwoche ist freilich die Auferstehungsfeier am Samstagabend. Auch der allerletzte Stehplatz in der Dorfkirche ist vergeben, Menschentrauben bilden sich an den Eingängen. Stundenlang trägt der Pope – verborgen hinter der Ikonostase – seine Gebete vor. In der Kirche herrscht keineswegs die sterile Andacht mitteleuropäischer Osterfeiern, es wird vielmehr miteinander gesprochen, man begrüßt sich und es herrscht ein ständiges Kommen und Gehen. Nicht zuletzt ist die Feier eine willkommene Informationsbörse, bei der reichlich Neuigkeiten ausgetauscht werden.

Alle warten auf einen Moment. Kurz vor Mitternacht ist es dann endlich soweit: Der Pope zeigt sich seiner erwartungsvollen Gemeinde und verkündet feierlich: „Christos anésti" – *Christus ist auferstanden*. Man umarmt und küsst sich und macht sich schließlich zusammen mit der Familie und Freunden auf den Heimweg. Denn zu Hause wartet nicht nur die traditionelle Ostersuppe, auch andere kulinarische Leckereien sind vorbereitet. Bis zum Morgengrauen wird dann gefeiert, getrunken, gelacht. Der freudige Gruß in dieser Nacht heißt „Christos anésti" und man antwortet „Lithos anésti" – *Er ist wirklich auferstanden*.

Wissenswertes auf einen Blick

Ärztliche Versorgung/Apotheken

Neben drei gut ausgestatteten Krankenhäusern (staatl. Klinik auch mit Unfallchirurgie und Helikopter) gibt es in Rhodos-Stadt zahlreiche Fachärzte und TiZahnärzte, darüber hinaus über die Insel verteilt verschiedene Gesundheitszentren, wie z. B. das **Dialysezentrum Helionephro** an der Hauptstraße zwischen Faliráki und Kallithéa. **Apotheken** finden Sie in jedem größeren Ort. Sie sind durch ein grünes, meist blinkendes Kreuz gekennzeichnet. Normale Ladenöffnungszeiten. Apothekennotdienst hängt als Hinweis im Schaufenster.

Staatliches Krankenhaus, oberhalb von Rhodos-Stadt in der Erithrou-Stavrou-Str., ☎ 22410/2241360000.

Privatkliniken: Euromedica, an der Straße nach Kóskinou, für Notfälle: ☎ 22410/45055, ansonsten: 45045

Zahnarzt: Frau Dr. Simiakou hat in Deutschland studiert. Oktombrou-Str. 28, Rhodos-Stadt, ☎ 22410/31422.

Diplomatische Vertretungen

Deutschland: Honorarkonsulat, Amerikis55 (in der Neustadt, Nähe Rathaus und Polizeistation), Rhodos-Stadt, ☎ 22410/37125, www.griechenland.diplo.de. Mo–Fr 9–12 Uhr.

Österreich: Konsulat (eingeschränkte Passbefugnis: nur Notpässe, Kinderpässe und Beglaubigungen), Gr. Lambraki 39, Rhodos Stadt, ☎ 22410/92519, HK.Rhodos@hotmail.com. Di und Do 10-12 Uhr.

Schweiz: Konsulat (keine Passbefugnis), Georgiou Efstathiou 8, Rhodos-Stadt, ☎ 22410/36155 , www.eda.admin.ch.

Einkaufen

Seit dem 1. 10. 2015 gibt es keinen ermäßigten Mehrwertsteuersatz mehr für Rhodos, d. h. Schmuck (v. a. aus Silber oder Gold), Elektrogeräte, aber auch Lebensmittel kosten genauso viel wie anderswo in Griechenland.

Fotografieren/Filmen

Generell erlaubt, ausgenommen sind militärische Anlagen wie die Antennenanlage auf dem Profítis Ilías oder militärische Übungsgelände, die es überall auf der Insel gibt (entsprechende Hinweisschilder). Bei Nichtbeachten drohen drakonische Strafen. archäologische Stätten darf man jederzeit ohne Stativ fotografieren, in Museen nur ohne Blitz.

Geld

Geldautomaten gibt es in Rhodos-Stadt und allen größeren Ortschaften auf der Insel sowie in Sými-Stadt (Chálki nicht). In der Regel fällt pro Auszahlung mit einer EC-/Giro-/Maestro-Karte eine bestimmte Gebühr an. **Kreditkarten** werden in den meisten Restaurants und Hotels sowie vielen Läden akzeptiert. Es fallen zusätzliche Gebühren an (1–1,5 % Provision). Sperrnummer für Kredit- und EC-Karten: ☎ 0049-116116.

Information

Vor Ort kann man sich bei Fragen an die **Touristenpolizei** wenden. In den größeren Städten wie Rhodos-Stadt (☎ 22410/23329 oder 27423) haben die blau uniformierten Polizisten eigene Büros. In kleineren Städten und Dörfern übernimmt die örtliche Polizeistation diese Funktion.

Das **Tourismusamt** von Rhodos hat eine sehr informative Webseite, die auch für die Urlaubsvorbereitung nützlich sein kann: www.rhodes.gr.

Griechische Zentrale für Fremdenverkehr: Die GZF (in Griechenland: Ellinikos Organismos Tourismou – EOT) gibt farbige Faltblätter mit einer groben Übersichtskarte zu allen touristisch interessanten Gebieten heraus. Downloads unter www.visitgreece.gr. ✆0049/ 692578270 oder 0043/5125317

Karten

Die auf der Insel erhältlichen Karten haben alle ihre Mängel. Wir machten gute Erfahrungen mit der Rhodos-Karte von Freytag & Berndt, Maßstab 1:50.000. Sehr verlässlich.

Notrufnummern

Euro-Notruf: ✆ 112 (gebührenfrei).

Polizei: landesweit ✆ 01-171 und ✆ 100. Die „normalen" Rufnummern der Polizei finden Sie bei den jeweiligen Orten.

Notfall: ✆ 166

Erste Hilfe: ✆ 22413/60000.

Waldbrand: ✆ 191.

Öffnungszeiten und Eintrittspreise

Archäologische Stätten: tägli. (außer Mo) 8–19:40 Uhr, im Winter (ab Mitte Okt. bis April) nur noch 8.30–15.40 Uhr. Aufgrund des Sparzwangs der staatlichen Behörden kommt es mitunter zu Personalmangel und damit verbunden zu Änderungen der Öffnungszeiten. Schüler und Studenten genießen meistens freien Eintritt, Senioren zahlen die Hälfte. Im Winter sind die **Eintrittspreise** manchmal reduziert. An mehreren Tagen im Jahr ist der Eintritt selbst bei den touristischen Highlights gratis: Am 6. März, 18. April, 18. Mai, dem letzten Wochenende im September und an nationalen Feiertagen.

Banken: Mo–Do 8–14.30 Uhr, Fr 8–14 Uhr.

Geschäfte: Mo–Sa 9–13.30 und 17–21 Uhr (außer Mi und Sa nachmittags), in Touristenorten oft länger. Souvenirläden in der Altstadt, in Líndos oder Faliráki Mo–Sa 9–23 Uhr (im Winter geschlossen).

Klöster/Kirchen: keine einheitlichen Öffnungszeiten (manchmal liegt der Schlüssel daneben, bitte das Tor wieder verschließen wegen der Ziegen). Auf angemessene Kleidung achten (Schultern und Knie bedeckt). Eine kleine Spende für den Klingelbeutel ist selbstverständlich.

Post: in der Regel Mo–Fr 7.30–14:30 Uhr.

Rauchen

Es gilt ein strenges Rauchverbot in öffentlichen Gebäuden und Gaststätten. In Bus, Taxi und Auto ist das Rauchen bei Anwesenheit von Kindern unter 12 Jahren untersagt.

Telefonieren

Rhodos verfügt über eine gute Netzabdeckung, nur an kleinen Ecken wie der Stegná-Bucht oder am Profítis Ilías könnte sie mal unterbrochen sein. Die Mehrheit der Hotels, Restaurants und Cafés bieten selbst in den entlegensten Gebieten kostenlos WLAN an, sodass man bequem via Internet nach Hause telefonieren kann.

Wenn Sie an der nördlichen Westküste unterwegs sind, achten Sie darauf, dass Sie sich nicht aus Versehen ins türkische Handynetz einloggen, denn dann können die Roaming-Gebühren sehr hoch werden. Wer auf Nummer sicher gehen will, kauft sich einfach an den vielen Kiosken oder Minimarkets eine griechische **Prepaidkarte**, spricht die Nummer auf die deutsche Mailbox und lässt sich anrufen.

In Griechenland muss immer die zehnstellige Nummer gewählt werden.

Ländervorwahlen: Deutschland ✆ 0049; Österreich ✆ 0043; Schweiz ✆ 0041; Griechenland ✆ 0030.

Toiletten

Papier darf (meist) nicht hinuntergespült werden, da die Abflussrohre schmaler sind als in Deutschland. Dafür steht ein Plastikkorb in der Ecke bereit.

Trinkwasser

In großen Teilen von Rhodos (vor allem im Norden) ist das Wasser gut bekömmlich und kann getrunken werden, es schmeckt aber nicht immer gut. Wer einen sensiblen Magen hat, sollte allerdings speziell im Herbst, wenn die Wasservorräte zu Neige gehen, auf abgepacktes oder abgekochtes Wasser ausweichen.

Zeit

Die Osteuropäische Zeit (OEZ) ist der MEZ um eine Stunde voraus.

Zoll

Die Ausfuhr von **antiken Gegenstän-den** ist strikt untersagt. Bei folgenden Mengen stellen die Behörden den „persönlichen Bedarf" nicht in Frage:

Alkohol: 10 l Spirituosen; 20 l Zwischenerzeugnisse (Port/Sherry); 90 l Wein oder weinhaltige Getränke, davon höchstens 60 l Sekt/Schaumwein; 110 l Bier. **Tabakwaren**: 800 Zigaretten; 400 Zigarillos; 200 Zigarren; 1 kg Tabak. Auch ein Überschreiten dieser Richtmengen stellt kein Problem dar, wenn Sie glaubhaft machen können, dass die Waren ausschließlich zum Eigenverbrauch bestimmt sind. **Für Schweizer** gelten niedrigere Mengen: freie Einfuhr bis zu einem Gesamtwert von 300 € von 250 Zigaretten oder Zigarren; 1 l Spirituosen über 18 %, 5 l alkoholische Getränke bis 18 %.

Konsul auf Rhódos: Viel Arbeit, viel Ehr'

„Die Arbeit wird von Jahr zu Jahr mehr", meint Dimitrios Giortsos, Honorarkonsul der Bundesrepublik Deutschland auf Rhodos. In einer belebten Geschäftsstraße der Neustadt hat er sein Büro. An den Wänden hängen Aquarelle, die die schönsten Seiten der Insel zeigen, daneben Auszeichnungen und Urkunden. Seit 2007 arbeitet er für die Bundesrepublik. Seine aus Deutschland stammende Ehefrau unterstützt den sympathischen Notar, der einst in Freiburg studierte und promovierte.

Die Liste der Probleme mancher Urlauber ist lang: Passverlust, Geldmangel, Ärger mit der Motorradvermietung, Straftaten usw. In den letzten Jahren gab es darüber hinaus einige Todesfälle von deutschen Urlaubern, häufig wegen Hitzschlag. Herr Giortsos spricht mit Behörden, besorgt die notwendigen Papiere und stellt Dokumente aus. Er ist immer dienstbereit, seine Handynummer ist bei allen wichtigen Ämtern und Reiseveranstaltern hinterlegt. Herr Giortsos ist aber auch für Einheimische da, denn viele junge Rhodier studieren mittlerweile in Deutschland oder suchen dort Arbeit. Dann hilft das Konsulat mit Beglaubigungen und Übersetzungen. „Nur als mich jemand fragte, ob ich ihm eine Wohnung besorgen könne, musste ich ablehnen", lacht Herr Giortsos. Der dreifache Familienvater ist selbst zweimal im Jahr in Deutschland, eine seiner Töchter studiert dort. „Natürlich können Deutsche hier noch Urlaub machen", antwortet er auf die Anfragen beunruhigter Touristen nach Versorgungsengpässen. In Rhodos sind die Auswirkungen der Wirtschaftskrise kaum zu spüren, nach wie gibt es keine Einschränkungen bei Medikamenten oder Lebensmitteln. Sicher ist die Insel auch – durchschnittlich fünf Diebstähle verzeichnet er im Jahr. Allerdings bemerkt er als Notar die Krise: Die Grundstückskäufe sind um 70 % zurückgegangen. Wie viele Deutsche auf der Insel wohnen, wissen weder die rhodische Verwaltung noch der hilfsbereite Konsul, denn im Gegensatz zu Deutschland gibt es in Griechenland keine Einwohnermeldepflicht. Insider gehen davon aus, dass ganzjährig rund 600 Deutsche auf Rhodos leben.

☎ 22410/37125, www.griechenland.diplo.de. Mo–Fr 9–12 Uhr.

Die kühlen Quellen „Eptá Pigés" sind im Sommer ein beliebtes Ausflugsziel

Wandern

auf Rhodos

GPS-kartierte Touren sind mit dem Symbol GPS gekennzeichnet. Download der GPS-Tracks inkl. Waypoints unter https://mmv.me/46099

Übersicht der
Wanderungen

Kleiner Wanderführer

Rhódos gilt zu Unrecht nicht als klassische Wanderinsel. Dabei bietet die größte der Dodekanes-Inseln so spektakuläre und unterschiedliche Landschaften wie kaum eine andere Insel in Griechenland. Und immer gibt es etwas zu entdecken: eine antike Akropolis, eine halb verfallene Burg oder eine Klosterkirche mit faszinierenden Fresken. Die Wanderwege sind allerdings oft schlecht beschildert.

Rhodos bietet zahlreiche Wandermöglichkeiten. Es gibt kurze und einfach zu bewältigende Strecken, aber auch anspruchsvollere Wanderwege. Generell ist der Norden der Insel am geeignetsten, da die Ziele mit öffentlichen Verkehrsmitteln besser zu erreichen sind. Der Süden ist landschaftlich sehr reizvoll, doch viele Ausgangspunkte sind nur mit einem Leihauto anzufahren. Beim Busfahren sollte man möglichst dem Fahrer Bescheid geben, wo man aussteigen möchte. Es ist nämlich manchmal gar nicht so ersichtlich, in welchem Ort man sich gerade befindet.

Wer sich gern auf Schusters Rappen bewegen will, sollte allerdings zumindest guten Orientierungssinn oder eine Karte besitzen. Denn die **Kennzeichnung von Routen** ist im Vergleich zu anderen großen Inseln Griechenlands unterdurchschnittlich, man findet sich aber dennoch ganz gut zurecht. Unsere im Buch vorgestellten Wanderungen auf Rhodos (Touren 1 bis 8) und Sými (Touren 10) sind GPS-fähig, die Tour auf Chálki (Tour 9) nicht.

Auch wenn Rhodos aus dem Flugzeug wie ein trockener, brauner Brotlaib aussieht, die Insel ist durchaus wasserreich. Wer durch die Nadelwälder des Profítis Ilías (Tour 9) wandert, fühlt sich schnell in den Schwarzwald versetzt. Die Wanderung zu den Sieben Quellen (Tour 1) zeigt, wie sehr das kostbare Nass bereits seit antiker Zeit geschätzt wird. Unweit des beliebten Ausflugszieles kann der Wanderer eine antike Wassermühle besichtigen.

Generell stößt man beim Wandern auf sehr wenig Leute, besonders bei den Routen zu den Sieben Quellen (Eptá Pigés, Wanderung 1), Profítis Ilías (Wanderungen 8 und 9), Filérimos (Wanderung 6) und zum Kloster Moní Kamíri (Wanderung 2). Dort kann es passieren, dass man stundenlang alleine wandert, ohne einem Menschen zu begegnen. Hin und wieder trifft man aber auf Einheimische, die auskunftsfreudig weiterhelfen, wenn man sich mit dem Wegverlauf nicht so sicher ist.

Ein wichtiger Hinweis: Unterschätzen Sie zwischen Juni und September nicht die Gluthitze. Im Hochsommer brennt die Sonne bereits ab dem frühen Vormittag gnadenlos. Achten Sie darauf, ausreichend Wasser mitzunehmen, denn mit Durst kann selbst eine leichte und bequeme Strandwanderung zur Qual werden. Auch eine Kopfbedeckung ist von großem Vorteil, durch die intensive UV-Strahlung hat man schnell einen schmerzhaften Sonnenbrand im Gesicht oder einen Sonnenstich. Das gilt insbesondere für die praktisch baumlosen Inseln Chálki und Sými.

Rhodos wurde in den vergangenen Jahrzehnten immer wieder von **Waldbränden** heimgesucht. Meist sind sie durch Fahrlässigkeit entstanden.

Weggeworfene, noch brennende Zigarettenkippen können gerade im Hochsommer, wenn es monatelang nicht regnet, zu einer Katastrophe führen.

Zu guter Letzt: Überschätzen Sie Ihre Fähigkeiten nicht, gehen Sie kein Risiko ein. Zum nächsten Unfallarzt kann der Weg lang sein – vor allem auf den Nachbarinseln Chálki und Sými.

Ausrüstung Viele Wegstrecken sind steinig und steil – feste, knöchelhohe und gut eingelaufene Wanderschuhe sind daher dringend zu empfehlen. Oft muss stachelige Phrygana durchquert werden, wobei eine lange Hose aus festem Stoff gute Dienste leistet. Nicht zu vergessen: Sonnenschutzmittel, Sonnenbrille, ein Rucksack und unbedingt eine Kopfbedeckung.

Jahreszeit Die Monate April, Mai und Juni, wenn Rhodos wie die restlichen Inseln des Dodekanes in Blüte steht, sind die beste Wanderzeit. Von den sehr heißen Monaten Juli und August ist abzuraten. September und Oktober sind klimatisch wieder günstiger, doch ist die Vegetation dann karger und die Tage sind deutlich kürzer.

Verpflegung Zum Essen nimmt man am besten nur das Nötigste mit, viel wichtiger ist ausreichend Wasser. Von Quellen kann man fast überall sorglos trinken, aus Zisternen vorsichtshalber nur dann, wenn man sich nach der Qualität erkundigen kann.

GPS-Wanderung 1

Von Archángelos zu den Sieben Quellen (Eptá Pigés)

Charakteristik: Die Wanderung von Archángelos zu den Sieben Quellen ist ein leicht zu bewältigendes Vergnügen. Auf breiten Feldwegen geht es an Olivenhainen und Feldern vorbei, zum Schluss wird man mit einem sehr schönen Ausblick auf das grüne Tal belohnt. Die Pisten und gut ausgetretenen Pfade sind relativ gut zu finden. **Beste Tageszeit**: frühmorgens starten, da es auf der gesamten Strecke wenig Schatten gibt. **Länge/Dauer**: ca. 5 km, 2 Std. **Verpflegung**: Wasser mitnehmen, unterwegs keine Quellen. In Eptá Pigés **7** gibt es eine schattige Taverne am kühlen Wasser. **Ausrüstung**: feste Schuhe, Sonnenschutz (evtl. Badesachen für einen erfrischenden Abschluss am Strand von Tsambiká). **Anfahrt**: Busse von Rhodos-Stadt nach Archángelos verkehren ab 6.15 Uhr, dann etwa halbstündlich (nicht immer verlässlich, also Ausdauer und Gelassenheit mitbringen). Wer von den Sieben Quellen **7** nicht nach Archángelos zurücklaufen möchte, kann den Bus um 14 Uhr nach Rhodos-Stadt und Kolímbia nehmen. Wenn dies zeitlich nicht passt, kann man sich ein Taxi rufen oder sich von einem Ausflügler zur nächsten, höher frequentierten Bushaltestelle in Kolímbia mitnehmen lassen.

Wegbeschreibung: Die Wanderung beginnt an der **Bushaltestelle 1**, die sich am nördlichen Ortseingang von Archángelos befindet, in der Nähe der weiß-blauen Brücke und dem Dorfplatz. Von hier aus gehen wir Richtung Tsambiká, d. h. zurück über die weiß-blaue Brücke. Danach biegen wir in die erste Straße links ein. An der Gabelung gehen wir nach rechts und erreichen nach ein paar Metern die Ortsumgehungsstraße bzw. Hauptstraße, die nach Rhodos oder auch Líndos führt.

Wir überqueren sie und gehen auf dem gegenüberliegenden **Pfad 2** weiter. Früher Auf dieser Straße wird es zusehends ruhiger, da nur noch einzelne Häuser den Weg säumen.

Wir folgen der Straße, bis wir nach ca. 20 Min. eine Weggabelung erreichen: Den blauen Wegweiser nach Ag. Georgos (auf Griechisch) ignorieren wir und folgen der Straße noch ein kurzes Stück. An der Mauer weist uns ein grünes Schild „Epta Piges" (auf Griechisch) **3** den Weg nach links. Es beginnt eine Schotterpiste, auf der wir nun ganz allein und einsam unterwegs sind. Auf der anderen Seite des Flusses liegt die Agios-Georgios-Kirche mit schönem Hof. Wer schon müde ist, kann hier eine Pause einlegen. Alternativ bietet sich ein Zwischenstopp am Rückweg an. Wir erreichen nach weiteren 5 Min. eine **Gabelung 4**, der wir nach links über einen kleinen Bachlauf folgen. Leider ist bei Wegearbeiten das Schild abhanden gekommen, daher bitte in den kommenden Minuten auf besondere Orientierungspunkte achten. Hinter den Olivenbäumen ist ein kleiner Hügel sichtbar, wenige Meter bergauf, rechts um die Kurve, zeugt linker Hand eine 6 bis 8 m hohe Abbruchkante von Bodenerosion. Die Schotterpiste wechselt kurzzeitig in einen betonierten Anstieg, nach wenigen Metern unterqueren wir eine Hochspannungsleitung. Es folgt eine weitere **Gabelung 5**, an der wir uns rechts halten – es geht bergab. Nach 10 Min. sehen wir zur rechten Seite eine kleine **Kirche.**

5 Min. nachdem man die Kirche passiert hat, geht von der Piste ein Weg steil nach rechts ab. Er ist nicht zu verfehlen, da uns ein verwittertes Schild „7 Pigés" **6** den Weg weist. Auf einer Betonstraße laufen wir abwärts, die in eine anspruchsvolle Schotterpiste (ausgespült) wechselt, bis man wieder auf die Hauptpiste trifft. Wir biegen links ab und erreichen nach weiteren 5 Min. die Hauptstraße, auf der wir uns wenige Meter rechts halten. Auf der linken Seite sieht man schon den Lüftungsschacht des Tunnels. Ab hier ist dann auch die Einsamkeit wieder vorbei, denn die **Sieben Quellen** zählen zu den beliebtesten Ausflugszielen der Insel. An dem Schacht führt links ein kleiner Pfad hinauf zur Taverne bei den Quellen.

Man kann nun den Wassertunnel begehen oder in der Taverne essen. Wegen seiner Kühle ist Eptá Pigés ein idealer Rastplatz. Bei der Taverne gibt

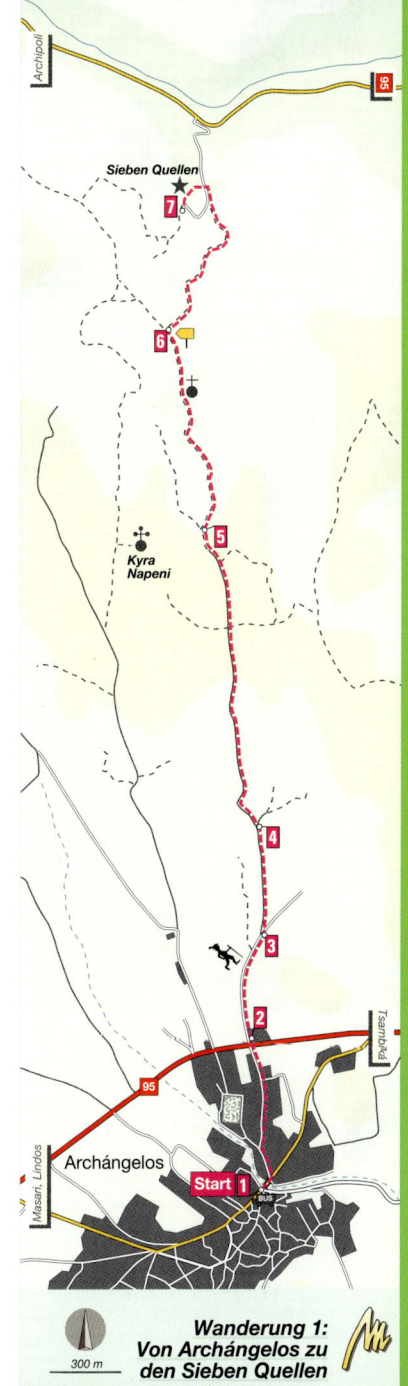

**Wanderung 1:
Von Archángelos zu
den Sieben Quellen**

300 m

es zahlreiche Sitzmöglichkeiten rund um die Quellen. Das Plätschern des Wassers lädt dazu ein, einfach die Seele baumeln zu lassen – ein paradiesischer Abschluss eines Wandertages.

Tipp: Wenn man sich später am Strand erholen möchte, fährt man am besten zum **Tsambiká-Beach**, der zu den schönsten Stränden der Insel zählt. Das glasklare Wasser lädt zum Schwimmen ein und ist auch sehr gut für Familien mit kleinen Kindern geeignet, da der Strand flach abfällt und es kaum Wellen gibt. Er ist ungefähr 6 km von den Sieben Quellen und 2 km von Archángelos entfernt, um 12 Uhr fährt ein Bus vom nahen Kolímbia zur Bucht. Alternativ kann man auch den Strand von Kolímbia besuchen, den man direkt von den Quellen aus mit dem Bus um 14 Uhr erreicht.

GPS-Wanderung 2

Vom Dorf Masári durch ein atemberaubendes Flusstal zum Moní Kamíri

Charakteristik: Die Wanderung zählt zu den schönsten Touren der Insel, sie ist jedoch nur etwas für geübte Wanderer! Belohnt wird man mit einem wunderschönen Picknickplatz: Das Kloster Kamíri lädt mit seinem romantischen Innenhof zum Verweilen ein. Es geht weglos durch ein Flussbett mit Geröll, Kies und kleinen Kletterpartien über unbefestigte Feldwege. Der Rückweg führt über eine kaum befahrene Asphaltstraße. Orientierung: Flussbett, Steinmännchen, markante Wegpunkte. **Beste Tageszeit**: Steile Felswände spenden vor allem morgens und nachmittags Schatten. Der größte Teil des Weges ist der prallen Sonne ausgesetzt, in den Sommermonaten kann es im Flussbett sehr heiß werden. **Länge/Dauer**: ca. 8 km, ca. 2:30 Std. **Verpflegung**: Proviant und ausreichend Wasser mitnehmen, unterwegs keine Quellen. Am Kloster Kamíri kann man die Wasserflasche auffüllen. **Ausrüstung**: gute Wanderschuhe erforderlich, Sonnenschutz sehr empfehlenswert. **Anfahrt**: mit dem Bus eher ungeeignet. Mit fahrbarem Untersatz: Abzweig „Old National Road" südlich von Masári, nach einer Brücke weist ein Schild rechts zum Kloster Kamíri. Achtung, der Eingang zur Schlucht ist leicht zu übersehen.

Wegbeschreibung: Der Weg beginnt ca. 1,5 km hinter der Weggabelung, wo die Straße das **Flussbett 1** quert und zur Linken das vom Skoutouljaris tief eingeschnittene Tal erkennbar ist. Das Auto parkt man am besten an der Straße unter einem der vielen Schatten spendenden Olivenbäume. Wir folgen nun stets dem mit Geröll gefüllten Flussbett. Tipp: Gehen Sie dort, wo der Fluss die längste Zeit im Jahr Wasser führt, hier lässt es sich auf dem feineren Kies besser laufen.

Die zunächst steilen Felswände werden nach einer Biegung von flacheren Hängen abgelöst. Die Böschung wird gesäumt von blühendem Oleander, der sich auch im Flussbett hartnäckig hält. Der Weg ist dennoch leicht zu finden. Wo die steilen Felswände dem flacheren Hang weichen, haben sich Pinien angesiedelt. An einer Stelle versperren **Felsbrocken** den Weg, die aber leicht zu erklimmen sind. Alternativ können sie umgangen werden.

Das Flussbett öffnet sich wieder und sich links haltend geht es entlang duftender Kräuter und Pinien weiter, bis sich nach ca. 15 Min. das Flussbett erneut verengt. Die Felsbrocken, die den Weg versperren, haben nun einen rotbraunen Farbton. Steinmännchen

Wanderung 2:
Von Masári zum Moní Kamíri

300 m

erleichtern die Orientierung. Dieser wildromantische Teil der Strecke ist durchsetzt mit kleinen Wasserstellen, die Abkühlung versprechen und Heimat für Frösche, Libellen und Schildkröten sind. Wenn zur Linken ein kleines Häuschen **2** mit eingezäuntem Garten erscheint, verlassen wir das Flussbett und folgen der Schotterpiste rechts bergauf. Wir nutzen hier die zweite Möglichkeit, nach rechts abzubiegen. Zur Orientierung: Oben am Berg ist ein Vermessungspunkt erkennbar.

Nach weiteren 15 Min. leichten Aufstiegs erreichen wir einen Staudamm, den wir aber nicht queren. Den Damm zur Linken, den Vermessungspunkt oben auf dem Bergsporn zur Rechten, erklimmen wir die kurze, steile Böschung **3** und erreichen einen Olivenhain. Rechts bergauf folgen wir einem alten Feldweg und treffen nach ca. 10 Min. auf ein verfallenes Steinhaus, wo wir den rechten Weg wählen. Nach ca. 100 m halten wir uns bei einer weiteren **Hausruine 4** links. Nach einem kurzen Stück durch den Wald eröffnet sich ein herrlicher Blick ins Tal bis zu den Buchten um Charáki. Der Weg endet hier **5** und wir steigen über die Terrassen hinab bis zum **Kloster Kamíri 6**. Ist die Tür verschlossen, hängt der Schlüssel links davon. Bitte halten Sie die Türe, schon wegen der Ziegen, immer geschlossen. Der idyllische, liebevoll mit Blumen bepflanzte Innenhof sucht seinesgleichen und lädt zum Verweilen ein. Der Weg zurück ist leicht zu finden. Wir folgen der asphaltierten, aber wenig befahrenen Straße zurück ins Tal zu unserem Ausgangspunkt **1**.

Tipp: Wer den Tag am Strand ausklingen lassen möchte, dem sei Charáki empfohlen. Hier gibt es nicht nur den gepflegten Dorfstrand, sondern auch die malerische Agáthi-Bucht (1,5 km nördlich von Charáki). Der Fischerort liegt 3 km von Masári entfernt. Eine breite Asphaltstraße (ohne Schatten) führt in östliche Richtung. Die kurze Strecke ist leider ziemlich befahren und als Wanderweg nicht unbedingt zu empfehlen.

GPS-Wanderung 3

Von der Agáthi-Bucht nach Archángelos

Charakteristik: Herrliche Ausblicke auf die Felsformationen zwischen Charáki und Archángelos machen diese Küstenwanderung zu einem besonderen Erlebnis. Anfangs geht es vor allem auf schmalen Ziegenpfaden entlang der steilen Küste – Schwindelfreiheit und Trittsicherheit sind daher Voraussetzung. **Beste Tageszeit**: Meiden Sie die Mittagshitze! Es gibt keinen Schatten. Am frühen Morgen oder späten Nachmittag ist es nicht nur kühler, die Küste wird dann auch in ein besonders schönes Licht getaucht. **Länge/Dauer**: ca. 9 km, ca. 2:30 Std. **Verpflegung**: ausreichend Wasser mitnehmen, unterwegs keine Quellen. Am Ende der Wanderung in Archángelos gibt es eine große Auswahl an Tavernen und Snack-Bars. **Ausrüstung**: Wanderschuhe, Sonnenschutz. **Anfahrt**: Am besten ist der Ausgangspunkt mit dem Mietwagen zu erreichen. Von der Zufahrtstraße nach Charáki ist der Abzweig zur Agáthi-Bucht ausgeschildert. Wer mit dem Bus anreist, lässt sich an der Rhodos-Líndos-Straße am ersten Kreisverkehr in Charáki (aus Richtung Norden kommend) vom Busfahrer absetzen. Vom Kreisverkehr bis zum Abzweig, der zur Agáthi-Bucht führt, läuft man ungefähr 20 Min. und weitere 15 Min. auf dem Feldweg bis zur Bucht.

Wegbeschreibung: An der Bucht wenden wir uns nach Norden und laufen am Strand entlang zur kleinen **Agáthi-Kapelle** **1**. Hier führt ein schmaler Pfad den Hang hinauf und mündet in einen breiten Feldweg, dem wir für 10 Min. in nördliche Richtung folgen. Nach einer großen Kurve halten wir uns am Abzweig **2** rechts und orientieren uns an den Steinmännchen, die den schmalen Weg markieren. Es geht geradeaus, immer auf dem Feldweg bleibend (Abzweig nach rechts ignorieren), bis zu einem Zaun, an dem wir rechts entlanglaufen. Schon bald ist ein schmaler Pfad auszumachen, der oberhalb der Küste entlangführt und dabei Blicke in unzugängliche Buchten gewährt. Unter uns brechen sich die Wellen an den schroffen Felsen, während wir dem Küstenpfad durch die karge Landschaft folgen, begleitet nur von ein paar Ziegen.

Rechts von uns taucht ein durch Erosion geformtes **Felsentor** **3** auf. Weiter geht es auf dem Ziegenpfad, teilweise über Geröll, bis zur kleinen Kapelle **Ágios Antónis** **4**. Kurz hinter der Kapelle folgen wir dem breiter werdenden Feldweg. Ab jetzt werden die Wege bequemer. Nach einem kurzen Aufstieg mündet der Weg in eine breite Sandpiste **5**, der wir nach rechts folgen. Nach ungefähr 10 Min. erreichen wir eine Kreuzung **6** und sind unserem Ziel Archángelos schon sehr nahe.

Wer noch Ausdauer hat, kann den Weg rechts über die Anhöhe nehmen, der in 30 Min. zur Stegná-Bucht führt. Wir halten uns jedoch links, laufen leicht bergan vorbei an einer kleinen **Kapelle** **7** und erreichen die ersten Olivenhaine von Archángelos.

Der Weg ist teilweise asphaltiert, das Dorf ist schon in der Ferne auszumachen.

Malónas Kolýmpia

95

Láros, Lindos

BUS

10 BUS   zur 95

9

8

Stegná

Archángelos

Prof. Ilías
516

7

6

Stegná

Kátergo

5

4   Ág. Antónis

Ág. Geórgios

3

zur 95

2

Orm. Malonas

1

Par. Ág. Agáthi

Feráklos, Charáki

260 m

**Wanderung 3: Von der
Agáthi-Bucht nach Archángelos**

Nach etwa 20 Min. haben wir **Archángelos** erreicht und halten uns an der ersten Gabelung **8** im Dorf links. So laufen wir geradewegs auf ein weißes Haus zu, an dem ein Schild auf die Straße „Emmanouil Zouni" verweist. Wir folgen dieser bergab, die kurz nach rechts und gleich darauf links ins Gassengewirr von Archángelos führt. Die Straße wird immer schmaler und bringt uns schließlich nach ca. 10 Min. zur **Bäckerei 9**. Hier halten wir uns rechts und erreichen kurz darauf die **Bushaltestelle 10**, den Endpunkt unserer Wanderung. Wer sich stärken will, findet hier und in Richtung des Rathausplatzes eine große Auswahl an Bars, Cafés und Tavernen.

GPS-Wanderung 4

Zum „Grab des Kleobulos"

Charakteristik: Der Wanderweg von der Líndos-Bay (nördliche Bucht) durch die karge Landschaft ist von besonderem Reiz. Es sind gute, aber steinige Pfade, die ohne Steigung zum „Grab des Kleobulos" führen. Steinmännchen helfen bei der Orientierung. **Beste Tageszeit**: frühmorgens starten, da es keinen Schatten gibt (außerdem ist die von der Morgensonne angestrahlte Akropolis ein besonders schönes Fotomotiv.) **Länge/Dauer**: ca. 4 km, ca. 1:30 Std. (hin und zurück). **Verpflegung**: Am Strand und in Líndos gibt es zahlreiche Tavernen und Supermärkte. Ausreichend Wasser mitnehmen. **Ausrüstung**: feste Halbschuhe, Sonnenschutz bzw. Sonnenbrille. **Anfahrt**: Oberhalb des Strandes in Líndos gibt es Parkplätze (akuter Platzmangel im Sommer). Am besten das Fahrzeug oberhalb des historischen Ortskerns abstellen (ca. 10 Min. bis zur Bucht). An der viel befahrenen Straße zum Strand gibt es ein Hinweisschild auf der linken Seite. Wer mit dem Bus anreist, läuft ebenfalls von der Platia bergab in Richtung Strand (kostenloser Shuttle-Verkehr vorhanden).

Wegbeschreibung: Vom **Parkplatz 1** oberhalb der Bucht folgt man dem Hinweisschild zum „Grab des Kleobulos" (Rechtskurve) und wandert zunächst entlang einer Mauer und an einem **Denkmal 2** vorbei durch eine karge Landschaft. Der Weg führt um die Bucht herum durch alte Mauerreste zu einer **Windmühlenruine 3**, die schon von fern auszumachen ist. Zwar sind die Pfade nicht immer leicht zu finden, aber Steinmännchen helfen bei der Orientierung. Die Windmühle wurde einst in dieser „Steinwüste" Mitte des 19. Jh. errichtet. Auf dem Weg bietet sich ein fantastischer Blick auf Líndos und die Akropolis.

Von der einsam gelegenen Windmühle sind es nur noch wenige Meter zu dem Hügel, auf dem das **Kleobulos-Grab 4** steht. Das schlichte Steinmonument fügt sich ideal in die Landschaft ein. Es ist ein runder Bau von ungefähr 9 m Durchmesser. Bei den Einheimischen wird das Bauwerk als *Ágios Aimiliános* bezeichnet, wie auch das Kap der Halbinsel. Es ist ein wahrer Genuss, auf dem Hügel inmitten der herben Küstenlandschaft auszuruhen und die Stille und das Panorama von Líndos zu genießen. Die Bezeichnung „Grab des Kleobulos" ist übrigens nichts weiter als eine liebenswerte Mystifizierung – was in Griechenland noch heute sehr beliebt ist. Hier ist weder der Tyrann Kleobulos begraben, noch stammt das Grab aus dieser Zeit. Tatsächlich handelt es sich um das Grab eines reichen Bürgers aus Rhodos-Stadt aus vermutlich hellenistischer Zeit.

Von Láerma nach Moní Tharí → Karte S. 251

Charakteristik: Die bequeme Wanderung führt auf breiten Feldwegen durch Wald und Olivenhaine und ist mit nur leichten Steigungen auch für ungeübte Wanderer geeignet. Rund um das Dorf Láerma wachsen viele Pinien, die leicht in Brand geraten. Deshalb sollte man die Wanderung nur machen, wenn es nicht allzu heiß ist und keine Waldbrandgefahr besteht. Schon das Rauchen einer Zigarette kann gefährlich sein. Sowohl Hin- als auch Rückweg bieten etwas Schatten. Seien Sie nicht überrascht: Auf dem Hinweg kommt man an einem Militärgelände vorbei – allerdings nur wenige Minuten. Warnschilder, die es Wanderern verbieten, sich dem Gelände zu nähern, haben wir nicht entdeckt. **Länge/Dauer**: ca. 15 km, ca. 3 Std. Wem der Rückweg vom Kloster nach Láerma zu lang ist, kann auch auf dem gleichen Weg, den er gekommen ist, zurücklaufen. **Verpflegung**: Beim Kloster Moní Tharí **7** und am Parkplatz in Láerma gibt es einen Brunnen, um die Wasserflasche aufzufüllen. Einkehrmöglichkeiten in Láerma, z. B. in der Taverne „Ingos", beim sehr hilfsbereiten Wirt Panagiotis. **Ausrüstung**: feste und bequeme Schuhe, Sonnenhut. **Anfahrt**: Es empfiehlt sich die Anreise mit dem eigenen Fahrzeug. Nach Láerma fährt nur einmal am Tag ein Bus von Lárdos aus. Man kommt nicht mehr am gleichen Tag zurück.

Wegbeschreibung: Vom **Ortskern 1** in Láerma ist der Weg zum Kloster Moní Tharí ausgeschildert. Es geht (von Lárdos aus kommend) nach links aus dem Ort hinaus den Berg hinauf. Kurz nach der Kurve am Ortsausgang biegen wir links in einen kleinen Seitenweg **2** ein, der leicht bergab führt und in einen

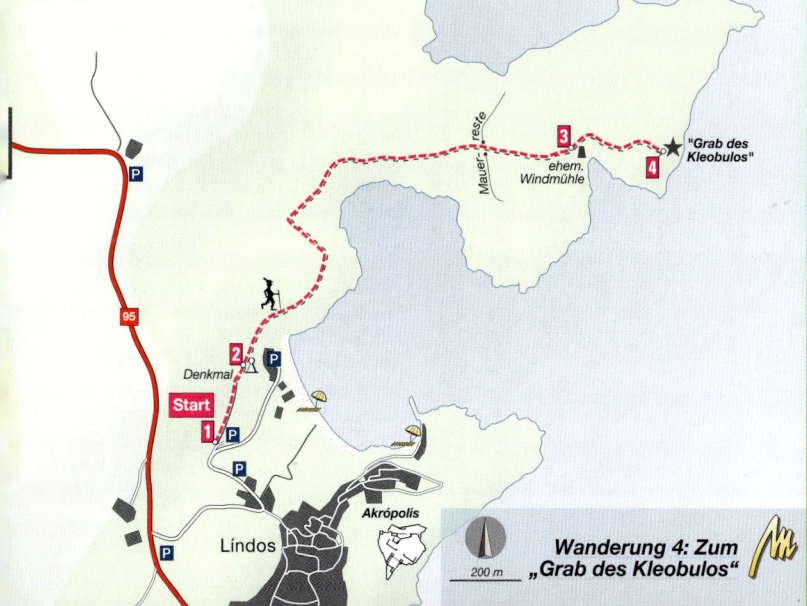

Wanderung 4: Zum „Grab des Kleobulos"

Feldweg übergeht. Wir folgen ihm weiter geradeaus und ignorieren den Abzweig an der nächsten Gabelung. Kräuter und Kiefern säumen unseren Weg, der kurze Zeit später auf einen Feldweg **3** mündet, dem wir nach rechts folgen. Olivenbäume umgeben uns, aber auch die Spuren der letzten Waldbrände sind in der Landschaft noch sichtbar.

Nach weiteren 10 Min. treffen wir auf einen Feldweg **4**, dem wir nach rechts folgen. Wir passieren ein **Militärgelände** und folgen dem Weg **5** kurz nach links und anschließend nach rechts **6** zur **Elpida Ranch**. Es geht geradewegs durch die schön angelegte Pferderanch, hier weisen Schilder den Weg zum Kloster. Auf einer bequemen Schotterpiste geht es stetig bergan. Nach ca. 20 Min. haben wir die Anhöhe erreicht und folgen dem Feldweg hinab

Das Kloster Tharí birgt viele Schätze

zum **Kloster Tharí** **7** mit einem Brunnen und schattigen Bänken zum Ausruhen. Seit 1989 leben wieder Mönche in dem Kloster, nachdem es fast 70 Jahre zuvor verlassen worden war.

Für den Rückweg wenden wir uns am **Vorplatz des Klosters** wieder zur Schotterpiste, von der wir gekommen sind, halten uns diesmal jedoch beim ersten Abzweig rechts und passieren 5 Min. später ein kleines **Feuerwehrhaus** **8**, bei dem wir uns ebenfalls rechts halten und dem breiten Feldweg folgen. Es geht leicht bergan und nach ca. 10 Min. erreichen wir eine Gabelung **9**, an der wir dem Hauptweg (dem mittleren Weg) weiter folgen. Zur Orientierung: Am Wegrand weist ein Schild auf einen Wasserbehälter hin. Es geht weiter leicht bergan, vorbei an zahlreichen Pinien und Kiefern, die nach den verheerenden Waldbränden wieder aufgeforstet wurden. Den nächsten Abzweig nach rechts ignorieren wir und folgen weiter dem bequemen, aber nahezu schattenlosen Feldweg. Links von uns immer im Blick: das Dorf Láerma. Nach ungefähr 15 Min. verlassen wir die breite Piste vor einer großen Kurve und biegen nach links auf einen bergab führenden Feldweg **10** ein.

Alternativ kann man dem Feldweg noch 20 Min. weiter folgen, dieser führt geradewegs zur kleinen **Kapelle Ágios Geórgios** **11**, die zum Kloster Ingos gehört. Zwar bietet das Kirchlein keine außergewöhnlichen Fresken, jedoch ist der Platz wie geschaffen für ein beschauliches Picknick. Während der osmanischen Besatzungszeit gewährten die hier lebenden Mönche vielen Christen Unterschlupf. Um nach Láerma zurückzugelangen, folgt man dem Weg, den man gekommen ist, zum bereits beschriebenen Abzweig **10**.

Folgt man dem Weg abwärts ins Tal, gelangt man an eine Weggabelung **12** und geht dort nach links. Kurz darauf durchqueren wir ein ausgetrocknetes

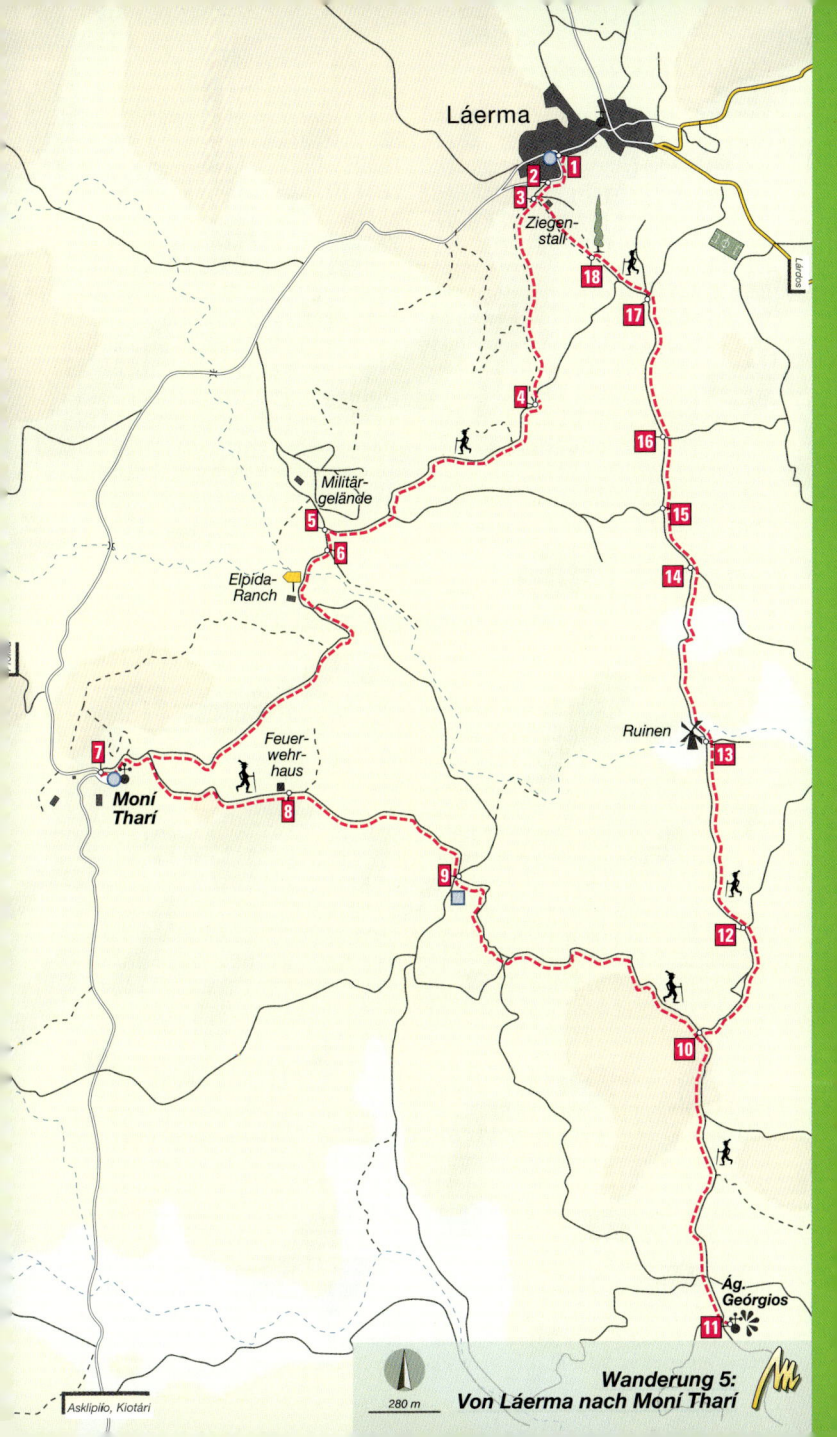

Láerma

Ziegen-
stall

Militär-
gelände

Elpída-
Ranch

Feuer-
wehr-
haus

Moní
Tharí

Ruinen

Ág.
Geórgios

Asklipío, Kiotári

280 m

*Wanderung 5:
Von Láerma nach Moní Tharí*

Flussbett, linker Hand sind noch Reste einer alten **Getreidemühle** 🔟 auszumachen. Wir folgen dem bequemen Feldweg durch gepflegte Olivenhaine. Übrigens gehören die Bäume, die mit einem Kreuz markiert sind, dem Kloster. Die nächsten zwei Abzweigungen nach rechts 🔟 ignorieren wir und halten uns an der folgenden Weggabelung 🔟 geradeaus (leicht nach rechts, links geht es zurück zur Ranch). Nach weiteren 5 Min. bei einem kleinen Garten halten wir uns links 🔟 und kurz darauf an der nächsten Gabelung 🔟 wieder links.

Láerma liegt nun rechts von uns. Dem nächsten Abzweig folgen wir nach rechts und gehen geradewegs auf das weiße Haus am Hang zu. Auf etwa halber Strecke bei einer großen **Zypresse** 🔟 biegen wir nach links in einen kleinen Feldweg ein und folgen der Rechtskurve den Berg hinauf. Es geht steil bergauf. Nach etwa 10 Min. erreichen wir einen kleinen **Ziegenstall,** links davon ist der Feldweg zu sehen, auf dem die Wanderung begann. Wir folgen dem Weg nach oben und der Asphaltstraße nach rechts, bis wir wieder im **Ortskern** 🔟 ankommen. An der Mauer am Parkplatz kann man sich am Brunnen erfrischen, bevor man den erlebnisreichen Wandertag in einer Taverne ausklingen lässt.

GPS-Wanderung 6

Von Filérimos nach Triánda

Charakteristik: Die Tour führt auf kleinen Pfaden vorbei an den Ruinen von Filérimos durch dichten Pinienwald. Abseits der Straße begegnet man nur selten einem Wanderer. Die Strecke ist ein wenig abenteuerlich, teilweise ausgesprochen steil und uneben. Der Weg ist manchmal nicht ganz einfach zu finden und z. T. überwuchert. Verlaufen kann man sich dennoch nicht, denn zwangsläufig trifft man auf die Serpentinenstraße am westlichen Berghang. Für Anfahrt, Besichtigung und Wanderung sollte man einen Vormittag einplanen. **Beste Tageszeit**: früh starten, nicht nur wegen der geringeren Anzahl von Besuchern auf Filérimos, sondern auch, weil die Route vom Berg nach Triánda dann schattig ist. **Länge/Dauer**: ca. 5 km, ca. 1:15 Std. **Verpflegung**: Wasser mitnehmen, unterwegs keine Quellen. Am Parkplatz von Filérimos gibt es einen Kiosk. **Ausrüstung**: feste, bequeme Schuhe. **Anfahrt**: Von Rhodos-Stadt leicht erreichbar; Busse fahren in regelmäßigen Abständen nach Triánda (Ialyssós). Am besten fährt man mit dem Auto bzw. Taxi den Berg hinauf (ca. 5 km), der Bus von Rhodos-Stadt nach Filérimos fährt erst um 10.10 Uhr.

Wegbeschreibung: Wir starten am **Parkplatz** 🔟 vor dem umzäunten Gelände von Filérimos. Wenige Schritte nördlich des Kiosks mit dem riesigen, schattigen Baum beginnt der anfangs noch breite Wanderweg, dem wir bis zu den Treppen folgen. Wir gehen sie hinunter und steigen links den Abhang hinab. Der Pfad ist hier sehr verwuchert. Zur linken Seite erkennt man die Ruine einer alten **Villa** 🔟. Die Treppen umrunden die Villa und wir folgen dem Pfad. Der Waldweg führt rechts den Abhang hinunter auf die Asphaltstraße. Wir halten uns links und erreichen einige Meter eine breitere Piste 🔟. Wir folgen der alten Straße und treffen nach ca. 10–15 Min. auf einen alten türkischen **Brunnen** 🔟. Wir gehen rechts um die Kurve und erreichen nach ungefähr 15 Min. einen auf der linken Seite etwas versteckt liegenden Pfad, der über Treppen den Wald hinabführt.

Es beginnt ein schöner Fußweg durch den Wald, der steil nach unten verläuft. Wir erreichen nach weiteren 15 Min. eine Gabelung **5**, an der wir uns rechts halten, und gelangen nach wenigen Metern auf die Hauptstraße mit einer unscheinbaren Parkbucht. An der linken Seite führt dann wieder ein Pfad den Wald hinunter, man läuft auf kleinen Treppenstufen, um nach

10 Min. wieder auf die Hauptstraße **6** zu stoßen. Ihr folgt man nach links ungefähr 15 Min. bis zum Küstenort **Triánda**. Wer sich an der **Polizeistation 7** rechts hält, gelangt zur **Bushaltestelle 8**, an der die Busse nach Rhodos-Stadt abfahren (auch am Abend in regelmäßigem Takt). In Triánda bietet es sich allerdings an, den Tag am Strand ausklingen zu lassen. Die Strände sind meist eine Mischung aus Sand und Kies.

Triánda
(Ialyssós)

Polizei-
station

BUS

Rhodos-Stadt

Kremastí

Brunnen

Filérimos

200 m

Wanderung 6:
Von Filérimos nach Triánda

GPS-Wanderung 7

Am Gipfel des Profítis Ilías

Charakteristik: Die Rundwanderung um die Gipfelregion Profítis Ilías, zweit-höchster Berg der Insel, ist gut bewältigbar. Von der Taverne Elafaki gegen-über dem Hotel Elafos führt sie über Treppen hinauf und vorbei an der Ruine der Villa de Vecci. Die Waldwege sind teilweise durch die Markierung mit ei-nem roten Punkt (z. T. schlecht zu sehen) und Steinmännchen gekennzeich-net. Wer über genug Ausdauer verfügt, kombiniert diese Tour mit Wanderung 8. **Beste Tageszeit**: Die Rundwanderung kann zu jeder Tageszeit durchge-führt werden, da es durch die Wälder um den Profítis Ilías ausgesprochen schattig ist. **Länge/Dauer**: ca. 3 km, ca. 1 Std. **Verpflegung**: Wasser mitnehmen, keine Quellen; Einkehrmöglichkeit im Hotel Elafos mit Café-Bar und der eher durchschnittlichen Taverne Elafaki. **Ausrüstung**: feste Schuhe, Sonnenschutz. Ein Stock erleichtert den Aufstieg **1**. **Ausrüstung**: normale Schuhe. **Anfahrt**: Anreise nur mit Leihfahrzeug oder Taxi möglich, da zum ehemaligen italienischen Luftkurort auf dem Profítis Ilías keine Busse fahren.

Wegbeschreibung: Wir stellen das Auto am Parkplatz an der Straße ab, wenige Meter vom Hotel Elafos entfernt. Neben der ihm gegenüberliegenden Taverne Elafaki führt ein kleiner, unscheinbarer Pfad **1** über Treppen steil nach oben,

rechts an der Villa de Vecci vorbei, die einst Mussolini als Sommerresidenz dienen sollte.

Vor der über einige Treppenstufen erreichten **Kirchenruine 2** halten wir uns rechts und folgen der Markierung

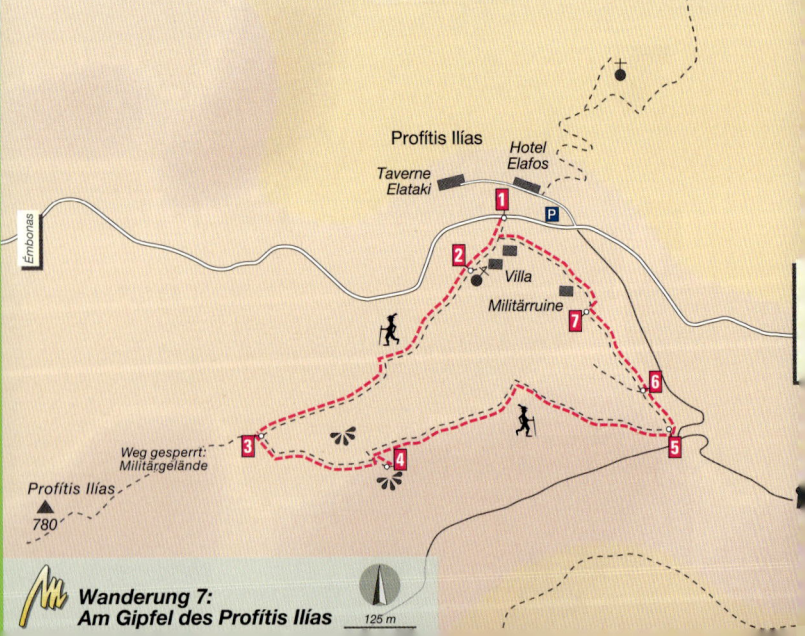

Wanderung 7:
Am Gipfel des Profítis Ilías

125 m

mit dem roten Punkt über Geröll und Baumstämme, bis wir nach ca. 10 Min. eine Gabelung **3** erreichen, an der wir links gehen. Der kleine Pfad ist mit Steinmännchen markiert und bringt uns kurze Zeit später auf eine Art **Aussichtsplattform 4**, von der sich ein schöner Blick auf die umliegenden Dörfer und die Westküste ergibt.

Nach einer kleinen Rast wandern wir ein kurzes Stück zurück und setzen den Weg nach rechts fort, ausgesetzte Stufen führen bergab. Bald ist auch das Elektrizitätswerk von Soroní sichtbar. Die romantische Waldstraße führt uns durch die lichten Pinienwälder des Profítis Ilías. Ab und zu trifft man auf wilde Ziegen, die die Bergregion durchstreifen. Unterwegs auf dem schattigen Waldweg gibt es immer wieder schöne Ausblicke auf die Westküste. Es geht leicht bergan und nach einem Geröllhaufen führt der Pfad im leichten Zickzack den Berg hinab. In einer scharfen Linkskurve **5** folgen wir dem Waldpfad, der hoch über der Straße verläuft. Kurz darauf markiert ein roter Pfeil auf einem Stein den Abzweig **6** nach rechts, dem wir folgen. 10 Min. später stehen wir vor den Ruinen eines ehemaligen **Militärgebäudes**, halten uns dort bei der Markierung des roten Punktes rechts **7** und folgen dem Weg in kleinem Zickzack nach unten.

Kurz darauf sind wir wieder an den Treppen, die zur Villa de Vecci führen, angekommen und erreichen so unseren Ausgangspunkt **1** und den Parkplatz.

GPS-Wanderung 8

Vom Bergdorf Salákos zum Gipfel des Profítis Ilías
→ Karte S. 257

Charakteristik: anspruchsvolle Wanderung zum Profítis Iliás, dem zweithöchsten Berg der Insel, auf alten Wegen durch Kiefernwälder an Kapellen und malerischen Ruinen vorbei. Unterwegs kann es passieren, dass man Ziegenherden begegnet. Am Ziel trifft man auf zwei ehemalige Kurhotels. Der eigentliche Gipfel mit seinen militärischen Telekommunikationsanlagen ist gesperrt. Die alten Eselspfade sind gut ausgebaut und einfach zu finden. Teilweise ist der Weg mit roten Punkten markiert. Wer über genug Ausdauer verfügt, kann diese Tour mit Wanderung 7 kombinieren. **Beste Tageszeit**: Es empfiehlt sich, den Bus am frühen Morgen zu nehmen. Der Aufstieg zum Profítis Ilías ist nicht immer schattig. Es kann somit ziemlich heiß werden. Von einem Aufstieg am Nachmittag ist abzuraten. **Länge/Dauer**: ca. 6 km, ca. 3 Std. (hin und zurück). **Verpflegung**: ausreichend Trinkwasser mitnehmen, keine Quellen. Übrigens stellt Salákos eigenes, köstliches Mineralwasser her (in jedem Dorfladen zu bekommen). Einkehrmöglichkeit im Hotel Flafos mit Café-Bar und der eher durchschnittlichen Taverne Elafaki. **Ausrüstung**: feste Schuhe, Sonnenschutz. Ein Stock erleichtert den Aufstieg. **Anfahrt**: Schon frühmorgens um 4.45 Uhr fährt ein Bus von Rhodos-Stadt nach Salákos, in der Regel ist er pünktlich Der Nächste Bus fährt erst um 14:30 Uhr, wer später aufbrechen will, kann einen Bus nach Theologos und von dort ein Taxi nehmen. Am Nachmittag gibt es zwei Busse, die nach Rhodos-Stadt zurückkehren. Der letzte fährt bereits um 17.20 Uhr. Erkundigen Sie sich nach den genauen Uhrzeiten!

Wegbeschreibung: Die Wanderung beginnt an der **Bushaltestelle 1** in Salákos. Man läuft die Dorfstraße (Richtung Émbonas) bergauf, bis man auf ein Wartehäuschen trifft, wo ein großes Schild **„Footpath to Profítis Ilías" 2**

den Weg nach links weist. Nach wenigen Minuten treffen wir auf eine Gabelung **3**, wo uns ein Schild den steinigen Weg nach rechts zeigt. Von diesem
Weg zweigt nach wenigen Metern links

Trotz der schönen Aussicht verirren sich nicht viele Wanderer
hierher: Ágios Michaíl

ein **Eselspfad** **4** ab, dem wir folgen.
Schon nach wenigen Minuten erkennt
man, dass Salákos langsam aus dem
Blickfeld verschwindet. Die Gegend ist
einsam. Nur selten kommt einem ein
anderer Wanderer entgegen. Es gibt daher kaum eine Möglichkeit, um im Notfall nach dem Weg zu fragen.

Der Weg führt nun über eine bewal-
dete Mulde bergauf. Nach ca. 30 Min.
erreichen wir eine Kreuzung **5**. Nach
rechts wandern wir den Pfad hoch und
gelangen zu der kleinen **Kirche Ágios
Micháil** **6**. Hier hat man eine schöne
Aussicht auf die Westküste.

Wieder zurück an der Kreuzung **5**,
folgt man dem 2 m breiten Schotterweg
nach rechts und läuft geradewegs auf
das **Hotels Elafos** **7** zu. Es bietet sich
für eine kleine Pause an, um danach
gestärkt den Berg auf demselben Weg
wieder hinabzusteigen. Wer noch genug Reserven hat, kann diese Tour mit
Wanderung 9 kombinieren und noch
den Gipfel umrunden. Wieder in Salákos angekommen, ist die Taverne Mike
an der Bushaltestelle **1** ideal, um zu
Mittag zu essen.

Wanderung 9

Von Emporió zur Kapelle Panormítis (Chálki)

Charakteristik: Einen Teil der Strecke geht man auf der asphaltierten
Straße hinauf Richtung Kastro. Auf dem glühenden Asphalt kann es extrem
heiß werden. Ansonsten wandert man über Schotterpisten. So gut wie kein
Schatten. Die Tour eignet sich auch sehr gut für eine Fahrt mit dem
Mountainbike. **Dauer**: ca. 2:30 Std. (reine Gehzeit). **Verpflegung**: Nehmen
Sie reichlich Wasser (!) und Proviant mit. Keine Einkaufsmöglichkeit. **Ausrüs-
tung**: feste, bequeme Schuhe, Sonnenhut. **Anfahrt**: Start der Wanderung ist
am Ortsrand von Emporió. Dorthin kann jeder zu Fuß gehen.

Wegbeschreibung: Wir starten am Ortsrand von **Emporió** auf der Straße, die
im Ortskern an der Bäckerei beginnt
und hinauf Richtung Kastro führt. Bereits nach ein paar Minuten hören links
und rechts von der Schotterpiste die
Häuser auf. Wir folgen der Straße und

lassen die Póntamos-Bucht links liegen. Kurz danach beginnt der Anstieg
hinauf Richtung Kastro auf einer
asphaltierten Straße. Anfangs stehen
noch Olivenbäume links und rechts,
später säumen nur noch Steine und
wenige Sträucher unseren Weg.

Nach etwa 15 Min. erscheint eine **kleine Kapelle** auf der linken Seite, wir gehen weiter geradeaus. Die Straße windet sich mit einigen Kurven den Berg hinauf. Nach knapp 30 Min. kommen wir zu einer Straßengabelung: Links geht es nach Kastro (das schon am Hang zu sehen ist), wir aber nehmen die breite, asphaltierte Straße rechts hinauf in Richtung „Monastery of St. John" – das schon zu erkennen ist. Je höher wir steigen, umso schöner wird der Blick nach unten auf die Küste.

Wir erreichen einen kleinen **Glockenturm** am Wegesrand, lassen ihn allerdings rechts liegen und bleiben auf der asphaltierten Straße bergauf, die jetzt eine Linkskurve macht. Wir kommen – etwa 30 Min. nachdem wir die Straßengabelung in Richtung Kastro passiert haben – zu einem Schotterweg, der rechts von der breiten Straße abzweigt und am Hang entlangführt. In der Ferne ist bereits eine Kapelle am Ende des Weges zu erkennen. Wir schlagen den Schotterweg ein und erreichen nach etwa 10 Min. die **Kapelle,** auf deren Vorplatz ein paar Schatten spendende Bäume stehen. Wer sich von den Mücken nicht stören lässt, sollte sich hier einen Moment ausruhen und die schöne Sicht auf Emporió und die Küste genießen. Leider gibt es keinen Brunnen, an dem man seine Wasserflaschen auffüllen könnte.

Der Rückweg erfolgt über den Hinweg, nur dass das Wandern bergab sich in der Regel weniger beschwerlich gestaltet. Außerdem bietet sich eine Rast in der **Póntamos-Bucht** an, wo man herrlich schwimmen und sich abkühlen kann. Eine Taverne gibt es dort ebenfalls.

Lesertipp: „Wenn man von der Teerstraße unmittelbar gegenüber des Eingangs zur Taverne Pondamos auf einen Sandweg abbiegt und sich dann an die blauroten Markierungen hält, kann der Weg zum größeren Teil im Schatten und nicht auf der Teerstraße zuürückgelegt werden." (Dagmar N.)

Salákos

Émbonas

Ágios Michaíl

Hotel Elafina

Hotel Elafos

Émbonas

120 m

Wanderung 8: Vom Bergdorf Salákos zum Gipfel des Profítis Ilías

GPS-Wanderung 10

Von Gialós zur Kapelle des heiligen Georg und nach Nimboriós (Sými)

Charakteristik: Auf der Insel Sými wachsen kaum Bäume und so ist man dem größten Teil des Weges der prallen Sonne ausgesetzt. Es geht über bequeme Pflasterwege, Trampelpfade und enge Ziegenpfade. Da ein Teil des Weges an Berghängen entlangführt, sollte man möglichst schwindelfrei sein. In der Bucht von Nimboriós kann man sich bei einem Bad erfrischen. **Länge/Dauer**: ca. 5 km, ca. 1:30 Std. **Verpflegung**: ausreichend Wasser und Proviant mitnehmen. Keine Einkaufsmöglichkeit – außer Sie machen einen Abstecher in den Ortskern von Nimboriós. **Ausrüstung**: feste Schuhe, Sonnenhut. **Anfahrt**: Wer in Gialós wohnt, kann einfach loswandern. Wer in Chorió oder Pédi wohnt, nimmt den regelmäßig verkehrenden Sými-Bus oder geht zu Fuß zur Hafenbucht.

Wegbeschreibung: Vom **Uhrenturm** 1 an der Hafenbucht geht man immer geradeaus am Hafenbecken entlang. Bei der Brücke (2) hält man sich geradeaus und geht über den Platz zum ehemaligen **Nautischen Museum (3).** Dort biegt man nach rechts ab und folgt der Straße nach oben. Die Häuser von Gialós links und rechts des Weges lässt man schnell hinter sich. Danach geht es vorbei an steilen Berghängen.

Links vom Weg erscheint ein **Friedhof** 4, wir gehen weiter geradeaus, an der Friedhofsmauer entlang (nicht den breiteren Weg nach rechts einschlagen). Wir folgen dem Schild, das den Weg zur Kapelle Ágios Georgos weist (weiter geradeaus). Den etwa 3 m brei-

Viel Schatten gibt es auf Sými leider nicht

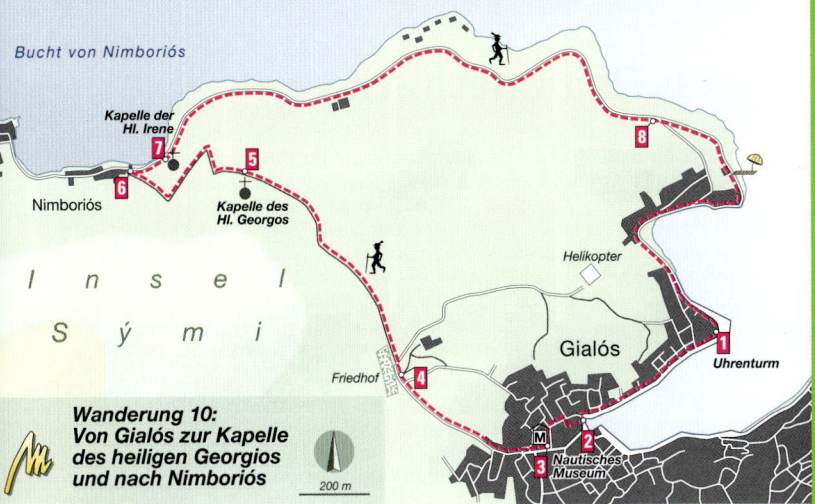

Wanderung 10:
Von Gialós zur Kapelle
des heiligen Georgios
und nach Nimboriós

200 m

ten Weg säumen links und rechts immer wieder tiefe Steinmauern. Mittlerweile gibt es überhaupt keinen Schatten mehr, lediglich niedrige Sträucher und kleine Bäume sind zu sehen.

Die folgende Anhöhe gehen wir auf einem Pfad aus großen Steinplatten hinauf. Oben angekommen, bietet sich ein schöner Blick auf die Bucht von Nimboriós, die auf der rechten Seite, tief unter uns, zu sehen ist. Wir gehen weiter geradeaus. Etwa 10 Min. nachdem wir den Friedhof hinter uns gelassen haben, erreichen wir dann die kleine **Kapelle des heiligen Georg 5**. Unter zwei großen, Schatten spendenden Bäumen im Innenhof lässt es sich sehr gut verweilen und das Panorama genießen. Nur wenige Besucher finden den Weg hierher.

Hinter der Kapelle beginnt ein breiter Weg (schlechter Zustand), der im Zickzack den Hang hinab nach Nimboriós führt. Bald stößt man auf ein erstes Haus und geht die Stufen an der rechten Seite des Gebäudes hinunter. Dann schlagen wir den Weg nach rechts **6** ein und erreichen nach wenigen Metern die **Kapelle der heiligen Irene 7**.

Jetzt befinden wir uns wieder auf einer Straße, die auch von Autos befahren wird. Links sehen wir die Anlegestelle der Fischerboote von Nimboriós. Wer möchte, kann sich hier im Meer erfrischen. Für eine längere Badepause biegt man nach links ab und geht nun weiter entlang des Ufers nach Süden bis zum zweiten Kiesstrand. Hier kann man sich auch in einer Taverne stärken.

Für den Rückweg nach Gialos folgen wir der Betonstraße den Berg hinauf und halten uns links mit Blick auf die Küste. Am Hang entlang gehen wir auf der breiten Straße, die in seltenen Fällen von Autos befahren wird, zurück Richtung Gialós. Auf der rechten Seite des Weges sehen wir Felsen, die linke Seite fällt steil zur Küste ab.

An der nächsten Straßengabelung **8** halten wir uns weiter links und nehmen den Weg nahe beim Wasser. Hinter der nächsten Rechtskurve taucht schließlich links unter uns die kleine **Badebucht von Gialós** auf, zurück zum Hafen mit seinem **Uhrenturm 1** geht man noch ca. 5 Min. Wer möchte, kann sich in der Bucht unter einem Sonnenschirm ausruhen oder sich im Wasser abkühlen. In der Bucht gibt es eine Taverne, eine Snackbar und Liegestühle.

Etwas Neu-Griechisch

Keine Panik: Neugriechisch ist zwar nicht die leichteste Sprache, lassen Sie sich jedoch nicht von der fremdartig wirkenden Schrift abschrecken – oft erhalten Sie Informationen auf Wegweisern, Schildern, Speisekarten usw. auch in lateinischer Schrift, zum anderen wollen Sie ja erstmal verstehen und sprechen, aber nicht lesen und schreiben lernen. Dazu hilft Ihnen unser „kleiner Sprachführer", den wir für Sie nach dem Baukastenprinzip konstruiert haben: Jedes der folgenden Kapitel bietet Ihnen Bausteine, die Sie einfach aneinanderreihen können, sodass einfache Sätze entstehen. So finden Sie sich im Handumdrehen in den wichtigsten Alltagssituationen zurecht, entwickeln ein praktisches Sprachgefühl und können sich so nach Lust und Notwendigkeit Ihren eigenen Minimalwortschatz aufbauen und erweitern.

Wichtiger als die richtige Aussprache ist übrigens die Betonung! Ein falsch betontes Wort versteht ein Grieche weitaus schwerer als ein falsch oder undeutlich ausgesprochenes. Deshalb finden Sie im Folgenden jedes Wort in Lautschrift und (außer den einsilbigen) mit Betonungszeichen. Viel Spaß beim Ausprobieren und Lernen!

© Michael Müller Verlag GmbH. Vielen Dank für die Hilfe an Dimitrios Maniatoglou!

Das griechische Alphabet

Buchstabe		Name	Lautzeichen	Aussprache
groß	klein			
A	α	Alpha	a	kurzes a wie in Anna
B	β	Witta	w	w wie warten
Γ	γ	Gámma	g	g wie Garten (j vor Vokalen e und i)
Δ	δ	Delta	d	stimmhaft wie das englische „th" in the
E	ε	Epsilon	e	kurzes e wie in Elle
Z	ζ	Síta	s	stimmhaftes s wie in reisen
H	η	Ita	i	i wie in Termin
Θ	θ	Thíta	th	stimmlos wie englisches „th" in think
I	ι	Jóta	j	j wie jagen
K	κ	Kápa	k	k wie kann
Λ	λ	Lámbda	l	l wie Lamm
M	μ	Mi	m	m wie Mund
N	ν	Ni	n	n wie Natur
Ξ	ξ	Xi	x	x wie Xaver
O	o	Omikron	o	o wie offen
Π	π	Pi	p	p wie Papier
P	ρ	Ro	r	gerolltes r
Σ	ς/σ	Sígma	ss	ss wie lassen
T	τ	Taf	t	t wie Tag
Y	υ	Ipsilon	j	j wie jeder
Φ	φ	Fi	f	f wie Fach
X	χ	Chi	ch	ch wie ich
Ψ	ψ	Psi	ps	ps wie Psalm
Ω	ω	Omega	o	o wie Ohr

Da das griechische und lateinische Alphabet nicht identisch sind, gibt es für die Übersetzung griechischer Namen in die lateinische Schrift oft mehrere unterschiedliche Schreibweisen, z. B. Chorefton (auf Pilion) – auch Horefto, Horefton, Chorefto; Kalkis – auch Chalkis oder Halkida.

Grüße

Guten Morgen/ guten Tag (bis Siesta)	kaliméra
Guten Abend/ guten Tag (ab Siesta)	kalispéra
Gute Nacht	kaliníchta
Hallo! Grüß Sie!	jássou! oder jássas!
Tschüss	adío
Guten Tag und Auf Wiedersehen	chérete
Alles Gute	stó kaló
Gute Reise	kaló taxídi

Gespräch

Wie geht es Ihnen?	ti kánete?
Wie geht es dir?	ti kánis?
(Sehr) gut	(polí) kalá
So lala	étsi ki étsi
Und dir?	ke essí?
Wie heißt du?	pos se léne?
Ich heiße ...	to ónoma mou íne ...
Woher kommst du?	apo pu ísse?
Ich komme aus ...	íme apo ...
... Deutschland	... jermanía
... Österreich	... afstría
... der Schweiz	... elwetía
Sprechen Sie Englisch (Deutsch)?	miláte angliká (jermaniká)?
Ich spreche nicht Griechisch	den miló eliniká
Wie heißt das auf Griechisch?	pos légete aftó sta eliniká?
Ich verstehe (nicht)	(dén) katalawéno
Verstehst du?	katálawes (katalawénis?)
In Ordnung (okay)	endáxi

Minimalwortschatz

Ja	nä
Nein	óchi
Nicht	dén
Danke (vielen Dank)	efcharistó (polí)
Bitte (!)	parakaló(!)
Entschuldigung	sinjómi
groß/klein	megálo/mikró
gut/schlecht	kaló/kakó
viel/wenig	polí/lígo
heiß/kalt	sesstó/krío
oben/unten	epáno/káto
ich	egó
du	essí
er/sie/es	aftós/aftí/aftó
das (da)	aftó
(ein) anderes	állo
Welche(r), welches?	tí?

Fragen und Antworten

Gibt es (hier) ...?	ipárchi (edó) ...?
Wo ist ...?	pu íne ...?
Ich möchte (nach) ...	thélo (stin) ...
Wann geht (fährt, fliegt)?	pote féwgi?
Um wie viel Uhr?	ti óra?
Wann kommt ... an?	póte ftáni ...?
Wie viel Kilometer sind es?	pósa chiliómetra íne?
Wie viel kostet es?	póso káni?
Wissen Sie ...?	xérete ...?
stündlich	aná óra
um 4 Uhr	tésseris óra
... der Hafen ...	... to limáni
... die Haltestelle	... i stási
Ich weiß nicht	dén xéro
Haben Sie ...?	échete ...?
... nein, haben wir nicht	... dén échoume
Ja, bitte? (hier, bitte!)	oríste?/!
Wann	póte
Wo	pu

Von wo ...	*ápo pu*
... von Iraklion	*... ápo to Iráklio*
Wie viel(e) ...	*pósso (póssa) ...*
Wohin ...	*jia pu ...*
nach/zum ...	*tin/stin ...*
... nach Athen	*... stin Athína*
links	*aristerá*
rechts	*dexiá*
geradeaus	*ísja*
die nächste Straße	*o prótos drómos*
die 2. Straße	*o défteros drómos*
hier	*edó*
dort	*ekí*

Unterwegs

Abfahrt	*anachórisis*
Ankunft	*áfixis*
Gepäck-aufbewahrung	*apotíki aposkewón*
Information	*pliroforíes*
Kilometer	*kiliómetra*
Straße	*drómos*
Fußweg	*monopáti*
Telefon	*tiléfono*
Ticket	*isitírio*
Reservierung	*fílaxi*

Flugzeug/Schiff

Deck	*katástroma*
Fährschiff	*férri-bot*
Flughafen	*aerodrómio*
das (nächste) Flugzeug	*to (epómene) aeropláno*
Hafen	*limáni*
Schiff	*karáwi*
Schiffsagentur	*praktorío karawiú*

Bus/Eisenbahn

Bahnhof	*stathmós*
(der nächste) Bus	*(to epómene) leoforío*
Eisenbahn	*ssidiródromos*
Haltestelle	*stásis*

Schlafwagen	*wagóni ípnu*
U-Bahn	*ilektrikós*
Waggon	*wagóni*
Zug	*tréno*

Auto/Zweirad

Ich möchte ...	*thélo ...*
Wo ist ...?	*pu íne ...?*
... die nächste Tankstelle?	*... to plisiésteron wensinádiko?*
Bitte prüfen Sie ...	*parakaló exetásete ...*
Ich möchte mieten (für 1 Tag)	*thélo na nikiásso (jiá mia méra)*
(Die Bremse) ist kaputt	*(to fréno) íne chalasméno*
Wie viel kostet es (am Tag)?	*póso káni (jia mía méra)?*
Benzin (super/normal/bleifrei)	*wensíni (súper/apli/amóliwdi)*
Diesel	*petréleo*
1 Liter	*éna lítro*
20 Liter	*íkosi lítra*
Auto	*aftokínito*
Motorrad	*motossikléta*
Moped	*motopodílato*
Anlasser	*mísa*
Auspuff	*exátmissi*
Batterie	*bataría*
Bremse	*fréno*
Ersatzteil	*andalaktikón*
Keilriemen	*imándas*
Kühler	*psijíon*
Kupplung	*simbléktis*
Licht	*fos*
Motor	*motér*
Öl	*ládi*
Reifen	*lásticho*
Reparatur	*episkewí*
Stoßdämpfer	*amortisér*
Wasser (destilliertes)	*to (apestagméno) neró*
Werkstatt	*sinergíon*

Bank/Post/Telefon

Post und Telefon sind in Griechenland nicht am selben Ort! Telefonieren kann man in kleineren Orten auch an manchen Kiosken und Geschäften.

Wo ist	*pu íne?*
... eine Bank	*... mia trápesa*
... das Postamt	*... to tachidromío*
... das Telefonamt	*to O. T. E.*
Ich möchte ...	*thélo ...*
... ein Tel.-Gespräch	*... éna tilefónima*
... (Geld) wechseln	*... na chalásso (ta chrímata)*
Wie viel kostet es (das)?	*póso káni (aftó)?*
Bank	*trápesa*
Brief	*grámma*
Briefkasten	*grammatokiwótio*
Briefmarke	*grammatósima*
eingeschrieben	*sistiméno*
Euro-/Reisescheck	*ewrokárta*
Geld	*ta leftá, ta chrímata*
Karte	*kárta*
Luftpost	*aeroporikós*
Päckchen	*paketáki*
Paket	*déma*
postlagernd	*post restánd*
Telefongespräch (anmelden) (nach)	*(na anangílo) éna tilefónima (jia)*
Telefon	*tiléfono*
Telegramm	*tilegráfima*
Schweizer Franken	*elwetiká fránka*

Übernachten

Haben Sie?	*échete?*
Gibt es ...?	*ipárchi ...?*
Zimmer	*domátio*
Bett	*krewáti*
ein Doppelzimmer	*éna dipló domátio*
Einzelzimmer	*domátio me éna krewáti*
mit ...	*me ...*
... Dusche/Bad	*dous/bánjo*
... Frühstück	*proinó*
Wo ist?	*pu íne?*
Wie viel kostet es (das Zimmer)?	*póso káni (to domátio)?*
Ich möchte ... für 5 Tage mieten	*thélo na nikiásso ... jia pénde méres*
Kann ich sehen ...?	*boró na do ...?*
Kann ich haben ...?	*boró na écho ...?*
ein (billiges/gutes) Hotel	*éna (ftinó/kaló) xenodochío*
Pension	*pansión*
Haus	*spíti*
Küche	*kusína*
Toilette	*tualétta*
Reservierung	*krátissi*
Wasser (heiß/kalt)	*neró (sesstó/krío)*

Essen & Trinken

Haben Sie?	*échete?*
Ich möchte ...	*thélo ...*
Wie viel kostet es?	*póso káni?*
Ich möchte zahlen	*thélo na pliróso*
Die Rechnung (bitte)	*to logariasmó (parakaló)*
Speisekarte	*katálogos*

Getränke

Glas/Flasche	*potíri/boukáli*
ein Bier	*mía bíra*
(ein) Mineralwasser	*(mia) sóda*
Wasser	*neró*
(ein) Rotwein	*(éna) kókkino krassí*
(ein) Weißwein	*(éna) áspro krassí*
... süß/herb	*glikós/imíglikos*
(eine) Limonade (Zitrone)	*(mia) lemonáda*
(eine) Limonade (Orange)	*(mia) portokaláda*
(ein) Kaffee	*(éna) néskafe*
(ein) Mokka	*(éna) kafedáki*
... sehr süß	*... varí glikó*
... mittel	*... métrio*
... rein (ohne Zucker)	*skéto*

Tee	*tsái*
Milch	*gála*

Griech. Spezialitäten

Fischsuppe	*psaróssupa*
Suppe	*ssúpa*
Garnelen	*garídes*
Kalamari ("Tintenfischchen")	*kalamarákia*
Fleischklößchen	*keftédes*
Hackfleischauflauf mit Gemüse	*musakás*
Mandelkuchen mit Honig	*baklawás*
Gefüllter Blätterteig	*buréki*
Gefüllte Weinblätter (mit Reis & Fleisch)	*dolmádes*
Nudelauflauf mit Hackfleisch	*pastítsio*
Fleischspießchen	*suwlákia*

Sonstiges

Hähnchen	*kotópulo*
Kartoffeln	*patátes*
Spaghetti (mit Hackfleisch)	*makarónia (me kimá)*
Hammelfleisch	*kimás*
Kotelett	*brisóla*
Bohnen	*fasólia*
Gemüse	*lachaniká*

Gewürze → „Einkaufen"

Einkaufen

Haben Sie?	*échete?*
Kann ich haben?	*bóro na écho?*
Geben Sie mir	*dóste mou*
klein/groß	*mikró/megálo*
1 Pfund	*misó kiló*
1 Kilo/Liter	*éna kiló/lítro*
100 Gramm	*ekató gramárja*
Apfel	*mílo*
Brot	*psomí*
Butter	*wútiro*
Ei(er)	*awgó (awgá)*
Essig	*xídi*

Gurke	*angúri*
Honig	*méli*
Joghurt	*jaoúrti*
Käse/Schafskäse	*tirí/féta*
Klopapier	*hartí igías*
Kuchen	*glikó*
Marmelade	*marmeláda*
Milch	*gála*
Öl	*ládi*
Orange	*portokáli*
Pfeffer	*pipéri*
Salz	*aláti*
Seife	*sapúni*
Shampoo	*sambuán*
Sonnenöl	*ládi jia ton íljon*
Streichhölzer	*spírta*
Tomaten	*domátes*
Wurst	*salámi*
Zucker	*sáchari*

Sehenswertes

Wo ist der/die/das?	*pu íne to/i/o?*
Wo ist der Weg zum ...?	*pu íne i ódos jia ...?*
Wie viel Kilometer sind es nach ...?	*póssa chiliómetra íne os to ...?*
rechts	*dexiá*
links	*aristerá*
dort	*ekí*
hier	*edó*
Ausgang	*éxodos*
Berg	*wounó*
Burg	*kástro (pírgos)*
Dorf	*chorió*
Eingang	*ísodos*
Fluss	*potamós*
Kirche	*eklissiá*
Tempel	*naós*
Platz	*platía*
Stadt	*póli*
Strand	*plas*
Höhle	*spilíon, spiliá*
Schlüssel	*klidí*

Hilfe & Krankheit

Gibt es (hier) ...?	*ipárchi (edó) ...?*
Haben Sie ...?	*échete ...?*
Wo ist (die Apotheke)?	*pu íne (to farmakío)?*
Arzt	*jatrós*
Wann hat der Arzt Sprechstunde?	*póte déxete o jiatrós?*
Ich habe Schmerzen (hier)	*écho póno (edó)*
Helfen Sie mir bitte!/Hilfe!	*woithíste me parakaló!/woíthia!*
Ich habe ... verloren	*échassa ...*
Deutsche Botschaft	*presvía jermanikí*
Krankenhaus	*nossokomío*
Polizei	*astinomía*
Touristinformation	*turistikés plioforíes*
Unfall	*atíchima*
Zahnarzt	*odontíatros*
Ich bin allergisch gegen ...	*egó íme allergikós jia ...*
Ich möchte (ein) ...	*thélo (éna) ...*

Abführmittel	*kathársio*
Aspirin	*aspiríni*
die „Pille"	*to chápi*
Kondome	*profilaktiká*
Penicillin	*penikelíni*
Salbe	*alifí*
Tabletten	*hapía*
Watte	*wamwáki*
Ich habe ...	*écho ...*
Ich möchte ein Medikament gegen ...	*thélo éna jiatrikó jia ...*
Durchfall	*diária*
Fieber	*piretós*
Grippe	*gríppi*
Halsschmerzen	*ponólemos*
Kopfschmerzen	*ponokéfalos*
Magenschmerzen	*stomachóponos*
Schnupfen	*sináchi*
Sonnenbrand	*égawma*
Verstopfung	*diskiljótita*
Zahnschmerzen	*ponódontos*

Zahlen

½	*misó*	9	*ennéa*	60	*exínda*
1	*éna*	10	*déka*	70	*efdomínda*
2	*dío*	11	*éndeka*	80	*ogdónda*
3	*tría*	12	*dódeka*	90	*enenínda*
4	*téssera*	13	*dekatría*	100	*ekató*
5	*pénde*	20	*íkosi*	200	*diakósia*
6	*éxi*	30	*triánda*	300	*trakósia*
7	*eftá*	40	*sarránda*	1000	*chília*
8	*ochtó*	50	*penínda*	2000	*dio chiliádes*

Zeit

morgen(s)	*proí*	gestern	*chtés*
mittag(s)	*messiméri*	vorgestern	*próchtes*
nachmittag(s)	*apógewma*	Tag	*méra*
abend(s)	*wrádi*	jeden Tag	*káthe méra*
heute	*ssímera*	Woche	*ewdomáda*
morgen	*áwrio*	Monat	*mínas*
übermorgen	*méthawrio*	Jahr	*chrónos*

Uhrzeit

Stunde	*óra*
Um wie viel Uhr?	*piá óra (ti óra)?*
Wie viel Uhr (ist es)?	*tí óra (íne)?*
Es ist 3 Uhr (dreißig)	*íne trís (ke triánda)*
stündlich	*aná óra*
Wann?	*póte?*

Achtung: nicht éna, tría, téssera óra (1, 3, 4 Uhr), sondern: mía, trís, tésseris óra!! Sonst normal wie oben unter „Zahlen".

Wochentage

Sonntag	*kiriakí*
Montag	*deftéra*
Dienstag	*tríti*
Mittwoch	*tetárti*
Donnerstag	*pémpti*
Freitag	*paraskewí*
Samstag	*sáwato*

Monate

Ganz einfach: fast wie im Deutschen + Endung „-ios"! (z. B. April = Aprílios).

Januar	*Ianuários*
Februar	*Fewruários*
März	*Mártios*
April	*Aprílios*
Mai	*Máios*
Juni	*Iúnios*
Juli	*Iúlios*
August	*Awgustos*
September	*Septémwrios*
Oktober	*Októwrios*
November	*Noémwrios*
Dezember	*Dekémwrios*

Der Glaube an Wunder ist in Rhódos noch tief verwurzelt

Kartenverzeichnis

Zeichenerklärung für die Karten und Pläne

asphaltierte Verbindungsstraße	Leuchtturm	Bushaltestelle
asphaltierte Straße	Ruine	Taxistandplatz
Nebenstraße	Windmühle	Museum
Piste	Sehenswürdigkeit	Information
Fußpfad	Antike Sehenswürdigkeit	Post
Wanderung mit GPS-Point	Kirche	Parkplatz
Grünanlage	Kloster	Telefon
Badestrand	Moschee	Tankstelle
Berggipfel	Schloss/Burg	öffentliche Toilette
Aussicht	Turm	Krankenhaus

Was haben Sie entdeckt?

Haben Sie ein besonderes Restaurant, ein neues Museum oder ein nettes Hotel entdeckt? Wenn Sie Ergänzungen, Verbesserungen oder Tipps zum Buch haben, lassen Sie es uns bitte wissen!

Schreiben Sie an: Hans-Peter Siebenhaar, Stichwort „Rhodos"
c/o Michael Müller Verlag GmbH | Gerberei 19, D – 91054 Erlangen
hans-peter.siebenhaar@michael-mueller-verlag.de

Alles im Kasten

Vielen Dank!

Besonderen Dank für die Hilfe bei der Aktualisierung gilt Thomas Prager und Elisabeth Stockinger. Mein Dank gilt auch Maria Sarmiento für die Hilfe bei den Recherchen auf der Insel sowie der Rhodos-Kennerin Corinna Brauer. Ein Dankeschön geht auch an Stefan Trettler für die Unterstützung, inklusiver ausgiebigen Lokaltests, bei den Recherchen vor Ort und Giorgos Anastopoulos für seiner Fotos.

Fotonachweis

Giorgos Anastopoulos: S. 12, 20 | Sabine Becht: S. 205 | Thomas Prager: Umschlagklappe vorne, S. 7, 8, 22, 24, 30, 39, 40, 60, 85, 86, 91, 94, 96, 101, 104, 106, 109, 120, 128, 137, 138, 140, 144, 150, 174, 176, 184, 187, 238, 270 | Maria Sarmiento: S. 2 | Lars Schnoor: S. 27, 29, 63, 64, 66, 69, 71, 74, 77, 82, 97, 99, 103, 110, 114, 117, 122, 123, 127, 130, 133, 136, 146, 149, 152, 155, 159, 160, 161, 164, 166, 168, 170, 173, 178, 181, 189, 191, 192, 197, 199, 200, 202, 209, 212, 214, 216, 218, 221, 222, 223, 224, 228, 229, 232, 250, 256, 258, 266 | Hans-Peter Siebenhaar: S. 14, 16, 32, 35, 37, 45, 46, 54, 58, 98, 107, 112, 115, 125, 194, 204, 207, 220, 227 | Elisabeth Stockinger: S.10, 18, 43, 48, 81, 217, 275

Impressum

Text und Recherche: Dr. Hans-Peter Siebenhaar **Aktualisierung:** Thomas Prager und Elisabeth Stockinger **Lektorat:** D&M Services GmbH: Christine Beil **Redaktion:** Christine Hetterle **Layout:** D&M Services GmbH: Christiane Bauer, Claudia Hutter, Dirk Thomsen, Heike Wurthmann **Karten:** Janina Baumbauer, Hans-Joachim Bode, Carlos Borrell, Theresa Flenger, Judit Ladik, Tobias Schneider **GIS-Consulting:** Rolf Kastner **Covergestaltung:** Karl Serwotka **Covermotiv:** Líndos © ian woolcock/Fotolia

ISBN 978-3-95654-609-9

© Copyright Michael Müller Verlag GmbH, Erlangen 2002–2019. Alle Rechte vorbehalten. Alle Angaben ohne Gewähr. Druck: Livonia Print, Riga.

Haftungsausschluss

Die in diesem Reisebuch enthaltenen Informationen wurden vom Autor nach bestem Wissen erstellt und von ihm und dem Verlag mit größtmöglicher Sorgfalt überprüft. Dennoch sind, wie wir im Sinne des Produkthaftungsrechts betonen müssen, inhaltliche Fehler nicht mit letzter Gewissheit auszuschließen. Daher erfolgen die Angaben ohne jegliche Verpflichtung oder Garantie des Autors bzw. des Verlags. Autor und Verlag übernehmen keinerlei Verantwortung bzw. Haftung für mögliche Unstimmigkeiten. Wir bitten um Verständnis und sind jederzeit für Anregungen und Verbesserungsvorschläge dankbar.

Aktuelle Infos zu unseren Titeln, Hintergrundgeschichten zu unseren Reisezielen sowie brandneue Tipps erhalten Sie in unserem regelmäßig erscheinenden Newsletter, den Sie im Internet unter **www.michael-mueller-verlag.de** kostenlos abonnieren können.

Das Wetter auf Rhódos
lädt zum faulen Herumliegen ein

Abruzzen ▪ Ägypten ▪ Algarve ▪ Allgäu ▪ Allgäuer Alpen ▪ Altmühltal & Fränk. Seenland ▪ Amsterdam ▪ Andalusien ▪ Andalusien ▪ Apulien ▪ Australien – der Osten ▪ Azoren ▪ Bali & Lombok ▪ Barcelona ▪ Bayerischer Wald ▪ Bayerischer Wald ▪ Berlin ▪ Bodensee ▪ Bremen ▪ Bretagne ▪ Brüssel ▪ Budapest ▪ Chalkidiki ▪ Chiemgauer Alpen ▪ Chios ▪ Cilento ▪ Cornwall & Devon ▪ Comer See ▪ Costa Brava ▪ Costa de la Luz ▪ Côte d'Azur ▪ Cuba ▪ Dolomiten – Südtirol Ost ▪ Dominikanische Republik ▪ Dresden ▪ Dublin ▪ Düsseldorf ▪ Ecuador ▪ Eifel ▪ Elba ▪ Elsass ▪ Elsass ▪ England ▪ Fehmarn ▪ Franken ▪ Fränkische Schweiz ▪ Fränkische Schweiz ▪ Friaul-Julisch Venetien ▪ Gardasee ▪ Gardasee ▪ Genferseeregion ▪ Golf von Neapel ▪ Gomera ▪ Gomera ▪ Gran Canaria ▪ Graubünden ▪ Hamburg ▪ Harz ▪ Haute-Provence ▪ Havanna ▪ Ibiza ▪ Irland ▪ Island ▪ Istanbul ▪ Istrien ▪ Italien ▪ Italienische Adriaküste ▪ Kalabrien & Basilikata ▪ Kanada – Atlantische Provinzen ▪ Kanada – Der Westen ▪ Karpathos ▪ Kärnten ▪ Katalonien ▪ Kefalonia & Ithaka ▪ Köln ▪ Kopenhagen ▪ Korfu ▪ Korsika ▪ Korsika Fernwanderwege ▪ Korsika ▪ Kos ▪ Krakau ▪ Kreta ▪ Kreta ▪ Kroatische Inseln & Küstenstädte ▪ Kykladen ▪ Lago Maggiore ▪ Lago Maggiore ▪ La Palma ▪ La Palma ▪ Languedoc-Roussillon ▪ Lanzarote ▪ Lesbos ▪ Ligurien – Italienische Riviera, Genua, Cinque Terre ▪ Ligurien & Cinque Terre ▪ Limousin & Auvergne ▪ Limnos ▪ Liparische Inseln ▪ Lissabon & Umgebung ▪ Lissabon ▪ London ▪ Lübeck ▪ Madeira ▪ Madeira ▪ Madrid ▪ Mainfranken ▪ Mainz ▪ Mallorca ▪ Mallorca ▪ Malta, Gozo, Comino ▪ Marken ▪ Marseille ▪ Mecklenburgische Seenplatte ▪ Mecklenburg-Vorpommern ▪ Menorca ▪ Midi-Pyrénées ▪ Mittel- und Süddalmatien ▪ Montenegro ▪ Moskau ▪ München ▪ Münchner Ausflugsberge ▪ Naxos ▪ Neuseeland ▪ New York ▪ Niederlande ▪ Niltal ▪ Norddalmatien ▪ Norderney ▪ Nord- u. Mittelengland ▪ Nord- u. Mittelgriechenland ▪ Nordkroatien – Zagreb & Kvarner Bucht ▪ Nördliche Sporaden – Skiathos, Skopelos, Alonnisos, Skyros ▪ Nordportugal ▪ Nordspanien ▪ Normandie ▪ Norwegen ▪ Nürnberg, Fürth, Erlangen ▪ Oberbayerische Seen ▪ Oberitalien ▪ Oberitalienische Seen ▪ Odenwald ▪ Ostfriesland & Ostfriesische Inseln ▪ Ostseeküste – Mecklenburg-Vorpommern ▪ Ostseeküste – von Lübeck bis Kiel ▪ Östliche Allgäuer Alpen ▪ Paris ▪ Peloponnes ▪ Pfalz ▪ Pfälzer Wald ▪ Piemont & Aostatal ▪ Piemont ▪ Polnische Ostseeküste ▪ Portugal ▪ Prag ▪ Provence & Côte d'Azur ▪ Provence ▪ Rhodos ▪ Rom ▪ Rügen, Stralsund, Hiddensee ▪ Rumänien ▪ Rund um Meran ▪ Sächsische Schweiz ▪ Salzburg & Salzkammergut ▪ Samos ▪ Santorini ▪ Sardinien ▪ Sardinien ▪ Schottland ▪ Schwarzwald Mitte/Nord ▪ Schwarzwald Süd ▪ Schwäbische Alb ▪ Schwäbische Alb ▪ Shanghai ▪ Sinai & Rotes Meer ▪ Sizilien ▪ Sizilien ▪ Slowakei ▪ Slowenien ▪ Spanien ▪ Span. Jakobsweg ▪ Sri Lanka ▪ St. Petersburg ▪ Steiermark ▪ Stockholm ▪ Südböhmen ▪ Südengland ▪ Südfrankreich ▪ Südmarokko ▪ Südnorwegen ▪ Südschwarzwald ▪ Südschweden ▪ Südtirol ▪ Südtoscana ▪ Südwestfrankreich ▪ Sylt ▪ Tallinn ▪ Teneriffa ▪ Teneriffa ▪ Tessin ▪ Thassos & Samothraki ▪ Toscana ▪ Toscana ▪ Tschechien ▪ Türkei ▪ Türkei – Lykische Küste ▪ Türkei – Mittelmeerküste ▪ Türkei – Südägäis ▪ Türkische Riviera – Kappadokien ▪ USA – Südwesten ▪ Umbrien ▪ Usedom ▪ Varadero & Havanna ▪ Venedig ▪ Venetien ▪ Wachau, Wald- u. Weinviertel ▪ Westböhmen & Bäderdreieck ▪ Wales ▪ Warschau ▪ Westliche Allgäuer Alpen und Kleinwalsertal ▪ Wien ▪ Zakynthos ▪ Zentrale Allgäuer Alpen ▪ Zypern

Reisehandbuch   MM-City   MM-Wandern

MM-Wandern
informativ und punktgenau durch GPS

PIEMONT
Wanderführer – mit 38 Touren
Michael Müller Verlag
MM-Wandern

MADEIRA
Wanderführer – mit 35 Touren
Michael Müller Verlag
MM-Wandern

GARDASEE
Wanderführer mit 35 Touren
Michael Müller Verlag
MM-Wandern

KRETA
Wanderführer mit 35 Touren

- für Familien, Einsteiger und Fortgeschrittene
- ausklappbare Übersichtskarte für die Anfahrt
- genaue Weg-Zeit-Höhen-Diagramme
- GPS-kartierte Touren (inkl. Download-Option für GPS-Tracks)
- Ausschnittswanderkarten mit Wegpunkten
- Konkretes zu Wetter, Ausrüstung und Einkehr

Übrigens:
Unsere Wanderführer gibt es auch als App für iPhone™ und Android™

- Allgäuer Alpen
- Andalusien
- Bayerischer Wald
- Chiemgauer Alpen
- Eifel
- Elsass
- Fränkische Schweiz
- Gardasee
- Gomera
- Korsika
- Korsika Fernwanderwege
- Kreta

- Lago Maggiore
- La Palma
- Ligurien
- Madeira
- Mallorca
- Münchner Ausflugsberge
- Östliche Allgäuer Alpen
- Pfälzerwald
- Piemont
- Provence
- Rund um Meran
- Schwäbische Alb

- Sächsische Schweiz
- Sardinien
- Schwarzwald Mitte/Nord
- Schwarzwald Süd
- Sizilien
- Spanischer Jakobsweg
- Teneriffa
- Toscana
- Westliche Allgäuer Alpen
- Zentrale Allgäuer Alpen

Register

Was haben Sie entdeckt?

Haben Sie ein besonderes Restaurant, ein neues Museum oder ein nettes Hotel entdeckt? Wenn Sie Ergänzungen, Verbesserungen oder Tipps zum Buch haben, lassen Sie es uns bitte wissen!

Schreiben Sie an: Hans-Peter Siebenhaar, Stichwort „Rhodos"
c/o Michael Müller Verlag GmbH | Gerberei 19, D – 91054 Erlangen
hans-peter.siebenhaar@michael-mueller-verlag.de

Die vefallene Villa de Vecchi
am Profítis Illías

Der Umwelt zuliebe

Unsere Reiseführer werden klimaneutral gedruckt.

Eine Kooperation des Michael Müller Verlags mit myclimate

Sämtliche Treibhausgase, die bei der Produktion der Bücher entstehen, werden durch Ausgleichszahlungen kompensiert. Unsere Kompensationen fließen in das Projekt »Kommunales Wiederaufforsten in Nicaragua«:

- Wiederaufforstung in Nicaragua
- Speicherung von CO_2
- Wasserspeicherung
- Überschwemmungsminimierung
- klimafreundliche Kochherde
- Verbesserung der sozio-ökonomischen und ökologischen Bedingungen
- Klimaschutzprojekte mit höchsten Qualitätsstandards
- zertifiziert durch Plan Vivo

Plan Vivo
Carbon management and rural livelihoods

Einzelheiten zum Projekt unter myclimate.org/nicaragua.

Michael Müller Reiseführer
So viel Handgepäck muss sein.

Die Webseite zum Thema:
www.michael-mueller-verlag.de/klima